Le Grand Dehors
collection dirigée par Michel Le Bris

JACQUES-YVES LE TOUMELIN

Kurun autour du monde

1949-1952

POSTFACE DE L'AUTEUR

HOËBEKE

A mon père,
à ma mère
et à tous ceux de la voile.

ISBN : 2-905292-83-0
ISSN : 1159-7429

Présentation

Avec le prodigieux essor de la navigation de plaisance au cours de ces dernières années, les traversées océaniques sont devenues innombrables. Ce qui repousse davantage encore dans le passé la croisière que nous vous présentons.

En fait, celle-ci revêt un intérêt intemporel par l'esprit qui l'a suscitée et animée à travers une multiplicité de raisons.

Si, à la base de cette entreprise, réside ce que l'on pourrait appeler, en termes lapidaires, le refus du monde moderne, ce refus n'a aucun rapport avec la contestation actuelle. Le refus de notre navigateur procède d'une orientation positive, vers un retour à l'origine, à la racine des êtres et des choses — c'est-à-dire d'une quête dans la voie de la tradition (au sens fort de ce terme).

L'auteur est un solitaire qui a effectivement passé une grande partie de son existence dans la solitude. La croisière du Kurun *n'en est qu'un épisode marin. C'est celui-ci qui est mis en relief dans ce récit dont la seule prétention est de constituer le simple témoignage d'un homme de mer, sensible à la nature, aux rapports humains.*

La vocation de la mer est là particulièrement puissante et profonde. Fils d'un capitaine au long cours ayant navigué sur les grands voiliers, notre solitaire a eu toute son enfance imprégnée fortement par le «climat» de la marine en bois. D'ailleurs, à cette époque, si les derniers grands voiliers avaient déjà pratiquement disparu (si peu de temps après l'apogée de la voile !), la quasi-totalité des bateaux de pêche étaient des voiliers. Dans tous les ports bretons, bien avant l'aube, on n'entendait que le choquement des sabots de bois des hommes et le grincement des poulies pour hisser et étarquer les voiles. Et il y avait encore des caboteurs à voile. Dans un ravissement, l'enfant et l'adolescent ont vécu intimement avec tous ces vrais marins de la voile (au si vigoureux langage !), et, avec respect, il a appris.

La conception même du Kurun *dérive de ces données. A ce propos, il est intéressant de noter que J.-Y. Le Toumelin n'aurait jamais pu naviguer sur un bateau en métal ou en matière synthétique ! Le premier objectif dans l'élaboration a été la* sécurité. *On disait, autrefois : un* bateau de mer, *ce qui résumait tout. Autrefois, on ne jouait pas avec la mer.*

En ce qui concerne la navigation proprement dite, Le Toumelin n'a recherché que la maîtrise du métier. C'est pourquoi le lecteur qui rechercherait des aventures dans la croisière du Kurun *serait bien déçu. Là, pas de drames, pas d'accidents (plus ou moins prévisibles !), pas de mât cassé, pas de voiles déchirées, pas d'échouement, pas de naufrage. Une navigation classique, «sans histoire», mais de la vraie navigation précisément. Le* Kurun *est revenu comme il était parti, intact.*

Il y a lieu de mettre en relief le fait que le Kurun *est un* voilier pur. *La navigation à bord d'un voilier sans moteur n'a aucun rapport avec celle de celui qui en est pourvu. Sans parler des facilités merveilleuses que le moteur procure d'une manière usuelle, celui-ci permet de sortir (sans même que l'on se rende compte de leur gravité !) de situations qui seraient fatales sans son secours.*

La navigation à voile ne souffre aucune médiocrité,

aucune ignorance, aucune négligence. A la mer, toute erreur (consciente ou non) se paie un jour ou l'autre.

C'est pourquoi, elle est pour l'homme une des plus belles «écoles» (et une des plus rudes !).

Plaçant la vérité au-dessus de tout, l'auteur a été soucieux de relater les faits le plus exactement possible. A l'encontre de certains, il ne nous parle pas de tempêtes à tout bout de champ. Nous savons, cependant, qu'il a «ramassé» de *«bons coups de tabac»...*

Il est réconfortant de remarquer que la croisière du Kurun *ne comporte aucune interférence à caractère commercial ou publicitaire. La performance, l'exploit sportif n'ont jamais intéressé ce marin solitaire, d'autre part.*

Le Toumelin a toujours aimé la simplicité, car toute solitude véritable l'impose.

1

Vocation

Trois choses sont primitivement contemporaines : l'Homme, la Liberté et la Lumière.

Triade bardique

Par une ironie du sort, je suis né loin de la mer — à Paris —, par une belle journée d'un été d'après-guerre.

Ma mère était native de Saint-Malo, la cité des corsaires, l'altière forteresse de granit, patrie des Cartier, des Duguay-Trouin, des Surcouf. Quant à mon père, il était né sur l'autre rivage de Bretagne, dans ce pays des Vénètes qu'un mauvais sort fit massacrer par les légions de César qui apportaient en pays celte les premiers fondements d'une « civilisation » matérialiste, devant laquelle la sagesse des druides ne fut bientôt qu'un souvenir noyé dans le sang.

Ar Mor : la Mer. Quel nom plus beau pour un pays ? La mer baigne notre patrie. Et ses côtes sont si déchiquetées que partout le grand élément y pénètre par une multitude de baies, d'estuaires. Le flot et le jusant semblent être la respiration de notre Bretagne. Il y a toujours quelques gouttes d'eau salée qui fluent dans le sang d'un Breton. Et même le paysan, ignorant de la mer, au plus loin de la côte, au milieu de sa lande ou de ce qui reste de la forêt, sent pénétrer dans sa narine le souffle de l'Océan. Le suroît n'a qu'à venter : son haleine emplit tout, même les anfractuosités de la pierre, jusqu'aux marches du pays franc. La mer est là.

Pour les termes de navigation, on peut se reporter au glossaire qui figure à la fin du volume. On y trouvera égalemment les cartes et plans.

Je suis donc breton et j'ai, je crois, le caractère du Breton : calme mais passionné, lent à comprendre, souvent, mais attaché à ce qu'il a compris et accepté, sérieux jusqu'à pouvoir paraître lourd, mais rêveur, imaginatif ; disposé à l'aventure, mais à l'aventure méditée, contrôlée.

D'instinct, je n'aimais pas Paris, où j'ai passé mon enfance. Il y manquait l'air pur, l'espace. Je n'aimais guère l'étude, et la seule période intéressante de l'année, c'étaient les trois mois que je passais à la mer. Alors j'existais, pleinement.

Mon père était capitaine au long cours. Il aimait passionnément la mer — et la voile. Il avait connu la prestigieuse époque des grands voiliers, long-courriers à phares carrés. C'est à leur bord qu'il avait fait ses premières campagnes et, à la fin de la guerre 1914-1918, il avait eu la chance de commander un trois-mâts armé en bateau-piège.

Dès l'enfance, je me trouvai donc à bonne école, pénétré continuellement des qualités essentielles du marin d'autrefois : notamment la prévoyance et la prudence. Mon père me répétait souvent ces paroles, qui sont, je crois, du grand Nelson : « Take no chance — Safety first[1]. »

Mes premiers contacts avec la mer sont si lointains que je suis incapable d'y remonter par la pensée. J'ai appris à marcher au bord de l'Océan. Il me semble que j'ai toujours connu les nœuds marins, su faire une épissure, godiller ou barrer un bateau. J'avais, du reste, un profond mépris pour ceux qui ne savaient pas, les « éléphants[2] ». Je me revois, à peine plus haut qu'un baril de rogue, sur cette mer qui m'apparaissait comme une étendue sans limite, ou revenant de la pêche, fatigué, gravissant laborieusement les échelles, escaladant les quais de granit du Croisic qui me paraissaient si hauts ! Je me revois aussi dans quelque canot gréé d'un bout de toile de fortune, et « naviguant à la

1. « Ne prends pas de risque : sécurité d'abord. »

2. Terme consacré, dans le langage maritime, pour désigner un non-initié aux choses de la mer.

voile » ! Il y avait là un sortilège étonnant : se propulser ainsi, sans bruit, sans effort, sans aucune intervention mécanique — uniquement avec un morceau de toile.

J'étais un garçon têtu, batailleur, redresseur de torts, intransigeant, très susceptible, timide, idéaliste, excessif. J'avais une haine farouche du mensonge et des menteurs.

A quatorze ans, mon éducation m'avait donné, sur le monde, des notions simplistes auxquelles j'attachais une valeur absolue. J'étais persuadé que les individus se partageaient en deux catégories : les bons et les mauvais — les vertueux et les impurs. Je croyais que la hiérarchie des individus, les classes sociales procédaient d'un ordre immuable et qu'on ne pouvait même pas discuter.

Elevé dans un milieu catholique et bourgeois, je devais croire — et je pense que je « croyais » avec ferveur — à quantité de « vérités » et d'abord en « Dieu ». Il n'y avait aucun effort à cela, puisque c'était « comme cela ». J'étais plein de respect pour tous les dogmes, qui m'apparaissaient aussi indiscutables que les rayons du soleil. Je me souviens qu'un jour, campant en Bretagne, je fis plusieurs kilomètres à la course pour ne pas rater la messe du dimanche.

J'avais une croyance aussi élémentaire en la Patrie. Le spectacle chaotique des gouvernements, leur corruption, les scandales de toutes sortes étaient, à la veille de la guerre, si criants que je m'en sentais écœuré. Il fallait réagir contre l'inertie, la lâcheté, les courtes vues de la bourgeoisie. Il était urgent de renverser le régime, de faire appel à des gens « propres » et de ramener le roi !

Je me jetai à corps perdu dans cette action. Quelle turbulence ! Le résultat ne se fit guère attendre : j'avais à peine quinze ans que j'étais sur les bancs de la correctionnelle !

L'affaire à laquelle je fus mêlé eut un beau retentissement à ce moment-là. J'étais alors élève chez les Jésuites, et certains de mes camarades de classe partageaient mes indignations. Quelques garçons appartenant à une formation de jeunesse de gauche, *Les Faucons rouges* (ce nom évoque bien le côté sioux de l'aventure), étaient nos farouches adversaires. Une expédition enfantine, qui en résulta, faillit tourner tragiquement. Au procès, je me défendis le plus crânement que je pus, ce qui me valut d'être décoré, par une journaliste qui suivait l'affaire, de ce surnom qui n'était pas si dérisoire : Toto-Napoléon.

J'échappai de justesse à la maison de correction et fus acquitté « pour avoir agi sans discernement » (comme si on manquait de discernement à cet âge !...). Les Jésuites me mirent à la porte, avec des formes tout à leur éloge, et je fus exilé. On me mit pensionnaire dans un collège de province.

Ces événements, en un sens, furent pour moi providentiels. Je touchai du doigt le sordide de la politique et de la justice. Je n'avais fait qu'apparaître sur la scène de l'existence et, aussitôt précipité, j'avais mesuré le mensonge de ses décors et je les foulais aux pieds sans pitié. Le nombre des « bons » de la création diminuait beaucoup à mes yeux.

Après m'être retrempé dans trois mois de vie « sauvage », naviguant, pêchant, chassant, je rentrai, après les vacances, en classe de première, dans mon internat. Internat aussi lugubre que strict, où la nourriture était maigre, où l'on pouvait rarement se parler : au réfectoire il y avait la lecture et en récréation on *devait* « jouer ». Nos maîtres redoutaient de voir les enfants converser entre eux, échanger des idées. Je commençais à douter d'eux et j'enrageais d'être enfermé. Souvent, les soirs d'hiver, dans le grand dortoir glacé, je percevais le bruit de la mer proche, la plainte du vent, et je m'endormais en serrant les poings. Plusieurs fois j'eus l'idée de m'enfuir du collège, mais je ne voyais pas de suite logique à une escapade, et je ne voulais pas causer à mes parents de nouveaux soucis. Cette atmosphère fut cependant, je crois, favorable au développement de ma personnalité : je me mis à réfléchir, à prendre conscience de moi-même.

Médiocre élève, je fus collé au bachot. La déficience alimentaire, et peut-être quelques excès dans les exercices de plein air aux vacances, m'ayant fait tomber malade, je ne pus me représenter en octobre.

L'année scolaire suivante me vit à Paris, au lycée Louis-le-Grand. Ce ne fut pas une longue année de travail car, rentré déjà en retard, je retombai assez gravement malade au printemps. Néanmoins je fus reçu. Aussitôt je repartis pour la mer.

Après une trop courte période de solitude à l'air pur et au soleil, ce furent de nouveau les murs gris de Louis-le-Grand. Math-élem — pauvre année de travail, plus riche en rêves. Je m'intéressai à la philosophie, mais pour moi-même et non en vue des examens (au grand regret de mes parents !), je commençai à connaître et à raisonner. Au total, ma philosophie était pessimiste. Je me sentais misanthrope, plein de dégoût pour mes semblables. L'existence moderne m'apparaissait comme un chaos insupportable : je haïssais la civilisation. Je me sentais du reste un peu écrasé par ce monstre, sans voir aucune échappatoire. Je me repliais de plus en plus sur moi-même et restais des heures à rêver. L'existence de la ville, plate et impure (à tous les sens), me donnait la nausée. J'étouffais. Je pensais à mon avenir, non sans inquiétude. Tout m'ennuyait, me dégoûtait. Je n'étais pas fait pour ce monde. « Réussir », comme disent les gens, c'est-à-dire gagner de l'argent et accéder à des emplois, m'apparaissait comme quelque chose de puéril. En tout cas, ce n'était pas un but. Ah ! oui, « réussir » — cela me faisait déjà ricaner. Mais déjà je pensais que tous ces « gens sérieux » ne l'étaient guère. Déjà je cherchais dans le bleu du ciel.

Mon amour de la Mer et de la Voile était immense et je ne voyais pas la possibilité d'être autre chose que marin — je l'étais déjà. Cependant les « carrières maritimes » ne suscitaient chez moi aucun enthousiasme. Je haïssais ces amas de ferraille qui vont sur la mer, cet outrage au beau et à la vie.

Sur terre, je n'aimais que la nature libre, le grand air, la campagne, la forêt, les grèves — la Nature vierge du contact humain, les grands espaces sans maisons, sans habitants, sans animaux domestiques. La France m'apparaissait rapetissée, gâchée. Impossible de se promener une journée sans voir une maison, une route, un champ ou une vache. Et tout, ici, même les cailloux et les fleurs, a un propriétaire bien défini. Gare si vous faites semblant d'y toucher ! J'aspirais aux grands espaces que n'avaient pas souillés l'orgueil et l'avidité des hommes. Il en existait. Je pensais aux côtes désertes dont l'étendue n'a pas été étiquetée : « Je te possède, tu es mon bien ». Je pensais aux terres lointaines et inexplorées.

Au milieu de cette année scolaire 1937-1938, l'idée de mon voyage, qui existait déjà en moi à l'état latent, prit corps définitivement. Je connaissais la magnifique croisière du capitaine Bernicot, en cours à ce moment-là. « Un jour, moi aussi, je partirai seul, à bord d'un bateau bien à moi, " mon " bateau ; je ferai le tour du monde, seul maître de ma destinée. Et jamais plus je ne reviendrai en Europe. »

Mais j'étais jeune, je n'avais pas d'argent et je savais qu'il me fallait encore beaucoup apprendre sur la navigation. « Qu'importe ! un jour je partirai. »

Je vivais peut-être déjà trop loin par la pensée. A la session du bachot, en juin, j'allai au Bois de Boulogne écouter les oiseaux chanter, loin de la salle d'examen. A la session d'octobre, j'étais sur mer. L'absence de mon père, en mission à l'étranger, favorisait cette fantaisie. Bien des années après, je me souviens de ces magnifiques journées de soleil, et comme je me sentais libre... Je ne faisais d'ailleurs que reculer pour mieux sauter et je dus bien, un jour, passer cette seconde partie de bachot, comme les autres...

La passion politique s'était éteinte en moi. J'étais allé à une dernière manifestation en plein air, plus par habitude que par conviction. J'en étais rentré écœuré. C'était un grand défilé. Différents groupes s'étaient succédé et la foule en délire s'époumonait à applaudir : « Vive X ! Vive Y ! A mort Z — Au poteau ! » Un reste d'ardeur se réveillait en moi. Mais, sur la chaussée, entre les deux murs épais de la foule, un chien s'avança. Un imbécile lança : « Vive le chien ! » et ce cri ébranla toutes les poitrines avec un bruit de tonnerre. Cet incident m'a guéri définitivement de mon goût pour les manifestations politiques.

Je ne pouvais faire autrement que préparer l'École navale. Je me mis au travail, mais la fantaisie que j'avais apportée dans mes études précédemment restait un lourd handicap et je reconnais qu'au total je ne méritais pas d'être reçu. J'eus d'excellents camarades dont j'appréciais les qualités, et je me suis fait parmi eux des amitiés durables ; mais ils avaient quelque chose de décevant, c'est que ces futurs marins n'aimaient pas vraiment la mer ! Tous ces jeunes étaient lancés dans la grande course aux concours, et beaucoup de candidats préparaient indifféremment plusieurs concours à la fois, laissant à la chance le soin de décider de leur carrière.

Pensionnaire, je secouais fréquemment la discipline du lycée, et le proviseur, qui ne pouvait venir à bout de mon « caractère frondeur et insoumis », comme il l'écrivait, se plaignait souvent, par lettres, à mon père. Je travaillais cependant, et je pensais que si j'entrais dans la Marine j'y resterais le temps de compléter ma formation maritime et d'économiser le prix d'une coque de voilier, après quoi je reprendrais définitivement ma liberté.

Les troupes allemandes qui envahirent la France en 1940 apportèrent la solution du problème. Le concours de Navale, commencé, fut interrompu.

Il n'était pas question de tomber à la merci des envahisseurs. Après avoir aidé quelques jours les réfugiés et avoir suivi l'exode, comme les autres, je piquai ma tente au plus profond d'une réserve de chasse (ce qu'on appela par la suite, « prendre le maquis »). Je restai là, nanti de vivres, d'un bon matériel, de mes armes et de munitions abondantes, en compagnie de mon plus vieil ami, un véritable frère. Robustes, sans peur, habitués à la vie des bois, nous avions tous deux des notions excessives sur l'honneur individuel et le courage. Malheur aux Allemands qui essaieraient de nous menacer ! Bientôt, nous décidâmes d'aller à Arcachon. Là je choisirais le meilleur bateau, et l'on s'en emparerait pour prendre le large.

Mais l'exécution de notre projet traîna. Nous prîmes cependant la route à pied. Les Allemands nous dépassèrent...

Par étapes, je m'en revins seul vers la Bretagne.

Au moment du passage des oiseaux migrateurs, au début de l'automne, je me retrouvai à Nantes, à l'École nationale de Navigation maritime. J'étais heureux de faire des études officielles qui concernent enfin la navigation (chacun sait que le concours de Navale ne comporte absolument rien se rapportant à la navigation ou à la mer).

Un jour j'achetai un livre intitulé : *Seul autour du monde à bord d'un voilier de onze mètres*, qui avait été traduit peu auparavant par le sympathique Paul Budker. C'était la relation de l'extraordinaire voyage autour du monde du capitaine Slocum, de 1895 à 1898, dans l'âge d'or de la Voile, alors que les voyages avaient leur plein intérêt. Ce livre eut sur moi l'effet d'une décharge électrique. Les projets que je caressais pour un avenir plus lointain, après quelques années de navigation professionnelle sans doute, et après la guerre, pourquoi ne les réaliserais-je pas tout de suite ? Je décidai de prendre la mer au plus tôt. Je n'avais pas d'argent, mais je communiquai mon enthousiasme à deux de mes camarades et nous résolûmes d'acheter un bateau en commun. Malheureusement, malgré nos recherches et nos visites sur la côte, nous ne trouvâmes rien à notre goût. Il est vrai que nous étions difficiles. Nous fîmes alors le plan du bateau rêvé. C'était un magnifique norvégien de 12,50 m, un voilier merveilleux, rapide, confortable et surtout marin. Nous demandâmes un devis à un chantier de construction. Mais nous n'avions même pas l'argent nécessaire à l'achat d'un bateau d'occasion...

J'appris cette année-là beaucoup de choses sur la navigation et sur la mer — bien des notions aussi qu'on n'enseignait pas à l'école. J'étudiais, du reste, avec plus de souci d'apprendre que de réussir à l'examen. Aussi fus-je collé, comme beaucoup de camarades. Il régnait déjà parmi les examinateurs, au sujet des examens de la Marine marchande, un curieux esprit de réforme, qui devait décourager tant de vocations véritables et amener quelques années plus tard une crise de personnel des cadres. Quoi qu'il en soit, cet échec ne m'affecta pas.

Ce n'était pas un parchemin qui augmenterait plus tard les qualités nautiques de mon bateau, ni les miennes.

Je revins au Croisic armer mon petit cotre de deux tonneaux, le *Crabe*, pour faire de la pêche tout en rêvant au beau yacht que j'espérais bien construire.

Un jour, en rentrant de la mer, je fus attiré comme sur un aimant par un beau voilier de pêche, tout neuf, qui tirait doucement sur sa chaîne, au mouillage. Je tournai autour, en canot. J'admirai, en connaisseur, l'œuvre du maître charpentier, les formes harmonieuses, puissantes sans lourdeur. La solide assise sur l'eau, l'avant bien défendu, la tonture prononcée, attestaient par excellence le bateau de mer ; *Marie* était son nom. Avec ses peintures fraîches, son gréement net et en ordre, la *Marie* était belle comme une jolie fille.

Ce fut le coup de foudre. Et le 6 juin 1941, à 22 h 45, je notai sur mon carnet, comme pour ne pas l'oublier : « Je pars *seul*, sur un bateau pareil à *Marie.* »

Sans perdre de temps j'allai voir le père Bureau, son constructeur, que je connaissais depuis mon enfance. Sa création était une réussite, pourquoi aurais-je été chercher ailleurs ? Il ne s'agissait plus de rêves. Je voulais avoir le même bateau. Le prix me sembla raisonnable, bien que je n'eusse pas l'argent...

A l'automne, après quelques aventures dues à la guerre, je conduisis à Nantes mon *Crabe* que je venais de vendre. Je ne me souciais guère de repasser mon examen devant des examinateurs mathématiciens qui s'amusaient à jouer au chat et à la souris. « Qu'ils essaient donc de prendre la barbe du diable avec une demi-clé à capeler !... »

Je me séparai de mon vieil ami avec quelque déchirement mais, mon sac sur l'épaule, je regagnai Le Croisic plein d'espoir.

Entreprendre la construction et l'armement d'un voilier de grande croisière en pleine guerre, en pleine occupation, était une aventure hardie. Je devais m'en apercevoir.

Il ne fut pas possible de mettre la coque en chantier. L'exécution en fut renvoyée à des temps meilleurs. Je me trouvai alors dans une situation ridicule, sans bateau, puisque j'avais vendu mon *Crabe*. Je signai un contrat d'embarquement à la grande pêche comme matelot léger, sur un grand chalutier terre-neuvier de Saint-Malo.

Les armateurs avaient dû renoncer à envoyer leurs bateaux à Terre-Neuve. Trop de bâtiments se perdaient : capturés ou coulés, souvent dramatiquement, par les Anglais. Les bateaux rescapés prirent une destination nouvelle : la Mauritanie.

J'embarquai donc à Port-de-Bouc, avec mon bon ami Jean-Michel Crolbois, à bord du chalutier *Alfred* — 67 mètres, 51 hommes d'équipage.

Ce fut une dure campagne, dont je devais garder un rude souvenir. Dès l'arrivée à bord, le capitaine nous avait prévenus : « Ah ! les jeunes gens, vous voulez embarquer à la Grande Pêche ? Vous ne savez pas ce que c'est... » Nous devions bientôt le savoir.

J'avais pourtant lu le livre du Père Yvon sur les Terre-Neuvas. « C'est l'homme qui est esclave de la machine. La machine peut travailler nuit et jour, l'homme travaillera nuit et jour. Ce sont les travaux forcés sans discontinuité, tant que le poisson donne ; et l'abondance du poisson est parfois telle qu'elle ne laisse aux hommes que sept heures de repos par trois jours. Aussi n'est-il pas rare qu'ils titubent de fatigue et de sommeil. Et dire que sur certains chalutiers l'équipage comprend une vingtaine de jeunes gens de moins de vingt ans ! Pauvres enfants !.. »

Le poisson, le poisson ! C'en est une obsession quand on est « banqué[1] ». J'en ai vu le pont couvert à hauteur de lisse, du gaillard à la passerelle ! Et il fallait trier, ébreuiller[2], décoller[3], trancher[4], laver, affaler et saler toutes ces bêtes qui frétillaient sur le pont et dont certaines, comme les grosses courbines, avaient la taille d'un homme. Je me revois à ces travaux pénibles et parfois dangereux : à la manœuvre des panneaux, des traîtres funes en fil d'acier, ou sur la lisse à embarquer, selon le rythme du roulis, le lourd chalut qu'il fallait tenir ferme, coincé sous le ventre, sous peine de partir à la mer avec toute l'équipe. Nuit et jour, on travaillait, sans arrêt, deux bordées sur le pont et une de repos en bas. Parfois c'était « tout le monde sur le pont », et l'on y restait vingt-cinq heures dans l'eau et le poisson, sans pouvoir se laver, les mains réduites à l'état de plaies douloureuses (il m'est arrivé de ne plus pouvoir couper mon pain pour manger). J'en ai pleuré de rage et de fatigue.

Je m'attachai pourtant à ce milieu de Terre-Neuvas, de « forçats de la mer », au rude aspect, mais au cœur généreux, comparable en certains points à celui des marins des grands voiliers d'autrefois. Ah ! ils avaient le droit de regarder avec mépris les « fainéants » qui « se promenaient » à bord des grands navires de guerre ou de commerce, eux qui travaillaient jusqu'à la limite de résistance de la machine humaine.

Cette campagne me fut profitable de plusieurs façons. Elle m'endurcit le corps et me forma le caractère.

Après quelques aventures et un séjour au Sénégal, je revins en France, au printemps, avec un petit pécule.

Je réussis à l'examen de capitaine de la Marine mar-

1. C'est-à-dire sur les bancs de pêche.

2. Ouvrir le poisson pour le vider.

3. Trancher la tête ; pour les gros poissons, cela équivalait à décapiter un homme.

4. Ouvrir en deux, ce travail nécessitant le plus d'adresse.

chande, théorie. Libéré de ces contraintes, je pensai à nouveau à la construction de mon bateau. Il fallait une autorisation spéciale de mise en chantier. Je m'attaquai patiemment à vaincre les difficultés.

En attendant une issue qui ne pouvait qu'être lente, j'achetai un petit cotre demi-ponté que j'armai en pêche, la *Marilou.* Je ne fus pas des plus heureux dans le métier, mais je continuais du moins à naviguer. D'abord avec un vieux pilote, le père Rimbaud, ancien gabier de la célèbre frégate-école *Melpomène*, puis avec un capitaine au long cours, ancien de la voile et cap-hornier, Perré. Mon ami Jean-Michel se joignait souvent à nous.

Après bien des attentes et des déboires, on me promit de mettre mon bateau en chantier au printemps de 1943. Depuis plusieurs années, j'amassais du matériel, en attendant la mise en œuvre. Ce n'était pas une petite affaire. Tant de choses restaient introuvables ! Chaque pointe posait un problème. Tout se troquait au marché noir et j'avais si peu d'argent !

Je réussis, après combien d'efforts ! à faire fondre une quille métallique à Quimperlé. Cette difficulté vaincue, je me trouvai dans l'impossibilité de l'amener à pied d'œuvre. Finalement, j'allai en prendre livraison avec le cotre pilote de mon ami Jean-Michel. Nous l'embarquâmes à Douélan par les moyens du bord. A l'appareillage, nous manquâmes de mettre le bateau au sec, par une manœuvre stupide à laquelle nous avaient contraints les Allemands[1]. Enfin nous la ramenâmes au Croisic où je la traînai moi-même au chantier. L'absence de moyens de transport m'obligea à porter tout l'armement de mon bateau sur mon dos, parfois sur de longues distances.

Pour l'ancre, je n'en pus trouver une qu'à Paris. Je chargeai ce fardeau de trente kilos sur l'épaule et le portai jusqu'à la gare Montparnasse. Le contrôleur me refusa l'accès du train. Je dus embarquer mon ancre de force.

Ma foi était telle que mes pronostics, dûment consignés

1. Le bateau, pur voilier, n'avait pas de moteur.

sur le papier, se réalisaient petit à petit, laborieusement, mais point par point.

Le 20 mai, Bureau commença enfin mon bateau. Le 31 du même mois, la quille, l'étrave, l'étambot étaient montés et la quille de fonte en place. J'avais abandonné la pêche pour me consacrer uniquement à ma noble tâche. Maintenant, le constructeur travaillait pour moi, sans relâche. Son ardeur était grande et son habileté m'avait toujours émerveillé. Il parvint à sortir une coque si bien faite qu'à part la râblure, il n'y avait pas un centimètre de calfatage dans tous les bordés ! Étanche comme une bouteille. Un travail « premier brin ».

Pourtant je restais l'éternel insatisfait, toujours à la recherche du mieux, de la perfection. Le père Bureau, parfois, prenait des colères terribles : « Ce n'est pas vous, petit enfant, qui allez m'apprendre mon métier. Il y a quarante ans que je construis des bateaux. Pas content ? Je le garde, ce cotre : c'est moi qui le construis, il est à moi. » Mais tout s'arrangeait, car le père Bureau était aussi brave homme que consciencieux.

La coque de mon bateau emplit bientôt tout le minuscule chantier. Le 7 août, les accores étaient enlevées, le chariot passé sous la quille, un gros rouleau placé devant. Le palan fut croché ; il fallut démonter le devant du petit chantier, et le bateau fut mis dehors.

Pour la première fois, je voyais à l'air libre cette belle coque que j'avais amoureusement peinte de mes mains. Elle était solide, un plaisir pour l'œil. Mon rêve prenait forme. J'étais heureux, comme un enfant devant un beau jouet.

Mais il y avait encore beaucoup de travail et le bateau devait rester deux mois sur le terre-plein du chantier avant la mise à l'eau. Cependant, chaque chose trouvait sa réalisation : la mâture, toutes les ferrures, tous les détails du pont. En bas, on travaillait à l'aménagement dont j'avais fait les dessins. De l'aube au coucher du soleil, je peinais de toute mon âme.

Quelquefois, je songeais à l'ombre des arbres. Ce bel été, ce chantier minuscule, ce cadre paisible. Et là, ce puissant bateau, le *Tonnerre*, qui devait parcourir les sept océans... J'étais tout à ma joie. J'avais même oublié tous ces fous avec leur guerre. Bientôt je serais absolument libre.

Le 28 octobre 1943 fut une date mémorable. Le matin, à la basse mer, on avait descendu le cotre au bas de la grève, avec le chariot. Suivant l'habitude, la mer devait le prendre avec le flot. Je restai là, seul, silencieux. La mer vint lécher la quille, puis tout doucement baigna la coque. C'était très émouvant de voir ce bateau, mon bateau, venir à la vie, prendre contact avec son élément. Après que la quille eut gémi un peu sur les galets de la grève, le cotre flotta, libre... A ce moment précis un marsouin, que je soupçonnai fort d'être envoyé par le dieu Neptune lui-même, vint montrer son museau à quelques brasses de l'étambot. C'était certainement un signe de bienvenue.

Le lendemain, on mâtait le cotre et, remorqué par la petite *Marilou* que manœuvrait le capitaine Perré, je vins accoster à la Chambre des Vases. Là, on termina le gréement.

Autre date marquante : le 27 novembre. A neuf heures du matin, par brise modérée, tout dessus, le cotre doubla la jetée du Croisic. Je ressentis une intense émotion quand il commença à tanguer dans la houle du large. Il faisait gris, l'hiver approchait, mais qu'importait ? Le soleil était dans mon cœur.

Tout de suite, je remarquai que le bateau était volage en diable et qu'il faudrait beaucoup de lest, même quand tout serait à bord. Mais comme il était manœuvrant et rapide ! Certains pêcheurs crurent qu'il avait un moteur.

Malgré le rigoureux contrôle des Allemands, je rentrai heureux.

J'avais désarmé la *Marilou* pour la vendre. En attendant le grand départ, je me préparai à pêcher. Il m'avait été difficile de trouver un matelot, car mon bateau ne possédait pas de moteur... Peut-être aussi les vrais pêcheurs me considéraient-ils un peu comme un amateur. Pêcher avec un yacht ! Enfin, je me liai avec un vieux marin qui avait navigué douze ans sur les grands voiliers — marin dans toute l'acception du terme, d'une race qui s'éteignait — le père Norbert Le Blond. Il était bon, droit, courageux, et la mer depuis longtemps n'avait plus de secrets pour lui. Malheureusement, avec l'âge et la misère dans laquelle il vivait, délaissé, sans argent, avec une ridicule pension qui ne lui eût même pas permis d'acheter son tabac, il était devenu presque impotent. Mais il appartenait à la race des vrais marins d'autrefois. L'hiver, l'estomac vide, pieds nus dans ses sabots de bois, tout en serrant les dents, il trouvait le moyen de sourire et de lancer un bon mot. Nous préparâmes le chalut.

Le 27 décembre, j'étais à la mer avec le père Le Blond. Il faisait très froid. De la brise plus qu'il n'en fallait. Nous nous apprêtions à filer le chalut. Je ne sais pas exactement ce qui arriva, mais mon infortuné matelot passa par-dessus bord... Je réussis à le crocher assez vite ; mais comme, saisi par le froid, il pouvait à peine bouger, il dut rester un bon quart d'heure dans l'eau avant que je parvienne à l'embarquer — et combien laborieusement ! — avec un palan. Ce fut un bel équipage que les Allemands virent arriver ce jour-là. Moi, tout nu sous mon vieux ciré, et mon matelot grelottant, malgré tous mes vêtements dont je l'avais recouvert. Et il gelait fort !

Ce petit incident se termina le mieux du monde. Le père Le Blond était un dur. Pourtant, une idée l'obsédait. Longtemps après, mon matelot me demandait encore : « C'est vous, n'est-ce pas, qui m'avez poussé par-dessus bord ? » Il ne voulait pas admettre, brave père Norbert que j'aimais bien, qu'il ne tenait plus sur ses jambes.

A mon regret, je dus songer à lui chercher un remplaçant. Mais je désarmai provisoirement et m'embarquai à la pêche sur le bateau d'un ami, au port voisin du Pouliguen.

Métier ingrat ! Je ne fus pas très chanceux avec les poissons et je crois qu'un dieu malin les écartait de mes filets ou de mes lignes.

Au printemps, la saison des maquereaux venue, je réarmai mon cotre. J'avais trouvé un nouveau matelot, vieux lui aussi, mais peu de jeunes auraient eu autant d'adresse et de vigueur. Il était haut comme trois moques[1] de coaltar et mon vieil ami Jean-Michel le surnommait le « matelot Tempête ». C'est que sa petite taille n'offrait guère de prise au vent ! Il se nommait Le Roch ; on l'appelait « le colonel ». C'était un boute-en-train inlassable, ayant toujours la plaisanterie sur les lèvres, têtu particulièrement, mais d'un bon naturel, et excellent marin.

Le *Tonnerre* navigua. Tous les jours, nous étions à la mer. L'essence était devenue presque introuvable et tous les bateaux, même les vedettes sardinières, devaient naviguer à la voile. Se rendre sur les lieux de pêche constituait souvent de véritables et passionnantes régates. Mon cotre, que je mettais au point petit à petit, y déployait ses belles qualités. Le vent ne nous arrêtait guère pour sortir. Un jour, en forçant le bateau, je cassai le gui en deux, mais je prenais de plus en plus confiance en mon voilier que chaque jour me faisait mieux connaître.

Peu à peu, je rompais avec la terre. Je m'étais installé à mon bord, j'y vivais. Et méthodiquement, sans hâte, j'embarquais mon matériel — si bien qu'un jour je fus prêt.

Je ne pensais pas revoir le froid hiver de nos climats. Avant la fin de l'été, je mettrais le cap au S.-W. Qui pouvait m'en empêcher ? J'avais les cartes utiles, les documents nautiques, mes instruments, un excellent armement. Les vivres que j'avais économisés depuis quatre ans en prenant sur mes rations me permettaient d'atteindre les Antilles.

J'étais à quelques heures de l'appareillage ; il ne restait qu'à faire le plein d'eau, à embarquer les dernières caisses de vivres et de matériel qui attendaient, soigneusement rangées dans mon local, à terre — et je fausserais compagnie à messieurs les Allemands, ce qui était facile et ne me tracassait point.

1. *Moque* est un terme consacré, que l'on emploie indifféremment pour désigner boîtes de conserve, pots de peinture, etc.

Mais les événements bouleversèrent mes projets. Les Alliés débarqués progressaient en France. Toutes les relations postales coupées, j'étais sans nouvelles de toute ma famille. Je m'inquiétais. Un vent de haine et de folie commençait à souffler sur notre pays libéré. Sous les meilleurs prétextes, les vengeances s'opéraient. Je voulus retrouver les miens. La mort dans l'âme, je me décidai à gagner Paris. Un matin, au petit jour, je quittai Le Croisic sur une bicyclette d'emprunt. L'arrachement fut cruel. Je contemplai une dernière fois, longuement, mon bateau — cet aboutissement de mes longs efforts. Je partis, à regret, sur les routes désertes, n'ayant pour tout bagage que mes grosses chaussures, ma culotte courte, ma chemise, quelques lainages dans mon sac, quelques centaines de francs, mon couteau et mon revolver. Un pauvre bougre, qui s'en allait voir de plus près la bêtise et la méchanceté des hommes...

Sur le long chemin, je faisais mon examen de conscience. Ma misanthropie n'était-elle pas condamnable ? Non, car elle s'accompagnait d'une soif de pureté. Si le mal me faisait horreur, n'était-ce pas parce que je cherchais le bien ?

Je cherchais aussi le vrai, mais où le trouver ? Je lisais assez peu. Pourtant j'avais chez moi Nietzsche, Schopenhauer, Marc-Aurèle, Épictète, et quelques autres. Hegel m'avait rebuté dès la première page, et je l'avais écarté pour toujours, ayant l'esprit simple et clair. Mais toutes ces philosophies ne mènent à rien. Je me cherchais surtout moi-même. Pourquoi chercher à voir en moi avec les idées d'autrui ?

Qu'étais-je devenu ? Un être différent des autres. Par chance — était-ce une chance ? — je m'étais tenu à l'écart de ce qui fait la vie de mes semblables. Je n'allais pas au cinéma, je ne lisais aucun journal, je n'écoutais pas la radio, les événements contemporains ne m'intéressaient nullement. Mes seuls livres, à part quelques philosophes, étaient des ouvrages nautiques. Je considérais la Science comme suspecte. J'étais à l'opposé du monde moderne.

Je ne fumais pas, je ne buvais pas. Ma nourriture était

plus que frugale. Je restais à l'écart des femmes. Je vivais pauvrement, sans feu, dans un grenier sans confort, au Croisic, en de vieux vêtements rapiécés, en culotte courte l'hiver. J'apparaissais comme un original, un fou.

Cependant, intransigeant pour moi-même, je m'avançais timidement sur le chemin de la compréhension des autres. Je commençais à trouver à l'existence quelque poésie, celle du cœur. Il m'arrivait de sortir de ma glaciale indifférence, de sourire à autrui. J'avais quelques bons amis...

En m'éloignant de la mer, à grands coups de pédales, je quittais le silence et la solitude pour tomber dans la turbulence.

Je vis de près la haine, la méchanceté, l'injustice, le mensonge, le vol, l'assassinat, la bassesse. Alliés ou Français, Allemands ou Russes, Juifs, communistes, gaullistes, miliciens, que sais-je encore ? Il y avait des hordes livrées à une excitation sauvage. C'était littéralement le règne du Mal.

Je faillis me faire tuer par les uns et par les autres. Plusieurs fois, je fus arrêté par des excités de différents ordres. Je fus même traîné devant un tribunal !

Il est dangereux d'être un solitaire. Pour les uns et pour les autres, il faut toujours que l'on soit ceci ou cela. Le monde moderne est celui du nivellement et des catégories. Malheur à qui échappe au classement.

Quand la libération fut consommée, c'est-à-dire quand le peuple eut tiré ses vengeances, j'eus le temps de m'inquiéter du sort de mon bateau. Les Allemands occupaient toujours la « poche » de Saint-Nazaire. L'issue rapide qu'on espérait tardait encore.

Un de mes meilleurs amis, Jean Quilgars, veillait attentivement sur mon cotre qui était sous ses fenêtres, et dont il avait la clé.

Je préparais mon retour au Croisic, quand un message me parvint. Les Allemands avaient forcé la porte de mon grenier, trouvé mes armes et tout pillé. Ils s'étaient emparés de mon bateau lui-même. Je ne pouvais pas retourner au Croisic sans risquer la mort, me disait-on.

D'abord la colère m'emporta : je songeai à armer un petit bateau... pour aller faire de la piraterie sur les côtes allemandes. Ils me paieraient cher d'avoir osé toucher à mon cotre. Mais je me calmai. « Si la haine répond à la haine, comment la haine finira-t-elle ? »

Les Allemands restèrent en maîtres sur la côte jusqu'au dernier jour de la guerre et les Français semblaient plus soucieux de tuer les « traîtres » au hasard que d'en finir avec les occupants.

Dès que la poche fut vidée, je revins au Croisic. Mon bateau avait disparu et personne ne savait quoi que ce fût à son sujet. On l'avait vu, un jour d'hiver, appareiller avec des hommes de la Kriegsmarine. Il ventait ; voilure arisée, il avait franchi une dernière fois la jetée du Croisic, manœuvré par des mains qui semblaient expertes, me dit-on. Jamais on ne l'avait revu.

Par la marine, je fis alerter tous les ports du littoral, mais sans résultat.

Je partis pour de laborieuses recherches, fouillant minutieusement toute la côte, questionnant les gens. Ce fut une enquête décevante. J'inspectai, aussi vainement, l'embouchure de la Loire en amont de Saint-Nazaire. Parfois, je partais sur de fausses pistes : des gens avaient reconnu le bateau, ou ils croyaient que...

Après deux semaines passées à courir les routes, à visiter les ports et tous les coins capables d'abriter un bateau, je commençais à désespérer d'aboutir. Peut-être des Allemands décidés avaient-ils pris le large avec le cotre ? N'était-il pas destiné à des voyages au long cours ?

Le 29 mai, devant la plage de Saint-Marc, à l'embouchure de la Loire, je mangeais lentement une pauvre pitance que la minceur de mon porte-monnaie me permettait tout juste de m'offrir en guise de déjeuner. Le temps était magnifique : un soleil éclatant, une mer bleue, une petite brise caressante. Pourtant je regardais avec tristesse l'horizon.

La veille, en fouillant les villas de la côte naguère occupées par les Allemands, j'avais fait une découverte alarmante : deux tiroirs de l'aménagement du poste avant de mon bateau. Mon œil était aussi tombé sur un boulon en fer galvanisé : celui de la ferrure de la barre articulée. Il n'y avait pas à s'y méprendre. Avec ma méticulosité habituelle j'avais mis, pour éviter l'oxydation, une touche de minium à son extrémité que j'avais dû scier, parce qu'il était trop long. Depuis ce temps, je me perdais en conjectures.

Comme je bouclais mon sac, un homme s'approcha. C'était un marin. Il savait ce qu'était un bateau. Je lui montrai toute une série de photos. J'eus la surprise de le voir reconnaître mon cotre, et il me fournit lui-même quelques détails caractéristiques sur la coque et sur le gréement. Le bateau avait été jeté à la côte et l'épave détruite méthodiquement pour faire du bois de chauffage. Ce fut pour moi comme un coup de massue. L'homme m'emmena dans le hangar du canot de sauvetage. J'y retrouvai encore quelques tiroirs, des bricoles, des bouts de planches dont certaines servaient maintenant à obturer les fenêtres. Puis nous allâmes sur la grève où, parmi les cailloux, je reconnus des gueuses de fonte. C'est ici même que le bateau s'était éventré, sur ces rocs impitoyables. La falaise me serait tombée sur la tête que j'aurais trouvé cela doux. Pauvre cotre, comme il avait dû souffrir ! Il ventait, sans doute, une furie de temps, mais le gréement était si solide ! Si j'avais été là, j'aurais pu tenter quelque chose, le souquer à la mort pour l'élever hors de la côte meurtrière... Sinon, désespérément, mouiller la grosse ancre avec le long câble maillé au bout de la chaîne. Hélas ! je n'étais pas là pour lutter avec lui.

Sous le hangar vide de son canot de sauvetage, je caressai la barre vernie, ma barre, à peine égratignée. Pourquoi ne l'avait-on pas brûlée elle aussi ? Respect ? Crainte ? La barre d'un voilier n'est-elle pas le lien entre l'âme du bateau et celle de son maître ? C'est bien plus qu'un symbole. Aussi, en étreignant cette relique avec force, je fis serment : « Je te reconstruirai. »

En rentrant au Croisic, je fus accueilli par une autre triste nouvelle : le père Le Blond était mort, de faim. Il n'avait pas cent francs par mois pour vivre — ce que la société appelle une « pension »... Il avait dû filer sa bosse par le bout, en douceur, souriant et résigné.

Brave père Le Blond, vous êtes là-bas, au paradis des marins, courant grand largue dans l'éternel alizé, sur une mer merveilleusement bleue et tout juste moutonneuse, à bord du grand voilier de la paix...

Quelque temps plus tard, je revins à Saint-Marc dans le petit canot à voile d'un ami. Je pensais ramener au Croisic ce que j'avais retrouvé de l'épave de mon bateau et que j'avais groupé avec soin sous une pancarte explicative — ô naïf ! — dans le grand hangar du canot de sauvetage. Il ne restait plus rien. La marine nationale avait tout pris. Quelqu'un me dit : « Voyez ces bouées, devant le port, ce sont vos gueuses qui ont servi à les mouiller. » Je serrai les poings : « Je vais les couler ces bouées — toutes ! » Mais à quoi bon ?

Pour rentrer au Croisic, le temps fut détestable. Et nous passâmes une vilaine nuit, à sec de toile, dans les grains et le tonnerre. A terre, des arbres furent déracinés. Le jour venu, en refaisant de la toile, le bout dehors fut arraché. Les dieux ne semblaient pas encore apaisés.

Je retrouvai pourtant Le Croisic, ma chambre blanchie à la chaux.

Sur son mur nu, j'écrivis en rouge les vers de Kipling :

Si tu peux voir détruit l'ouvrage de ta vie
Et sans dire un seul mot te mettre à rebâtir,
Alors...
Tu seras un homme, mon fils.

2

Construction du *Kurun*

On rend une œuvre possible
en y pensant toujours.
Tirou-Vallouvar

Que d'efforts réduits à néant ! 1937-1945. Huit ans s'étaient écoulés entre mes premiers rêves de départ et la faillite de leur réalisation, alors qu'ils étaient tout près d'aboutir. Sans un sou, et même quelque peu endetté, j'eus des moments de découragement. Cependant, la *Chanson du Pirate* chantait toujours en moi :

Car mon bateau est mon Trésor,
Mon Dieu, la Liberté ;
Ma Loi, la Force et le Vent,
Et mon unique Patrie : la Mer[1].

Quelques gestes généreux me touchèrent. Mon ami Jean Quilgars avait multiplié ses efforts pour sauver mon bateau. A la barbe des Allemands, il avait enlevé à mon bord tout ce qu'il avait pu : linge, livres, instruments, outillage.

Un homme de la Kriegsmarine, un vrai marin qui avait navigué à la Grande Pêche, avait soigneusement mis de côté mon sextant qu'il confia à mon ami Quilgars à mon intention. C'était le sextant de mon père, et je fus particulièrement heureux de retrouver ce souvenir auquel je tenais.

1. « Canción del Pirata », Jose de Espronceda.

Enfin, le père Bureau, comprenant ma peine, m'offrit plus tard de mettre en chantier pour moi un nouveau bateau. « Vous me paierez quand vous aurez de l'argent — un jour. » Cette offre était bien tentante mais j'eus scrupule à l'accepter.

Un autre espoir, d'ailleurs, s'offrait à moi. Mon bateau était armé en pêche ; j'étais inscrit maritime, j'avais des droits à faire valoir. Je me mis donc à constituer mon dossier de dommages de guerre. Je retiens la date du 9 juin comme celle d'un événement : je fis la connaissance, grâce à un ami, de M. Leroux qui, par un long bail, s'était assuré des Chantiers de constructions navales du vieux père Bihoré, au Croisic. Il me proposa de construire mon nouveau voilier, à des conditions avantageuses, et avec la seule garantie que constituait le règlement futur de mes dommages de guerre.

Il avait avec lui comme contremaître un charpentier de marine particulièrement expert, Jean Moullec. J'acceptai, plein d'émotion, voyant déjà mon bateau en chantier.

Le 13 du même mois, j'allai consulter l'architecte naval Dervin. Il m'accueillit avec autant de gentillesse que de désintéressement. Mon projet avait donc pris corps. Mais tout cela était trop beau : le 15 juin, j'apprenais que la classe 1940, à laquelle j'appartenais, serait mobilisée fin août. Je dus délaisser mon projet et mes rêves et me plier à la réalité.

Le 10 août j'arrivai au dépôt des équipages de la flotte, à Vannes, le cœur débordant de rage, malgré ma calme apparence, à l'idée de me soumettre à un internement de trente mois. Je ne pouvais admettre ce trou noir de deux ans et demi creusé dans mon existence. Bientôt, les trente mois furent ramenés à six et ma rébellion se calma un peu.

Je ne cessais point, pour autant, de penser à mon bateau, et j'utilisais à m'en occuper tout le temps que je pouvais dérober à la vie militaire.

Un trouble supplémentaire intervint : je fus désigné pour l'Afrique. Voyant tous mes projets de construction compromis par l'éloignement, j'exposai sans détour mon cas au commandant du dépôt. Celui-ci se montra compréhensif, et je restai en France.

J'embarquai, cependant, à bord d'un transport de l'État. Un voyage en Angleterre me permit de consacrer le peu d'argent dont je disposais à de menus achats de matériel inexistant en France, à l'intention de mon futur bateau.

La fin de mon service me vit à Paris, à l'École militaire. Régulièrement, le soir, je sautais le mur pour aller travailler à l'étude de mon bateau. Un jour, je fus pris et puni. Les chefs qui me réprimandèrent haussèrent les épaules quand j'affirmai que je « faisais le mur » pour un tout autre objet que d'errer à Montmartre ou à Montparnasse, et je haussai les épaules à mon tour.

Enfin, le 2 février 1946, je fus démobilisé.

J'étais enfin libre de me remettre au travail. Je m'occupai de mes dommages de guerre — une tâche laborieuse, interminable — et de mon futur voilier.

Le 1er mai, à Pavillons-sous-Bois, Dervin m'en remit les plans. Ainsi mon bateau n'était plus un vague idéal : il était conçu, précisé, jusque dans les petits détails.

Il n'était pas question de refaire le bateau perdu, bien qu'il ne fût pas sans qualités : le *Tonnerre*[1] avait une coque puissante, aux œuvres mortes volumineuses, très défendue de l'avant et à la tonture très prononcée. La largeur généreuse, le franc-bord important, les formes évasées lui donnaient une stabilité et une réserve de flottabilité considérables. Le rouf, un peu haut, n'était peut-être pas très élégant ; mais le bateau était excellent dans l'ensemble : stable, rapide, bien équilibré, manœuvrant, confortable : le bon petit bateau de mer que j'attendais. Un peu trop petit, peut-être, pour courir l'Océan ? Sans la maudite question d'argent, j'aurais certes voulu une coque un peu plus grande...

1. 8,63 m x 3,15 m x 1,40 m.

La question s'est souvent posée : quelle est la longueur minimum de sécurité à donner à une coque destinée à affronter toutes les mers ? J'avoue qu'aujourd'hui encore, je serais embarrassé pour répondre avec certitude. Je hasarderais : une dizaine de mètres... et, peut-être, y ajouterais-je deux mètres de plus ! A ce sujet, du reste, l'expérience des autres est profitable. Si Slocum avait reconstruit son *Spray*, il eût conservé les mêmes lignes, mais vraisemblablement agrandi son bateau. Et Slocum fut le plus extraordinaire marin de tous les temps. En général, ceux qui ont fait de grandes traversées et les ont préparées avec d'autres soucis que de rechercher l'originalité et le tape-à-l'œil, ont choisi des bateaux d'un certain tonnage, s'ils avaient l'argent nécessaire à leur construction.

Cependant, à mon humble avis, la sécurité d'un bateau est plus affaire de bonne conception que de dimensions. Un petit bateau peut être aussi sûr qu'un grand, et souvent même davantage, s'il est mieux conçu, mieux construit, mieux gréé, mieux armé.

Dans l'élaboration d'un bateau de mer, le premier souci est celui de cette trinité : largeur, franc-bord, pas d'élancement.

La stabilité d'une coque de voilier est l'élément fondamental. Elle implique donc la largeur. Obtenir la stabilité uniquement par le poids est à prohiber sur un bateau de haute mer, ne serait-ce que pour éviter des « rappels » trop brutaux. Néanmoins, la quille métallique est indispensable sur un bateau de grandes croisières, pour le rendre inchavirable. Chacun sait que si une coque de très grande largeur, mais sans lest extérieur, a une stabilité initiale considérable, il arrive un angle de gîte où le couple de redressement s'annule... et le bateau chavire ! Le *Spray* illustre parfaitement cet exemple. Si j'éprouve une certaine tendresse pour ce vieux bateau — et quel marin ne partage ce sentiment ? — je dois aussi reconnaître là sa faiblesse. Des spécialistes l'ont démontré, et l'expérience l'a prouvé de façon cruelle. Les Américains, aussi fidèles qu'enthousiastes, ont reconstruit plusieurs voiliers exactement sur les lignes du fameux sloop de Slocum. Il y eut des accidents mortels. Je connais au moins un cas où l'un de ces bateaux a chaviré. Certains prétendent du reste que le *Spray* s'est perdu de cette façon.

Par contre, une coque comme celle du *Firecrest* est exactement à l'opposé, puisque toute la stabilité est dans la quille. Mais, à côté de bien des qualités, il en résultait un bateau brutal, gîtard, souvent invivable. A mon avis, c'est un type à rejeter.

Certains croient que la largeur d'une coque est un obstacle à la vitesse. C'est une erreur, car c'est surtout la longueur de flottaison qui détermine la vitesse limite.

Après la largeur, le franc-bord est une donnée essentielle. Une bonne réserve de flottabilité est primordiale pour un petit bateau ; c'est une de ses meilleures sauvegardes dans le mauvais temps. On a, du reste, trop tendance à juger du franc-bord sur plan, ou en admirant les bateaux sur l'eau paisible d'un port : à la mer, il ne reste plus grand-chose de ce franc-bord. Il suffit de regarder un voilier taillant de la route par brise fraîche pour en être persuadé.

Quant aux élancements, ils sont à rejeter sur un bateau de haute mer. Trop développés, ils fatiguent beaucoup la coque ; dans la structure du bateau, c'est un élément de faiblesse : ils diminuent la résistance de la coque. Les exemples abondent pour le prouver. Combien de beaux dundees de la côte française Atlantique ne se sont-ils pas perdus à cause de leur voûte : voie d'eau dans les coups d'acculée à la cape. Il n'est pas inutile de rappeler ici le grand Slocum : « Des marins d'eau douce m'ont demandé : “ Où sont ses élancements ? ” Ceux-là n'avaient jamais traversé le Gulf-Stream par un coup de N.-E., et ils ignoraient totalement ce qu'il faut pour affronter n'importe quel temps. » Notons également, à ce sujet, qu'un fort élancement arrière implique la jaumière, qui est presque toujours une source d'ennuis supplémentaires : Bernicot en a fait l'expérience à bord de sa célèbre *Anahita*. Pour les petits bateaux, rien ne vaut le gouvernail extérieur.

Quand je décidai la construction de mon nouveau bateau, j'avais sur ses formes des idées très précises. J'éprouvais un faible particulier pour les types « norvégiens », et les créations de Colin Archer m'ont toujours paru proches de la perfection.

Je connaissais, j'avais étudié en détail les grandes traversées de mes prédécesseurs sur de petits voiliers. J'ai donné en partie mon appréciation sur le *Spray* et le *Firecrest*. Quant à *Anahita* je le trouvais trop yacht ; d'aspect insuffisamment marin, bien que son propriétaire, le capitaine Louis Bernicot, eût réalisé un des plus beaux tours du monde qui aient été faits, et doive figurer, à côté de Slocum, comme un des grands maîtres de la circumnavigation solitaire. L'*Islander* d'Harry Pidgeon me paraissait vraiment très laid, et trop léger. Par contre, une coque comme celle du magnifique *Teddy* d'Erling Tambs me laissait rêveur et plein d'admiration.

Je n'avais sous la main aucun plan qui me convînt vraiment, et je ne voulais pas me hasarder à en créer un moi-même. Consulter un homme de l'art s'imposait, mais je me suis toujours méfié des architectes navals, car, s'ils savent généralement beaucoup de choses, ils en ignorent aussi parfois quelques-unes ; cela peut avoir de graves conséquences, car la réalisation d'un voilier de grande croisière ne souffre aucune erreur, aucune médiocrité. Avec Dervin, dont j'étudiais les plans depuis des années, je n'avais pas cette crainte. Cet architecte avait le mérite d'avoir navigué, possédé des bateaux et même un chantier de construction navale. Il faut se méfier de ceux qui dessinent des bateaux et n'ont jamais reçu un paquet de mer en pleine figure.

Tel n'était donc point le cas de Dervin. J'avais souvent discuté bateaux de mer et longues croisières avec lui quand j'avais mon premier cotre. Nous n'étions pas toujours du même avis, et il me disait : « C'est folie que de vouloir faire autre chose que du petit cabotage avec un bateau de la taille du vôtre. » Pour mon nouveau bateau, je ne lui dis pas tout l'usage que j'en comptais faire et sur l'en-tête de son plan il devait le baptiser « yacht de pêche ».

Le *Kurun* est un « norvégien » dont voici les caractéristiques initiales :

Longueur totale	10 m
Longueur de flottaison	8,36 m
Largeur totale	3,55 m
Largeur de flottaison	3,20 m
Tirant d'eau	1,60 m[1]
Déplacement	8, 5 t
Quille fonte	1 900 kg

La coque est puissante, bien défendue, dotée d'une grande stabilité initiale avec bonne réserve de flottabilité. Elle donne un bateau gîtant peu, sec et aux mouvements doux. La quille longue et le balancement des lignes sont des éléments de base pour une très bonne stabilité de route — ce qui est important.

Le bateau est entièrement ponté et constitue un véritable caisson étanche quand toutes les ouvertures sont condamnées. Celles-ci se limitent aux deux panneaux de descente de l'avant et de l'arrière et à celui du rouf. Ce dernier a été réduit le plus possible dans ses dimensions : sa longueur n'est que de 3,07 m, en laissant des passavants de 0,71 m de large. Le pont comporte une particularité à laquelle on n'est pas habitué sur les petits yachts : l'absence de cockpit.

Le cockpit crée une discontinuité inesthétique sur le pont, dont il diminue en outre la solidité. D'autre part, il enlève à

1. Après essais le bateau fut lesté davantage. En croisière, avec tout le matériel à bord, le plein d'eau et des vivres, le tirant d'eau est voisin de 1,73 m, ce qui correspond à un déplacement supérieur de deux tonnes à celui qui était prévu.

l'intérieur un volume très appréciable pour l'aménagement. J'ai adopté une solution simple : le banc de quart — qui a l'avantage de laisser le barreur sur le pont même, donc de faciliter la manœuvre (au lieu de le contraindre à enjamber le cockpit). En outre, cette solution laisse le pont dégagé à l'arrière — ce qui permet d'y arrimer la prame[1] et les béquilles, que l'on ne saurait pratiquement loger ailleurs.

Le pont est ceinturé d'un pavois de 0,29 m de haut ; ce qui est indispensable tant pour la sécurité de l'équipage que pour empêcher le matériel de passer par-dessus bord.

Le gréement est classique : c'est le bon vieux cotre à corne traditionnel, au plan de voilure largement étalé dans le longitudinal. La hauteur du mât a été réduite au minimum : neuf mètres au-dessus du pont. Avec quatre haubans de douze millimètres de chaque bord, deux drailles et l'étai devant, le cotre est pratiquement indémâtable. Il n'y a pas de bastaque. Pour la grande croisière, un gréement doit être simple et très robuste.

Beaucoup se sont moqués du long bout-dehors : trois mètres à l'extérieur. Cependant le foc, ainsi amuré très sur l'avant, a un effet remarquable pour le réglage de l'équilibre, notamment aux allures portantes. Dans le Pacifique je devais, du reste, faire l'essai d'un gros bambou que j'utilisais en bout-dehors volant et qui dépassait l'étrave de six mètres ! Un petit foc bordé plat envoyé à son extrémité permettait au cotre de rester en route, barre amarrée au grand largue ; résultat qui n'était pas sans intérêt.

Kurun est un voilier pur, et j'aurais considéré comme sacrilège d'introduire un moteur, un amas de ferraille dans sa belle coque de chêne. La voile est le plus merveilleux moyen de propulsion. Elle permet de mieux sentir les forces de la nature et de les utiliser. Elle met l'homme plus près de la vie et développe chez lui des sens plus subtils.

1. 1,80 m x 1,10 m, dessinée par Dervin. Je l'avais sensiblement améliorée en augmentant le franc-bord à l'avant et en accentuant sa tonture.

Cela nécessite, certes, une longue initiation aux lois d'Éole et de Neptune qu'il faut connaître dans toutes leurs finesses et jusqu'à l'inexplicable...

La rapidité, que l'homme moderne recherche avec frénésie, et qu'il ne cesse d'accroître, le marin de la voile s'en rit. Il est d'un autre âge. Il sait que la saine élaboration de toute chose nécessite le temps qu'il faut et aussi l'effort.

Le développement de la machine a faussé bien des notions. Grâce à elle, un souffreteux peut l'emporter sur l'homme fort. Elle pallie aussi l'ignorance et la faiblesse. A bord, un moteur tire d'embarras l'ignorant qui s'est mis dans un mauvais cas. Le marin à la voile, lui, doit savoir et surtout prévoir. La voile est une merveilleuse école !

Je n'avais demandé à Dervin que les plans de formes. Il tint, cependant, à me faire le plan de voilure et celui de la charpente.

Le bateau était conçu définitivement sur le papier, mais sa construction devait être longue, laborieuse, parfois décevante. On trouvait peu de chose en France, partout régnait le marché noir. Mon constructeur avait, d'autre part, des soucis qui ne lui permettaient pas toujours de s'occuper de mon bateau comme je l'eusse souhaité. Quant à mes dommages de guerre, sur lesquels je comptais pour la finition, l'armement et la mise au point du *Kurun*, ce fut une affaire compliquée, qui traîna en longueur, malgré les dispositions favorables dont bénéficiaient les marins pêcheurs. Ces lenteurs étaient d'autant plus catastrophiques que les dévaluations se succédaient comme les vagues de l'océan.

Le *Kurun* devait s'élaborer péniblement, patiemment, morceau par morceau.

D'abord il n'y avait ni bois ni chevillage. Le hangar sous lequel il devait être construit était inachevé !

En attendant qu'on entreprît cette construction difficile, j'eus l'idée de faire un peu de pêche, car il fallait bien manger. J'acquis un tout petit canot à voiles, le *Tabou*, qu'un de mes amis me vendit quinze mille francs, par esprit de camaraderie. Mais la tentative ne fut pas heureuse et je n'eus que des déboires. Pour une stupide affaire de forme, le préposé de la Marine me créa, sans grand motif, nombre de difficultés. On me refusa un « rôle ». Je sortis quand même à la mer et je fus menacé de procès-verbal en cas de « récidive ». Privé du rôle de pêche, je dus armer en plaisance. Mais la vente du poisson me fut interdite aussitôt. La malchance me poursuivait. Je me vis obligé de revendre mon canot.

Le 9 septembre 1946, miracle ! On commence le *Kurun*. Au chantier voisin, car la place manquait au chantier Leroux, nous procédâmes, Moullec et moi, au « tracé en salle » de la coque : cela consiste à dessiner le bateau en vraie grandeur sur un plancher bien plan. L'opération fut aussi émouvante que précise : toutes les lignes concordaient parfaitement avec le plan au dixième. J'eus seulement une impression curieuse : le bateau me semblait petit ! Les jours suivants les gabarits furent faits, ainsi que le moule de la quille en fonte. On débita l'étrave, le marsouin avant et le massif arrière. C'était un beau début, mais on devait longtemps en rester là.

Le 29 décembre, la quille en fonte, fondue grâce à l'obligeance des Chantiers Dubigeon, à Nantes, arriva au Croisic. Nous eûmes des déboires avec les boulons de quille qu'il fallut refaire et la quille fut enfin mise en place le 21 janvier 1947. Une nouvelle pause suivit et les gabarits ne furent en place que fin mars. Ce n'est qu'en mai qu'on reprit vraiment le travail. C'était merveille que de voir Moullec et Marcel travailler. Ils étaient l'un et l'autre des rois de l'herminette et de la varlope. Ma présence éternelle les agaçait un peu, et surtout ma recherche de la perfection. Moullec et Marcel, Bretons têtus, grognèrent plus d'une fois ; mais, par la suite, nous devînmes de très bons amis : notre idéal n'était-il pas commun ?

On eut peine à trouver l'acacia convenable pour les

membrures ; les carvelles, pour le chevillage, nous donnèrent bien du souci. Il fallut les reforger une à une.

Enfin, le 29 mai, on entreprit de membrer le bateau. Nous étions quatre pour ployer ces membrures de 45 x 50 de section, sortant toutes chaudes de l'étuve. Le soir, quarante-quatre membrures étaient en place et nous ne devions terminer que le surlendemain vers midi ; ce fut un beau travail.

Peu à peu, la carcasse prenait allure de bateau.

Le 9 juillet marqua un grand événement. Il pleuvait et il y avait grosse brise au large. Les nuages défilaient rapides au-dessus du port. C'était bien un temps pour que le fils du *Tonnerre* apparût enfin sous le ciel. Ce matin-là, le cotre fut mis dehors et, pour la première fois, je pus l'admirer vraiment, car le hangar où il avait été construit était si petit que l'on pouvait juste tourner autour du bateau.

Tout le monde fut satisfait de la belle coque. Rien ne choquait l'œil. Je tournai autour, la regardai sous tous les angles. Elle était parfaite.

Le bateau fut placé au haut de la grève qui avait déjà vu le lancement du *Tonnerre*. Il devait y rester plusieurs mois encore, pour l'achèvement. Aucune ferrure n'était encore en place, on ne pouvait le mettre à l'eau ainsi.

Je ne restai pas inactif et continuai le masticage, la peinture et autres détails ; mais il fallut attendre l'automne pour que le chantier commençât à s'occuper des emménagements. J'avais eu le temps de les étudier longuement et au centimètre près.

J'avais dessiné plusieurs projets d'installation intérieure et je m'étais arrêté à la solution la plus simple et la plus pratique. Souvent, dans les petits yachts, on veut placer trop de choses ; on aboutit alors à un compartimentage peu favorable à l'existence à bord. Comme mon bateau devait être ma seule habitation pendant plusieurs années, il importait de réaliser un intérieur suffisamment confortable et adapté non seulement à la vie au port, mais aussi à celle du large, qui est fort différente.

Une coque comme celle du *Kurun*, large et volumineuse, se prêtait à une telle installation et je cherchai à me donner le maximum d'aise en aménageant une vaste cabine.

J'aboutis à la solution suivante : deux cloisons, comportant chacune un passage (la porte est toujours un ennui à bord des petits bateaux) divisent l'intérieur en trois compartiments. La partie centrale constitue la cabine proprement dite, de 3,82 m de longueur avec 1,82 m de hauteur sous barrots de rouf. A la descente, on trouve à tribord la cuisine et, à bâbord, la table à cartes ; puis deux couchettes symétriques de 1,90 m x 0,80 m. Au-dessus de l'emplacement des caisses à eau, au pied des couchettes, à bâbord, un vaste placard à linge et, à tribord, une grande étagère. En abord de chaque couchette, une large galerie avec caissons et alcôve.

La table à cartes est fixe ; toutes les cartes s'y logent sans difficulté, sans pliage, dans un tiroir approprié. Les dépendances de la table à cartes ont été étudiées pour qu'on ait tout à portée de la main. Avec le matériel de bureau, la papeterie et les documents usuels, les instruments de bord : montre d'habitacle, baromètre, chronomètre (sur étagère rabattable et à tirette), etc. ont leur emplacement respectif. L'optique du bord, qui a là sa place, peut être utilisée directement du pont sans qu'on soit obligé de redescendre dans la cabine. Un verre prismatique évite le « faux jour » sur la table et le « hand bearing compass[1] », fixé sur la cloison, permet de vérifier le cap sans bouger. Le compas de route, dont la lecture se fait du pont par un verre rectangulaire placé sur l'arrière du rouf, est visible de l'intérieur. Un autre compas, celui-là renversé et situé au-dessus de la couchette du capitaine, permet aussi de suivre la route sans bouger de la couchette.

La cuisine fait pendant à la table à cartes. Elle comporte

1. Compas de relèvement à main.

un vaisselier assez complet, quoique simple, et qui permet de loger, parfaitement arrimés, assiettes, tasses, verres, bouteilles d'usage courant. Un petit évier avec évacuation directe à la mer se trouve au-dessous de la petite pompe semi-rotative Japy qui amène l'eau des réservoirs. La cuisson des aliments est réalisée sur un fourneau à pétrole du type « Primus » à double cardan, qui permet de cuisiner quel que soit le temps — ce qui a son importance.

Le poste avant et la soute arrière comportent chacun deux longs et larges cadres symétriques qui, en fait, sont utilisés comme étagères. Dessous se trouvent de grands caissons et des tiroirs. Ces deux compartiments sont réservés au matériel proprement dit : voilerie, outillage, rechanges et entretien à l'avant — cambuse à l'arrière.

Pour des raisons d'ordre et de commodité, j'ai doté l'intérieur de vastes tiroirs au nombre de trente et un. Cette solution est heureuse et permet de ranger les objets convenablement, sans les mélanger. D'ailleurs, à bord d'un bateau, une place précise doit être assignée à chaque objet, en sorte que l'on puisse, à tout moment, saisir rapidement et sans aucune hésitation ce dont on a besoin.

Les W.-C. trouvent leur place au pied du mât, face au poste avant. L'espace disponible au-dessous du plancher de l'intérieur, reçoit, outre le lest, les ancres, les chaînes, la peinture, la cave, quelques vivres.

A la fin de février, la mise à l'eau du *Kurun* devint une nécessité, car Moullec devait lancer un chalutier et mon bateau gênait l'opération. Le forgeron n'avait pu mettre en place que les ferrures de gouvernail et les cadènes de haubans. J'aurais voulu que le travail fût terminé ; néanmoins, après bien des discussions, l'opération fut décidée.

Il faisait froid ce 26 février, avec la brise de N.-E., quand, de bonne heure, j'arrivai au chantier. L'opération consistait à descendre le bateau, sur des glissières suiffées, jusqu'au bas de la grève, en profitant de la basse mer.

Je n'étais pas très valide, je m'étais fracturé un pied bêtement peu de temps auparavant, et le médecin m'avait recommandé l'immobilité ! Mais les bras ne manquaient pas. Plusieurs camarades étaient venus m'assister, ainsi que quelques pêcheurs.

On eut beaucoup de peine à descendre le bateau. Au début de la manœuvre, il partit tout seul, et le ber, pourtant retenu par un palan au haut de la grève, se brisa. Cramponné sur le pont, j'eus quelques instants d'émotion : le bateau tomba et se coucha — heureusement il n'eut pas une égratignure. La quille, en s'enfonçant de près d'un pied dans le sable, avait amorti le choc. L'adresse de Moullec dans les manœuvres de force rétablit la situation : quelques heures après, le bateau, parvenu au bas de la grève, attendait la marée.

Le flot, avec la grande marée, arriva rapidement. Bientôt il lécha la quille. Avec mes quelques amis, j'attendais sur le pont. Petit à petit le bateau se redressa, avec une conviction qui témoignait déjà de sa forte stabilité. Enfin à 16 h 30, après que la quille eut raclé un peu la grève, le cotre flottait librement ; dans le courant violent, il évita rapidement pour faire tête sur l'ancre que j'avais disposée à basse mer. Ce fut une minute émouvante ; je brisai sur l'étrave une bouteille que je gardais précieusement, lourde de symbole ; n'y avais-je pas recueilli un peu d'eau de mer puisée à Saint-Marc, à l'endroit précis où mon premier bateau avait été jeté à la côte !

28 octobre 1943-26 février 1948 : sur la même grève, à une demi-encablure près, le *Kurun* se substituait au *Tonnerre*. C'était plus de quatre ans de mon existence et bien des déboires, mais la magnifique coque était à l'eau. J'étais heureux.

Le *Saint-Yves*, cotre mixte de pêche qui attendait ce moment, vint nous passer la remorque.

La ferrure de la barre de gouvernail n'était pas encore prête ; je gouvernai avec un aviron saisi près des chaumards arrière. J'observai comme le *Kurun* avançait dans l'eau sans effort.

Le cotre fut mis à poste, sur ses béquilles, à la grande Jonchère, à l'endroit même où jadis était amarré le *Tonnerre*.

Je ne restai pas inactif, mais l'on ne put mâter, avec une bigue, que le 26 avril. Enfin le bateau allait ouvrir ses ailes, ressembler à un voilier !

La première sortie ne put avoir lieu que le 13 juin. Il faisait très beau et j'avais convié quelques amis à venir partager ma joie. La voilure établie, l'appareillage s'accomplit dans les règles, sans une faute, en faisant croupiat. La brise était debout et il fallait sortir du port en louvoyant. Je ne connaissais pas encore les réactions du bateau. Je mis pourtant du vent dedans, et le cotre prit de l'erre. Mon cœur battit un peu quand je mis la barre dessous pour effectuer mon premier virement de bord. Le *Kurun* obéit, docile, malgré la faible brise. Nous remarquâmes que le sillage était insignifiant et que le cotre ne demandait qu'à progresser.

Ce fut une belle sortie. Nous rentrâmes tard le soir, et la brise, qui avait fraîchi, permit au bateau de montrer ses qualités de vitesse. Évidemment, il avait besoin de beaucoup de lest, mais la coque n'avait encore « rien dans le ventre ». Mes compagnons partis, je mis de l'ordre à bord et me couchai satisfait.

A quelque temps de là, je fis ma première sortie seul en mer. C'était un dimanche au début de l'après-midi ; il y eut du monde à me regarder, notamment des marins d'expérience, prompts à la critique. L'appareillage fut laborieux mais correct. Le cotre m'apparaissait encore bien lourd pour que je le manœuvre seul... Je faillis — horreur ! — emboutir un canot, car je n'avais pas quitté assez vite la manœuvre à l'avant pour revenir à la barre. Si douce que me fût pourtant ma solitude sur mon voilier, la sortie fut courte. La brise était fraîche, le temps menaçant, j'étais las et n'avais guère envie de passer une nuit dehors dans ces conditions, sur un bateau volage par surcroît. Je rentrai à la mi-jusant poussé par une bonne brise de N.-W., et refoulant sans effort le courant, pour venir mouiller dans le poul sur mes marques habituelles. Je passai la nuit à bord, mais ne pus fermer l'œil sur ma dure couchette. Le temps s'était gâté ; toute la nuit j'écoutai le vent chanter dans le gréement, ruisseler la pluie sur le rouf. Le mal aux reins que je ressentais, dans le silence du mouillage, me faisait songer à tous les efforts, toutes les épreuves qui seraient liés à ma navigation future. Le lendemain matin, avec ma courbature, je dus me forcer pour embarquer dans ma prame et nager vers le quai.

En dépit de l'apparence, il restait beaucoup à faire sur le *Kurun* pour qu'il fût en état de prendre la mer. Les Forges de l'Ouest, à Saint-Nazaire, proposèrent obligeamment de se charger des principaux travaux de finition.

Le 11 juillet dans la matinée, j'appareillai donc du Croisic. Après quelques difficultés, notamment pour passer le sas seul à bord, j'étais en fin d'après-midi dans le bassin de Saint-Nazaire. Ce grand port, peu fait pour un petit bateau, me donna bien du souci pour manœuvrer entre les autres, mais les ateliers nazairiens firent un excellent travail. Le *Kurun* revêtit son allure de grande croisière. Les emplacements prévus pour les caisses à eau reçurent des réservoirs en forme, d'une contenance totale de trois cent soixante litres, judicieusement installés et reliés à la pompe de la cuisine. La cabine fut dotée d'un placard supplémentaire. On fixa sur le pont des chandeliers à double filière, et un portique de bôme. On confectionna des tangons en spruce pour les trinquettes jumelles et une potence en tête du mât. 600 kg de gueuses en fonte complétèrent le lest. Et quantité d'autres détails...

Le 27 août au matin, tout était en ordre, j'appareillai de Saint-Nazaire, avec mon père qui était venu me rejoindre. Il y avait grosse brise, le temps n'était guère engageant et le baliseur *Paul-Leferme* lui-même, commandé par mon ami Hougard, dit « bras d'acier », avait hésité à sortir. Il avait pourtant pris la mer et la sortie du *Kurun* fut largement facilitée dans le sas par les bras habiles et complaisants qui nous filèrent la remorque du *Paul-Leferme*. J'étais heureux de voir le cotre dans ses lignes, enfin bien lesté, assis solidement sur l'eau. La remorque larguée, j'établis la voilure et le *Kurun* se mit à faire une jolie mousse. Mon père et moi avions plaisir à voir le bateau, qui s'inclinait à peine dans les rafales, courir grand erre. Nous devions faire vingt-deux milles en trois heures et demie. Je m'estimai satisfait, ce jour-là, en mouillant dans le Poul du Croisic. Je pensais avec confiance à mon grand voyage.

Mon intention avait été, l'hiver précédent, d'appareiller pour Madère vers la mi-août. J'avais escompté terminer mes travaux plus tôt. La saison, maintenant, était avancée. De plus, il me manquait encore un matériel indispensable — une prame neuve, mon ancre flottante et tout un matériel que j'avais en Angleterre. Il fallait, pour partir, attendre la saison prochaine.

En attendant, je naviguai un peu sur la côte pour mieux connaître les réactions du bateau, pour achever une minutieuse et attentive mise au point.

Les beaux jours revenus, je fis toutes les peintures intérieures et refis celles du pont. Les bois d'iroko du pont et du rouf m'avaient donné du souci : la peinture que j'y avais passée l'année précédente n'avait jamais bien séché[1] ; il me fallut tout gratter consciencieusement puis passer deux couches de minium avant les trois couches de peinture blanche. Je n'avais pas voulu vernir le chêne de l'aménagement avant d'avoir terminé les travaux intérieurs. L'intérieur m'apparut enfin impeccable, propre, net. Je m'installai alors complètement à bord et embarquai tout ce qui m'était nécessaire pour mon voyage. Ce n'était pas

1. Ce bois a une réaction sur les peintures ordinaires.

peu de chose. J'avais pensé et repensé à tous les détails pendant des années, au point que certains se moquaient un peu de ma minutie.

Enfin mon rêve d'adolescent allait se réaliser : faire le tour du monde à la voile. Pourtant quelle différence entre l'enfant de dix-sept ans qui avait rêvé et l'homme de vingt-neuf ans qui allait partir !

Installé à bord, j'avais déjà rompu avec la terre et j'allais rompre, en un certain sens, avec l'existence des hommes. Cependant, ces années m'avaient beaucoup apporté et, malgré l'apparence, elles avaient été riches et fécondes.

Le soin de mon bateau m'avait libéré de presque tous les désirs. Je m'étais donné une discipline, j'avais appris à mieux penser, à mieux me connaître, à juger le monde moderne et sa monstruosité. J'étais mûr pour le départ.

3

Le grand appareillage
Premières escales

J'ai toujours désiré partir seul. Quand j'eus construit mon *Tonnerre* et, plus tard, mon *Kurun*, des camarades, à diverses reprises, m'avaient demandé de partager certains de mes futurs voyages. Enthousiasmes fugitifs qui n'avaient ni base ni solidité.

A mesure que mes préparatifs avançaient, il m'apparaissait clairement que je n'aurais plus un sou vaillant le jour du départ. Je m'étais débattu comme un diable pour toucher mes dommages de guerre et, si j'avais déjà reçu les principaux versements, j'avais presque tracé une croix sur le solde qui, cependant m'eût tiré d'affaire.

Mais cette impécuniosité ne me décourageait nullement.

Il ne me manquait, pour partir, que mon matériel anglais. Un pêcheur de l'île de Sein qui avait relâché dans un port de la Cornouaille britannique me l'apporta finalement.

Mes parents, voyant approcher la date du départ, avaient quelque anxiété à la pensée que j'appareillerais seul. Le 13 août, ils m'envoyèrent Gaston Dufour désireux d'embarquer et dont ils connaissaient l'oncle.

Ce garçon de vingt-cinq ans, de bonne famille, arrivait d'Indochine où il avait combattu deux ans. Robuste, sportif, il avait navigué sur de petits yachts et savait barrer un bateau. Il me fit une favorable impression.

Le 4 septembre, j'allai à Paris dire au revoir à ma

famille. Sur ses instances, je pris la décision d'embarquer Dufour.

Dernières courses dans la capitale : au Service hydrographique, j'achetai tout un lot de documents nautiques nécessaires. Par manque d'argent, je ne pus acquérir la plupart des cartes qui concernaient la seconde partie de mon voyage. Cette lacune devait me créer des soucis par la suite. Mais je ne pouvais faire mieux.

Le 7, je revins au Croisic et mis le bateau à quai. J'embarquai le dernier matériel, du linge, des livres, des vivres. Je rangeai, arrimai. Le cotre, rempli d'une manière incroyable, s'était légèrement enfoncé.

Le 13, en fin d'après-midi, Dufour vint s'installer à bord. Curieusement impatient de partir, il manifesta son mécontentement d'avoir à rester quelques jours de plus au Croisic : quelques affaires m'y retenaient encore et j'attendais la visite de mon père.

Le temps, d'ailleurs, n'était guère propice à l'appareillage, que je dus différer jusqu'à la mi-septembre. Enfin, je pus le fixer pour l'après-midi du 19.

La matinée fut affairée. Ultimes courses, vivres, complément d'eau. Je réglai mes dettes. Pour la dernière fois je déjeunai à terre, avec mon père.

Le Croisic, vidé de ses estivants, avait un aspect bien paisible. Je traversai les rues silencieuses. Le petit port m'apparaissait encore plus calme, plus attachant avec ses vieilles maisons, ses quais de granit.

C'était un jour comme les autres, déjà gris, déjà moins chaud, qui sentait l'automne.

Mon départ était ignoré. Je n'aime pas le bavardage et je m'étais tu. A ceux que je connaissais le mieux, cependant, je m'étais risqué à dire, quelques jours auparavant, que j'avais l'intention d'aller bientôt jusqu'au Maroc.

Sur la jonchère, il y avait quelques intimes, qui eux, savaient — mais ils avaient gardé le silence. Et c'était bien ainsi. Le *Kurun* s'en irait tout doucement, inaperçu.

Mon père avait arrimé avec un soin particulier le petit baril de galère sur le rouf. Mes amis les plus intimes étaient là : André Bligné et Jean Quilgars : Jano, qui arrivait tout juste de la pêche, avec sa petite vedette, l'*Indomptable* ; Jean-Marc Eudel, bon camarade aussi, quoique plus âgé ; avec eux, quelques membres de ma famille, quelques amis de Dufour, une camarade, des enfants. Je n'avais pas voulu que ma mère fût présente. Les grands appareillages ne sont pas l'affaire des femmes et c'en était un, car si rien ne venait changer le serein aspect du Croisic, le *Kurun* n'en allait pas moins partir pour le tour du monde.

Le jusant s'était fait. 16 heures : paré à appareiller. Larguer devant ! J'ai établi le foc n° 2. J'embraque derrière le dernier bout passé en double dans l'échelle du quai. Avec le dévent des maisons, le cotre s'éloigne presque imperceptiblement. Les bras vigoureux de mes compagnons, joints aux miens, ont vite fait d'envoyer la grand-voile et de l'étarquer à bloc. Le *Kurun* s'avance vers la sortie de la darse, tout doucement, si doucement qu'il semble hésiter à quitter son cadre familier.

Mais il se dégage ; voici la brise. Tout dessus, le cotre prend de l'erre. Le quai, l'estacade, la longue jetée de granit, tout cela défile rapidement devant mes yeux, comme dans un rêve. Je jette un dernier regard vers le port, les vieux toits et le haut clocher. Du phare, une main amie me fait un dernier signe d'adieu.

Mon petit guidon, que j'arbore rarement, claque fièrement, en tête du mât. Le phare doublé, la jetée nous masque bientôt la perspective du port. Mes yeux, du reste, sont déjà fixés sur le large. Dans trois ans, peut-être...

La brise est modérée, mais le cotre, bien appuyé par toute sa toile, fait bonne route. Bord à bord, à quelques brasses, l'*Indomptable* nous escorte. Les deux bateaux ont le cap vers l'Ouest. Nous sommes heureux d'être ensemble. Près de Basse-Castouillet, nous nous séparons. Ces adieux marins sur le pont, dans le roulis du bateau, sont émouvants.

Quand j'embrasse mon père, « Sois prudent », recommande-t-il. Puis le transbordement se fait. Je reste seul à la barre, sur le banc de quart. Dufour est à mes côtés.

Les deux bateaux amis naviguent encore bord à bord : Jano ne peut se résoudre à virer. Pourtant le phare du Croisic est petit à l'horizon. Enfin, d'un geste décidé, il met toute la barre.

Le cotre et la petite vedette s'éloignent vite l'un de l'autre. Longuement je suis des yeux la minuscule coque blanche. Nous voilà seuls sur la mer. Tous les pêcheurs sont rentrés. Beau temps doux, petite brise S.-S.-W.

A 17 h 40, je passai la bouée familière du Bonen-du-Four, à une encablure.

Au couchant, le ciel avait vilain aspect ; le temps ne me laissait rien présumer de bon. La météo, du reste, m'avait-on dit avant l'appareillage, n'était pas engageante, et mon père m'avait même conseillé d'aller mouiller la nuit sous Belle-Ile pour attendre et « voir venir ». A la nuit, je changeai le foc n° 2 pour le 3.

Fatigué, je laissai Dufour à la barre pour m'allonger un peu sur ma couchette. Quelques instants après, j'eus des remords et je me relevai. J'étais bien inspiré : mon compagnon suivait parfaitement la route, mais dans le quadrant N.-W. au lieu du quadrant S.-W. ! Aïe ! Je rectifiai son erreur. Cette inattention pouvait être grave, car nous allions tout droit sur les cailloux. J'envoyai Dufour se reposer. Je préférais être à la barre pour nous dégager de la terre.

A minuit, je filai le loch et pointai la position sur la carte. La brise avait halé S. puis S.-S.-E. Le cotre suivait bien la route tracée sur le routier.

A 1 heure, je réveillai Dufour pour me relever à la barre, puis j'allai m'étendre. Les feux étaient clairs.

Je somnolai un peu, mais bientôt la brise fraîchit et les grains arrivèrent avec la pluie. Si bien que, peu après, je dus monter sur le pont prendre trois tours de rouleau.

Puis je me recouchai — pas pour longtemps, car le temps se gâtait. Vers 2 h 30, mon compagnon m'appela sur le pont.

Dufour s'était laissé surprendre. La lisse tribord était dans l'eau et la mer à l'hiloire du rouf... Ce n'était guère, il est vrai, une besogne d'équipier, pour sa première nuit de mer. Mon compagnon n'était pas rassuré : « Dépêchez-vous, dépêchez-vous ! » Mais, comme je savais que le cotre n'avait aucune envie de chavirer, je capelai tranquillement mes cirés, et montai sans hâte sur le pont ; c'était la meilleure façon de donner confiance à mon compagnon. J'allai à l'avant sans perdre de temps et j'amenai la trinquette, d'un seul coup. Puis je roulai la grand-voile presque à bloc : sept tours. Le *Kurun* devint tout docile. « Maintenant, vieux Père Éole, tu peux venter. Chavire donc la barque, si tu peux ! »

J'avais envoyé Dufour se recoucher. Du reste le mal de mer l'avait pris.

La fin de nuit ne fut pas belle — gros grains avec pluie diluvienne ; du vent. La mer s'était creusée et déferlait. Je gardai le cotre en cape courante, cap au S.-W., et j'avais filé la grande écoute pour que la grand-voile porte à peine : j'avais trop de toile. Le petit bateau en tremblait dans les rafales, mais j'avais toute confiance en sa solidité. Rien ne pouvait faillir !

Au jour, le temps menaçait de partout.

« Aube haute, voiles basses », conseille le dicton.

Peu après, le soleil caché montra cependant des « haubans ».

Soleil avec haubans,
Pluie et vent

murmurai-je.

Rien de bon à espérer. Mon équipier ne serait guère en forme, au réveil, pensai-je. Du reste, moi-même j'étais fatigué, car j'avais eu peu de sommeil les nuits précédentes. Aussi, à 6 heures, je virai de bord pour faire route sur Belle-Ile, invisible alors.

En fin de matinée, la brise ayant molli, je pus larguer les tours de la grand-voile.

Quand nous eûmes doublé la pointe de Kerdonis, à

faible distance, la brise fraîchit de nouveau, mais le *Kurun* courait vers l'abri.

Pour préparer le mouillage je dus descendre dans le poste, et le cotre, ne restant pas en route, barre amarrée, à ces allures portantes, embardait généreusement.

Les jetées du Palais se précisaient. Je réveillai Dufour qui ne savait pas trop où il était. Une grosse vedette qui avait dû s'abriter dans le port pendant la nuit en sortait précisément — elle était du Croisic et nous nous saluâmes avec plaisir.

A 12 h 30, je mouillai près de la jetée Nord.

J'avais été bien inspiré de venir à l'abri ; le temps s'aggrava : coup de vent de S.-W. dans le Golfe[1].

Je regardais fuir les nuages au-dessus de la citadelle qui domine le port ; mais la traversée du Golfe me tracassait, car la saison s'avançait.

Il nous fallut rester plusieurs jours à Belle-Ile. Le temps était instable et orageux ; la nuit, les grains se succédaient avec du vent et de la pluie. D'ailleurs, les vents, debout ou presque, n'incitaient nullement à l'appareillage.

J'étais persuadé qu'il viendrait une période de vents d'amont[2]. Nous en profiterions. Au fond, cette escale imprévue ne m'était pas désagréable.

Belle-Ile est une île fort belle que la fin de septembre montre sous son aspect le plus souhaitable, c'est-à-dire sans estivants. La côte est pittoresque avec ses petites criques et plages toutes proches de la campagne.

Nous fîmes quelques promenades à pied, mangeant des pommes dans les champs, nous exerçant au tir au pistolet.

Le 24, l'aspect du ciel était plutôt de bon augure, et le 25, le baromètre remonta ; la brise d'amont semblait s'établir. Le matin de ce dimanche, nous devions voir le dernier yacht français : c'était le beau et racé *Farewell* de M. Marin. Je

1. Sur la côte française atlantique on désigne par ce seul mot le golfe de Gascogne.

2. Vent d'amont = vent de terre, vent d'aval = vent du large.

présumai que c'était sa dernière sortie avant de désarmer. Désarmer ! le *Kurun*, lui, allait prendre son essor...

J'éprouvais une sensation assez curieuse. Somme toute, j'étais parti... et pas parti ! Pourtant il me semblait déjà que Le Croisic était bien loin...

Le 26 septembre, j'estimai que nous pourrions appareiller. Aussi fis-je le branle-bas de bonne heure. Plein d'eau, vivres frais.

Le beau temps s'affirma, mais avec un calme plat. Le baromètre s'était fixé à 769. Je présumai, cependant, que la brise allait venir. A 16 h 10, nous appareillâmes. Pas une ride sur l'eau. Lentement, à la godille, je sortis le *Kurun* des passes. Après m'être dégagé à quelques encablures, je rentrai le long aviron. Il n'y avait plus qu'à attendre.

Le courant nous emmena d'abord vers la pointe de Taillefer, puis en direction inverse vers celle de Kerdonis. On ne pouvait rien faire d'autre que goûter la soirée. Elle fut magnifique.

Vers 21 heures, un souffle de brise, timide, se fit de l'amont. Je ne m'y trompai pas : j'établis toute la voilure. Et ce fut, cette fois, le véritable appareillage.

En manœuvrant, j'eus l'ennui de perdre ma pipe. Le tuyau s'en brisa juste à l'endroit que je serrais entre les dents et elle tomba à la mer. J'en fus navré, car je tenais d'autant plus à ma pipe que je ne fume pas — il est stupide d'être attaché à une pipe que l'on fume ! Cette pipe, achetée avant la guerre en Angleterre, ne m'avait pas quitté. Elle me donnait, croyais-je, une superbe contenance quand je la mettais à la bouche. Il m'était même arrivé d'y mettre du tabac, mais rarement, car cela me rendrait malade !

Nous remontâmes le coureau[1], tribord amures, pour contourner l'île par le Nord.

A 22 h 50, j'empannai, car nous avions doublé la pointe des Poulains, et je pris alors la route tracée sur la carte, au

1. Espace d'eau situé entre l'île et le continent.

S. 72 W. du compas. Nous étions parés pour traverser le Golfe. La brise était faible, du N.-E.

A 23 heures, je filai le loch, en notant la position sur la carte.

La brise se fit, le loch se mit à mieux tourner. La nuit était belle, tranchée par le puissant « balai » du feu de Goulphar qui, quelques heures plus tard, n'était plus qu'une lueur au-dessus de l'horizon : la dernière lueur de la terre, de la France...

Au jour, il n'y avait plus que la mer, rien que la mer. Le *Kurun* était seul sur l'immensité, taillant une bonne route, car la brise avait fraîchi, en halant E.

A bord, j'avais une lettre à ne pas ouvrir à moins de quarante milles de la terre. Une jeune fille, au départ, m'avait demandé des détails sur mon voyage. « C'est secret, lui avais-je répondu — les instructions de la croisière sont, selon l'usage, sous pli scellé — je ne pourrai les lire qu'à quarante milles au large de toute terre. » Elle aussi m'avait glissé un billet à n'ouvrir qu'au même moment. Et je lus ses souhaits : bon vent, bonne mer ! Dufour dormait. Seul à la barre, mon *Kurun* me semblait petit, fragile sur l'immensité — quelques mètres carrés de planches ! « Faire le tour du monde ainsi, n'était-ce pas fou ? » La terre m'apparaissait ce qu'elle est, vue à l'échelle de l'homme — immense. Dans le lointain, une voix disait : « Tu es insensé. Reviens ! » Mes parents, mes amis, l'absence... Mais une force invincible poussait le *Kurun*. Ma main ferme le tenait exactement sur la route S. 72 W. du compas.

A 9 heures, un vapeur, remontant vers le Nord, passa sur l'avant. L'après-midi, nous rencontrâmes les premiers thoniers.

Le temps était très beau. Dufour et moi nous nous relayions à la barre, car il n'était pas possible de laisser le cotre courir seul. Je notai avec satisfaction que Dufour barrait parfaitement et suivait bien la route, ce qui n'est pas toujours facile, vent arrière.

28 septembre. — Nuit superbe avec toutes les étoiles. Je gouverne sur l'une d'elles. Bonne brise. C'est un réel plaisir de voir le loch tourner.

Au matin, la brise fraîchit, la mer se creuse, le ciel a mauvais aspect.

Vers midi, la brise mollit, puis tombe. C'est bientôt le calme ; à 14 h 45, il faut tout amener car le gréement fatigue avec la houle.

Nous en profitons pour nous coucher de bonne heure. Allumé le fanal, tout le monde à dormir.

29 septembre. — Une petite brise étant venue de l'Est, je monte sur le pont à 3 h 15, pour établir la voilure et reprendre la route. La brise fraîchit graduellement.

Au jour, la visibilité est mauvaise. J'ai une désagréable surprise en regardant le gréement. La ferrure de corne, l'encornat, s'est tordue et mâche le mât. C'est le portage de la corne sur le dernier hauban qui a causé cette déformation. A 7 heures, amené la grand-voile pour voir de près cette ferrure. Nous la rehissons à 8 heures 15, sans avoir pu apporter un remède. La brise a du reste beaucoup fraîchi.

Le temps se gâte. A 8 h 45, six tours de rouleau dans la grand-voile. Les grains se succèdent. La mer, qui s'est creusée, déferle. Je me demande si je ne vais pas être obligé de mettre à la cape. La ferrure de corne porte mieux.

Le *Kurun* court grand erre, et à 10 h 10, nous coupons la route Ouessant-Finistère, la ligne de fer, comme on l'appelle en raison du nombre de vapeurs qui se suivent sur cette route, une des plus fréquentées du monde. Nombreux navires en vue.

A 11 heures, nous passons à moins d'une encablure d'un thonier d'Étel, en pêche, cap au Sud, sous petite toile. C'est beau, un thonier sans voiles. Malgré sa robustesse, à le voir monter sur les lames et disparaître dans les creux, on dirait un petit canot. Mais le *Kurun* doit paraître encore plus infime. Il doit être beau pourtant lui aussi, sous ses voiles rouges. Nous nous saluons avec la chaleur, la sincérité que seuls les gens de mer, ceux de la voile, peuvent connaître. « Salut, les gars ! » Les mots se perdent dans le vent. C'est le dernier bateau de chez nous que nous aurons vu.

Vers midi, la brise mollit, devient presque nulle. A 13 h 15, j'amène la grand-voile. Le thonier en a fait autant, car, avec la grosse houle, les gréements sont massacrés.

Une idée m'est venue : je retourne la ferrure de corne, pensant qu'elle « travaillera mieux ». Mais lorsque à 15 heures, je renvoie la grand-voile, l'encornat se déforme davantage ; si bien que dix minutes après, c'est une nécessité d'amener.

Nous voilà donc privés de grand-voile, au large. Résultat stupide — tout cela pour une ferrure défectueuse, que j'aurais changée avant le départ, si j'avais eu de l'argent.

Dufour, prompt à la critique, vitupère fortement. Je lui explique que le bateau ne court aucun danger. J'essaie plusieurs combinaisons de voilure, mais le cotre se traîne sur l'eau.

A la nuit, j'établis la grand-voile de cape. Avec la trinquette, le bateau se tient en route tout seul, parfaitement. Mais, avec le souffle de brise de S.-S.-W., le loch ne tourne même pas.

30 septembre. — Au jour, la brise a halé l'E. puis le N.-E. Elle s'établit. Le cotre ne donne que 3 nœuds 1/4 au loch, mais j'augmente bientôt la vitesse en envoyant le foc ballon.

L'après-midi, la brise est insignifiante. J'en profite pour arranger tant bien que mal la ferrure que j'ai réussi à redresser convenablement à coups de masse et au moyen de presses.

J'envisage de rallier la côte espagnole pour réparer correctement la corne. La Corogne ? Ferrol ? J'étudie les Instructions nautiques et suppute. Cela m'ennuie de rester en dedans du cap Finisterre.

A 19 h 05, cependant, j'établis de nouveau la grand-voile et remets en route. La brise s'est rétablie, N.-E. Le temps est beau.

1er octobre. — La corne a beaucoup porté sur la drisse de mât. Aussi, à 0 h 10, je dois amener la grand-voile pour repasser le palan en le changeant bout pour bout. L'opération n'est guère facile avec la houle, et je dois faire de la voltige dans le gréement. Enfin, à 1 h 40, je peux renvoyer la grand-voile.

De 0 à 24 heures, le cotre fera 90 milles au loch, avec grosse houle N.-W., puis Nord.

J'ai décidé de rallier Vigo : ainsi, je serai dégagé de Finisterre — ce sera un souci de moins. Je n'ai pas de cartes détaillées, mais l'entrée de Vigo est aisée.

2 octobre. — Le *Kurun* fait bonne route avec brise fraîche de N.-E.

A 2 heures, je dois prendre trois tours de rouleau car la brise fraîchit encore. Le cotre marche un train d'enfer vers la côte. La visibilité est très bonne et je m'attends à voir les feux.

A 3 h 50, Dufour, de quart à la barre, aperçoit un feu sur bâbord ; à 4 heures, j'identifie Villano ; à 4 h 10, Toriñana, le cap d'Espagne le plus à l'Ouest.

Il n'y a plus qu'à laisser porter pour descendre le long de la côte, vers Vigo.

Je navigue à quelques milles de terre. Au jour, je reconnais le mont Alto qui domine superbement le côte sauvage et abrupte. La brise de terre apporte une odeur de lande et de bruyère ; c'est bon de respirer les senteurs de la terre, même après peu de jours en mer. Des quantités d'oiseaux sont posés sur l'eau, ou volent alentour ; il doit y avoir du poisson ! Il fait beau, je suis heureux. Je me hasarde à réveiller Dufour, pour qu'il jouisse du tableau de la terre qui s'éveille ; je suis mal reçu : « De beaux levers de soleil, il en a vu suffisamment en Indochine ! »

A 8 heures, le cotre a, par son travers, à courte distance, le cap Finisterre, ce « Celticum promontorium », ce « finis terræ » qui a frappé l'imagination des anciens.

Malheureusement, la visibilité est mauvaise ; je ne puis admirer la baie de Corcubion.

Bientôt, nous allons perdre complètement de vue la côte « embrumée », malgré sa proximité ; je fais une route de sécurité pour passer au large du plateau Bajo de los Meixidos. Le cotre file comme le tonnerre. Vers midi, nous doublions le cap Corrubedo, en passant d'ailleurs un peu près des roches dangereuses qui défendent la côte à cet endroit ; puis, sur bâbord, les îles Salvora, Ons, Onza, pour faire route au vent des îles Cies.

La belle promenade côtière, avec quelques voiliers à fière allure en vue, s'acheva, et le cap del Home, au Nord de la baie de Vigo, apparut. J'amenai la corne pour passer la drisse du pavillon. Puis à 17 h 30 je doublai le cap del Home à faible distance ; la brise avait molli et nous entrâmes, pavillon haut, dans la belle baie de Vigo.

Les monts qui l'entourent et la dominent jusqu'à plus de six cents mètres, font la beauté de cette baie protégée vers le large par les îles Cies. Elle s'enfonce profondément dans la terre par un étroit goulet jusqu'à l'anse de San Simon qui ressemble à un lac.

A l'abri de la terre, nous trouvâmes du calme et des brises folles. Une épaisse couche de mazout, don du progrès, avait rendu l'eau toute plate et le cotre glissait sans bruit. Des marsouins venaient crever de temps en temps le miroir de la surface.

La carte du bord, générale, ne donnait aucun détail sur le port dont nous approchions. Il fallait donc ouvrir l'œil. Après avoir hésité devant le port de pêche, nous continuâmes vers l'est ; bonne inspiration, nous aperçûmes bientôt de fines mâtures de yachts. Malheureusement je ne voyais aucune passe.

Prudemment, paré à manœuvrer, nous approchions, trinquette amenée. Tout à coup, je devinai l'entrée du bassin des yachts et manœuvrai hardiment sans trop savoir ce que j'allais trouver.

Dufour, par erreur, largua une des drisses de grand-voile quand je lui demandai d'amener le foc ! Mais, heureusement, après un bon coup de gueule on amena promptement toute la toile. Juste avec l'erre nécessaire, le cotre vint « mourir » exactement où il fallait s'amarrer. On n'eût pas mieux fait, connaissant les lieux. La partie étant gagnée, la tension des nerfs tomba, et je repris l'allure désinvolte du skipper qui a réussi sa manœuvre. « Bah ! ce n'est rien ! »

Nous étions satisfaits d'être à Vigo. Le Golfe et le cap Finisterre, que je redoutais le plus, étaient derrière nous. C'était déjà un excellent résultat. Plus nous descendrions vers le Sud, plus nous irions vers les beaux temps.

Cette escale n'avait qu'un but : remettre la corne en état pour continuer la route en toute sécurité. Aussi, pendant toute sa durée, je m'occupai presque uniquement du bateau, laissant à Dufour la libre disposition de son temps.

Le bassin du Real Club Nautico, petit, mais bien abrité, est dominé fièrement par ce club vaste et luxueux, dont le nombre des membres est imposant et contraste avec celui des bateaux.

Nous étions à peine amarrés qu'un garçon nous apportait une carte. El presidente Luis Piñero Bonet nous souhaitait la bienvenue et mettait toutes les installations du club à notre disposition. Je remplis la petite fiche qu'on m'apportait. Cela nous tint lieu de toute formalité. Je ne devais, par la suite, avoir de contact avec aucune autorité : police, douane, etc. J'appréciai hautement cette façon chevaleresque d'accueillir des étrangers. Certains pays, plus modernes, plus riches et plus satisfaits, pourraient méditer cet exemple, au lieu de faire assiéger l'arrivant par une foule de fonctionnaires armés de règlements aussi ennuyeux qu'inutiles.

Je n'aime guère les clubs, en tant que concentration d'individus. Je jetai sur celui-là un coup d'œil timide, profitant seulement de l'agréable possibilité de prendre des douches à quelques mètres du cotre. Dufour alla quelquefois y danser le soir. Une musique vulgaire et névrosée troublait les soirées au port.

Dans le bassin, je fis la connaissance des autres yachts. J'aime passionnément tous les voiliers. Le *Kurun* avait pour voisin un joli yawl de 11,50 m, le *Balder*, peint en noir, battant pavillon hollandais. Il avait quitté Amsterdam quelques mois auparavant pour une croisière sur les côtes Ouest d'Europe.

Tout à côté, la goélette *Ataruxo*, appartenant à un riche industriel de Vigo. L'Espagne est un pays pauvre et le yachting y est un luxe rare.

Enfin, juste à l'aplomb du bâtiment du Real Club Nautico, était amarré le petit cotre suédois *Polaris*, à moteur auxiliaire. La presse en avait tant parlé que moi-même, qui ne lis jamais les journaux, je le connaissais. *Polaris* devait faire le tour du monde. Devant cet exploit en puissance, une publicité tapageuse ne cessait d'entourer le bateau et l'équipage. Le *Polaris* était un très joli petit cotre du type norvégien. Sa coque aux lignes pures, à clins et vernie était un plaisir des yeux. Mais malgré son élégance, ce n'était pas un bateau fait pour de grandes traversées — beaucoup trop petit, trop léger aussi. Je détaillai, un peu ahuri, son pont encombré, sans pavois, sans filières, son cockpit non étanche, son frêle gréement marconi. Quelle folie ! Le *Kurun*, que je trouvais déjà peu de chose, écrasait ce bateau. Je n'osai point aborder l'équipage : deux hommes fort contents d'eux, qui regardaient de haut les autres en se faisant photographier dans des poses avantageuses. Nous frotter à leur gloire eût été déplacé. Et puis, le *Kurun* n'avait fait que du cabotage.

Le grand ketch *Kassopeia*, battant pavillon du Honduras, toucha Vigo le 7 octobre au soir, écrasant par sa taille tous les autres yachts. J'allai prendre à son bord des comparaisons pour mon chronomètre.

Je fis quelques promenades dans la vieille ville de Vigo, étagée sur une colline que domine le fort d'El Castro. Je songeais que cette baie vit, en 1702, l'anéantissement des galions qui ramenaient l'or d'Amérique. Fait curieux, cette année-là, Philippe V d'Espagne était en guerre contre l'Angleterre et la Hollande, et c'est la France qui avait envoyé une escadre, commandée par Châteaurenault, pour protéger la « flotte de l'or ». Après avoir traversé l'Atlantique, toute cette Armada se réfugia à Vigo, poursuivie par l'escadre anglo-hollandaise. Hélas ! l'amiral anglais Rooke y arriva en force. Les galions durent se saborder, et l'or fut englouti au fond de la baie... Avec tout cet or dans ses eaux, Vigo n'en paraît pas plus riche, mais les pauvres qui pullulent sont-ils très courageux ? Pendant des journées entières, je remarquai les mêmes individus flânant sur le quai. Quand je travaillais à bord, j'étais toujours entouré d'oisifs qui me regardaient. Un jour que je peignais ma prame sur le quai, l'un d'eux me dit avec stupeur : « Ici, en Espagne, on ne travaille pas. » Du reste, on me prenait pour le matelot du bord, et je ne voyais nul inconvénient à ce que mon compagnon passât pour le propriétaire !

Il ne me fut pas possible de faire confectionner une corne neuve comme je l'escomptais. On ne put trouver le bois qu'il fallait. Aussi je fis transformer la mienne par un charpentier. Le travail, assez médiocre, me parut acceptable, quoique d'une solidité relative. On me demanda 300 pesetas, ce qui était cher, mais l'on transigea à 250.

Dufour était tenté par une escale à Lisbonne et je me fis à cette idée. Le *Balder* m'avait prêté une excellente carte de l'entrée du Tage dont j'avais fait un calque.

11 octobre. — Le *Kurun* est paré à reprendre la mer, gréement révisé, plein d'eau, vivres frais.

Ce matin, l'aspect du ciel ne me donne pas confiance. La météorologie anglaise annonce du mauvais temps. J'hésite puis, finalement, me décide à appareiller, quoique je sache qu'entre Vigo et Lisbonne il n'y ait pas un abri convenable où l'on puisse chercher refuge par gros temps. Cette courte traversée Vigo-Lisbonne devait être laborieuse.

A 11 h 15, le *Kurun* appareille à la godille, remorqué à l'aviron par un canot du club.

Dès la sortie du bassin, nous établissons la voilure. Nous nous dégageons lentement et trouvons une fraîche brise de S.-W., droit debout.

Vers la sortie de la baie, je vis un canot de pêcheur ; je voulus passer à proximité pour demander un avis sur le temps. L'homme dormait au fond de son embarcation — heureux pays où l'on pêche en dormant ! Je réveillai le dormeur :

— *Que tiempo probable* ? demanda Durfour. Et notre pêcheur de répondre finement :

— *No hay malicia en el tiempo*[1].

S'il n'y a pas plus de malice dans le temps que dans le cœur de ce pêcheur, cap au large !

Mais la brise mollit et ce n'est qu'à 19 heures que le cotre déborde les roches de l'île San Martin sur lesquelles la mer brise.

Nous passons près de l'endroit où s'est perdue, en décembre 1945, la pauvre *Marie-Geneviève*, un yacht français de 18 m, avec tout son équipage et, de nouveau l'année dernière, un yacht norvégien.

Le calme vient et le cotre dérive vers le Nord. Nous sommes près des îles San Martin et des Cies, où la mer vient briser ; il serait impossible de mouiller, par une centaine de mètres d'eau. Ces îles sont belles au clair de lune. Je contrôle fréquemment ma position et l'effet du courant.

A minuit, petite brise de N.-N.-E. Elle est la bienvenue et permet de nous dégager.

La journée du 12 sera une succession de calmes et de brises insignifiantes.

A l'heure du déjeuner, nous sommes encalminés, toute voilure amenée, au large de l'embouchure du rio Miño qui marque la frontière de l'Espagne et du Portugal, à environ 18 milles de l'entrée de la baie de Vigo !

Le 13, toute la nuit, nous restons encalminés ; enfin à 6 h 40 la voilure est rétablie grâce à une petite brise d'Est favorable. Mais c'était trop beau, car cette brise hale le S.-E. puis le Sud, droit debout, en fraîchissant.

Le ciel a mauvais aspect. Craignant un coup de vent, je

1. « Il n'y a pas de malice dans le temps. »

force un peu le bateau, voiles bien pleines, avec deux tours de rouleau, cap au large. L'après-midi, ne voyant pas d'aggravation, je vire de bord à 16 heures et prends les amures à terre, après avoir largué les tours.

L'aspect du ciel est assez déconcertant, sur cette côte, quand on vient de France. Mon voisin du *Balder*, à Vigo, m'avait fait la même remarque. On voit des ciels à vous donner le cauchemar... et rien ne se passe !

Au plus près, tribord amures, le cotre fit route vers la côte toute la nuit avec brise faible et irrégulière.

A la fin de la nuit je reconnus le feu d'Aveiro (Barra Nova).

A 10 h 45, je virai de bord à quelques encablures de la côte, à environ 2 milles au Nord du petit village de Toreira. Cette côte est constituée par une interminable plage de sable, déserte et sauvage, sur laquelle la mer déferle en gros rouleaux.

La brise très faible ne devait pas nous emmener loin, malgré le foc ballon.

L'après-midi nous restâmes encalminés devant la passe de Barra Nova — par un temps magnifique. Le soir nous regardions les bateaux des pêcheurs qui rentraient dans la lagune d'Aveiro, quand l'un d'eux s'approcha pour nous manifester sa sympathie. Nous ne savions pas un traître mot de portugais et nos pêcheurs pas un mot d'une autre langue que la leur, mais nous nous comprîmes parfaitement... C'étaient de bons gars. Ils virent que nous étions français et que le cotre, sans moteur, en avait encore pour un bout de temps à rester pris par le calme. Ils voulaient à toute force nous donner des sardines dont leur pont était couvert. Avec la houle, l'accostage eût été dangereux ; aussi ces braves pêcheurs mirent-ils une embarcation à la mer pour nous faire présent d'une caisse pleine — de quoi nourrir l'équipage d'un quatre-mâts carré ! Je devais ne savoir qu'en faire. Je les accommodai de toutes les manières, j'en fis mariner une bonne part. Nous devions en manger encore à Lisbonne, et je dus en jeter par-dessus bord ! Cela nous dégoûta des sardines pour longtemps...

La matinée du 15 octobre, par calme plat, fut superbe et chaude. Un jour de vacances. Dufour, après avoir arrosé le pont, perdit le seau du bord. L'eau était si merveilleusement claire que je pus le suivre des yeux jusqu'à une trentaine de mètres — pauvre seau qui avait navigué sur tous mes bateaux ! On s'attache à ses vieilles choses !

Mon compagnon se baigna, nageant autour du cotre. Il était à peine remonté à bord, que nous aperçûmes l'aileron d'un requin — le premier de la croisière. Dufour, après cette apparition, manifesta un goût moins prononcé pour les pleines eaux.

Enfin, le 16, à 4 h 30, je pus remettre en route avec un petit souffle. Mais avant le lever du jour nous étions dans une brume à couper au couteau : on ne voyait pas à une encablure !

Brise variable — debout !

Le cap Mondego fut malgré tout doublé au début de l'après-midi. Ce cap déchiqueté, à l'extrémité de la Serra de Buarcos, devait marquer la fin de la misérable navigation que nous poursuivions depuis Vigo.

Des grains alternèrent avec des calmes, puis, dans un grain, la brise sauta au N.-W. brutalement et fraîchit. En approchant de l'île Berlingue, elle hala Nord, pour confirmer le dicton :

Aux Berlingues vent du Nord
Est du navigateur le sort.

Le cotre fit bonne route, et le 17, à 1 h 45 du matin, nous coupions l'alignement île Berlingue-cap Carvoiero. La houle, très grosse, masquait, dans les creux, les mâtures des grands navires, nombreux en ces parages. La nuit fut belle, mais l'équipage tout entier du *Kurun* n'était guère en forme. Nous suivions une route déplorable, en zigzags, dormant à moitié à la barre, malgré la mer très creuse. Le soleil d'hier nous avait donné un « coup de bambou »... et puis nous avions abusé des sardines !

A 11 h 30, cependant, le cotre passe par le travers du cap Roca, le cap d'Europe le plus à l'Ouest. Une heure après, ayant doublé le cap Razo de cette côte escarpée et sauvage, le cotre s'engagea dans le chenal Nord, le long d'un rivage bordé de maisons d'agrément, où se situe la plage de Cascaes.

Il nous faut refouler le courant de jusant, mais bientôt nous arrivons au Cachopo de Norte, vaste banc de sable, que nous devons laisser dans le Sud. Sur une eau sale, la mer y roule de belles volutes. Un moment, la brise semble nous lâcher avec le dévent de la terre. Mais, à 14 h 30, je passe au pied de Forte Sâo Juliâo et m'engage dans la rivière.

J'ai remarqué un beau ketch noir faisant route vers le large, entre les deux Cachopos. C'était l'*Omoo*, un yacht belge qui allait à Nice ; je ne me doutais pas que je rencontrerais plus tard son équipage aux îles Galapagos, à bord d'un yacht français !

Contre le courant, le cotre remonte le Tage : le Rio Tejo. Bientôt se précise Belem, dominé par l'imposant palais Ajuda au contour carré — puis l'Alcantara, et la vaste agglomération de Lisbonne qui domine la Mar de Palha[1]. Avant d'arriver à Belem, je viens « chercher » la terre pour avoir moins de courant ; il faut finasser pour gagner car, avec l'abri, la brise est insignifiante. Nous doublons de près la fameuse Tour de Belem, qui, toute blanche, avec ses créneaux, ses tourelles, plantée sur le sable, semble un gâteau géant, œuvre d'un maître pâtissier !

Je pensais pénétrer directement dans le bassin des yachts, mais la lente avancée du cotre permit à un énergumène gesticulant de venir à l'étroite passe et de nous en interdire l'accès ! Il fallait aller au mouillage de la quarantaine. La brise, faible, nous permettait à peine de manœuvrer et je dus effectuer des évolutions dangereuses, au milieu des bateaux de tous genres. Je ne parvenais pas à trouver le lazaret. J'en avais assez. « Ce n'est pas ce

1. Mer de paille.

moustique qui va m'empêcher de rentrer mon bateau en sécurité. »

Je m'échouai peu avant la nuit à l'entrée du bassin des yachts, car j'étais passé trop d'un bord. Il fallut attendre le flot. Ce n'est qu'à 22 h 15 que le *Kurun* fut à poste, à la seule place disponible dans ce bassin encombré, après bien des manœuvres — à grand renfort de touline et de bouts envoyés avec la prame à terre ou sur les autres bateaux. Ce soir-là, l'équipage s'endormit d'un bon sommeil.

Contrairement à Vigo, le bassin des yachts de Belem abritait de nombreux et beaux bateaux, au milieu desquels le *Kurun* semblait perdu.

J'eus le plaisir d'y admirer de belles coques, d'y retrouver, sous pavillon portugais, notre ex-pilote du Havre, *Jolie-Brise*, âgée mais toujours pimpante et qui fut si célèbre dans les grandes courses croisières.

Le bassin des yachts de Belem est un lieu de prédilection pour les derniers représentants de la marine à voile. La plage où s'élève la fameuse tour n'a-t-elle pas vu appareiller Diaz, Cabral, Albuquerque pour leurs prestigieux voyages ? Et la tour elle-même marque le point d'où Vasco de Gama fit voile pour les Indes !

Quant au couvent de Jeronymos, ce curieux monument où les styles mauresque et indien se mêlent au gothique, il intéresse aussi les marins puisqu'il est la réalisation du vœu du roi Manuel Ier pour le succès de Gama. Du reste la dépouille du grand navigateur y repose dans une tombe de marbre.

Quelques kilomètres de tramway séparaient le *Kurun* de Lisbonne. Mais je ne quittai guère le bord que pour entrevoir cette agglomération humaine : elle m'apparut des plus moderne ; ce fut assez pour que je m'en tienne à l'écart, bien que la rivière conserve encore de pittoresques types de bateaux anciens, décorés comme ceux d'autrefois.

Le calme et les brises insignifiantes rencontrés de Vigo au Tage avaient assez fatigué le gréement ; l'encornat ne m'avait pas donné toute satisfaction ; le sabot avait abîmé le mât au portage. Il fallut y remédier en garnissant le mât d'une feuille de laiton.

Le cotre paré à reprendre la mer, l'appareillage fut un peu différé à cause du temps. Je laissai passer une sérieuse dépression avec des vents de force 10 à Porto qui devaient produire une belle danse dans le golfe de Gascogne.

26 octobre. — Très beau temps, baromètre haut, vent du Nord assez frais : les meilleures conditions pour le départ. Malheureusement les formalités nous retinrent un jour encore ! La police était sur les dents : Franco arrivait à Lisbonne sur un navire de guerre. L'administration se montra aussi méfiante que tatillonne ; n'exigeait-on pas que je fournisse l'heure *exacte* de notre appareillage ? Comme si le *Kurun* eût été un train ou un autobus ! Dufour prit cela très mal et il fallut recourir au consul de France pour obtenir nos papiers.

Le 27 au soir, à la minute fixée pour l'appareillage, un sbire de la police, venu spécialement de Lisbonne, était là. Tant pis ! Il était trop tard pour appareiller. Je remis le départ au lendemain matin.

Dormons ! Demain matin nous quitterons la vieille Europe !

28 octobre. — Splendide matinée, brise fraîche d'amont. Bien appuyé, toutes voiles pleines, le *Kurun* descend le Tage. Sous le soleil et le ciel sans nuages, la rivière est majestueuse.

Le cotre marche bien, mais un cargo français nous dépasse, le *Pierre-de-Saurel* : le petit pavillon qui porte nos trois couleurs monte et descend au bout de la longue corne.

Nous prenons, cette fois-ci, le chenal Sud, entre les deux Cachopos, après être passé près de Forte Bugio, la curieuse forteresse circulaire qui se dresse au milieu de l'embouchure du Tage.

Bonne brise. Je fais des calculs optimistes sur le temps nécessaire pour atteindre Saint-Vincent : 110 milles environ — moins d'une journée de marche ! La mer est verte, frangée d'écume.

Malheureusement, après avoir doublé le cap Espichel derrière lequel s'amorce la baie de Setubal, la brise mollit graduellement, halant le Nord, puis nous abandonne.

Des milliers d'oiseaux sont posés sur l'eau calme et quantité de marsouins chassent sur des bancs de poissons. Le harpon paré à l'avant sur la lisse, et ma carabine Mauser à la main, j'attends, en vain, que les petits cétacés viennent à portée.

En fin d'après-midi, une petite brise de N.-W., qui bientôt hale Nord, tire le cotre de sa léthargie. Nous descendons la côte du Portugal nous tenant en deçà de la route des vapeurs — le temps est superbe. Pendant la nuit, des marsouins viennent jouer devant l'étrave. Je ne ferme pas l'œil : je ne peux me décider à laisser mon harpon pour aller me coucher ! Mais son manche est trop court et trop léger ; je « pique » trois ou quatre fois sans succès.

Le 29, à 13 heures, nous passons à un demi-mille du cap Saint-Vincent, l'extrémité S.-W. de la presqu'île ibérique. Le couvent que l'on voit au sommet du cap domine une solitude sauvage. Heureux moines perdus sur ce roc, devant la mer immense !

Nous croisons de nombreux navires ; le cotre se dégage de la terre, toujours poussé par la brise du Nord.

Au couchant, les sommets estompés de la Serra Monchique sont encore visibles, dernière image de la terre — dernière vision de l'Europe...

Il fait chaud, la mer est belle.

Saint-Vincent-Fédala : 212 milles — toute petite traversée. Elle durera cependant plus que je n'avais prévu. Le 30, à 4 heures, le calme revient avec des brises variables, des souffles insignifiants. On se traîne sur l'eau. Une journée de 23 milles !

Rien ne trouble la vie du bord, sauf, un matin, un gros

aileron de requin aperçu droit devant ; je bondis sur ma carabine, mais le monstre est déjà loin.

1er novembre. — A 13 h 30, la brise se lève de l'Est ; j'établis le foc ballon. Une heure plus tard, je reconnais la terre. La terre d'Afrique.

La brise ayant fraîchi et halé Nord, le cotre frise sa belle moustache blanche ; garder le foc ballon est presque excessif. Mais tailler de la route est tellement grisant ! A la barre, je suis heureux comme un enfant. Nous allons être à poste avant la nuit.

La côte se précise, mais, même en grimpant en tête de mât, je ne peux identifier aucun point. Et pourtant les grands réservoirs de Fédala sont un amer de premier ordre.

A 17 heures, Dufour « reconnaît » avec certitude les réservoirs sur bâbord ; ce que je repère droit devant serait donc Casa ? En réalité, on ne peut rien reconnaître.

Quelques heures plus tard, le cotre est encalminé à proximité de la côte embrumée dont, par moments, on ne voit même plus rien. Je suis un peu perplexe sur la position exacte.

Le bruit des brisants est proche. Je sonde : vingt-huit mètres, roche. Toute la nuit, je reste sur le pont à veiller. Il fait très humide et je n'ai pas chaud. Dufour dort. Je grée une ligne. Malheureusement je n'ai aucune boëtte. Je garnis mon hameçon de pain et de fromage... Sans résultat, évidemment !

2 novembre. — 0 heure. Je crois identifier l'île du Renard, à environ 15 milles de Fédala. En effet, à 3 h 30, le temps s'étant dégagé, je relève le feu de Fédala au S. 52 W.

Un souffle timide se lève avec le jour — une brise pour bateaux modèles. Le cotre se traîne sur l'eau. La grande houle brise partout sur le littoral inhospitalier. Je remarque un cargo échoué à la côte. Je songe que si les marins d'autrefois voyaient cela, ils ricaneraient — se mettre au sec par beau temps, avec un navire doté de tant d'instruments perfectionnés !

Le bord est paisible, le clapotement de l'eau est doux le long de la coque. Belle matinée.

Enfin, à 14 h 30, le *Kurun* franchit avec tout juste de l'erre les passes de Fédala. Je vais mouiller au fond du port à quarante mètres sur l'arrière du beau grand yacht-goélette *Carola.*

A peine sommes-nous à poste qu'une petite vedette vient nous faire un chaleureux accueil. C'est le docteur Greslé, Breton de Redon, installé à Fédala. Il nous apporte des fruits frais, nous avance de l'argent marocain, et va télégraphier notre arrivée.

Dufour part au golf qu'il affectionne, et où il va se distinguer.

Quant au « cap'tain », après les deux dernières nuits blanches », il dort, dort...

ÉCHELLE DE BEAUFORT

Chiffre	Caractéristiques	Vitesse en nœuds	Etat correspondant de la mer
0	Calme	0 à 1	Plate
1	Presque calme	2 à 3	Plate
2	Légère brise	4 à 7	Agitée
3	Petite brise	8 à 11	Agitée
4	Jolie brise	12 à 16	Moutons
5	Bonne brise	17 à 21	Houleuse
6	Bon frais	22 à 27	Très houleuse
7	Grand frais	28 à 35	Grosse
8	Petit coup de vent	35 à 42	Grosse
9	Coup de vent	42 à 49	Très grosse
10	Fort coup de vent	49 à 56	Très grosse
11	Tempête	56 à 65	Enorme
12	Ouragan	Sup. à 65	Enorme

4

Séjour au Maroc
Du Maroc aux îles Canaries

L'arrivée du *Kurun* au Maroc mettait fin à la première partie de la croisière : prélude assez délicat, car il comportait, en automne, la sortie du golfe de Gascogne et la descente de la côte ibérique, inhospitalière et dangereuse par gros temps.

Les traversées ultérieures ne posaient aucun problème. Du Maroc jusqu'au Pacifique Ouest, réserve faite pour les calmes du golfe de Panama, on pouvait escompter les meilleures conditions possibles de navigation. Je me réjouissais donc d'être parvenu en Afrique du Nord après de bonnes traversées, malgré leur durée et les conditions atmosphériques irrégulières que nous avions rencontrées.

Fédala est un petit port situé à une douzaine de milles de Casablanca. Je tenais à éviter le bruit et la turbulence du grand port marocain. A part les visites des navires pétroliers, l'activité maritime de Fédala est surtout constituée par une flottille de pêche. On y trouve, par ailleurs, un club nautique et quelques bateaux monotypes.

J'avais cru, dès l'arrivée, Fédala abrité et sûr. Je me trompais. On m'avait bien mis en garde contre le ressac, mais j'étais sceptique. Je devais plus tard changer totalement d'avis.

L'agglomération de Fédala est agréable, au milieu des palmiers, des fleurs, des bougainvilliers. Elle a le calme d'un village de province française paré de l'éclat exotique.

Je comptais n'y rester que quelques semaines. Il en fut tout autrement, car l'organisation à bord du *Kurun* devait subir des changements importants.

Quand j'avais embarqué Dufour au Croisic, j'ignorais combien de temps nous resterions ensemble. Il avait un frère au Maroc, et c'était le premier objectif de son voyage.

Dufour et moi-même étions très différents de caractère. Ce n'était pas bien grave ; mais mon compagnon était un aigri — il avait de bonnes raisons de l'être, ayant connu de cruelles épreuves. La critique ne quittait jamais ses lèvres. Et Dieu sait si je pouvais prêter aux critiques ! Ma tenue vestimentaire, mon mode de vie, mes idées — jusqu'à mon bateau sans moteur, sans même un petit mât de pavillon verni, comme il est d'usage à bord des yachts ! Dufour était un pistolet chargé en permanence.

Aimant le calme, je débarquai mon compagnon.

Malheureusement, quelques semaines plus tard, j'eus avec lui une altercation. Moi-même, d'ordinaire plutôt paisible, je me laissai aller à quelque emportement. Ne devions-nous pas nous empoigner sur le quai de Fédala ? Je m'abîmai un pouce en frappant un peu fort... nous roulâmes dans la poussière. Ce fut du beau travail : le « cap'tain », la figure griffée, des blessures de coups de pied dans les tibias, et l'ex-« matelot » avec des marrons administrés d'un poing solide ! De quoi réjouir les Arabes bagarreurs et scandaliser les autres.

Cet incident stupide eut du reste plus d'un côté comique. A peine étions-nous séparés qu'un automobiliste me rejoignit, la mine épanouie : « Je suis pour vous, me dit-il, je donne toujours raison par principe aux gens mal habillés. » Il est vrai que ma tenue ne faisait pas riche ; j'allais au marché, mon panier rond sous le bras, en espadrilles, avec un vieux pantalon rouge rapiécé, un pull-over reprisé ! Pitié pour ceux qui ne savent pas rire ! Au demeurant, nous nous quittâmes, Dufour et moi, bons amis. La réconciliation fut facile et sans rancune.

Ah ! ce fut pour moi une joie de me retrouver seul à bord, dans un calme inaltérable.

Je trouvai d'excellents amis au Maroc. On me fit visiter le pays, jusqu'à l'Atlas et je fus introduit dans quelques familles arabes. J'appréciai la noblesse d'allure et le caractère des gens de cette race.

Je préparai la suite de ma croisière et j'apportai quelques améliorations de détails au cotre. Bertin, un des rares charpentiers de marine d'Afrique du Nord, qui fut pour moi un ami, me confectionna une corne de rechange que j'équipai avec l'ancien encornat transformé. Mon père m'offrit le moyen de faire confectionner un petit guindeau (avec de vieux engrenages). Il me fit expédier d'Angleterre un compas renversé pour mettre au-dessus de ma couchette ; ces deux nouveautés étaient presque indispensables pour naviguer seul. J'allongeai la tente du pont, aménagement nécessaire au mouillage sous les tropiques.

L'inventaire du bord s'accrut aussi d'un piège à rats américain. Le *Carola* m'avait fait cadeau, en effet, d'un de ces intrépides rongeurs, venu par l'amarre que j'avais fixée sur une de mes chaînes. Les dégâts dans la cambuse furent désastreux ; je dus y mettre fin, et brutalement. Mon camarade Jean-Michel avait donc raison quand, avant mon départ, il raillait gentiment la minutie de mes préparatifs : « Tu verras bien qu'il te manquera quelque chose ! »

Dès mon séjour dans le bassin des yachts de Belem, j'avais remarqué que la coque du cotre s'était salie. Aussi amenai-je à la godille le *Kurun* sur une petite plage de sable, près de la Poissonnerie. Ce lieu, quand il n'y a pas de ressac, est tout indiqué pour les opérations de carénage. Il vit du reste la célèbre *Anahita* du capitaine Bernicot. Je passai deux jours, en profitant de la marée, à gratter, brosser laborieusement — car la végétation sous-marine s'était bien développée — et à repeindre la carène, travaillant seul, comme d'habitude.

J'envisageais de continuer mon voyage seul. Mais cela n'enthousiasmait guère ma famille qui fit passer dans le journal *Le Yacht* une annonce pour demander un équipier. Ainsi trouvai-je un nouveau compagnon, un photographe de 25 ans, ancien séminariste et étudiant en droit, Paul Farge, de Pontoise.

Après des hésitations, je lui adressai, le 4 janvier 1950, une lettre où je lui disais que j'acceptais en principe sa candidature. Je le priais néanmoins de réfléchir à tous les aspects du problème sur lesquels j'attirais son attention. Faire une croisière à deux exige une compréhension et un respect mutuels, le même amour de la navigation, des buts communs.

Je ne m'arrêtai pas à sa faible constitution physique ni au fait qu'il n'avait tiré des bords que sur le lac Léman. J'estimai que les qualités humaines étaient primordiales.

C'est dans les premiers jours de l'année 1950 que le ressac me causa de sérieux ennuis. Les grands mauvais temps d'hiver, dans l'Atlantique Nord, soulèvent une grosse houle qui vient battre la côte marocaine. Quand cette houle est assez forte, elle pénètre dans des ports mal protégés, comme Casablanca ou Fédala, et provoque des mouvements d'eau violents pouvant atteindre plusieurs nœuds. Alors les mouillages ou les postes d'amarrage deviennent intenables. Tout casse et il est souvent impossible d'immobiliser les bateaux ; une telle situation devient parfois catastrophique.

A mon arrivée on m'avait mis en garde contre ce danger, mais j'avais pensé qu'on l'exagérait. Or, pendant toute ma croisière autour du monde, je n'ai jamais senti mon bateau en pareil danger.

Il y eut des préludes : ruptures d'amarres et carambolages avec divers bateaux voisins qui me firent passer des nuits blanches, mais sans gros dégâts. Mais la nuit du 6 au 7 février fut sérieuse.

Le ressac se fit tout d'un coup et je ne pus même pas défaire ma couchette. Sous sa violence rapidement accrue, le cotre, solidement amarré, l'arrière sur une bouée, l'avant sur une des chaînes arrière du *Carola*, gîtait comme sous voiles, tantôt d'un bord, tantôt de l'autre ! La grande goélette se mit alors à chasser devant sur ses deux ancres. En toute hâte je rentrai mon bout-dehors et embarquai ma prame.

Les chaînes arrière du *Carola*, dangereusement sorties de l'eau, cassèrent. Je pus dégager mes amarres de l'avant ; mais les bateaux partirent dans une belle sarabande ! Plusieurs fois, le petite cotre fut pris sous la voûte du *Carola* — affreuse vision ! Je manquai d'être écrasé. Le mât du *Kurun* fit voler le mât de pavillon de la goélette. Les grosses chaînes pendantes accrochèrent mon gui. De justesse, j'évitai la rupture. Les filières furent sauvegardées par miracle. Je réussis à filer par le bout toutes les amarres qui retenaient le cotre à l'arrière. Profitant d'un moment favorable, je mouillai mon ancre — mais elle chassa. Le fond du port se vidait et se remplissait alternativement, d'une manière effroyable. Si le cotre était entraîné jusque-là, il serait défoncé.

Des Arabes bruyants étaient proches de moi, dans une embarcation. Je leur passai une longue aussière. Avec bien du mal ils réussirent à l'envoyer à quai. Je commençais à me déhaler dessus, croyant mon bateau sauvé, quand l'axe de la grosse manille, passée dans la cosse fixée à l'extrémité de l'aussière et qu'on avait à peine vissée, lâcha ! « Bons à rien ! Soldats de malheur ! » Je passai rapidement ma prame par-dessus la lisse. Avec beaucoup de peine, je réussis à bien amarrer mon aussière et à dégager mon bateau.

A 23 heures, le *Carola* avait actionné sa sirène pour demander assistance, mais personne n'avait bougé. La grande goélette balayait le port, talonnant de temps à autre ou heurtant des bateaux de pêche. Le grand jeu de massacre !

Au jour, j'avais réussi à immobiliser le cotre mouillé sur une bonne ancre et tenu à quai par plus de cent mètres d'aussière[1]. Mais ce n'est que l'après-midi que les pilotes immobilisèrent la goélette et firent cesser ce danger permanent.

Les rails du slip avaient été arrachés et deux bateaux de pêche coulés...

Le 16 février au matin, sur rade de Casablanca, j'embarquai, par la vedette du pilote, à bord du cargo mixte *Algérien*. C'est là que je fis la connaissance de mon futur compagnon, Farge, dont c'était le premier contact avec la mer. Ma première impression fut franchement désagréable, sans que je puisse l'analyser ; mais elle ne dura que quelques secondes.

J'avais devant moi un garçon souriant, aimable, au long corps décharné surmonté d'une tête mobile aux larges oreilles décollées, et agitée de temps à autre de tremblement nerveux. Je l'avais imaginé tout autre.

Nous ramenâmes à Fédala ses bagages volumineux et pesants. En bon photographe, il avait amené un attirail à faire couler la prame à lui seul. Ses caisses renfermaient aussi un précieux matériel, notamment un poste de radio, cadeau de mon père, qui devait me permettre dorénavant de capter les signaux horaires à la mer.

Mon compagnon installé à bord, nous carénâmes, puis embarquâmes plusieurs mois de vivres et deux fûts de cinquante litres pour augmenter la réserve d'eau. L'appareillage pour les Canaries était en bonne voie.

Rapidement j'appréciai les qualités de Farge : débrouillard, actif, adroit et bricoleur, il devait se rendre très

1. Cette longueur assurant l'élasticité — l'extrémité était *maillée* sur une élingue en fil d'acier pour éviter que le filin ne se coupe rapidement, au raguage dans les tensions anormales.

utile dans la vie du bord. Quoique je fusse habitué, depuis des années, à faire ma cuisine, je lui attribuai, sans regret, les fonctions de cook. De plus, Farge possédait un talent incontestable de photographe ; il pensait du reste l'utiliser pour de fructueux reportages destinés à différents magazines et il m'avait annoncé des contrats qui devaient remplir la caisse d'une manière certaine. En attendant les jours fastes, je lui remis toutes mes disponibilités, car il assumait les fonctions de trésorier.

Les premiers contacts furent bons ; mais la constitution très fragile de mon compagnon m'inquiétait un peu.

Nous étions très différents dans nos goûts, nos conceptions et nos buts. C'était un intarissable bavard. J'aimais le silence. Il parlait et tranchait de tout. J'aimais la réserve.

En fait, il était mentalement très au-dessous de son âge et semblait n'avoir vécu qu'entre papa et maman. C'est pour se libérer d'une atmosphère confinée qu'il avait si ardemment désiré partir avec moi. Cela me parut mériter encouragement.

J'avais fixé l'appareillage au 19 mars. Hélas ! un violent ressac vint de nouveau jeter la perturbation dans le port au milieu de la nuit du 17 au 18.

Je fus réveillé par le heurt de ma coque sur celle du *Carola*... J'avais pourtant pris mes dispositions pour rester éloigné de cette goélette qui m'avait donné tant de cauchemars. J'étais sur une ancre, avec quarante mètres d'aussière amarrés sur la bouée entortillée sur l'arrière du *Carola*. Mais mon ancre avait chassé sur un fond de piètre tenue. J'eus beaucoup de peine à éviter les avaries contre la grande coque en acier, sur laquelle le cotre était rejeté avec force par l'impitoyable ressac. Farge cassa la gaffe. Je fus coincé entre le *Carola* et l'extrémité du gui de mon cotre, dont l'arrière venait perpendiculairement aborder la goélette ; il s'en fallut de peu que je n'eusse la poitrine défoncée. Fébrilement j'envoyai Farge porter une amarre à terre avec la prame et, à force de guindeau, je me dégageai de la sinistre goélette. Les quelque soixante-dix mètres de l'aussière neuve et solide que je mis dehors sortaient de l'eau, menaçant de casser comme un bout de ficelle !

Quelques instants après, l'aussière décapela et je passai par-dessus bord. Je fus assez heureux pour rattraper la lisse et ne me mouiller que les jambes. Comme une flèche le *Kurun* filait en arrière sur le *Carola.* Par chance, je pus faire un tour mort sur la bitte et immobiliser mon bateau à vingt ou trente centimètres de la muraille de la goélette !

Mais tout cela n'était qu'un prélude : au jour, les deux chaînes arrière du *Carola*, avec les fils d'acier de la bouée, se tendirent, sortirent de l'eau sur une trentaine de mètres et cassèrent. Quel spectacle ! Le jeu de massacre était ouvert.

Le *Carola* balayait tout l'arrière-port à une vitesse parfois terrifiante, touchant un peu partout, menaçant d'écraser tous les petits bateaux sur son passage. J'envoyai aussitôt une autre amarre à quai, en choquant ma chaîne d'ancre. J'avais dû filer par le bout toute l'aussière frappée sur la bouée qu'emmenait le *Carola.*

Je me dégageai au maximum. Cependant je n'étais pas à l'abri de toutes les trajectoires possibles de la goélette en folie et je n'avais aucune possibilité de m'en aller de ce port de malheur. Nous restâmes sur le pont toute la journée.

Dans leurs promenades, les chaînes rompues du *Carola* avaient engagé mon ancre dont je fus obligé de filer la chaîne par le bout.

L'après-midi seulement, le *Carola* put être immobilisé et, à la nuit, la petite vedette du port emmenait le cotre à couple d'un petit « pinardier », l'*Ana*. Nous avions eu chaud.

La perte de mon ancre m'était très sensible, et plus encore celle de ma chaîne qui était calibrée et s'adaptait au guindeau. Je ne pouvais songer à les remplacer au Maroc.

Pendant plusieurs jours, je m'entêtai à récupérer mes apparaux de mouillage. Je draguai le fond avec une chatte.

On plongea. Un scaphandrier descendit au fond. Tout cela sans succès.

Je dus me résigner à cette perte, que je déplorai aux escales suivantes, et qui fut lourde pour la caisse du bord. Par la suite, le propriétaire du *Carola*, responsable du dommage, ne répondit même pas aux lettres successives qui lui furent adressées.

Après plusieurs jours de grosses brises de S.-W. avec grains, c'est-à-dire exactement contraires à la route de Fédala aux Canaries, je décidai l'appareillage le 3 avril pour cette courte étape d'environ 540 milles.

3 avril. — Beau temps. A 13 heures, la vedette du pilote vint nous prendre à la remorque.

Lorsque nous fûmes dégagés de la passe, la voilure fut établie ; il fallait voir nos amis, qui nous avaient accompagnés, peser de bon cœur sur les drisses !

Petite brise de N.-W. — Légère houle de N. — Beau temps. Au plus près, bâbord amures.

A 13 h 30, le champagne bu, nos amis embarquèrent dans la vedette. Les effusions des adieux nous firent oublier le courrier du bord.

La vedette disparut rapidement entre les jetées de Fédala. Le cotre était de nouveau seul sur l'océan. Après ce long séjour à terre, j'étais heureux de reprendre la mer, surtout par si beau temps. Mon compagnon éprouvait quelque appréhension à se voir perdu dans l'immensité sur un si petit navire.

A 14 h 15, certain de bien déborder les dangers du cap de Fédala, je virai de bord et suivis la route que j'avais tracée sur la carte. Puis la brise fraîchit légèrement et le loch indiqua bientôt quatre nœuds et demi. En fin d'après-midi nous avions dépassé Casablanca.

Il faisait très beau — ce qui n'empêcha pas mon compagnon de payer les droits d'usage à Neptune. Il dut, par-dessus les filières, faire à ce dieu l'offrande du contenu de son estomac. « Ce n'est rien, vous vous y habituerez très vite », lui dis-je.

La brise hala Nord. Quoique légère, elle permettait de faire bonne route.

Farge, remis de son indisposition, vint me relever à la barre au cours de la nuit, mais je ne fermai que la moitié d'un œil, malgré toutes les recommandations que j'avais faites au timonier — notamment celle de « pousser » un peu au large, et de veiller aux bateaux.

Le 4 avril, à 6 heures du matin, le cotre était par le travers de Mazagan, marqué par le feu de Sidi Ben Afi que j'avais relevé à la fin de la nuit. De Mazagan à Las Palmas la route était directe sur la carte.

Une petite brise, variant du N.-W. au N.-E., nous mit le 5 avril à 0 heure à 15 milles dans le N. 60 W. du cap Cantin. Mais la brise faiblit, puis ce fut le calme et je dus tout amener. A 11 heures, je repris la route bâbord amures avec une légère brise du Sud, puis, à 15 heures, virai de bord, la brise ayant halé S.-W. Après du calme, une petite brise de Sud s'établit à la nuit. Peu après, je relevai, de la tête de mât, la lueur du feu du cap Cantin et celle de la ville de Safi.

6 avril. — Après avoir joué du S.-S.-E. au S.-E., la brise a halé Sud dans la matinée. Je décide d'aller voir ce qui se passe devant Mogador et de tenter de trouver un pêcheur pour lui remettre notre courrier oublié.

Temps magnifique. La mer est bleue et la côte sous le soleil lui fait contraste avec ses couleurs chaudes. Nous distinguons la chaîne du Djebel Hadid qui court à près de sept cents mètres de hauteur, parallèle à la côte. Ce littoral marocain, sauvage, jalonné de tombeaux et de marabouts, a quelque chose d'émouvant, vu du large. En approchant je reconnus le marabout de Sidi Yacoub, qui est un bon amer.

L'objet cherché se présenta : bateau en vue. En faisant route vers lui je reconnus un chalutier. Le courrier mis dans un petit paquet, je manœuvrai jusqu'à raser la tignasse de l'équipage bigarré du bateau en pêche. Les coques se touchèrent presque, et je pus transborder le précieux courrier. Personne sur le chalutier ne parlait français ; mais grâce à Allah lui-même sans doute nous nous comprîmes fort bien. Nos lettres devaient arriver rapidement à destination.

Vu du large, le tableau de Mogador était séduisant. Avec le bleu de la mer, celui du ciel à peine agrémenté de quelques cumulus de beau temps, la pittoresque ville apparaissait encore plus blanche sous le soleil, avec ses maisons, ses tours, ses minarets, dans la farouche ceinture de ses fortifications portugaises.

Le 7, à 6 h 30, une brise faible et irrégulière n'avait amené le cotre qu'à 30 milles dans le S. 81 W. de Modagor et le Père Éole ne devait guère nous gâter davantage par la suite... Au début de la matinée, je pris deux tours de rouleau dans la grand-voile, car la brise avait fraîchi du S.-W. Après le déjeuner, il fallut rouler deux autres tours, car le cotre était trop chargé et la mer creuse.

Malgré la route médiocre, la terre d'Afrique avait disparu définitivement dans l'Est.

8 avril. — Petite brise et calme. L'équipage en profite pour passer une nuit franche, à sec de toile, le fanal frappé sur la drisse de pic.

Le lendemain à 10 h 45, j'ai pu remettre en route avec une belle brise de S.-W. Le ciel sera clair, sans un nuage de tout le jour, mais la brise, fraîchissant, obligera à prendre deux tours dans la grand-voile à 14 h 30 et deux autres à 14 h 45, interrompant mal à propos un déjeuner commencé sur le pont. A l'occasion de la fête de Pâques, le cook avait varié l'ordinaire avec des saucisses de Francfort, et des nouilles au beurre — le tout arrosé d'une bonne bouteille.

A 17 h 30, je mets à la cape, bien que le temps soit encore maniable — car le cotre mouillait beaucoup pour faire une bien mauvaise route. Nous allons donc passer ce dimanche de Pâques en paix.

Après un bon thé chaud, Farge se plonge dans son office de Pâques, tandis que je vais sommeiller.

Le calme vint soudainement, à la nuit. Ce vieux païen de Père Éole s'amuse à nous faire de telles farces un jour de Pâques !

Tout amené, le cotre roule bord sur bord — la mer rentre par les dalots ; mais encore quelle bonne nuit franche, sous la protection du fanal !

10 avril. — La plus belle journée de calme plat de la carte. Pas une ride sur l'eau. Sur la longue houle qui semble la respiration de la mer, le *Kurun*, à son rythme, monte et descend gentiment.

Au jour, trois rorquals[1] rôdent autour du bateau. Ma 8x57 Mauser à la main, je guette les évolutions de ces monstres. « Un petit beefsteak de baleine pour la poêle du cook à midi ? » Mais ces cétacés qui mesurent deux fois la longueur du cotre se tiennent à distance respectable.

Calme. Repos pour l'équipage qui en profite pour se raser et mettre de l'ordre à bord. Le pain, que nous avions fait recuire à Fédala avant notre appareillage et malheureusement embarqué trop tôt, est moisi ; avec regret, nous le jetons par-dessus bord.

Au couchant, qui est magnifique, le ciel est orageux. Du nouveau dans le temps en perspective ? Tout le monde à dormir.

11 avril. — 3 heures : branle-bas. Ciel couvert. Nuit très noire. Éclairs du Nord au Sud, en passant par l'Ouest. Brise S.-E. modérée.

A 3 h 40, je remets en route sous la grand-voile dont je n'ai pas déroulé les tours pris dimanche, et le foc n° 3. Le

1. Que les profanes lisent « baleines ».

baromètre baisse et je préfère attendre un peu avant de « faire » toute la toile.

Au jour, je passe à une encablure de chalutiers en pêche sur le banc de la Conception, dont les moindres fonds sont de 161 mètres. On se salue gentiment.

Bientôt des grains violents enveloppent le cotre. Pas de vue, tonnerre. La foudre tombe près du bord, ce qui n'a rien d'agréable.

La maudite brise est redevenue S.-W. ; mais hale ensuite Ouest, puis N.-W. Allons-nous atterrir ?

J'avais dit à Farge : « Celui qui verra la terre le premier aura droit à un verre de rhum, le second à un demi-verre seulement... et le dernier à un coup de pied au... ! » Ce à quoi mon compagnon rétorqua : « A quoi aura droit l'avant-dernier ? » Innocent esprit de la vieille marine !

A 14 h 35, les nuages se déchirent et je reconnais Allegranza, exactement où je m'attendais à la voir : j'en ressens une profonde satisfaction et je crie : « Faites donner la goutte à l'équipage ! »

Brève satisfaction : à 15 heures, il faut tout amener, car c'est de nouveau le calme. Nous contemplons de loin Allegranza, l'île la plus septentrionale de l'archipel des Canaries et l'une des plus petites ; personne n'habite sur ce volcan éteint.

Calme. Calme et patience... C'est le lot du marin à la voile. Prendre le temps comme il vient. Du reste, n'est-on pas bien à la mer, chez soi ?

Allumé fanal sur la drisse de pic. Équipage à dormir.

12 avril. — A 4 h 15, j'ai remis en route avec une petite brise Ouest que le Père Éole s'amuse à faire jouer capricieusement.

Mais qu'importe ! Temps magnifique. Le cotre approche doucement de la terre. Les îles : Allegranza, Montana Clara, Graciosa et Lanzarote, profilent leurs sommets volcaniques couleur ocre et mauve sur l'azur d'un ciel resplendissant.

Des oiseaux gavés de sardines s'envolent lourdement sur notre passage. C'est l'indice de la présence probable d'autres poissons. L'eau est merveilleusement claire : on voit parfaitement à vingt mètres de profondeur, et je m'aperçois que nous naviguons sur un banc de thons ! Leurs fuseaux noirs aux nageoires en forme de serpe semblent immobiles ; ils oscillent parfois et leurs ventres clairs paillettent le fond de velours des eaux transparentes de ce gigantesque aquarium de cristal.

Je file aussitôt la ligne de traîne, toujours parée et lovée à l'arrière. Elle est à peine à l'eau qu'un thon de quinze kilos est balancé par-dessus les filières, d'un geste vigoureux et précis. Les poissons sont fous de l'amorce : une turlute garnie d'étoffe rouge et blanche, gréée sur les indications de pêcheurs portugais rencontrés au Maroc.

Deux brasses de fil de laiton hors de la lisse suffisent pour accrocher ces beaux poissons. Quelle pêche ! Les thons mordent « à toute ligne ». Malheureusement la mienne n'est pas assez solide et les plus gros poissons ont vite fait de tordre, puis de casser l'une après l'autre les branches de la turlute. Je demande à Farge de les gaffer pour ne pas avoir à les tirer hors de l'eau, mais mon brave compagnon est complètement perdu devant ce spectacle : il frappe du bout de la gaffe, au lieu de crocher... Je perds poisson sur poisson, puis ma ligne est inutilisable — mais à quoi bon la remplacer : on eût pu pêcher tout le banc ! Nous avons, d'ailleurs, assez de captures pour être satisfaits. Le pont, maculé de sang, est un champ de carnage.

Je vide les prises pour les conserver, tandis que le cotre, bien appuyé avec son foc ballon, navigue seul.

Au déjeuner, le *Kurun* est encalminé à l'ouvert du chenal qui sépare Allegranza de Montana Clara. Inutile de dire que notre plat de résistance est à base de thon, arrosé de vin blanc. En l'occurrence, le capt'ain, spécialiste du poisson, s'était substitué au cook. L'équipage fut un peu gourmand. Par la suite, le seul mot de thon, même prononcé à voix basse, suffisait à donner la nausée à mon compagnon...

Le lendemain, nous étions encalminés dans l'Ouest d'Allegranza, ce qui nous procura le plaisir de l'admirer sous un autre angle.

En fin d'après-midi, un souffle de Nord vint émouvoir le *Kurun*.

Vers 22 heures, la brise hala N.-E. et fraîchit graduellement toute la nuit. Est-ce l'alizé ? Le tient-on cette fois ?

L'étrave du *Kurun* fait voler l'écume et, de la cabine, on entend l'eau courir puissamment le long de la coque.

Mer creuse et moutonneuse d'un vert émeraude. « Brave petit *Kurun*, c'est ton temps, va ! » Quel plaisir de courir ainsi !

Cependant, à midi, je dois diminuer de la toile et rouler quatre tours dans la grand-voile.

Depuis 11 heures, la Isleta, qui abrite le port de La Luz au nord est en vue. Je reprends la barre des mains de Farge pour gouverner droit dessus, plein vent arrière.

Au début de l'après-midi, quelques grains. Nous croisons, à contrebord et à faible distance, un paquebot anglais qui vient de La Luz. Notre salut reste sans réponse. « Chien d'Anglais. Cent ans plus tôt, je t'aurais envoyé une bordée de boulets pour t'apprendre la correction. » Mais à notre époque, si pressée, a-t-on même le temps de se saluer ? C'était bon autrefois, au temps de la marine à voile. D'ailleurs, sur cette grande carcasse métallique, sans âme, tout le monde est calfeutré, on ne voit personne. « Qu'il aille au diable ! »

A 17 heures, le cotre est à la jetée de La Luz, le port de Las Palmas. Au ris, une belle goélette canarienne sort au plus près et tangue bas. Nous nous saluons courtoisement.

Après avoir viré lof pour lof, nous rentrons dans le port, et louvoyons pour nous engager jusqu'au fond. Nous avons le plaisir d'y voir un pavillon français ; c'est le *Président*

Théodore-Tissier, de l'Office scientifique des Pêches. Des mains s'agitent amicalement vers le petit pavillon français qui flotte à la corne du cotre. Je mouille à une encablure de notre compatriote.

L'étape est terminée.

5

Séjour aux îles Canaries
L'odyssée du *Berlin*

A peine le *Kurun* est-il à poste, que la vedette du *Président Théodore-Tissier*, ayant à bord son commandant, le capitaine de frégate Kermarec, nous accoste. Les thons saisis dans les filières, à l'arrière du cotre, sont très remarqués :

— Avez-vous conservé les entrailles ?

Malheureusement je les avais jetées par-dessus bord, à l'exception des foies : un mets que j'apprécie.

Le navire de l'Office scientifique des Pêches était précisément en campagne à la recherche des thons, en vue d'étudier leurs migrations et leur mode de reproduction. Moins chanceux que nous, sa recherche avait été vaine les jours précédents.

Après cette prise de contact, par les entrailles de poisson, nous fûmes accueillis de la manière la plus cordiale à bord du *Tissier* où l'on nous retint à dîner. La mission scientifique était composée de trois jeunes hommes sympathiques, comme tout l'équipage, breton en majorité. Tous s'empressèrent auprès du cotre. Le radio vint voir le poste de T.S.F., les mécaniciens le guindeau. On nous aida pour le plein d'eau. Jusqu'au départ du *Tissier* pour les Açores, le 19 avril, nous fûmes des invités permanents à la table du commandant, où l'atmosphère était vraiment cordiale.

Le port de La Luz, qui dessert Las Palmas, la toute voisine capitale de l'île, est des plus pittoresque. Certes, le cadre de la baie entourée de montagnes est fort beau en soi, mais le charme du port tient surtout aux nombreux voiliers en bois, goélettes de pêche pour la plupart, qui donnent à La Luz un air très « vieille marine », qu'accentue encore l'aspect des coques abattues en carène suivant la plus pure technique du vieux temps. Ce procédé permet aux charpentiers de changer à l'aise des bordés et de calfater, même près de la quille, des bateaux importants. Il manquerait au tableau quelque chose d'essentiel si les hommes ne le complétaient : le temps a préservé aussi leurs faces boucanées d'authentiques pirates — ils n'en ont pas, d'ailleurs, que le visage et l'on en fait couramment l'expérience. Le *Tissier* l'éprouva bien, certaine nuit. Par des hublots restés ouverts, d'habiles lascars crochèrent tout un butin ; on les prit sur le fait, mais leur fuite fut si agile qu'on ne put rattraper leur embarcation.

C'était une joie pour moi de contempler les vieux gréements, les rustiques fanaux de pont ou de voir glisser sur les eaux les embarcations montées par de souples et habiles nageurs. Bien que le poisson ne manque pas autour de l'archipel canarien, leurs goélettes vont pêcher jusque sur les côtes de Mauritanie où je les avais admirées lorsque j'y faisais campagne.

La Luz n'est pas seulement un port de pêche, mais aussi un carrefour de grandes voies maritimes, ce qui lui donne un caractère de grand port moderne.

Las Palmas et La Luz sont deux villes sœurs séparées par quelques minutes d'autobus, de « gua-gua » comme on dit là-bas. Détail pittoresque, ce sont de vieux véhicules... qui viennent de France ! L'agglomération urbaine a des aspects très variés, depuis le vieux quartier de Vegueta où s'établirent les conquérants espagnols au XVe siècle, et qui a conservé son visage ancien, jusqu'aux modernes installations du port, en passant par la « Cité-Jardin », aux coquettes maisons nichées parmi les fleurs multicolores.

La capitale est animée, pleine de gaieté. Cependant, à côté de quelques richesses, on y voit beaucoup de pauvreté. Tout comme en Espagne, trop de gens mènent là une existence misérable. Le « gofio » — une simple bouillie — est leur nourriture. Dans la rue, il n'est pas rare d'être accosté par des gosses très exercés à pister l'étranger, à lui soutirer quelque monnaie, voire à lui proposer de louches trafics. Mais la misère ne fait tort ni à l'entrain ni à l'optimisme.

A l'arrivée du *Kurun*, les formalités d'usage s'accomplirent sans difficulté ni tracasserie... bien que le capt'ain n'ait guère mis d'empressement à prendre contact avec les autorités !

Nous fûmes très aimablement accueillis par le consul de France, M. Martin, qui était prévenu de notre arrivée. Une réception à la Chancellerie, où nous retrouvâmes le commandant du *Tissier* et son état-major, nous permit de faire connaissance avec plusieurs compatriotes et je fus agréablement surpris de voir que Gran Canaria comportait une colonie française, petite, il est vrai, mais active.

Gran Canaria possède un Real Club Nautico installé dans un grand bâtiment aux vastes salles, que domine un plan d'eau sur lequel se balancent les fines mâtures des yachts. J'y reconnus avec plaisir quelques représentants des séries « Tumlaren », « Hispania » et « Traversia », à côté de quelques petits cruisers. Je ne m'attendais pas à trouver ici une telle activité en matière de yachting : on y organise assez fréquemment des régates et chaque année les plus gros bateaux croisent dans l'archipel.

Dès notre arrivée, le président du Club, Enrique Martinez Suarez, nous envoya ses souhaits de bienvenue et l'invitation à user des services de son Club, par un billet dont la forme nous enchanta :

Saluda
al Señor Capitan y tripulantes del yate Kurun.

Après l'appareillage du *Tissier*, nous rapprochâmes le cotre du Club, bien qu'on nous eût gentiment prévenus que le bateau n'y serait pas davantage à l'abri des pirates !

Nous eûmes d'excellents contacts avec le Club où, dès les premiers jours, une petite fête fut donnée en notre honneur. On nous réunit autour d'une immense table avec de nombreux convives, membres du club, dont les connaissances linguistiques étaient aussi limitées que celles de l'équipage du *Kurun* ! La conversation ne fut pas des plus animée, mais les flacons de xérès suppléaient à cette lacune. Je ne crois pas que les serveurs se soient arrêtés un instant de tourner autour de la table pour emplir les verres avec la régularité d'un mouvement d'horlogerie. Dios ! Que la production de xérès doit être abondante en Espagne, pour permettre une telle consommation !

Il n'y avait guère d'hommes très valides parmi ceux qu'une voiture reconduisit, tard dans la nuit, vers leurs bords respectifs. Peu s'en fallut que je ne confondisse le *Kurun* et le *Tissier*... Farge, plus malin, avait vidé le contenu de ses verres sur le sol — mais il était difficile à un « Señor Capitan » d'en faire autant !

Avant notre départ, le président me fit présent d'un très beau guidon en soie brodée, aux couleurs du Real Club Nautico, qui éclipsait un peu le tout petit guidon du C.V.P., que nous lui avions remis en échange.

Le 24 avril, un événement tout à fait inattendu vint troubler le paisible domaine des yachts. Il devait me permettre de toucher de près une des plus extraordinaires histoires de mer que je connaisse. Ce fut l'arrivée de deux êtres courageux : Paul Müller — soixante-quatre ans — et sa fille Aga — dix-huit ans et demi.

Je vernissais laborieusement l'hiloire de mon rouf, pestant une fois de plus contre l'inutilité du vernis à bord d'un bateau qui fait une longue croisière, lorsque je fus tiré de l'attention que j'apportais à mon travail par un beau vacarme de cris en espagnol. Des embarcations à l'aviron, aux nageurs particulièrement agités, remorquaient — avec quelle ardeur ! — un petit canot de même grandeur qu'elles, voiles hautes. Dans l'encadrement du panneau de rouf, se tenait une toute jeune fille.

Le pavillon allemand était frappé dans un hauban. J'identifiai aussitôt le *Berlin*, dont je connaissais le départ d'Allemagne, les escales aux Iles britanniques et la destination finale.

J'ignorais les antécédents de son pilote ; aussi ma première réaction intérieure fut-elle sans pitié : « C'est ce fou-là qui s'est lancé dans le golfe de Gascogne, en plein hiver, sur ce bateau minuscule ! Comment a-t-il pu arriver jusqu'ici ? »

Cependant, quand le sloop fut mouillé, la prame du *Kurun* l'accosta avec bienveillance ; j'avais, en effet, remarqué l'aspect pitoyable de son équipage exténué ; je connaissais ces retours du grand large, les yeux pleins de sel et bouffis de sommeil... J'avais envie de fouetter les curieux accourus, qui harcelaient de questions oiseuses ou intéressées ces pauvres gens au regard de bêtes traquées.

Je mis Müller à l'aise et l'invitai à venir se placer à couple du *Kurun* dont les trois couleurs flottaient en poupe. Il eut un temps d'hésitation, mais un moment après, nous avions manœuvré et mis le *Berlin* le long de mon cotre, dans un bon mouillage. Ses provisions étaient misérables.

Avant de nous mettre à table devant un dîner consistant, nous étions déjà en confiance. Müller m'avait dit malicieusement : « On raconte que Français et Allemands sont des ennemis !... » « Tous les marins du monde, avais-je répliqué, ne sont qu'une grande famille. » Les sottes et vaines querelles de peuples étaient, en vérité, bien loin de nous.

Nous bavardâmes journellement de longues heures, à propos de navigation à la voile et de grandes traversées, car Müller n'était pas un novice en la matière ; il avait déjà franchi l'Atlantique en 1929, seul à bord d'un voilier de

5,70 m, l'*Aga*, qu'il perdit par la suite au large du cap Hatteras, en remontant des Bahamas sur New York.

Cette fois, il avait décidé de quitter définitivement l'Allemagne. Sa maison se trouvait en zone russe, ce qu'il n'appréciait guère. Malgré son âge, il n'avait pas hésité devant la solution héroïque : fuir avec sa fille, à bord d'un petit voilier, vers l'Amérique du Sud ; y gagner quelque argent, faire venir sa femme et son fils : « Afin, aimait-il à répéter, de recréer un foyer dans la paix et la sécurité. »

Il arrêta son choix sur une embarcation à avirons du lac berlinois Wansee. La coque de 5,50 m sur 1,80 m était de bonne construction ; il la paya deux mille marks. Ses amis crièrent à la démence, mais Müller transforma judicieusement ce canot. Il ajouta une quille en bois, y fit boulonner une quille en fonte de quatre cents kilos, portant ainsi le tirant d'eau à un mètre. Il la ponta complètement, avec un rouf sur toute la largeur, ménageant un petit cockpit étanche de 58 centimètres de côté et de 43 centimètres de profondeur, ce qui est bien précaire. Le seul panneau d'accès à l'intérieur se trouvait sur l'arrière du rouf et deux hublots étaient fixés sur l'avant de celui-ci. Pas d'autre aération que le panneau.

Le gréement était simple, mais particulièrement robuste : un mât tenu par un étai et deux paires de haubans de fort échantillon ; une grand-voile triangulaire transfilée sur le mât et sur un solide gui ; une trinquette. Pas de bout dehors. Au total, douze mètres carrés de toile, sans garcettes de ris ni rouleau de bôme. Par grosse brise, Müller amenait tout et attendait sur l'ancre flottante ; il la filait par l'arrière, comme beaucoup de ses utilisateurs, obtenant ainsi un meilleur équilibre et une moindre fatigue du gouvernail. Après la perte de son ancre flottante, le *Berlin* se comportait parfaitement en travers à la lame, à sec de toile. Voss et Marin-Marie étaient partisans de cette solution, qui me donne également satisfaction sur le *Kurun*.

Faute de moyens, l'aménagement intérieur était inexistant. Ni armoires ni couchettes ; matériel et vêtements entassés dans un coin. Couchage sur des caissons en cuivre, sans matelas ; l'un à tribord, de longueur convenable, pour le pilote ; l'autre, à bâbord, long à peu près d'un mètre, dont la jeune Aga devait se contenter.

A leur arrivée, tout était trempé à bord ; au sec, le lendemain, le misérable inventaire faisait peine à voir.

Dans un sac en caoutchouc, deux dictionnaires, quelques photos, le livre de bord et diverses bricoles : la mer ne les avait pas épargnées.

Müller n'avait aucun papier ; le *Berlin*, pas davantage. Seule Aga possédait un passeport anglais. Les deux navigateurs s'étaient nourris presque exclusivement de pommes de terre contenues dans un sac détrempé. Faire la cuisine, sur leur réchaud « Primus » non fixé, dans une cabine exiguë et encombrée, tenait du prodige.

Cependant, Müller était un réalisateur d'une rare énergie. En août 1949, il descendit l'Elbe, passa Hambourg et, après de nombreuses pérégrinations, arriva dans les eaux hollandaises. Après une escale à Gravelines, puis de nombreux arrêts sur la côte Sud de l'Angleterre, il gagna l'Irlande, de Milford Haven.

Anglais et Irlandais lui firent très bon accueil et l'assistèrent généreusement.

Le 20 février 1950, décision incroyable : Müller appareille du port irlandais de Kingsale pour traverser le golfe de Gascogne. A cette époque de l'année, c'était plus que téméraire. Il essuya coup de vent sur coup de vent, restant plusieurs jours d'affilée à sec de toile sur son ancre flottante, dans des mers déchaînées. Emporté à la mer, il remonta dans son minuscule cockpit grâce au filin avec lequel il s'amarrait.

Avec patience et adresse, il profita des moindres occasions favorables à sa route pour faire de la toile. Le 14 mars, c'est-à-dire après vingt-deux jours de mer, il était en vue du cap Finisterre, qu'il espérait doubler. Il fut rejeté dans le

Golfe à plusieurs reprises et dut se réfugier le 22 mars à Luarca, petit port espagnol situé à environ 60 milles à l'Est du cap Ortegal. Le 26 mars, il appareillait par vent du Nord et, deux jours plus tard, doublait enfin Finisterre. Descente rapide, alors, vers le Sud avec quelques escales. Du Portugal, belle traversée, malgré trois jours à sec de toile par gros temps, ce qui lui valut d'être débarqué de nouveau de son cockpit et de perdre son ancre flottante, le câblot de cette dernière ayant manqué par suite du raguage et de l'usure aux portages. Du Portugal, il atterrit à Las Palmas après onze jours de mer, ce qui est assez remarquable.

J'ai souvent discuté avec Müller de navigation sur petits bateaux. Ce courageux marin alliait à d'étonnantes qualités, à du bon sens, un optimisme voisin de l'inconscience et qui me laissait songeur ; la précarité de ses ressources en était peut-être la cause. Il avait connu Erling Tambs et admirait comme moi son *Teddy*, type sérieux de l'*Ocean cruiser*, ce qui ne l'empêchait pas de s'aventurer sur de minuscules bateaux comme le *Berlin*, sans autres instruments et documents nautiques qu'un compas et un routier de l'Atlantique nord ! Rien d'étonnant à ce que, arrivant dans l'archipel des Canaries, il ne sût pas à quelle île il avait affaire. Le destin le conduisit à Las Palmas, alors qu'il voulait aller à Ténériffe, située quelque 60 milles plus à l'Ouest.

Aller des Canaries en Amérique du Sud en passant par Freetown, sur la côte d'Afrique, comme il en avait l'intention n'était pas rationnel, en raison du régime des vents, des calmes et des courants. Cartes à l'appui, je lui avais fortement conseillé, mais en vain, la route logique par les îles du Cap-Vert.

Pendant son escale à La Luz, l'équipage du *Berlin* reçut un bon accueil à terre de la part de quelques braves gens. Le *Kurun* fit ce qu'il put dans la mesure de ses modestes possibilités. C'est avec joie et scrupuleusement que j'inspectai le gréement du petit sloop et changeai quelques manœuvres douteuses. Tant bien que mal, je refis l'étanchéité de l'étambrai, par lequel l'eau s'infiltrait un peu trop à l'intérieur de la cabine. J'avais entrepris de remettre en état la trinquette ; malheureusement elle réclamait des soins que je n'eus pas le temps de mener à terme.

Le 1er mai, à 14 h 30, le *Berlin* reprenait la mer pour Freetown. Les adieux furent touchants. Il était presque pénible de voir appareiller pour le grand large un si petit bateau. Et Aga Müller avait bien de la peine à dominer son intense émotion.

Müller m'avait dit, à plusieurs reprises : « Vous viendrez nous voir à notre ferme quand nous serons installés en Amérique du Sud. Vous resterez chez nous le temps que vous voudrez. » Malheureux Müller ! Il allait mourir dramatiquement peu de temps après sur la côte du Liberia. L'infortunée Aga dut reprendre la mer avec le cadavre de son père, car les naturels avaient commencé à piller le petit voilier sans défense. Aventure atroce.

Quand, à Cristobal-Colon, j'appris cette terrible fin, j'en fus profondément ému. Quelle issue misérable après de si belles victoires dans la lutte contre les éléments ! Témérité mise à part, on ne peut que rendre hommage au courage de Müller et à ses qualités de rude homme de mer. On a écrit qu'il était un chimiste réputé ; je l'ignore et sais seulement qu'il était un homme simple et bon, comme la plupart de ceux que la mer a mûris et assagis dans ses grandes solitudes.

Quant à Aga Müller, elle offre un bel exemple d'énergie, de ténacité, de sang-froid, non seulement aux jeunes filles, mais même aux jeunes gens d'aujourd'hui, qui se complaisent trop dans la mollesse et la facilité. Dès le départ d'Allemagne, Aga Müller avait le mal de mer et, quand on songe aux rudes conditions d'existence à bord d'un petit canot au large, on ne peut que saluer avec respect ce modèle de courage et de dévouement filial.

Pendant notre séjour à La Luz nous eûmes l'occasion de faire de merveilleuses promenades dans l'île, qui est aussi belle que d'aspect varié : Gran Canaria, dit-on, est un continent en miniature. Cette diversité s'applique au paysage aussi bien qu'aux productions du sol qui stupéfient le voyageur non prévenu.

Gran Canaria est une île volcanique. Du large, elle apparaît au marin comme un massif montagneux, avec ses sommets de près de 2 000 mètres.

Du plateau central, « La Cumbre », rayonnent dans tous les azimuts de profondes vallées qui donnent au pays son étrange caractère, offrant au touriste qui suit les pittoresques routes de montages, tantôt des crêtes et tantôt de profondes vallées, les riches « barrancos ». Ces routes, bordées de géraniums sur des kilomètres, sont quelquefois vertigineuses et, en voiture, il arrive que l'on s'y sente beaucoup moins en sécurité que sur le pont d'un navire ; mais ces excursions dans l'intérieur de l'île n'en sont pas moins un enchantement.

Dans l'esprit de la plupart des continentaux, le mot « bananes » est associé à celui de Canaries. En effet, l'île est couverte de vastes plantations de bananiers dont l'exportation, avec celle des tomates, est une de ses principales sources de revenus.

Mais la flore de Gran Canaria est variée, originale, et l'on y trouve des cactées, des vignobles, des cannes à sucre, des pins, dont le magnifique « pinus canariensis », et même des amandiers !

L'île ne possède aucune rivière permanente et le problème de l'eau y est capital. Il est du reste ingénieusement résolu. Et le voyageur est frappé par la vue de nombreux bassins et de réservoirs habilement disposés en tous lieux.

La visite au musée est instructive, notamment en ce qui concerne l'anthropologie. Nous fûmes heureux d'apprendre qu'un Français, le professeur Vemeau, lui consacra de longues années de travail, et que le musée lui doit beaucoup.

Sa collection de crânes humains est imposante. Cette exhibition est du reste moins macabre que l'on serait tenté de le supposer et, dans leurs vitrines, ces crânes font bonne figure.

Un grand diable de squelette domine les visiteurs : si l'esprit malin ne s'est pas joué des savants, le gaillard qui possédait ces os voici pas mal d'années était un *Guanche*.

Et qu'est-ce qu'un Guanche ? D'après la théorie chère à Bory de Saint-Vincent, les Guanches des Canaries seraient, avec les Berbères d'Afrique, les derniers représentants de la race atlantide, que l'on rattache aujourd'hui à celle de « Cro-Magnon ».

A l'arrivée des conquérants espagnols, au XVe siècle, les Guanches, bien qu'ils en fussent restés, sur bien des points, au stade de « l'âge de pierre », présentaient par ailleurs un certain degré de civilisation. Le musée, et notamment sa section de céramique, nous en ont conservé d'étonnants vestiges.

Comme les Égyptiens, les Guanches embaumaient les cadavres, et l'on peut encore admirer la perfection de leur travail délicat et minutieux. Les peaux de chèvre finement cousues à l'aide d'aiguilles constituées par des arêtes de poisson, et qui enveloppaient les dépouilles mortelles, subsistent nombreuses.

Dans l'intérieur de l'île, on retrouve le type guanche à la grande taille et à la solide carrure, aux cheveux clairs, qui constitue un groupe laborieux et sain. Ils n'adorent plus Alcoran, mais cette race forte reste très attachée aux traditions familiales ; dans ce coin du monde, si éloigné de l'agitation moderne, elle perpétue un reflet de la préhistoire.

6

La traversée de l'Atlantique

Nous eussions volontiers prolongé notre escale à Gran Canaria, parmi les fruits et les fleurs ; mais la saison des cyclones dans la mer des Antilles arrivait à grands pas et il fallait songer à reprendre la mer. A aucun prix je ne voulais me laisser surprendre par le temps et je désirais passer la mauvaise saison dans la région de Panama.

La coque du cotre n'était pas dans le meilleur état de propreté. Je décidai de caréner, opération facile à La Luz, grâce à l'amplitude de la marée.

J'avais pensé pouvoir appareiller en même temps que le *Berlin*, pour le plaisir de naviguer un moment bord à bord avec le petit sloop ; mais nous n'étions pas prêts au moment de son départ.

Grâce à notre ami Bordes, le cotre fut nanti de tout le nécessaire et même de quelque superflu. Dans la cambuse s'entassaient les denrées les plus diverses : régimes de bananes, cageots de tomates, caisses d'oranges, de carottes, d'oignons, de salade ; gâteries de toutes sortes, sans parler d'un énorme « queso de flores[1] », qui devait se révéler excellent. Confus de tant d'attentions, j'avais déclaré ne plus pouvoir embarquer que l'indispensable, mais je dus accepter encore une tondeuse et une brosse à habits, que

1. « Fromage de fleur » parfumé avec des fleurs.

l'on pouvait à la rigueur estimer devoir figurer à l'inventaire du bord.

Contrairement à ce que croient les profanes, traverser l'Atlantique à la voile, dans les alizés, même sur un tout petit bateau, est une entreprise extrêmement aisée et sans aléa. Depuis quelques années, c'est devenu chose courante : ce n'est nullement une performance. Ces traversées d'Est en Ouest, par le Sud, en partant de la côte africaine, ont souvent permis à des gens en mal d'exploits de faire, à peu de frais, des démonstrations qui paraissent sensationnelles au grand public. En réalité, il y a beaucoup plus de risques à naviguer quelques jours d'hiver à bord d'un excellent bateau dans le golfe de Gascogne, qu'à traverser tout l'Atlantique sur un bateau médiocre. Journellement, sur nos côtes, des centaines de modestes pêcheurs inconnus réalisent des exploits autrement valables, mais évidemment un peu moins spectaculaires.

Il n'est pas besoin d'être expert en météorologie pour juger du temps que l'on est en droit d'attendre au cours du voyage d'Est en Ouest dans l'alizé. Un simple coup d'œil sur les « Pilot Charts » montre : 1° que le vent est toujours portant ; 2° que les calmes sont assez rares ; 3° que surtout la fréquence des coups de vent est très faible, sinon nulle. Somme toute, conditions optima pour la navigation à la voile. Les anciens navigateurs espagnols n'appelaient-ils pas cette région de l'alizé, en Atlantique nord, *el golfo de las damas* : la mer des dames. Des demoiselles de pensionnat y navigueraient en toute sécurité !

Pour un voilier qui va des Canaries aux Antilles, la route la plus rapide n'est pas une ligne droite[1], mais une courbe concave, car la limite de l'alizé de N.-E. s'incurve vers le Sud[2]. C'est ce que les Anglais appellent *the sailing route*.

1. Pour les spécialistes : la loxodromie n'est guère différente de l'orthodromie.

2. L'ignorance de ces données météorologiques élémentaires fut une des raisons de la malheureuse traversée d'Alain Gerbault à bord du *Firecrest*.

Je comptais sur des conditions assez régulières : « Belle traversée en perspective, écrivais-je à mes parents. Peut-être serai-je de l'autre côté dans un mois. »

Cependant, au début, je rencontrai un vent plus fort que je ne l'avais prévu, et par la suite des brises légères variables, des calmes inattendus, avant de crocher un bon alizé, très au Sud du tropique.

J'appris plus tard les raisons de ces conditions météorologiques « inhabituelles ». Durant l'hiver 1949-1950 et le printemps suivant, le front polaire était descendu très Sud, retardant d'autant la remontée saisonnière du front équatorial et, partant, celle des alizés. Les chalutiers de grande pêche avaient rencontré des champs de glaces importants sur les bancs de Terre-Neuve, fin avril et début mai, alors qu'en général ces glaces disparaissaient dès le mois de mars. J'aurais dû normalement, en suivant la route adoptée, éviter la zone de vents incertains qui sépare les deux fronts.

2 mai. — 13 h 15. Appareillage du Real Club Nautico. Sitôt dégagé le cotre prend de l'erre.

Du bateau pilote, lorsque nous passons près de lui, une voix nous dit que nous allons trouver dehors du vent et de la mer. A la barre, je souris, et je montre l'arrière puissant du *Kurun* : « C'est bien du vent qu'il nous faut. »

Au portique une curieuse plante est suspendue : « l'œillet de l'air[1] ». En me l'offrant dans son beau jardin, M. Bordes m'avait dit : « Elle fera le tour du monde avec vous. »

A 13 h 30, l'extrémité de la jetée de La Luz est doublée. Voiles bien gonflées par une bonne brise de Nord, le cotre commence à se balancer gentiment sur la houle.

Bientôt, les maisons de Las Palmas sont sur l'arrière du travers, avec le temple où Christophe Colomb vint prier avant de faire voile vers l'Amérique.

1. Cette plante aux feuilles cirées, sans racine en terre, puise sa nourriture dans l'air.

L'équipage n'a pas déjeuné ; sans grand appétit, il fait cependant un frugal repas de jambon, de pain, de beurre et d'oranges.

La brise fraîchit régulièrement, la mer se creuse, la visibilité devient mauvaise.

Farge reste à la barre pendant que je mets de l'ordre à bord et affale ancre, chaîne et câblot au poste de mer ; mais il ne peut tenir le cotre vent arrière et nous nous écartons beaucoup de la côte, que j'aurais aimé voir de près.

A 16 heures, nous laissons la pointe de Gando dans l'Ouest. Puis j'empanne pour prendre les autres amures.

La brise n'a cessé de fraîchir et j'ai dû réduire la toile progressivement, pour ne conserver que la grand-voile avec six tours et le foc n° 3 bordé plat.

De grands navires remontant vers le Nord tanguent lourdement. La mer a pris de l'ampleur et déferle ; j'amène la grand-voile et le *Kurun* fuit confortablement sous son foc n° 3, bordé plat, sans embarquer une goutte d'eau.

A minuit, nous avons largement débordé Maspalomas, pointe Sud de Gran Canaria. La brise a molli progressivement. Au jour, cependant, le terre n'est plus visible et je ne suis guère content, car j'avais recommandé à Farge, de quart, de relever le feu avant qu'il ne disparaisse. Il a oublié. Ce n'est pas bien grave, mais je songe, avec souci, que dans un cas plus important la même défaillance eût pu se produire.

Par la suite, au cours de cette traversée, mon compagnon oubliera plusieurs fois de remonter le chronomètre, malgré mes recommandations. Dès la première fois mon opinion était faite, mais je renouvelai l'expérience à titre de « test ». Le chronomètre arrêté, c'était l'impossibilité de déterminer la longitude[1]. A bord d'un bateau quel qu'il soit, on n'a pas le droit d'oublier ; les conséquences peuvent en être trop graves.

1. Au moment d'une observation au sextant, on note l'heure à la *seconde* près.

Toute la journée, souffles de brise insignifiants ; le cotre roule bord sur bord sur une mer creuse et confuse, sans faire de route.

En fin d'après-midi, la brise fraîchit rapidement et, à 17 h 30, il faut prendre la cape sous le troisième foc bordé au vent et la grand-voile à cinq tours.

Mais nous portons encore trop de toile. A 19 h 15, le cotre capeye sous sa grand-voile de cape[1], barre amarrée dans le milieu.

Coup de vent. Mer grosse. Nous devions rester trente-six heures en cape. Nous en profitons pour dormir.

Le 4, le temps s'aggrave encore. J'établis un petit tourmentin amuré sur l'étrave et bordé au vent. La mer roule ses grosses crêtes blanches à perte de vue, mais le *Kurun* monte à la lame comme un goéland. Néanmoins, nous ramassons quelques bons paquets : il suffit qu'une mauvaise lame rejette le bateau sous le vent et qu'une autre arrive aussitôt après, avant que le nez du bateau ne revienne dans le vent. Plusieurs fois le passavant est couvert, mais par le travers du rouf seulement ; l'avant reste sec.

Farge, peu rassuré, me parle d'ancre flottante et me demande si j'ai déjà vu des temps aussi durs. Je réponds :

— Coup de vent banal, comme vous en verrez beaucoup d'autres et certainement de bien plus mauvais.

Enfin, le 5 mai, je puis remettre en route. Je n'en suis pas fâché, car le pont, qui a quelque peu « séché », présente des suintements désagréables. Il en est de même pour un des hublots, au-dessus de ma couchette. Le beau temps permet de tout ouvrir : hublots et panneaux, et de mettre les affaires au sec.

J'avais décidé de rallier le point 20° Nord, 30° Ouest. Les premiers jours, malgré une brise modérée (force 3 à 4), le cotre aligna des milles. Malheureusement, nous retombâmes dans une série de faibles brises ou de calmes. Nous ne

1. A bordure libre, sans gui.

devions retrouver de conditions favorables à une bonne navigation que le 19 mai au soir, après dix-sept jours de mer.

Ce fut pourtant une belle période. La température s'était adoucie au fur et à mesure que nous descendions vers le Sud, la mer était calme. Nous goûtions pleinement des nuits superbes, ayant la Grande Ourse à tribord et la Croix du Sud à bâbord. Le seul ennui était l'obligation de rester constamment à la barre : la brise, insuffisante pour naviguer avec le dispositif spécial des trinquettes jumelles, de surface totale très inférieure à la voilure normale, nous obligeait à garder tout dessus ; ce qui ne permettait pas au cotre de faire route seul.

Le 8 mai, peu avant 4 heures, Farge, de quart, aperçoit un vapeur par bâbord. Ce sera le seul que nous rencontrerons pendant toute la traversée.

En fin d'après-midi, premier essai des trinquettes jumelles. J'avais passé une bonne partie de la journée à en gréer tout le dispositif. L'essai n'est guère encourageant. Il est vrai que la brise est trop faible pour que le système fonctionne convenablement. Finalement, j'amène les trinquettes pour continuer la route sous voilure normale.

La journée du 10 apporte un peu d'animation. Après avoir observé des bancs de bonites qui bondissent hors de l'eau, nous découvrons à l'Est un troupeau de cétacés. Bientôt, je peux les identifier à leur tête massive : ce sont des globicéphales. Ils nagent dans la même direction que le cotre et le rattrapent. Je favorise la rencontre en venant un peu du lof, voiles en ralingue, si bien que nous pouvons admirer à loisir leurs évolutions.

Farge prend une série de photographies, tandis que, ma Mauser à la main, j'attends l'occasion de tirer. Mon compagnon s'impatiente un peu de ma longue attente, mais je n'aime pas faire parler la poudre inutilement, et seuls les plus gros de ces animaux m'intéressent. Enfin l'un d'eux fait surface à un quart d'encablure par bâbord. Par une curieuse coïncidence, au moment précis où Farge a l'animal dans son télé-objectif, je le tue net d'une balle dans la tête.

Le monstre reste comme cloué à la surface ; malheureusement, avant que nous ayons le temps de manœuvrer, il vacille un instant, puis coule à pic. Le harpon n'a pas eu le temps de quitter le bord. Dommage : il eût été intéressant d'étudier de près cet échantillon d'une espèce assez peu connue.

Si nous n'avons pas été très heureux à la chasse, nous n'en avons pas moins atteint le tropique.

C'est, pour le capt'ain, l'occasion de faire un petit discours : « Les catégories et les classifications sont les marottes du monde actuel. Ici, les humains se classent en deux sortes : ceux qui ont passé le tropique et les autres. Pour fêter la solennité, faites donner la goutte à l'équipage. »

Nous trinquâmes joyeusement.

A midi nous mangeons la dernière des dix salades embarquées à La Luz. Farge, qui remplit à merveille son rôle de cook, se désintéresse un peu de l'état de la cambuse. Inspection. Il faut jeter une grande partie des tomates, choisies pourtant bien vertes, elles ont mûri très vite.

Le 13, avant le déjeuner, j'aperçois le premier poisson pilote. Rejoint par quelques autres, il nous suivra jusqu'aux Antilles. Quelle persévérance et quelle fidélité ! Cet original, peut-être un peu paresseux, profite du remous de la vague d'étrave pour se faire pousser à travers les océans : c'est le compagnon du marin à la voile dans les alizés. Ces poissons pilotes accompagnent généralement les requins et les voraces « tigres de la mer » les respectent.

Le 15, je constate avec ennui que la garniture en laiton qui protège le mât au portage de l'encornat, s'est décollée : conséquence de la grande fatigue du gréement dans les petites brises et les calmes. Aussi le lendemain, après avoir amené la grand-voile, je fais de la voltige dans le gréement ; tant bien que mal, j'arrive à plaquer la feuille de laiton contre le mât, avec des amarrages bien souqués. Puis, ayant renvoyé la grand-voile, je m'occupe du problème des trinquettes jumelles que je pense pouvoir établir convenablement cette fois avec une brise suffisante. Sur le collier de mât des derniers haubans, je frappe des balancines pour soutenir les tangons.

Le 17 est une journée de calme : le temps le plus merveilleux que l'on puisse imaginer. Ciel très pur, mer d'un bleu intense, d'une transparence irréelle.

Un paille-en-queue vient, d'un vol saccadé, nous dire bonjour : « Mes enfants, profitez du beau temps ; bientôt le Père Éole va s'occuper particulièrement de vous. »

Avant le déjeuner, baignade grand style pour l'équipage. D'habitude, elle a lieu sous la sous-barbe avec un bon bout, ou sur le pont, à grands seaux d'eau ; mais aujourd'hui le cotre est immobile et nous profitons d'une pleine eau, sans bout de retenue. Impression curieuse de nager nu, au milieu de l'océan, au-dessus des profondeurs insondables. Je ne raffole pas de ces bains au grand large. Ils me donnent une sensation d'écrasement et d'insécurité. Si un Jean-Louis[1] en maraude...

Journée de farniente ; Farge bricole sur les deux petites lampes de compas, dont le fonctionnement est loin d'être satisfaisant.

Thé, tartines de pain grillé, confiture, miel, beurre, rhum, lait, citron. L'équipage n'est pas malheureux.

Le 18, à 10 h 30, je remets en route tout dessus avec le foc ballon au plus près tribord amures : brise inattendue de S.-W., bientôt N.-W., qui hale le Nord vers la nuit. Mais où sont donc les alizés ?

Le bateau navigue barre amarrée ; nous en profitons pour faire des rangements. La provision d'œufs frais est terminée depuis deux jours : nous décidons d'ouvrir la caisse préparée par notre épicier du Maroc. Il nous avait

1. Les marins donnent souvent ce sobriquet aux requins.

dit : « Vous conserverez ces œufs six mois sans inconvénient. » Hélas, ils sont tous pourris et certains explosent quand on les ouvre ! La caisse tout entière passe par-dessus bord avec les dernières bananes, pourries elles aussi. Il fait très beau et, en signe de réjouissance, une bouteille de vin blanc arrose le déjeuner.

19 mai. — Aujourd'hui, Saint-Yves, fête du cap'tain ; c'est peut-être en cet honneur qu'en fin d'après-midi la brise s'établit enfin sérieusement, avec une grosse houle, pour ne plus nous lâcher jusqu'à la Martinique. Au déjeuner, agrémenté de quelques extras, nous terminons la provision de carottes, que nous mangeons toujours crues.

La brise étant enfin devenue très régulière et l'allure favorable, je décide d'établir les trinquettes jumelles, le 21 mai[1], pour ne plus avoir le souci de la barre. J'ai résolu la question de la fixation des tangons par des moyens de fortune, mais satisfaisants. Pour la première fois, je vois mon bateau rester bien en route, vent arrière, sans personne à la barre. C'est un réel plaisir de regarder la barre se promener d'un bord ou de l'autre, tandis que le cotre suit parfaitement son cap[2].

Au cours de cette journée du 21 mai, un minuscule poisson volant tombe à l'intérieur de la cabine par le panneau de descente. Il n'a que 45 mm de la tête à la queue.

Nous ne fûmes pas gâtés en poissons volants ; les rares qui tombèrent, la nuit, sur le pont étaient d'une taille trop infime pour mériter la poêle à frire.

Les trinquettes jumelles établies, nous ne devions plus toucher à la barre jusqu'à la Martinique. Un succès que de traverser la moitié de l'Atlantique en dix jours, sous voilure réduite, plein vent arrière, sans personne à la barre. La

1. Le point à 8 h 37 était : φ = 19° 04' N G = 39° 56' W.

2. Voir, à l'appendice, le croquis des dispositifs utilisés pour la navigation automatique aux diverses allures.

belle vie ! du bon sommeil et des loisirs. Brise fraîche, de la mer, assez de roulis, ce qui rendait les observations sportives, surtout celles de nuit.

Une vie paisible, des bains agréables ; des déjeuners en plein air, à l'avant, près de la bitte. Flânerie, bricolage. La mer, bien qu'agitée, est d'un bleu splendide ; le cotre marche à bonne allure et surtout régulièrement. Je puis chaque jour marquer sur la carte une avancée d'environ 110 milles — ce qui n'est pas mal, avec si peu de toile. Naturellement, privé de sa grand-voile, le bateau roule davantage : « La grande java », disais-je à Farge.

Notre route étant éloignée de tout trafic maritime, l'équipage dort paisiblement sous la protection du fanal en tête de mât.

Le 25 est une journée de propreté et d'élégance. Grâce à la tondeuse de Bordes, nous nous coupons les cheveux mutuellement. Farge ne ferait pas mauvaise figure dans un salon de coiffure, il me tond avec dextérité et même avec art. Malheureusement je n'ai pas son talent et je sabote un peu la chevelure de mon patient compagnon qui n'en est pas moins satisfait.

Après cette opération, je me rase ; ce n'est pas un petit travail pour une barbe qui s'est développée librement depuis les Canaries. Je prends alors l'aspect d'un parfait gentleman. Farge, lui, a gardé un beau collier de barbe qui fait plus « loup de mer ».

26 mai. — La caisse à eau tribord est épuisée : nous avons pompé sans nous rationner, depuis l'appareillage. Je ne veux pas mettre en service la caisse bâbord, un siphon est gréé sur l'un des fûts de cinquante litres arrimés à l'arrière.

Dimanche 28 mai. — Farge lit sur le pont l'office de la Pentecôte. La marche du cotre est très régulière, ce qui me fait dire à mon compagnon : « Dimanche prochain, vous pourrez aller à la messe à Fort-de-France. Si la brise tient, nous verrons le feu de la Caravelle jeudi soir. »

L'après-midi, je repeins la carène de la prame.

30 mai. — Au jour, nous constatons un sérieux changement dans la coloration de la mer qui est passée du bleu intense au vert olive. Marin-Marie avait fait la même remarque en arrivant sur la Martinique à bord de son *Winibelle II.* Courant ?

Conséquence curieuse et inattendue : les poissons pilotes, toujours présents, sont devenus d'un magnifique bleu mauve !

Le lendemain, la mer est d'un vert moins prononcé, puis sa couleur tend de nouveau vers le bleu.

Des poissons volants, par bancs entiers, s'envolent sur notre passage. Des mouettes nombreuses annoncent l'approche de la terre.

Après le coucher du soleil, la brise fraîchit et la mer déjà creuse le devient encore davantage. Vers 22 h 30, une grosse lame embarque à bord et inonde la cabine. Heureusement, c'est le plancher qui prend presque tout ; mes calculs étalés sur la table à cartes, ne récoltent que quelques embruns.

Ce matin, j'ai tenu à faire un point d'étoiles. Je le renouvelle au crépuscule. Nous atterrirons demain et ce ne sera pas au petit bonheur.

Un oiseau qui semble épuisé tente de se poser à bord.

Je rétablis les quarts de nuit.

Le cotre court grand erre vers la terre : 120 milles au loch de 0 à 24 heures.

Jeudi 1er juin. — 3 h 40. Farge, de quart, croit apercevoir des feux dans le N. 1/4 N.-W. !

Avant le jour, nouvelles observations d'étoiles. La terre est bien pour cette après-midi.

Cependant, vers 10 heures, Farge croit à plusieurs reprises « apercevoir une terre très lointaine », à tribord devant. Grimpé en tête de mât, je me demande s'il ne s'agit pas d'un bateau ? Il y a surtout beaucoup de nuages...

Au quart de 16 heures, je note sur mon livre de bord : « Suis un peu étonné de ne pas encore apercevoir la terre. Visibilité médiocre. » Je fais une observation de soleil que, d'ailleurs, je n'utiliserai pas.

Je travaille sur le pont, car il va falloir rentrer tout le dispositif des trinquettes et rétablir la voilure normale pour contourner la Martinique et entrer à Fort-de-France.

Alors que je me trouve occupé à l'avant, la terre surgit, brutalement, droit devant, dans l'axe même du bout dehors !

J'appelle Farge en bas : « La terre droit devant », et, pour fêter l'événement : « La goutte à l'équipage. » La montre d'habitacle indique 17 h 18.

La terre, embrumée, n'est pas identifiable. Bientôt, elle se voile pour ne réapparaître qu'au coucher du soleil. Quand elle redevient visible, le feu de la Caravelle s'allume droit devant. Atterrissage correct. J'amène les trinquettes, et j'en renvoie une sans tangon.

Mon intention première était de contourner l'île par le Sud ; mais je change d'avis ; j'empanne pour prendre les autres amures. C'est que dans le Sud de la presqu'île de la Caravelle, la côte est défendue par de nombreuses « cayes », tandis que dans le Nord elle est saine. Je préfère naviguer tranquille, la nuit.

Farge prépare un bon café, puis va se coucher. Un paquet de mer embarque et vient me laver les pieds à la barre

A 22 h 55, je passe à une demi-encablure du rocher de la Caravelle ; il est fort beau, au clair de lune ; la mer y brise, le cotre monte et descend sur les lames.

Toute la nuit je reste à la barre. Je fais petite route avec la seule trinquette, mais je tiens, au jour, à voir la terre.

Clair de lune. La brise souffle en rafales.

Je passe les bancs : Loup Ministre, Loup Sainte-Marie, rocher Pain-de-Sucre, pointe du Marigot — noms qui ont déjà la saveur de la terre martiniquaise. J'ai sommeil, mais je suis heureux, seul sur le pont.

A l'aube, j'ai à peine doublé le Nord de l'île, où de grands feux sont allumés. Le lever du jour me révèle un paysage grandiose.

En passant le rocher « La Perle », je pense qu'au début du siècle, mon père a, lui aussi, atterri à la Martinique, lors de sa première grande traversée à bord d'un beau trois-mâts-barque peint en bleu clair, le *Fort-de-France*, mais il était arrivé par le Sud, passant à ranger le magnifique et imposant rocher du « Diamant ». Perle et Diamant. A près d'un demi-siècle d'intervalle, nos cœurs ont battu du même enthousiasme.

Toute la matinée, je navigue, à toucher terre, déventé, mais goûtant pleinement le charme d'une nature prodigieuse.

Nous passons tout près du pittoresque Bourg-du-Prêcheur dont nous distinguons tous les détails. Des pêcheurs sont affairés avec une senne.

Très haut, au-dessus de l'eau, des frégates planent majestueusement, tels des rois du ciel et de la mer.

Nous voyons les premiers « gommiers », pirogues indigènes très rapides. J'admire leur finesse et l'adresse de ceux qui les montent. Ces embarcations sont monoxyles — tronc d'arbre creusé, renforcé par quelques membrures et rehaussé par l'adjonction d'un bordé. La voilure est à livarde. L'équipage doit assurer l'équilibre et faire le « rappel » par bonne brise. Bien que la manœuvre de ces embarcations soit délicate, je n'en vis jamais chavirer. Cependant, les indigènes n'hésitent pas à s'écarter de la côte jusqu'à perdre la terre de vue ; c'est ce qu'ils appellent « aller à Miquelon ».

A 10 heures, le cotre est par le travers de Saint-Pierre, où l'on voit encore les marques de la terrible catastrophe qu'entraîna l'éruption de la montagne Pelée en 1902.

Ordre à bord, toilette et bain de l'équipage. Nous renvoyons la voilure normale à 11 h 15. Mais peu après, il nous faut prendre trois tours de grand-voile, car la brise a fraîchi sérieusement. De lourdes rafales viennent de terre et je suis stupéfait de voir la tenue des gommiers. Chaque fois que le cotre s'incline sous la risée, je m'attends à en voir au moins un chavirer : non, ils sont tous là !

A l'ouverture de la baie de Fort-de-France, la brise est, comme prévu, très fraîche et debout. Après avoir tiré des bords lamentables, tossant dans un court cahot, sous voilure du vent — troisième foc et grand-voile à trois tours, avec du mou dans l'écoute — je décide de faire de la toile et de torcher un coup. J'envoie la trinquette de quinze mètres carrés, qui était parée, et borde convenablement mes voiles. Je n'ai jamais tant souqué le bateau. L'eau aux dalots, le *Kurun* court comme un cheval de course, remonte dans le vent comme un petit yacht. Le vent siffle dans le gréement, l'écume et les embruns volent ; mais le bateau est solide et, sans mollir la barre, je porte plein tout le temps.

Des milliers de petits poissons volants s'envolent comme des paillettes d'argent devant l'étrave.

La magnifique baie de Fort-de-France se précise de plus en plus. Tout à coup, Farge, qui est à l'avant, me crie affolé : « Un rocher devant. » Je sais qu'il n'y a aucun caillou par là, car j'ai parfaitement étudié la carte. Cependant, un peu décontenancé, je me précipite à l'avant... pour voir plonger une magnifique tortue !

A terre, nous étions attendus. On avait repéré ce petit cotre aux voiles tannées qui marchait un train d'enfer, gagnant dans la baie, bord sur bord.

Après avoir doublé le fort Saint-Louis, nous jetons l'ancre à cinquante mètres du quai du Yacht Club. 17 heures précises.

Traversée sans histoire.

7

Escale à la Martinique Traversée de la mer des Caraïbes

On nous accueillit très cordialement au Club devant le punch martiniquais traditionnel. Et ce n'était qu'un prélude. Chacun tint à nous recevoir, à organiser des promenades en notre honneur, à nous combler de gentillesses, de sorte que notre escale devait nous paraître très courte.

Après ce mois de mer, je goûtai intensément la nuit des îles, parfumée, tout emplie du chant des criquets.

Le Yacht Club possède une jolie flottille de yachts dont les propriétaires sont des fervents de la voile.

Il est vrai que la mer qui baigne la Martinique est très attrayante. La baie de Fort-de-France est magnifique et, sur tout le pourtour de l'île, se succèdent quantité de petites baies qui sont des mouillages rêvés pour un yacht.

Les bateaux naviguent pour le pur plaisir de la voile, pour celui de la pêche, ou prennent part à des régates qui parfois sont chaudement disputées.

Le Club compte, il est vrai, des mangeurs d'écoute enragés. L'un d'eux m'emmena à bord de son yawl, le *Paulo*, que nous forçâmes jusqu'à naviguer le rouf dans l'eau... et presque la quille en l'air ! Mais quel beau sport sous le souffle chaud de l'alizé qui descend des hauteurs de l'île et frise les belles eaux de la baie sans les rendre mauvaises.

Le *Kurun* ne quitta pas son poste, mais nous fîmes quelques belles promenades à bord d'autres bateaux.

Je fus heureux de visiter en détail un très joli petit cotre norvégien, le *Saint-Clair*, appartenant à M. de Grise, et dont j'avais les plans à Paris. M. de Grise avait entrepris, avec plusieurs compagnons, un voyage autour du monde à bord d'une belle goélette de dix-sept mètres. Mais leur croisière fut interrompue, à Panama, par la guerre de 1939.

Fort-de-France manque un peu de beauté urbaine. De profonds caniveaux, nécessaires à l'évacuation des eaux que prodiguent les averses tropicales, ravinent ses rues. Mais la population y met la couleur et la gaieté : population bigarrée de Noirs athlétiques, de doudous nonchalantes dont le teint varie du noir au blanc, en passant par toutes les nuances intermédiaires. La couleur se prodigue plus encore sur les marchés où s'étalent des profusions d'ananas, de mangues, de papayes, d'avocats.

L'île, dans son ensemble, reste fort belle : la perle des Antilles, dit-on. Les verts y dominent : verts légers des plantations de canne à sucre ; verts plus intenses de la nature tropicale. Les montagnes déchiquetées forment le haut du décor et, dans des vallées qu'elles enserrent, des rivières animent des sous-bois ravissants.

Mais le littoral est plus attachant encore. L'exubérante végétation tropicale vient plonger ses racines jusque dans la mer et la côte est bordée de charmants petits villages de pêcheurs, où les filets au sec et les gommiers de couleurs vives mettent des notes de gaieté. Les Noirs qui vivent là sont d'habiles marins, et l'existence qu'ils mènent semblent les avoir préservés partiellement de l'influence de notre civilisation.

Les terriens débitent, comme autrefois, la canne à sucre au moyen du « coupe-coupe » et font des poses nombreuses pour mâchonner un bout de canne ou boire une lampée d'un rhum violent.

La guerre a élevé la Martinique au rang de département français, mais les intéressés n'ont pas tous apprécié cette promotion, qui a surtout introduit les sordides querelles politiques de la métropole.

Grâce à un ami, capitaine de gendarmerie, nous assistâmes un jour aux élections du charmant petit bourg de Case-Pilote. Ces opérations sont toujours accompagnées d'une excitation collective très colorée. Les danses, les libations, y couvrent les truquages les plus grossiers, allant jusqu'à des substitutions d'urnes.

Nous eûmes l'occasion de faire connaissance de l'évêque de la Martinique. Notre première visite nous le montra en train de bêcher son jardin. Il s'interrompit, plein de douceur et de bonté. Ses missionnaires ne manquent point de modernisme. L'un d'eux, particulièrement féru de statistiques, se préoccupait du nombre de baptêmes, de communions et d'une curieuse arithmétique des âmes.

A l'occasion d'une promenade au havre du Robert, sur la côte Est, j'eus l'occasion de voir et de visiter en détail la curieuse pirogue à double balancier *Ananda*, avec laquelle André Sadrin, et deux compagnons, traversèrent l'Atlantique, des îles du Cap-Vert à la Martinique, en dix-sept jours. Tirée au sec, la coque était perdue, transformée en gruyère par les tarets. Le gréement avait triste aspect ; la cabine, étriquée, avait été vidée de son contenu ; une photographie de Shri Aurobindo, fixée sur une cloison, restait le seul témoignage de la vie qui avait animé ce bateau. Il donnait l'impression d'un grand oiseau blessé à mort.

Malgré quelques critiques que l'on me fit sur Sadrin, j'éprouvais pour lui de la sympathie. Une cruelle mésentente avec ses équipiers l'avait contraint d'abandonner son projet de croisière autour du monde. L'*Ananda*, d'ailleurs, voilier bizarre, défectueux sur bien des points, n'était certes pas faite pour naviguer avec un seul pilote. Finalement, Sadrin en avait fait don à l'évêque de la Martinique.

On me sollicita de faire une conférence ; peu enclin aux

manifestations verbales, je me dérobai d'abord, mais je ne pus résister à l'insistance du président du Club, M. Germon. A cette occasion, une « Soirée de la Marine » fut organisée en l'honneur du cotre. On y projeta des films sur les yachts de Fort-de-France, puis je fis un petit exposé sur la croisière du *Kurun*, agrémenté de quelques photos de Farge.

Une belle surprise nous fut réservée à la suite de cette soirée. Quelques jours plus tard, M. Germon me remit un chèque qui représentait la recette de la séance. Ce fut, pour la maigre caisse du bord, une aubaine inespérée ; cet argent, grâce à l'Office des Changes, fut transformé en dollars qui, à Panama, nous furent très utiles.

En prévision du départ, il fallait caréner le cotre, refaire toutes les peintures extérieures. La question de la mise au sec était délicate, car il n'y a pas de marée à la Martinique. La Compagnie générale transatlantique m'avait gentiment proposé de faire entrer le *Kurun* en cale sèche, en même temps qu'un autre bateau. Mais être lié au sort d'un grand navire m'ennuyait : je pouvais, ou bien ne pas avoir assez de loisirs pour faire mon travail, ou bien, en cas d'imprévu, rester trop longtemps dans la cale sèche.

M. Grant, constructeur naval, me tira d'embarras. Yachtman convaincu, il possédait une goélette : le *Merle Blanc*, avec laquelle il sortait souvent en mer. Cet homme charmant me proposa de hisser le cotre sur son slip et de l'y laisser le temps nécessaire — gracieusement. C'était plus qu'aimable, car la présence du *Kurun* devait déranger quelque peu le travail de son chantier.

Le 21 juin, le *Kurun* était à sec, Farge et moi-même commençâmes le nettoyage et le brossage de la carène. Les œuvres mortes furent lessivées, poncées, puis nous y appliquâmes trois couches de bonne peinture blanche ; après quoi nous passâmes la carène au copper paint.

Le 29 juin, le cotre fut remis à l'eau. J'avais refait une

nouvelle ligne de flottaison à 75 mm au-dessus de la précédente. Entièrement repeint, avec son nom inscrit en rouge vif, le *Kurun* avait une allure magnifique.

Aux Canaries je n'avais pas pu peindre convenablement l'emplacement des béquilles ; il en était résulté deux ou trois trous de tarets ; ce n'était pas grave : j'obturai les trous et recouvris le « portage » de garnitures en cuivre. Les eaux chaudes sont très dangereuses pour le bois dès qu'il est mal protégé, et les coques des voiliers, dans les régions tropicales, exigent un soin tout particulier.

La Compagnie générale transatlantique, qui possède à Fort-de-France une excellente organisation, se chargea, très obligeamment, de la confection d'une pièce spéciale pour améliorer mon système de trinquettes jumelles en navigation vent arrière. J'avais conçu un petit mât tripode indépendant des drailles, qui devait, à mon avis, donner une rigidité parfaite. La réalisation fut satisfaisante.

Notre ami Grant m'apporta une feuille de cuivre rouge pour remplacer celle que j'avais posée à Lisbonne, afin de protéger le mât au portage de la corne. Je passai de longues heures dans la mâture pour mener à bien ce travail délicat.

Pendant le carénage, un jeune homme, qui se disait tahitien, me demanda avec insistance de l'emmener à Tahiti. Il proposait de travailler à bord tout en payant son passage et s'offrait à fournir là-bas d'utiles introductions. Mais je n'avais besoin d'aucune introduction et n'avais surtout aucune envie d'embarquer un homme de plus.

A Vigo, à La Luz, j'avais été sollicité de la sorte, et avec insistance, par des hommes qui voulaient gagner l'Amérique du Sud au Panama. Ils m'avaient proposé de l'argent. Il ne pouvait être question d'accepter ces offres si fréquentes dans les ports du vaste monde. Aux Canaries, toute une équipe voulait s'enfuir sur une goélette dont les voiles et les manœuvres avaient été confisquées — gens peu satisfaits de leur condition, qui espéraient trouver plus loin une existence meilleure.

Le cotre était paré à reprendre la mer. Grâce au directeur de la météorologie, M. Guilmet, le poste de radio du bord avait été révisé.

Au Club j'avais pu, d'une manière inattendue, compléter certaines lacunes dans ma collection de cartes. Quand Sadrin avait abandonné son *Ananda*, il avait remis au Club une ample collection de cartes marines, avec la consigne d'en faire présent à un navigateur qui en aurait besoin. Heureux destinataire de ce legs, j'y fis un choix intéressant.

On m'avait expédié de Paris une ancre et une chaîne calibrée neuves qui arrivèrent à temps.

Nos amis gâtèrent le *Kurun* au départ. M. de Grise apporta une caisse de conserves d'ananas, plusieurs boîtes de sucre et une dame-jeanne de rhum blanc. La cave fut bien pourvue, car le directeur de la firme Saint-James nous gratifia lui aussi d'un petit baril de vieux rhum !

Après la Martinique, l'objectif immédiat était Panama, clé de l'océan Pacifique.

La traversée de la mer des Antilles ne présenta aucune difficulté particulière. Le cotre allait bénéficier de l'alizé, favorable sur la majeure partie du parcours. Cependant, à la fin, il fallait s'attendre à des calmes importants, particulièrement perfides en raison d'un fort courant portant vers l'Est, c'est-à-dire, en sens inverse de la route.

Je connaissais ces conditions depuis des années et savais les déboires que certains voiliers avaient éprouvés dans cette région. A Fort-de-France, j'avais de nouveau étudié avec beaucoup d'attention les cartes des courants. La route à suivre, que j'avais estimée la meilleure, n'était pas la plus courte sur la carte ; elle s'écartait à une distance raisonnable de la côte sud-américaine pour atterrir franchement au Nord de la pointe Manzanillo, car la côte est longée par un fort courant contraire. C'est sans doute pour cette raison qu'Alain Gerbault, à son second voyage, étant parvenu assez près de Manzanillo pour espérer arriver à Colon le lendemain, fut emmené, encalminé, par ce courant, si loin dans l'Est... qu'il ne put entrer à Colon que vingt jours plus tard[1] !

Ma traversée de la mer des Antilles, longue de douze cents milles, devait, comme les précédentes, être sans histoire.

3 juillet. — Je suis heureux de pouvoir enfin appareiller — avec deux bonnes semaines de retard sur mon programme — car la saison des cyclones commence dans la région. Il est grand temps de faire de la route.

Après avoir embarqué la prame, serré la tente, nous larguons à 9 h 50 et appareillons tout dessus.

Il n'y a personne sur le quai, car nous avons laissé ignorer l'heure de l'appareillage. Notre départ, peu après la bruyante arrivée du paquebot *Gascogne*, passe inaperçu.

Le fort Saint-Louis est vite doublé et, à 9 h 55, nous passons la bouée d'accès de la passe du carénage.

Il y a jolie brise et l'étrave du *Kurun* tranche un jaillissement de diamants, tandis que des milliers de petits poissons volants s'éparpillent de chaque bord.

Sous le soleil, la baie de Fort-de-France est vraiment magnifique et, tout en gardant bien le cotre sur la route, cap au large, j'admire une dernière fois la terre.

Nous croisons quelque gommiers rapides, à faible distance. La côte, dominée par les pitons du Carbet et la montagne Pelée, dont les sommets persistent à rester dans les nuages, s'estompe rapidement.

A 13 h 10, nous croisons, à contre-bord, à toute petite distance, le paquebot italien *Urania II*. Il ne répond pas au salut de nos couleurs mais, sur le pont, matelots et passagers nous font des signes amicaux.

A 14 heures, bien que la brise ait molli, la terre de la Martinique n'est plus qu'un souvenir. Le dispositif des

1. Gerbault affectait, il est vrai, un dédain aussi obstiné que curieux des documents nautiques et de l'expérience des autres. Il faut reconnaître que cette attitude ne lui fut jamais profitable.

trinquettes jumelles en place, nous gardons cependant la voilure haute, car quelques grains de pluie ont mouillé la toile et je tiens à serrer la grand-voile bien sèche avant de la couvrir de son étui imperméable. En grande croisière, il faut veiller à conserver le matériel en bon état.

A 14 h 21, petit incident : tandis que le cap'tain bricole sur le pont, son chapeau part à la mer. C'était un vieux chapeau de toile qui n'avait plus ni forme ni couleur ; mais j'y étais attaché. J'hésite cependant à manœuvrer, alors qu'il s'engloutit déjà. Couler dans la mer des Caraïbes me paraît, après tout, une noble fin, et je l'abandonne. J'en suis quitte pour sortir le chapeau « de réserve », identique, mais tout neuf.

En fin d'après-midi, après avoir serré toute la toile, je remets en route sous les trinquettes jumelles, en pilotage automatique. Le *Kurun* devait traverser ainsi toute la mer des Caraïbes, sur environ 1 200 milles, sans timonier, et sans la moindre fatigue pour l'équipage.

Néanmoins, étant donné la présence de navires dans cette mer fréquentée, je tenais à ce que la veille fût assurée chaque nuit.

Farge était souffrant au début de la traversée, mais son état de santé s'améliora.

A mesure que nous nous éloignions de la terre, le ciel se dégagea notablement. Le cotre rencontra quelques navires et aussi quelques avions. Les nuits étaient belles et claires.

Le 4 juillet, au début de l'après-midi, dans la fièvre provoquée par la présence de cétacés qui jouent près du cotre, mon chapeau repart à la mer ; cette fois, c'est le chapeau neuf, et à aucun prix je ne l'abandonnerais. Heureusement, Farge réussit à le rattraper à temps... avec le balai-brosse !

Au dîner, le cook s'est surpassé en préparant une extraordinaire soupe dite « à l'oignon », dans la composition de laquelle il a fait entrer : tomates, fromage, oignons, ail, concentré de viande, pain, moutarde, poivre, sel, beurre, que sais-je encore !

Dans la matinée du 5, nous gréons à l'arrière, à partir du portique jusqu'à l'avant du panneau du rouf, une petite tente de fortune faite d'un vieux prélart de thonier. Ainsi, l'arrière bien abrité est une délicieuse retraite où bien des gens seraient heureux de passer leurs vacances. Prendre les repas à l'ombre avec vue sur la mer est fort agréable. Nous l'expérimentâmes dès ce premier déjeuner avec un menu d'œufs sur le plat, de pommes de terre en robe des champs, de fromage de Hollande, oranges, pain, beurre, eau « fraîche » tirée d'une gargoulette en terre pendue au portique et entourée de chiffons mouillés.

Aujourd'hui, changement dans la coloration de la mer, qui passe au vert olive.

L'après-midi, j'entreprends quelques retouches de peinture sur la lisse, mais la pluie vient interrompre le travail commencé.

6 juillet. — Un banc de thons nage toute la matinée devant le cotre. Des pailles-en-queue égaient le paysage, tandis que des deux bords s'échappent des multitudes de poissons volants. Aucun succès à la pêche.

La mer redevient bleue au début de l'après-midi, j'achève mon petit travail de peinture.

8 juillet. — Pendant mon quart de nuit, un oiseau vient se poser sur le gui.

Dans la matinée, je vois sauter des bonites : je grée une ligne, mais sans succès.

Le soir, le temps, chargé, a vilain aspect. Le coucher de soleil n'est pas encourageant. Je fais servir un punch « pour remonter le moral ».

A 22 heures, je change de route. Le cotre est passé à quelque 75 milles dans le Nord de la pointe Gallinas, qui marque l'extrémité Nord de la péninsule de la Coajira, en Colombie.

Maintenant nous allons faire route parallèlement au courant qui va de Manzanillo vers la pointe Gallinas, mais à une distance respectable de ce courant.

Il y a des orages lointains du S.-E. au N.-E. Toutes les nuits désormais nous verrons des éclairs.

9 juillet. — Aujourd'hui dimanche, quelques frais de toilette : l'équipage se rase et fait des rangements. Punch à l'heure de l'apéritif.

Quelques raisins des tropiques[1] à la surface de la mer.

10 juillet. — Toute la journée nous croisons beaucoup d'herbes et des morceaux de bois.

Comme hier la couleur de la mer a joué du bleu au vert.

A la nuit, Farge, de quart, ramasse sur le plancher de la cabine un « poisson volant à quatre ailes, d'une espèce particulière », entré par le panneau, mais il le rejette aussitôt à la mer.

11 juillet. — Longue houle N.-E., plus creuse que tous les jours précédents. Temps orageux. Débris végétaux.

Le 12 et le 13, la brise a molli progressivement. Les grains font leur apparition avec la pluie. Parmi des profusions de raisins des tropiques et de débris végétaux, nous arrivons à la limite de l'alizé. Après avoir si bien marché, le cotre va se traîner sur l'eau.

Un point d'étoiles, le 13 à 19 h 20, me situe à 33 milles dans le N. 1/4 N.-E. du feu de Manzanillo[2]. A minuit, en montant en tête du mât, j'aperçois une lueur dans les nuages — Manzanillo ? Je devais voir ce feu pendant quatre autres nuits.

Après du calme, des orages, des grains, de la pluie, je rétablis la voilure normale le 14 à 11 h 25. A 11 h 45, je crois

1. Algues marines qui flottent grâce à de petites vésicules pleines d'air que l'on peut comparer à de petits grains de raisin.

2. Manzanillo est à vingt-six milles dans le N.-E. 1/4 E. de Colon.

apercevoir la terre loin du bâbord, sans toutefois en être sûr ; mais à 12 h 05, mon compagnon l'aperçoit à son tour.

Jusqu'à Colon, nous devions connaître, pendant plusieurs jours, cette désagréable navigation qui est le lot du marin à la voile dans le Pot au Noir : brises variables entrecoupées de calmes, grains, pluie, orages souvent très violents et impressionnants — conditions qui obligent à manœuvrer continuellement pour profiter au mieux du vent, amenant la voilure, la rehissant, diminuant de toile — tout cela avec une houle qui fatiguait beaucoup le gréement. Parfois, la corne passait d'un bord à l'autre. Une nuit, l'encornat sauta du mât après rupture de son collier de racage et je dus amener la grand-voile pour remettre tout en ordre.

Il fallait manœuvrer au mieux pour gagner quelques misérables milles contre le courant, chaque jour.

Les positions suivantes sont suffisamment éloquentes :

14 juillet à 20 h : à 34 milles dans le N.25.W. de Manzanillo.

15 juillet à 20 h : à 31 milles dans N.45.W. de Manzanillo.

16 juillet à 20 h : à 23,5 milles N.57.W. de Manzanillo.

J'évitais de me rapprocher de terre, pour rester à l'écart d'un courant beaucoup plus fort qui m'eût ramené en arrière de la route.

Le 17 juillet, nous devions être un peu plus favorisés. De 0 à 11 heures, le cotre parcourt près de 19 milles au loch.

Vers midi, je me reposais sur ma couchette, sans pouvoir dormir, songeant à la fatigue du gréement, quand Farge aperçut des formes blanches dans le sillage. Il me sembla d'abord que c'étaient de petits requins de 70 cm de long environ et je préparai ma terrible foëne cylindrique, aux dents aiguës et acérées. Avec le roulis, je perdis l'équilibre et me blessai grièvement au pied. Perdant beaucoup de sang, je dus m'asseoir et crus bien m'évanouir.

Farge, en secouriste avisé, me fit un pansement solide.

A peine fut-il terminé, que je repris ma foëne et piquai un des poissons attirés par les morceaux de coton imbibé de sang jetés à la mer. C'était un rémora ; comme je n'en avais jamais vu, j'étais curieux d'observer de près ses particularités, et notamment la ventouse qu'il possède au-dessus de la tête et qui lui permet de se coller aux requins. On prétend, du reste, que, dans certaines régions, les indigènes, pour pêcher les tortues, utilisent des rémoras qu'ils amarrent à une ligne. Les rémoras se collent sur les tortues... et il n'y a plus qu'à déhaler la ligne. Voilà une pêche originale.

Avec une ligne à maquereau, je pris un autre rémora ; mais la ligne, trop faible, écourta lorsque je halai le poisson à bord.

A 13 h 10, je fis une observation curieuse. La vitesse du cotre était faible, et je voyais l'hélice du loch sur l'avant du bateau, puis sur le travers. Il y avait donc, dans le courant, une différence d'entraînement entre les masses d'eau de surface et les masses plus profondes. Je remis plus tard, à ce sujet, une petite note au Service hydrographique américain qui m'en remercia.

Dans l'après-midi, tandis que je me repose, mon compagnon invoque le Seigneur. « J'ai fait, dit-il, une petite prière au bon Dieu pour lui demander de nous envoyer un peu de vent. » Miracle !... Voici une petite risée, puis de la brise qui se lève doucement, mollit un peu, reprend pour fraîchir, en même temps que le ciel se dégage par le N.-E.

Personnellement, je n'aurais pas osé déranger Dieu lui-même et je ne m'adressais qu'au Père Éole, en langage païen. Quoi qu'il en soit, la brise adonna, et poussa le *Kurun*.

A la nuit, je dus prendre deux tours de rouleau dans la grand-voile, car la brise avait bien fraîchi. Mais le cotre faisait bonne route, et je conservais le cap droit sur Colon.

A 20 heures, le *Kurun* était à 22 milles dans le S. 72 W. de Manzanillo. Cette fois, il se riait du courant et marchait grand erre vers le port.

Les feux et les lumières de la ville se précisaient. A 22 h 40, le cotre était dans la passe de l'entrée de Colon.

A bord, j'avais une carte détaillée mais périmée, « dangereuse pour la navigation », obtenue par faveur au Service hydrographique ; telle quelle, elle me suffit largement, car l'entrée de la baie ne présente aucune difficulté.

Mon intention était de rester mouillé devant la ville jusqu'au jour.

J'arrivais, l'esprit bien paisible, à cent lieues marines de l'agitation des hommes civilisés, sans savoir que nous entrions dans une rade militarisée, et que le monde était au début d'une guerre (en Corée, celle-là, si j'ai bonne mémoire).

Le cotre était à peine engagé sur les eaux calmes de la baie, que nous fûmes « attaqués » au scott. Le fanal en tête de mât et les hublots, fortement éclairés par une lampe Radius de cent bougies, étaient bien visibles.

Personne, à bord du *Kurun*, n'ayant la pratique du morse (c'est du reste une lacune regrettable), nous ne répondîmes point. Le projecteur de signalisation manifesta alors une telle impatience qu'il me fit sourire. Je mis cependant le cap dessus et nous fûmes bientôt complètement aveuglés par le puissant projecteur du navire de guerre arraisonneur.

Je mis en panne à le toucher pour converser. Une grosse vedette s'approcha. Tant bien que mal, nous montrâmes notre pavillon et je renseignai ces hommes méfiants, étonnés de voir ce vaisseau de haut bord qui arrivait de France pour violer leur rade. Mes explications n'avaient pas l'air de les satisfaire pleinement.

Après avoir palabré, insisté, j'obtins l'autorisation de mouiller pour la nuit.

A plusieurs reprises, la vedette essaya de nous accoster, et l'abordage fut brutal ! Ma coque en souffrit et deux chandeliers de l'avant furent faussés. Ce n'était pas sans inquiétude que je regardais ces agités qui portaient à la ceinture des pistolets de cow-boys.

Je refusai la remorque que l'on voulait me donner. Sous escorte, nous fûmes alors conduits à un mouillage ; mais sans grande brise notre vitesse était faible et ces hommes de la machine n'avaient guère de patience.

J'acceptai finalement la remorque offerte. Au fond ces gens étaient braves en dépit de leur accueil, et ils nous assistèrent sans forcer de vitesse.

A 0 h 15, je mouillai à l'entrée du Canal français dans le Sud de la ville de Cristobal.

8

Panama

Après une bonne nuit franche, l'équipage du *Kurun* ne se leva qu'en fin de matinée. Ce fut pour voir accoster deux grandes vedettes de longueur à peu près double de celle du cotre et qui déversèrent à bord diverses autorités. Questions : « A quelle compagnie appartenez-vous ? Quel est le nom de votre agent à terre ? »

J'expliquai que je n'appartenais à aucune compagnie et que je n'avais pas d'agent à terre ; que j'étais à la fois propriétaire et capitaine de mon bateau, et ne dépendais de personne.

Ne dépendre de personne ! Voilà qui est grave ! On voulut aussitôt savoir qui pouvait, alors, se porter garant du navire !

— Je me le demande, répondis-je.

Mais ils n'en restèrent pas là :

— Avez-vous de l'argent ?

Mon « non » fut très mal accueilli...

— Ici il est nécessaire de payer. Qui peut payer pour vous, alors ? Il est interdit d'aller à terre par vos propres moyens. Si vous voulez vous y rendre, vous devez emprunter une vedette ; c'est sept dollars l'heure...

Où étions-nous tombés ? Je savais pertinemment que les USA. sont le pays du dollar-roi, mais je ne m'attendais pas à cet accueil. J'étais tenté de reprendre la mer pour fuir ces gens et leurs exigences.

Cependant nos enquêteurs finirent par comprendre, dans l'exiguïté de la cabine, que le *Kurun* n'était pas un navire de vingt mille tonnes. L'un d'eux me parla d'Harry Pidgeon, qu'il avait connu. Le cotre fut mensuré, car il y a une jauge spéciale pour le canal de Panama ; les navires y sont astreints, et les taxes calculées d'après cette jauge. Je signai de nombreux papiers.

Après le déjeuner, nous allâmes à terre avec la prame et, clopinant, une sandale amarrée sous le pansement de mon pied blessé, je rendis visite au Port' Captain qui me reçut aimablement. Il ne me demanda aucun papier.

Nous nous rendîmes ensuite à la French Line pour y voir son directeur, M. Gringoire, qui remplit aussi les fonctions de consul de France. Cet homme charmant, d'ailleurs prévenu par Fort-de-France de l'arrivée du *Kurun*, nous fit un magnifique accueil. Pendant tout notre séjour, il devait nous assister dans toutes sortes de circonstances. Grâce à lui, toutes les difficultés furent aplanies.

Nous prîmes contact avec le Yacht Club et je décidai d'y amener le cotre le soir même, ce qui fut fait.

Peu après, nous eûmes la visite d'un douanier qui mit les scellés sur le fût de rhum — comme si nous avions eu l'intention de gâcher cette précieuse liqueur !

Le lendemain, le Club me demanda un dollar et demi par jour pour laisser le cotre accosté à l'appontement. La caisse du bord ne permettait pas cette fantaisie ; aussi, le jour suivant, je mouillai mon bateau un peu à l'écart, le va-et-vient avec la prame étant aisé.

L'organisation de ces clubs américains est excellente et nous fûmes aimablement invités à en profiter. On nous fit seulement une recommandation préalable : celle de n'introduire aucun sujet de couleur dans l'enceinte du Club ou à bord.

Les requins et les barracudas rôdent autour du Club, tandis que les frégates et les pélicans bruns planent familièrement et que les perruches s'assemblent en grandes troupes, le soir, sur les palmiers du rivage.

Le Club donne asile à un certain nombre de bateaux dont les propriétaires habitent à proximité. Ce sont surtout des motor-boats, quelques-uns importants. Les voiliers y sont peu nombreux. Je remarquai surtout un ketch, type *Malabar XIV*, du célèbre architecte John Alden. Les eaux de la mer des Caraïbes sont très poissonneuses et les Américains y pratiquent la pêche avec ardeur, en particulier celle du fameux « tarpon » ou « grande écaille », poisson combatif par excellence, dont la capture est un sport de choix pour le pêcheur avide d'émotions.

On pratique beaucoup la croisière aux USA. et de nombreux yachts ne craignent pas d'entreprendre des voyages de plusieurs milliers de milles. Le passage du canal de Panama y amène fréquemment des yachts en provenance du Nord et, pendant mon séjour, je vis arriver une bonne demi-douzaine de goélettes ou de ketchs. En outre, les yachts en croisière aux West Indies ou en Amérique Centrale, viennent parfois à Panama.

Sur le livre d'or du Yacht Club de Cristobal, je pus lire les noms de tous les navigateurs célèbres, qui empruntèrent le canal de Panama.

Le plus fameux est peut-être celui de Harry Pidgeon qui fit deux voyages autour du monde, et je fus assez ému de voir l'écriture — nette encore qu'un peu tremblée — de l'illustre marin, au-dessous d'une photo de l'*Islander*, prise à l'occasion de son troisième passage (6 avril 1941).

Parmi des noms de voiliers je relevai celui de *Rêverie*, cotre de huit tonnes, avec lequel le Révérend John Antle quitta Falmouth pour Victoria (Colombie britannique) ; celui du magnifique ketch norvégien *Kathleen*, d'Australie, qui fit le tour du monde ; celui de *Stornoway*, le cotre à corne norvégien, avec lequel le « solitaire de Brooklyn », Alfred Petersen, devait réussir également le tour du monde presque en même temps que le *Kurun* ; celui de *Störtbecker III*, l'ancien yawl du capitaine Slimbach...

Je fus heureux de noter le passage du petit *Polaris*, rencontré à Lisbonne, et qui était arrivé en Amérique peu de jours avant le *Kurun* ; sa destination était San Francisco.

Les Français n'étaient guère nombreux dans la longue liste des yachts qui franchirent le canal : on m'y parla pourtant d'Alain Gerbault. Aussi, dans ce port où je fus peiné quelquefois d'entendre notre pays sévèrement jugé, il me fut agréable de voir flotter à l'arrière du cotre soigneusement repeint, notre petit pavillon tricolore.

Deux villes jumelles sont construites à chaque extrémité du Canal : Cristobal-Colon sur la mer des Caraïbes, Balboa-Panama sur l'océan Pacifique. Les premières de chaque groupe sont américaines, tandis que les secondes sont « espagnoles ».

Le « Canal Zone » est une bande de territoire large de dix kilomètres, qui entoure, de part et d'autre, le Canal et s'insère curieusement dans la République de Panama.

Toute cette région témoigne encore du déchaînement le plus effréné de cupidité que les hommes aient manifesté au cours de l'Histoire.

L'isthme fut baptisé par les premiers conquistadores « Castello de Oro » ; et la soif de l'or fit déferler sur cette nouvelle terre une armée d'aventuriers qui partirent de là pour conquérir l'empire des Incas et ses fabuleux trésors.

C'est ici que les caravanes de mulets venaient déverser le prodigieux butin des « Indes espagnoles » que la « Flotte de la Côte Ferme » venait embarquer à Nombre de Dios ou Portobello, pour aller le déposer aux pieds de Sa Majesté Catholique.

Conquérants, brigands, pirates, aventuriers se sont succédé dans cet isthme sans que, sous des aspects divers, les mobiles aient changé...

Les quatre villes actuelles n'ont pas de caractère bien

particulier. Les constructions modernes s'y sont développées rapidement et l'existence a revêtu l'agitation propre au rythme de la vie moderne. De grosses voitures américaines sillonnent les rues où foisonnent les magasins et les lieux de plaisir.

Des travaux considérables et des soins attentifs ont apporté une amélioration importante dans la salubrité de ce pays des fièvres, aujourd'hui assaini.

La population est des plus pittoresque, Panama est un carrefour du monde où les Chinois, les Indiens et les Noirs coudoient les Blancs.

Il est plaisant de voir les Américains du Nord et du Sud voisiner en chiens de faïence. Les premiers méprisent les seconds, mais les seconds le rendent bien aux « gringos » ! En fait, ce sont là deux caricatures des deux tendances de l'Europe, leur mère commune. Les USA représentent l'Extrême-Occident, l'avant-garde d'une civilisation matérialiste. Quant aux autres, ils illustrent peut-être encore davantage la corruption et l'exploitation de l'homme par l'homme.

On y entend vanter l'évolution des pays d'Amérique latine. On a en effet construit des buildings, des routes, des aérodromes. Mais la richesse s'y étale scandaleusement au milieu de la misère !

Dès qu'on quitte les agglomérations, on trouve la nature inviolée. La forêt tropicale est prodigieuse de vie et de beauté, avec sa féerie d'oiseaux et de papillons aux couleurs merveilleuses. Sur la côte, les trous profonds du récif madréporique constituent chacun un aquarium, où évoluent des poissons multicolores : bleus, jaunes striés de noir... Sur le sable et jusque dans la forêt, des crabes multicolores ont l'air de jouets échappés d'un étalage : bleu vif, rouges, jaunes. On en voit jusque dans les arbres !

L'une de nos promenades nous conduit au vieux fort de San Lorenzo construit vers 1575, dont il reste des ruines importantes sous une exubérante végétation, dans un site pittoresque qui domine la mer et l'embouchure de la rivière Chagres. Dans ce cadre de forêt vierge, on se plaît à évoquer les sanglants combats par lesquels le boucanier Morgan en fit la conquête en 1671. San Lorenzo est un but d'excursion classique ; les Américains en sont fiers et une plaque rappelle que c'est « the oldest fort under the United States flag[1] ». Il reste de gros tas de boulets, mais des habitués de l'endroit m'ont affirmé que leur nombre diminuait, car, malgré leur poids, beaucoup sont emportés comme souvenirs ! J'avoue que je n'ai pas été tenté d'en ajouter quelques-uns au lest du *Kurun*.

De l'autre côté de l'isthme, la visite du vieux Panama est un peu décevante. Ce sont des ruines sans autre intérêt que ce qu'elles évoquent. On remarque le joli vieux pont et surtout la cathédrale, dégagée de la végétation il y a une quinzaine d'années. D'abord construite en bois en 1535, cette cathédrale de Notre-Dame-de-l'Ascension fut rebâtie en pierre. Son destin fut lié à celui de la ville, incendiée quand Morgan s'en empara.

Que reste-t-il de cette ville — prestigieuse, si l'on en croit les anciennes descriptions, avec ses palais, ses églises, sa cathédrale où s'étalaient tant de richesses ? Quelques pauvres pierres à l'écart de la ville moderne, but de promenades pour les touristes.

On s'y promène parmi les luxueuses voitures américaines, les inévitables vendeurs de Coca-Cola, les poules, les chiens, les pigeons, les policemen panaméens, tandis que très haut dans l'air les urubus planent dédaigneusement. La côte, basse et déserte, avec sa plage découverte fort loin, est peuplée de courlis et autres échassiers. Des vols de cormorans se profilent sur le grand Pacifique. Dans les ruines de la cathédrale croissent d'abondantes cactées sur les feuilles desquelles les visiteurs ont éprouvé le curieux besoin de faire des graffiti, de graver leur nom ;

1. Le plus vieux fort sous le pavillon des USA.

ces malheureuses plantes gardent dans leur chair la piteuse marque de la bêtise humaine.

Quoique mon oreille ne s'accommode guère des mots essentiels de la langue américaine : *money, business, job, efficiency, production...*, le *Kurun* resta deux mois dans l'isthme.

Nous eûmes d'agréables relations avec un jeune couple anglais fort sympathique, les Hepworth, qui habitaient à bord de leur bateau *Arthur Rogers*, ancien « Brixham trawler » de soixante-dix pieds de long[1], gréé en ketch franc. Ils avaient quitté l'Angleterre trois ans plus tôt pour une croisière autour du monde, mais avaient eu quelques soucis avec leurs équipiers ; ce lourd bateau nécessitait un équipage assez nombreux. Après un séjour en Guyane anglaise et à La Nouvelle-Orléans l'*Arthur Rogers* était en eau douce dans le lac de Gatun, où nous eûmes le plaisir d'être reçus à son bord. Nos amis cherchaient une formule pour continuer sur la Nouvelle-Zélande et l'Australie.

De telles croisières sont difficiles à réaliser, en raison de la différence de vues qui existe entre les organisateurs aux idées bien mûries et des équipiers plus ou moins improvisés.

C'est ce dont témoignait, sur le lac de Gatun, à quelques encablures de l'*Arthur Rogers*, le magnifique cotre *Viking*[2] tristement abandonné. Longuement j'admirai ce chef-d'œuvre d'architecture navale dessiné par Colin Archer. A.D. Marshall avait quitté Dartmouth en Angleterre, à bord du *Viking*, pour effectuer un voyage autour du monde, projeté dès avant la guerre. Il parvint à Cristobal, via Madère. Mais les difficultés qu'il eut avec son équipage — il était d'autre part assez âgé — lui firent abandonner son projet. Il dut laisser là son bateau et rentrer en Angleterre. Le *Viking*, avec sa belle et sauvage figure de proue peinte en rouge, pourrit dans le lac de Gatun. A bord, tout restait en place,

1. 21,34 m x 4,88 m x 2,59 m.
2. 14,63 m x 4,67 m.

mais l'humidité chaude des tropiques avait fait son œuvre. Spectacle pitoyable qui fit souffrir mon âme de marin.

Grâce au capitaine de vaisseau Bertschy, grand chef militaire du Canal Zone, le *Kurun* bénéficia de multiples attentions. C'est ainsi que j'obtins un matériel introuvable et précieux, notamment des poulies métalliques et du fil d'acier inoxydable pour changer les filières.

Pendant notre séjour, plusieurs navires français s'arrêtèrent à Colon et l'équipage du *Kurun* fut cordialement reçu à bord du *Valognes* par le commandant Clouteau, qui me fit cadeau d'un chercheur d'étoiles très pratique, et à bord de l'*Indochinois* dont je connaissais le commandant Lagrée.

Nous fûmes également invités à déjeuner par le commandant du paquebot *Ville-d'Amiens*, ce qui nous valut de sérieux ennuis avec les autorités. Pour franchir quelques centaines de mètres sur les eaux américaines, j'avais utilisé, sans penser à mal, la petite prame du *Kurun*. A peine étais-je à bord du paquebot, que la douane américaine arrivait à ma recherche. Ce fut un beau tintamarre. J'avais violé toute une série de règlements. Il était interdit de naviguer dans le Canal français[1], interdit d'accoster le coaling station, interdit d'accoster un bateau quelconque, etc., etc. J'étais donc passible d'une quantité d'amendes et peines ! On menaçait tout simplement de confisquer mon bateau. Je commençais à voir rouge. Heureusement tout s'arrangea et l'on me pardonna pour cette fois.

En quittant le *Ville-d'Amiens*, je retrouvai ma prame loin de l'endroit où je l'avais laissée. Une puissante vedette l'avait emmenée. Ma pauvre embarcation était coulée, maculée de mazout et de coaltar, une dame de nage était brisée (cela représente un bel effort), la coque pleine de heurts. Inutile de dire si j'étais content. J'avisai un Américain en uniforme et lui dis avec force : « C'est vous qui

1. J'appris que les vingt mètres que je faisais avec ma prame, du *Kurun* à l'appontement du Club, étaient une « tolérance » (*sic*) !

avez fait cela ! C'est du beau travail... » L'homme resta silencieux. Je retrouvai enfin mes avirons et, à la godille, nous regagnâmes le cotre. Je songeai que la vie en société est bien difficile et, pendant tout mon séjour dans le Canal Zone, je conservai cette impression de malaise.

A Colon, l'équipage du cotre ne resta pas inactif. Après mûres réflexions, j'avais résolu de diminuer la longueur de la corne et, en conséquence, de modifier la grand-voile. La longue corne, dont la drisse de pic travaillait assez mal étant donné le mât très court, fatiguait énormément le gréement ; la feuille de cuivre que j'avais fixée à la Martinique avait été arrachée dans la grosse houle. Je confiai à un voilier, pour la retailler, une de mes deux grand-voiles : la « Paimpolaise[1] » gardée en réserve et qui n'était pas très bien coupée ; je conservai l'autre, l'« Alexandrine[2] », la meilleure, dans son état primitif. Puis un jour, je pris ma scie et coupai une de mes cornes à 4,25 m. Avec mon rabot je pus encore gagner un peu de poids sur l'extrémité sans diminuer la résistance. Cette transformation, qui correspondait cependant à un ris pris en permanence dans la grand-voile, s'avéra très judicieuse, elle permit un meilleur équilibre notamment pour naviguer barre amarrée. Malheureusement, ce travail fit un énorme trou dans la caisse du bord : quarante-cinq dollars !

Quand la voile fut prête je la govai en rouge vif — je n'avais pu trouver la couleur ocre que je préfère, mais l'opération fut excellente : grâce à la recette que me donna le Chinois Wong Chang, cette voile n'a jamais déteint.

La tente de protection du pont fut enduite d'un « canvas preservative » d'un très bel effet... mais qui favorisa peut-être sa pourriture !

1. Appelée ainsi pour avoir été confectionnée à Paimpol.

2. Appelée ainsi en souvenir de mon voilier du Croisic, *Marquer*, dont le prénom est Alexandre.

Le franchissement de l'isthme de Panama constituait à lui seul une étape du voyage et non pas la plus aisée ; car si, jusqu'ici, le *Kurun* dépendait entièrement de la volonté de son capt'ain... et des volontés des dieux de la Mer, il allait être à la merci, dans une large mesure, de la volonté de beaucoup d'autres hommes et de leurs machines.

Voilier sans moteur... Passer Panama... Évidemment il n'y avait qu'une solution : le remorquage. Cependant, avec le temps nécessaire, je suis persuadé qu'un petit voilier sans moteur pourrait passer le Canal par ses propres moyens. Erling Tambs fit une partie du passage à la voile avec son *Teddy*. Quelqu'un m'avait du reste dit qu'Harry Pidgeon avait franchi le Canal à l'aviron avec son *Islander* — ce dont je doute un peu ; mais ce quelqu'un avait aussitôt ajouté : « Je ne crois pas que les Américains vous laissent faire du yachting dans le Canal... »

Trouver un remorqueur n'était pas aisé, surtout à peu de frais. Au pays du dollar-roi, le *Kurun* n'avait pas un équipage de milliardaires et il fallait trouver un bateau de petit tonnage avec la vitesse la plus faible possible ; que ce bateau consente à nous remorquer et que les autorités soient d'accord.

M. Gringoire avait tout de suite songé aux « banana-boats », petits caboteurs bananiers, qui, par le Canal, font des voyages de quelques centaines de milles d'un port de l'Amérique Centrale (ou du Sud) à l'autre.

J'entrai en relations avec un Grec, puis avec un Italien, mais sans résultat. D'ailleurs, le règlement oblige à utiliser les remorqueurs du Canal. On me donna les tarifs : cela représentait une somme astronomique. Inutile d'y songer.

Enfin, le 19 août, le providentiel M. Gringoire m'apprenait que le problème était résolu. « Vous partez demain matin à la première heure. Le *Baracoa* vous remorquera. »

Cette traversée du Canal me tracassait un peu. Le remorquage est toujours une opération délicate, qui peut devenir dangereuse par quelque inattention. D'autre part, j'étais allé plusieurs fois à Gatun et j'avais vu fonctionner le gigantesque dispositif d'éclusage — une mécanique assez impressionnante. J'avais considéré les forces mises en jeu, et observé la vitesse de la montée de l'eau dans les écluses, ainsi que les remous qui en étaient la conséquence. Et je n'étais guère rassuré à la pensée que mon petit *Kurun* allait passer là-dedans.

L'opération est sans risque pour de grands navires, immobilisés par les puissantes « mules » électriques, mais une petite coque peut être écrasée, défoncée...

J'allai inspecter le *Baracoa* : coque en bois d'une trentaine de mètres, sous pavillon équatorien ; entretien médiocre. Le remorquage ne pouvait avoir lieu qu'à couple et j'étais très inquiet sur la forme du bateau. L'examen de ses flancs fut réconfortant : cette vilaine baille avait des murailles bien droites — verticales — à partir de l'avant, sans « ceintures » ni aspérités dangereuses à l'extérieur.

Je me renseignai sur la vitesse : 7 à 8 nœuds. C'était rapide, mais le trafic n'ayant lieu que de jour, une certaine vitesse était nécessaire pour franchir les 44 milles du Canal.

Dimanche 20 août. — Nous sommes debout à 4 h 45, car le *Baracoa* a le n° 1 pour entrer dans le Canal et on nous a recommandé d'être parés pour 6 heures. Le trafic est remarquablement organisé, chaque bateau ayant un tour bien défini d'après ses caractéristiques.

Temps splendide, ce qui est une chance, car, depuis l'arrivée à Colon, il avait plu presque chaque jour — et non pas du crachin breton !

Notre « remorqueur » n'arrive pour nous prendre qu'à 9 h 15. J'admire la manœuvre du pilote qui vient « mourir » sans erre à quelques mètres du cotre — il est vrai qu'il n'y a ni courant ni vent. Par malheur, les Américains ignorent la patience quand ils tiennent une mécanique. A peine ont-ils les bouts en main que le pilote remet en route toute, alors que le cotre n'est ni accosté ni amarré. Aussi, le *Kurun* et le

Baracoa se heurtent-ils violemment. Le blin de mon bout-dehors se tord comme du clinquant.

Je suis atterré ! Si cela commence ainsi, dans quel état le pauvre *Kurun* arrivera-t-il de l'autre côté du Canal ?

Mais le pilote stoppe et je m'amarre solidement ; on a vite fait de se dégager du Canal français et, avant 10 heures, nous sommes devant les premières portes de Gatun.

Cet ouvrage formidable, de plus d'un mille de long, permet de passer de la mer au lac de Gatun, par un système de trois écluses. Il y a, d'ailleurs, deux séries d'écluses parallèles, et les navires peuvent passer dans les deux sens en même temps.

Chaque écluse a 305 m de long et 33,50 m de large ; elle comporte une porte de sécurité.

A environ ving-cinq mètres de l'entrée, se trouve la fameuse chaîne de garde qui permet, paraît-il, d'arrêter en vingt-deux mètres un navire de dix mille tonnes marchant à la vitesse de quatre nœuds.

Pour passer les écluses, les navires sont manœuvrés et tirés par des « mules[1] » électriques d'une puissance considérable, montées sur crémaillères et qui constituent des points fixes extrêmement solides. Elles manœuvrent les grands navires avec une aisance remarquable.

L'organisation du Canal est de premier ordre, et le personnel, entraîné, accomplit sa besogne calmement, avec précision, et en silence. Beaucoup de Noirs sont employés à ces travaux de lamanage.

Le *Baracoa*, étant donné sa faible taille, n'avait pas droit aux « mules ». Les petits bateaux entrent dans les écluses avec un grand et s'amarrent tout simplement sur un côté de l'écluse ; c'est pourquoi j'avais vu, au Yacht Club de Cristobal, les yachts qui se préparaient à traverser le Canal démonter leurs barres de flèches pour éviter les avaries.

Nous entrons donc avec un « gros », après l'abaissement de la chaîne de protection.

1. Sortes de puissantes locomotives.

Le *Baracoa* accoste à bâbord et s'amarre. Toutes les opérations se font avec méthode et célérité, sans précipitation.

Les portes à peine fermées, l'eau monte avec de gros bouillonnements : les bateaux jouent (sauf les grands, immobilisés par quatre « mules »), les amarres raidissent, je crains que tout ne casse. Les hautes parois de l'écluse diminuent vite de hauteur, l'agitation des eaux se calme. Curieuse sensation de se voir monter ainsi progressivement au-dessus du niveau de la mer que l'on voit encore derrière soi.

A la deuxième écluse, par inattention, le *Baracoa* fait une fausse manœuvre. Le *Kurun* va être écrasé entre la paroi de l'écluse et la masse du *Baracoa*. J'entends déjà craquer le chêne... Arriver jusqu'ici pour finir aussi misérablement au milieu de ces mécaniques !

Mais, plein de sang-froid, le pilote a manœuvré le bateau en route à plusieurs nœuds et la coque du *Kurun* s'arrête à un pied de la sinistre muraille. Ouf ! J'ai hâte d'être de l'autre côté... Le pilote m'explique que la descente vers le Pacifique, après le lac de Gatun, est beaucoup plus aisée, l'eau des écluses étant moins agitée.

Enfin, nous voici dans la troisième écluse. A moins de 8 milles derrière nous, c'est encore la mer des Caraïbes, mer des Antilles, océan Atlantique, Europe ! J'ai conscience de quitter un monde.

A 10 h 23, les portes s'ouvrent sur le lac. En route toute, nous passons devant le Yacht Club de Gatun ; je jette un dernier coup d'œil attristé sur *Arthur Rogers* et *Viking*.

J'avais eu déjà le loisir, en excursion, d'admirer plusieurs fois ce beau lac et même de nager dans ses eaux claires et profondes. Tout près, c'est la jungle avec ses animaux : pumas, pécaris, singes, une végétation d'un vert cru coupé de rocs et de falaises rouges ; au loin, les montagnes s'estompent.

Il fallut quatre ans pour emplir ce lac artificiel qui a noyé une vaste région : c'est dire quelle catastrophe serait la destruction du barrage. Aussi les Américains veillent-ils...

Nous passons les îles du Tigre et du Lion, sur cette petite mer parsemée de nombreux îlots couverts d'une épaisse végétation, et repaires de crocodiles.

Les navires, qui marchent à toute vitesse, agitent les eaux. Le malheureux *Kurun* est balloté durement contre les flancs du *Baracoa*.

Nous avons fait amitié avec le capitaine du remorqueur, qui est charmant, et le pilote, bon marin. Nous bavardons, sans que je quitte des yeux mes amarres, ni ne cesse de guetter les navires qui s'approchent.

Soleil de plomb, assez fatigant malgré le chapeau. Je ne suis guère en forme et j'ai grand-hâte d'être à poste à Balboa pour pouvoir me coucher.

Un navire de guerre, transport de troupes allant vers le Pacifique, nous dépasse, ce qui est interdit par le règlement ; il devra revenir se placer derrière nous à Pedro Miguel.

Nous laissons à tribord l'île de Barro Colorado (argile rouge), célèbre par son observatoire où des spécialistes étudient la vie animale dans son cadre primitif.

Là coulait autrefois le Rio Chagres. Les eaux ont englouti ces lieux où tant d'expéditions passèrent. Des cases ont disparu ; quelques arbres émergent. Les bouées rouges du chenal tranchent sur le vert environnant. Des cormorans digèrent.

Nous arrivons à la fin du lac. Le plan d'eau se resserre. Voici Gamboa et ses installations, au confluent de la rivière Chagres et du Canal, puis la fameuse Culebra. Travail gigantesque : la main de l'homme a coupé la colline en deux pour le passage du canal. Une grande plaque de bronze commémore cette entreprise qui coûta la vie à des milliers de travailleurs décimés par le dur climat.

Enfin, nous arrivons à Pedro Miguel, qui ne comporte qu'une seule écluse ; elle est franchie, sans difficulté, en vingt-cinq minutes. Je suis heureux de constater qu'en effet, la « descente » après le lac est beaucoup plus aisée que la montée. Il nous faut peu de temps pour arriver aux

« locks » de Miraflores dont les deux écluses sont passées en moins d'une heure[1].

A 17 heures, l'eau libre est devant l'étrave du *Kurun* ; il y a de la marée et les berges du Canal sont découvertes.

Bientôt j'aperçois la mer — le Pacifique...

Émouvante apparition, que j'avais désirée pendant des années. Vasco Nuñez de Balboa, premier Européen qui contempla le Pacifique, ne dut pas être plus satisfait que moi.

J'ai la fièvre, mais suis heureux d'être venu ici, de France, par mes propres moyens à bord d'un petit voilier de dix mètres.

Nous approchons rapidement de Balboa.

Le *Baracoa* continuant vers l'Équateur, sans stopper, je demande au pilote de me larguer le plus près possible du Club. Courtoisement une vedette du Canal s'approche pour remorquer le cotre.

De nombreux bateaux sont mouillés sur le plan d'eau du Balboa Yacht Club. Je ne m'attendais pas à en voir autant. Voici des voiliers ; je détaille du regard coques et gréements, et d'abord un grand ketch norvégien, à bord duquel une femme blonde nous a salués. Je reconnais la goélette *Flying Fish*, rencontrée à Colon, dont l'équipage nous fait des signes amicaux.

C'est dimanche. Grande animation à bord des bateaux ; certains rentrent de la pêche.

Vers 17 h 30, je largue mes amarres et la vedette m'accoste à l'extrémité du « pier[2] » du Club. Le *Kurun* n'a jamais été si mal accosté — je n'avais pas la direction de la manœuvre.

Je commence à m'impatienter devant l'indécision du manager du Club à m'attribuer un poste de mouillage. Et nous voilà partis faire des ronds dans l'eau à la remorque de la launch pilotée par un Noir splendide, d'une carrure particulièrement athlétique.

1. Cinquante-trois minutes exactement.

2. Appontement

Le manager, à la barre du cotre, est toujours indécis et nous sillonnons le plan du Club, manquant de peu d'aborder trois ou quatre bateaux. Nord, Sud, Est, Ouest...

J'ai la fièvre et mal à la tête. Je perds patience. « Soldat du Pape ! »

J'allais prier le manager de me larguer, mais il a une inspiration subite. Nous traversons de nouveau toute la flottille des yachts au mouillage, cap sur cette grosse bouée de fer rouillé à l'extrémité S.-E. Nous fonçons dessus à toute vitesse. Je largue la remorque en toute hâte pour éviter l'abordage et c'est à la force des bras que j'étale à la gaffe sur la bouée. Merci quand même ! Le manager s'éloigne en me mettant en garde contre le courant : « 5 nœuds ». Bigre... ?

Allez au diable et laissez-moi dormir en paix ! Je mets un peu d'ordre sur le pont et vais me coucher pour quarante-huit heures.

La bouée tossa toute la nuit contre les flancs du cotre et malgré ma fatigue, mon œil de marin ne put se fermer. Finalement, je dus me lever et, à la godille, m'éloigner de cette maudite bouée pour prendre un autre mouillage.

Le Balboa Yacht Club est très fréquenté par les yachts, grosses vedettes surtout, certaines très luxueuses. La pêche sportive est particulièrement en honneur ; les eaux du golfe de Panama et celles de la baie abondent en poissons les plus variés : barracudas, thons, dorades... On y capture le fameux « sail fish[1] », un combattant remarquable dont la prise est fort recherchée ; aux îles des Perles, les raies géantes, les extraordinaires « manta birostris », abondent ; elles ont jusqu'à six mètres et plus d'envergure !

Au Sail Fish Club de Balboa, où des trophées sont exposés, j'ai remarqué la tête naturalisée d'un « black marlin[2] » de 1 006 livres, capturé avec une canne à pêche. Cette per-

1. Ressemble au « marlin » mais s'en différencie par sa haute nageoire dorsale qui a l'allure d'une voile — taille 3, 50 à 4 m — genre *istiophorus*.

2. *Tetrapturus mazara* — nageur extrêmement puissant et rapide, ressemble à l'espadon dont il diffère cependant (genre *xiphias*).

formance fut, un temps, le record mondial — car il existe aussi un record de la pêche.

J'ai souvent pris plaisir à voir ces modernes vedettes de pêche préparer leur sortie en mer, à suivre les allées et venues des Noirs apportant des voitures pleines de tout un attirail et de provisions, sans oublier la glace et les indispensables caisses de Coca-Cola. L'embarquement des équipages n'est pas moins pittoresque, avec leur matériel impressionnant et les petites casquettes de rigueur, multicolores et à longue visière.

De nombreux pêcheurs, dont beaucoup de jeunes garçons, pêchent du rivage. Sur l'appontement du Club on lit d'ailleurs un très bel écriteau :

« Il est rigoureusement interdit de pêcher le requin sur le pier. »

Mais les yachts à voile attiraient mon attention plus que les rutilantes vedettes. Je remarquai parmi eux quelques beaux bateaux.

Le *Sagamore*, avec son étrave à guibre, m'avait tout de suite frappé ; je fus heureux de le voir de près (et aussi à sec), car ses plans étaient inspirés de ceux du fameux *Spray* de l'extraordinaire capitaine Slocum. Certes il faisait sérieux sur l'eau, mais mon petit cotre n'avait rien à lui envier.

Peu après notre arrivée, le petit ketch *Inca* fit son apparition, retour d'une croisière aux îles Galapagos. Il était monté par le capitaine Clinton Beverstock, pilote du Canal. Grâce à lui, je recueillis d'utiles indications sur la traversée et sur l'archipel des Galapagos, qu'il connaissait bien. Il me fit cadeau d'une carte des principaux mouillages.

Mais c'est surtout avec le *Langesund III* que le *Kurun* entretint des relations suivies. C'était un magnifique et robuste ketch norvégien de vingt mètres, luxueusement aménagé, dessiné par Colin Archer et battant pavillon suédois. A bord, sa propriétaire Mrs L.L.S., riche et originale Américaine, vivait seule ; nous échangeâmes d'amicales visites pendant tout notre séjour. Nous l'appelions « la Princesse ». Elle l'était, sous un certain aspect, ayant bousculé toutes les conventions pour vivre simplement et de la manière qu'elle croyait vraie.

— Ces bourgeois, disait-elle souvent, je les déteste ; ils sont parfaitement stupides et mesquins.

Cette femme aussi généreuse qu'originale avait eu une existence mouvementée. Elle parlait parfaitement plusieurs langues et connaissait aussi bien les capitales européennes que la Terre de Feu !

Inutile de dire que l'on ne s'ennuyait pas en sa compagnie, dans un milieu pittoresque et bigarré. Certes, elle était parfois un peu bruyante, par exemple lorsqu'elle interpellait les grands navires de passage, à l'aide d'un puissant porte-voix. Marin accompli, il ne fallait pas lui en conter. Elle revenait d'ailleurs d'une expédition à l'île des Cocos.

Tout le monde connaît l'histoire du prodigieux trésor que cette île recélerait : quelques milliards de dollars ! Comme des douzaines d'autres bateaux, le *Langesund* partit à sa recherche et, si ce fut sans résultats, ce ne fut pas sans aventures.

Le *Langesund* avait d'ailleurs une autre histoire de trésor à son actif, mais ce trésor-là il le portait dans ses flancs, sans qu'on sût en quel endroit. Pendant la guerre le yacht appartenait à un riche Danois qui fit, paraît-il, une fortune avec les Allemands. Toute cette fortune, en or, pierres précieuses, bijoux, fut cachée à bord du ketch ; mais notre homme ne put s'enfuir avec le bateau, qui fut confisqué. Jamais la douane, pourtant habile, ne put retrouver trace du trésor.

Le *Langesund* portait peut-être une fortune avec lui. Cela n'avait pas l'air d'inquiéter outre mesure la princesse. Quelquefois, cependant, elle partait « en quête du trésor » ; mais c'était surtout par amusement.

L'existence à bord ne manquait pas d'imprévu. Un jour nous dûmes aller au secours de notre princesse : un de ses matelots, pas très normal et pris de boisson, voulait la tuer. Elle avait dû s'enfermer à clé dans sa cabine dont le furieux secouait la porte. L'homme passa par-dessus bord. Les requins, ce jour-là, devaient manquer d'appétit !

Nous allions souvent à la légation de France où notre ministre, M. Guy Menant, nous recevait très cordialement.

Notre temps était bien rempli ; il fallait s'occuper du cotre en prévision des longues traversées qui devaient suivre.

Je remis en état le blin du bout-dehors. Réalisant une vieille intention, j'installai des enfléchures dans les haubans, ce qui est pratique ; ainsi mon compagnon pourrait grimper dans la mâture. Je renouvelai la garniture de cuivre éclatée qui protégeait le mât au portage de la corne — ce fut la troisième. D'ailleurs, la petite corne devait beaucoup mieux « travailler », désormais, sans trop fatiguer la mâture.

Si le *Kurun* était paré pour le départ, la situation du bord n'était pas brillante. Il n'y avait plus un sou dans la caisse. Farge avait espéré vendre des photos, mais l'agence française à laquelle il les proposa, ne les trouva pas assez « dramatiques » (*sic*). Pour les habitants des villes, il faut de l'action, des drames, des horreurs, du sensationnel. Heureusement, il n'y avait rien de tout cela dans ma croisière.

Nous avions, Farge et moi, des motifs de mésentente qui s'aggravèrent ici.

La traversée de l'Atlantique semblait avoir allongé d'un pouce la langue de mon compagnon déjà bavard. A terre il vantait des performances imaginaires du bateau ou de sa personne. J'excusais ces enfantillages, que mon silence encourageait peut-être ; mais je compris que la séparation était inéluctable. Elle s'imposait, d'ailleurs, sur un autre plan. L'état de santé de mon compagnon, qui devait tant m'inquiéter quelques mois plus tard, ne lui permettait pas de continuer un voyage dont il n'avait connu que la partie la plus aisée. Je le débarquai ; mais il était sans ressources, dans un pays étranger dont il ignorait la langue. Aussi, quelques jours plus tard, lui proposai-je de le reprendre jusqu'à Tahiti. Il serait en territoire français, aurait le temps de réfléchir et de prendre contact avec sa famille. Ce qui fut accepté.

Il fallait caréner avant de reprendre la mer. A Cristobal et à Balboa, la coque s'était couverte abondamment d'herbes et de coquillages. La peinture que j'avais utilisée était inefficace dans les eaux chaudes, ce qui est le cas des peintures françaises dites sous-marines.

Heureusement, les Américains sont des maîtres en la matière et j'avais acheté un énorme pot de « plastic », enduit remarquable pour protéger les coques en eaux tropicales.

A la différence de la mer des Caraïbes, il existe une marée assez forte dans la baie de Panama. Il était tout indiqué d'en profiter pour caréner le cotre.

J'allai mettre le *Kurun* au sec, de l'autre côté de l'entrée du Canal, au fond d'une ravissante petite baie, au milieu des arbres. Je faillis en aborder un, en accostant le rivage à la pleine mer. Le cadre était animé d'une vie intense, aussi bien dans la mer que sur terre et dans les airs. Gibier extrêmement varié : je retrouvai nos courlis, barges et pluviers, des cormorans en bandes comme je n'en avais encore vu nulle part, des pélicans bruns qui venaient pêcher à quinze mètres du bord, des aigrettes, des hérons, des grues, et bien d'autres espèces dont j'ignore les noms. Sympathique et distrayante compagnie dans notre laborieux travail, qui exigea plusieurs marées.

Il fallut gratter des colonies de coquillages, surtout à la flottaison. Leur fondation est si solide qu'elle traverse plusieurs couches de peinture. Cela m'obligea à mettre le bois à nu sur toute la flottaison. Dieu merci, je ne vis aucun trou de ver : le chêne était intact, magnifique. Je le devais sans nul doute aux précautions que j'avais prises au neuvage[1].

1. Trois couches successives de carbonyl lentement absorbé par le bois, suivies de deux couches de coaltar bouillant.

Je repassai une couche de coaltar à la flottaison avant de donner une couche de plastic. Pour terminer nous passâmes soigneusement une deuxième couche à la flottaison.

Le 17 septembre, au jour, nous quittâmes la petite baie à la godille, mon compagnon dans la prame. Nous regrettions le calme de ce lieu, mais non les moustiques...

Le cotre était presque paré pour prendre son essor dans le Pacifique. Nous fîmes presque tous nos achats au « Commissary », vaste organisme dépendant du Canal, remarquablement ordonné, où les navires peuvent s'approvisionner, dans des conditions avantageuses. Dans les vastes entrepôts du Commissary, qui sont grands comme un village, ceux de Balboa comme ceux de Cristobal, on trouve rigoureusement de tout : de la brosse à dents au baril de goudron, en passant par le marteau et les cigarettes.

La cambuse du cotre fut garnie au mieux de denrées capables de se conserver longuement.

A l'Hydrographic Office je m'étais procuré quelques documents nautiques, et je reçus *in extremis* les Éphémérides nautiques de 1952 non encore publiées, grâce à l'obligeance du Bureau des Longitudes de Paris ; elles m'étaient indispensables à la mer. Il ne restait plus qu'à faire le plein d'eau, embarquer les derniers vivres... et à nous mettre en règle avec les différentes autorités. Cette dernière opération ne fut pas aisée.

9

De Panama aux îles Galapagos

Dans ma longue traversée du Pacifique oriental, les îles Galapagos devaient être ma première escale. Cet archipel, situé à environ 900 milles de Panama, est une possession de la République de l'Équateur.

On pourrait croire qu'un bateau de dix mètres peut faire escale sans formalités particulières dans des îles perdues sur les mers lointaines. Il n'en est rien.

Depuis plusieurs jours, assisté de la très aimable Mme de Raulin, fille du ministre de France, qui voulait bien me servir d'interprète, j'étais entré en relations, à Panama, avec le consul de l'Équateur. Payer une taxe pour aller mouiller un pied d'ancre dans un archipel quasi abandonné n'était pas seulement désastreux pour mes pauvres finances : cela me semblait un non-sens, et je fis tout pour éluder cette dîme.

Le ministre de France lui-même intervint auprès de l'ambassade, mais sans succès. Il fallait, ou payer, ou s'exposer à voir le bateau saisi aux Galapagos. L'ennui était que la caisse du bord ne contenait pas le nombre de dollars requis pour cette rançon.

En définitive, le ministre de France eut la grande générosité de régler lui-même tous les frais.

Je n'en avais pas fini, pour autant, avec les tracasseries administratives. On prétendit encore m'imposer un pilote : vingt et un dollars !

Fort ennuyé, je songeais à régler ce problème à la faveur d'une bonne bouffée de brise... avec la grande écoute ! Mais j'eus affaire, cette fois, à un gaillard de meilleure composition, qui aplanit toutes les difficultés au téléphone :

— Le capt'ain Beverstock s'occupera de vous. Cela ne vous coûtera rien.

— OK ! Thank you ! Goodbye !

Lundi 25 septembre. — Cette fois, ça y est : nous partons. Les paperasses du consul de l'Équateur voisinent avec celles du Port, au milieu de nombreuses autres de tout acabit... On est en règle !

Hier à l'aviron, et remorqué par la prame où Farge nageait, je suis allé accoster le pier du Yacht Club, pour faire le plein d'eau.

L'après-midi, le ministre de France est venu nous dire adieu.

Le soir, nous avons fait une dernière visite au *Langesund*. Pas d'invités ce soir-là. La princesse était seule avec Constantin, charmant garçon d'origine russe, qui avait remplacé avantageusement le matelot bagarreur expédié par-dessus bord, quelques jours auparavant. Quoiqu'elle portât la toile encore mieux que son solide voilier, la princesse avait déjà bu plus que de raison. En notre compagnie, elle s'offrit scotch sur scotch en insistant pour que je l'emmène à bord du *Kurun*, jusqu'à Tahiti. Il fallut couper court à cette scène pour aller dormir une dernière nuit franche à bord du cotre.

Le lendemain, vers 8 heures, le consul de France, M. Guy de la Porte, vient nous serrer la main et nous apporter des citrons (pour combattre le scorbut !), une bouteille de rhum (le réconfort du marin...) et une bouteille de champagne. Je goûte cette gentille attention.

A 10 h 50, j'appareille à la voile. Le rouge écarlate de la « Paimpolaise », qui n'a pas encore subi les outrages des éléments, met une note vigoureuse sur le plan d'eau du Club éclatant de soleil.

Je passe à quelques mètres du *Langesund*, d'où la princesse nous adresse un adieu sonore.

Petite brise N.-W. Temps magnifique. Je viens dans l'axe du chenal, plein vent arrière.

L'*Inca* du capt'ain Beverstok, après de sérieux démêlés avec son moteur, vient nous remorquer.

Les bouées du chenal défilent. A tribord, nous laissons la pointe Guinea, puis la léproserie de Palo Seco ; à bâbord, les îles Naos, Perico et Flamenco, réunies entre elles et à la terre par une chaussée.

Un cargo américain nous envoie les premières lames. On largue la remorque. Derniers adieux.

J'ai établi la trinquette, mais la brise est passée au S.-E. Nous faisons route doucement, au plus près bâbord amures.

Nous avons quitté les eaux glauques de Balboa. La mer étincelle. Je retrouve avec joie le doux murmure de l'eau courant le long de la coque. La mer du Sud tout entière s'offre à l'étrave du *Kurun*...

Pourtant, j'ai conscience des difficultés de l'étape Panama-Galapagos, que j'avais toujours considérée comme l'une des plus délicates de ma croisière.

Tout enfant, je savais déjà pertinemment de quoi était faite la région du « Pot au Noir » — Pacifique Est. Maintes fois j'avais entendu raconter, par son héros lui-même, l'extraordinaire aventure de mer advenue en 1923 à un vieil ami de mon père, le capitaine Desdemaines-Hugon.

Celui-ci avait quitté Rouen à bord du petit trois-mâts latin, le *Suzaky*, voilier en bois sans moteur auxiliaire. Sa destination était Tahiti, où il avait l'intention de se fixer ainsi que les autres passagers.

La traversée de Rouen à Colon se fit sans incident notable. Mais un jour, le *Suzaky* quitta Balboa, et ce fut son dernier voyage. Il n'arriva jamais à Tahiti. Jamais le trois-mâts ne put se dégager des calmes. Il y resta trois mois paralysé, trois mois terribles. La coque, transformée par les tarets en fromage de gruyère, faisait eau comme un panier ;

il fallait pomper nuit et jour pour maintenir le bateau à flot. Des pluies diluviennes, des orages, des grains, du tonnerre, mais jamais une brise assez établie pour permettre au bateau de se dégager. La vie à bord, où se trouvaient deux femmes, était infernale. L'équipage en était arrivé à tenter d'utiliser les requins capturés (il y en eut des quantités) pour propulser le navire !

Enfin, après quatre-vingt-douze jours de mer, le *Suzaky* eut la chance d'être aperçu par un navire américain qui le remorqua jusqu'à Punta-Arenas, une plage de l'Amérique Centrale où on l'échoua. Il était condamné.

Mais le *Suzaky* était assez lourd ; un petit bateau peut profiter plus aisément des légers souffles de brise. Je connaissais aussi les traversés de Gerbault, qui mit trente-sept jours pour aller de Panama aux Galapagos à bord du *Firecrest*, et quarante-cinq à bord de l'*Alain-Gerbault*, à son deuxième voyage dans le Pacifique.

Le *Firecrest*, étroit, profond, rapide, était un excellent voilier pour le plus près, muni de voiles légères comme son second bateau. L'un et l'autre, doublés de cuivre, ne craignaient ni les tarets, ni le développement rapide de la végétation sous-marine en eau chaude.

Le *Kurun*, lui, partait dans les meilleures conditions que j'avais pu réaliser, mais qui n'étaient pas pour cela les plus désirables. Certes, nous avions caréné aussi soigneusement que possible ; le bord était pourvu de vivres et d'eau pour plusieurs mois, mais le gréement et la voilure étaient loin d'être irréprochables. Pour la première fois, depuis mon départ de France, j'appareillais avec un bateau sous-voilé, aux voiles lourdes et dont certaines présentaient des vices de coupe, pour naviguer au près. Et cela pour traverser une région de calmes, de petites brises, de vent continuellement debout !

J'avais étudié la carte — les cartes — maintes et maintes fois. Je connaissais toutes les difficultés du problème. A Panama, quelqu'un d'avisé m'avait dit : « Aller aux Galapagos avec un voilier sans moteur est chose impossible. »

Je n'en fus pas découragé. A mon avis, le *Kurun* devait pouvoir se dégager du Pot au Noir même dans les conditions les plus défavorables.

Sur l'ensemble du parcours, les calmes les plus redoutables sont, au départ, dans la baie et le golfe de Panama et jusqu'à l'île Malpelo (à 230 milles environ dans le S.-S.-W. du cap Mala). Ensuite, on doit rencontrer des vents réguliers : la « mousson » de suroît, coupée de calmes insignifiants. D'autre part, une étude attentive des courants m'avait montré que l'on peut profiter d'une veine favorable, de la sortie de Panama à Malpelo. Si bien qu'en gardant mon bateau dans la veine de ce courant, je devais sans contredit sortir de la zone morte.

Alain Gerbault n'avait pas suivi la meilleure route et, pendant de longs jours, il dut lutter contre des courants bien connus, qu'il eût évités sans son dédain de l'expérience maritime acquise au cours des siècles[1].

Donc, à défaut de vent, le courant devait m'amener à Malpelo. J'aurais bien assez de brise, pensais-je, pour maintenir mon bateau dans ce courant favorable et je comptais sur un mois de mer, si tout se passait bien. Je n'appréhendais nullement de rester à moisir dans le Pot au Noir.

Le *Kurun* est au plus près serré et, pour mieux marcher, je n'ai pas trop bordé mes voiles. La « Paimpolaise », retaillée, est loin de farguer comme une voile de yacht de course, mais je pense qu'elle « se fera », sous le souffle des bonnes vieilles joues du Père Éole. La mer est plate et le cotre, bien enfoncé dans l'eau, ne dérive pas.

Temps merveilleux. Les îles Taboga, Taboguilla, Urava ont grossi à notre vue et apparaissent encore plus attrayantes. Tous les jours, j'avais pu les admirer, du mouillage du Balboa Yacht Club et, un moment, j'avais caressé le projet d'aller y mouiller un pied d'ancre. Hélas !

1. Ses récits témoignent de ce curieux état d'esprit.

il eût, pour cela, fallu remplir un tas de formalités et prendre un pilote.

Aussi avais-je finalement décidé : « Que Taboga et Taboguilla restent où elles sont ! Il ne manque pas d'îles beaucoup plus belles dans le Pacifique — et surtout sans cow-boys ni Pepsi-Cola. Au diable ! »

La brise devient favorable. Je vais pouvoir passer entre Taboguilla et Taboga, admirer le paysage. Panama s'écrase à l'horizon.

Je distingue déjà la passerelle qui relie Taboguilla à un petit îlot situé dans le S.-W. de l'île. Mais la brise refuse. Il faut suivre le vent et, plutôt que de virer de bord, je passe sous le vent de Taboga, dont je distingue les belles plages et la luxuriante végétation.

13 h 40. Nous sommes entre Taboga et l'île Melones, îlot beaucoup plus sec et qui ne porte que quelques arbres.

13 h 55. La brise passe brusquement au N.-W. Il y a un gros orage sur la terre et la mer ressemble à du métal en fusion. Lugubre. Mais je commence à m'habituer à ces orages tropicaux.

La brise fraîchit ; la mer moutonne au vent, mais ce sont des petits moutons pour enfants et ma grand-voile est petite. Grand largue, le cotre taille de la route. Ah, s'il pouvait venter comme cela toute une semaine !

Je laisse l'île Chamé sur bâbord et, à 15 h 15, le rocher Valladolid par le travers, à trois quarts de mille. Ce rocher forme une arche assez curieuse ; il est couvert d'oiseaux. La mer y brise doucement.

15 h 30. L'orage s'apaise, la brise tombe. Il pleut. Nous inaugurons le magnifique imperméable acheté à Panama pour remplacer les cirés du bord décomposés par la chaleur humide des tropiques. Mais, catastrophe, c'est une passoire. Et dire qu'il nous a coûté plusieurs dollars de notre maigre caisse !

Par contre, je suis heureusement surpris de ne voir aucune goutte rouge tomber de la grand-voile. La recette du Chinois était donc excellente ! Sous la pluie, je bénis la face jaune de l'astucieux petit homme.

16 h 30. La brise reprend, cette fois, du S.-W. ; une houle du S. fait son apparition. Le cotre tangue lourdement, le bout dehors dans la mer — et n'avance pas. Mais le courant nous emmène dans le Sud.

26 septembre. — Après une nuit de grains, d'orages violents avec tonnerre, pluie, calmes et brises variables, les îles Bona et Otoque, passées à faible distance au début de la nuit, sont encore bien visibles le matin.

Le cotre croise beaucoup d'arbres en dérive.

Vers 11 heures, la ligne de traîne, que j'avais filée peu auparavant en prévision du déjeuner, se tend raide. J'ai une belle pièce au bout, une magnifique dorade dont j'admire les riches reflets, bleus et verts. J'amène le beau poisson le plus doucement possible, mais la puissante nageuse gagne le travers tribord du bateau. Je rends un peu la main, j'arrive à l'amener près de la hanche tribord du cotre ; mais, avant qu'on ait pu tenter de la gaffer, elle arrache l'hameçon et disparaît. Adieu, déjeuner !

L'après-midi, par calme plat, nous voyons sauter, à un mille environ, de très gros poissons. Les eaux sont extrêmement poissonneuses. Avant le coucher du soleil, refaisant route avec une petite brise S.-S.-W., apparaît une troupe de cétacés ; certains font des bonds spectaculaires. Il serait plaisant de leur donner la chasse.

27 septembre. — A 4 h 20, la brise W.-N.-W. permettant de faire bonne route, je reconnais, des enfléchures, le feu du cap Mala, par tribord. Je mets le cap dessus, mais voici que la brise tombe !

L'aube est belle. Au jour, je distingue parfaitement la petite île Iguana et le cierge blanc du feu du cap Mala. La côte est éclairée par le soleil. A l'arrière-plan, les montagnes sauvages de la presqu'île d'Azuero.

A 7 heures, le cotre est à 9 milles dans l'Est du cap Mala ; mais la houle du Sud, qui a fait son apparition ce matin, devient plus forte. On tangue durement et le loch tourne à peine. La brise joue et le cotre dérive.

Néanmoins je ne suis pas mécontent : en deux jours nous avons fait une centaine de milles, de bonne route.

Tandis que nous prenons le « jus », un requin nage autour du bateau, mais trop loin pour que nous puissions entrer en conversation. Le cotre gagne péniblement dans le Sud, pendant que de lourds nuages envahissent tout l'horizon. L'alternance de calmes et de grains se poursuit.

Après le déjeuner, comme le cotre roule passablement, le beau pot à tabac que Farge avait acheté au Maroc, non arrimé, tombe et se casse — au grand désespoir de mon compagnon.

Sans carte détaillée de la presqu'île d'Azuero, mes Instructions nautiques s'arrêtant à Panama, l'identification des sommets à terre et des points de la côte a été sans certitude dans la journée.

19 h 35. Mon point nous situe à 25 milles dans le S. 16 W. du cap Mala ; journée peu brillante, mais je pense que si nous faisons seulement autant de route chaque jour, nous pourrons nous estimer satisfaits.

28 septembre. — Mon quart (de 2 à 8 heures) est moins favorisé que le précédent. Grains sur grains, avec pluie diluvienne. La brise joue constamment. A la barre, sous le ciré-passoire, je suis trempé de la tête aux pieds. Je fais la meilleure route possible, barrant attentivement et virant de bord, selon les variations de la brise.

Je suis gelé, transi, et pense sans enthousiasme qu'il y aura beaucoup de quarts comme celui-ci, avant d'accrocher les bons vents.

Au jour, le cotre est encalminé, à sec de toile. Quand le ciel se dégage, la presqu'île d'Azuero est bien en vue dans le N.-W.

Comme la matinée est ensoleillée, il y a, au sec, sur le pont, un bel étalage de voiles et de vêtements !

Nous mettons de l'ordre à bord et vérifions l'état des vivres. Les bananes sont déjà trop mûres et il faut en jeter une bonne partie.

Avant de déjeuner, Farge se baigne en nageant autour du bateau. Dans ces eaux peuplées de requins, je n'aime pas beaucoup cela ; aussi, des enfléchures, je veille.

L'après-midi, le cotre gouverne tout seul, barre amarrée. Une belle dorade vient jouer plusieurs heures durant autour de nous. J'essaie de la harponner, sans succès ; je tente aussi de lui tendre une ligne, mais elle la dédaigne. Farge, spécialiste du clinquant, lui en jette un morceau. Elle se précipite dessus et l'avale... mais la recrache aussitôt, d'un air de profond dégoût.

Au coucher du soleil, le temps est beau et l'atmosphère claire. Je regarde une dernière fois, longuement, les hauts sommets de la presqu'île d'Azuero estompés dans le Nord — dernière vision de l'Amérique Centrale.

Le temps s'est assez dégagé vers le Sud, j'ai l'impression que nous allons sortir de la crasse.

Au début de la nuit, la visibilité est très bonne. Toutes les étoiles brillent. Et, malgré les cumulus répandus sur tout l'horizon, la Polaire est bien visible. Brave Polaire, compagne des longs quarts de nuit, elle n'est guère au-dessus de la mer. C'est peut-être la dernière nuit que je la vois, d'ici longtemps. Elle ne me donnera plus la latitude. Je prends mon sextant pour l'observer une dernière fois.

Les grains reviennent avec la pluie. Le loch me semble donner des indications trop faibles, malgré le soin minutieux journalier que j'apporte à cet appareil. Peut-être l'huile Walker s'est-elle épaissie et gomme-t-elle le mécanisme ? Les jours suivants, j'utiliserai une huile américaine pour machines à écrire. A bord, il y a une demi-douzaine de qualités d'huile...

Trois semaines de navigation fastidieuse. Étant donné les

courants et le peu d'observations astronomiques à prévoir, j'ai astreint l'équipage à surveiller strictement le cap et à noter, toutes les heures, loch et cap moyen, afin de pouvoir déterminer le point avec la plus grande précision possible.

La grand-voile, au lieu de « se faire », se déforme davantage, dans le mauvais sens. Piètre réussite du voilier, la transformation effectuée à Colon ne l'a pas améliorée. Le ralinguage est raté. Les nouvelles pattes d'empointures ne sont pas assez robustes et il me faudra les changer. On perd beaucoup au près, avec cette voile, d'une surface déjà réduite.

Ma trinquette, achetée d'occasion, quoique d'une excellente qualité de toile, ne fargue pas bien non plus. Pendant toute la traversée il faudra naviguer au plus près et louvoyer continuellement pour gagner en bonne route contre le vent. A partir du cap Mala, le cotre ne progresse que lentement. Je rêve plus d'une fois d'une belle coque fine, profonde, élancée avec une voilure bien plate — le *Firecrest* de Gerbault, par exemple — qui eût fait dans ces conditions une route satisfaisante.

Les jours suivants le temps est assez beau. Des apparitions de soleil me permettent de faire des droites, le matin, et me donnent une longitude acceptable (azimut voisin de l'Est). Pas d'autres observations pour la latitude, mais ce qui m'intéresse, c'est de gagner le maximum dans le Sud, sans me laisser affaler dans l'Est... et de ne pas essayer de couper l'île Malpelo en deux, au cours d'une nuit bien noire ! L'étrave de chêne du *Kurun* a beau être solide, c'est une expérience qui ne me tente pas.

Le cotre perd beaucoup de vitesse en tanguant dans le chaos et sa dérive est forte, mais il gagne petit à petit vers le Sud. J'ai la conviction que je me suis tiré du Pot au Noir. L'aspect du ciel m'incite à le penser.

29 septembre. — Sitôt après le « jus » matinal, à 8 heures, en montant sur le pont, je vois que la ligne de traîne est raide ; une belle dorade. Elle est bien prise ; cette fois, la ligne est solide ; je l'ai gréée avec un bel avançon en acier inoxydable et un hameçon sérieux. Je hale donc la robuste ligne de chanvre de la poigne régulière et vigoureuse du pêcheur — et bientôt l'animal est à bord...

Belle pièce : 1,31 m ; nous regrettons presque d'arracher à son élément cette merveille de la nature aux magnifiques couleurs, changeantes jusqu'à la mort — que je hâte, d'ailleurs, en lui plongeant dans la tête le stylet réservé à cet usage.

En fin de matinée un beau requin rôde, mais assez loin pour rester en sécurité.

Au repas de midi : dorade, évidemment ! Tranches frites à la poêle. Nous arrosons cela d'une des rares bouteilles de vin blanc survivantes et que nous réservons pour les jours « à poisson ».

Le repas est agrémenté de spectaculaires ébats aquatiques. Le *Kurun* est entouré de baleines. Elles soufflent... là, partout. Quelquefois elles font un saut qui les soulève entièrement hors de la mer, et elles retombent en provoquant un véritable geyser. Leur jet sort puissamment de leurs évents et, quand elles « sondent », leurs énormes queues se dressent en l'air, comme pour nous dire « au revoir ». Le cotre apparaît bien fragile au milieu de ces monstres qui n'en sont parfois éloignés que d'une cinquantaine de mètres. Un coup d'une de ces queues nous réduirait en miettes...

La nuit qui suit est très noire : grains, pluie. De 0 à 24 heures, 55 milles au loch.

30 septembre. — La garniture de laiton du mât au portage est éclatée. C'est la feuille de laiton donnée par le capitaine Bertschy à Colon et que nous avons eu tant de peine à poser ! La troisième depuis Lisbonne...

Au déjeuner, dorade encore ! Mais, cette fois, cuite au court-bouillon, avec des oignons. J'ai réussi une magnifique mayonnaise.

L'après-midi, nous observons une dorade qui chasse les poissons volants. L'animal, rapide, nage avec une aisance étonnante et fait des sauts spectaculaires pour attraper ses victimes.

De 0 à 24 h 54, 5 milles au loch.

Dimanche 1er octobre. — Temps vraiment beau, après la pluie fine de la nuit. Ciel dégagé, mer bleue. Je suis heureux d'annoncer à mon compagnon que nous en avons fini avec les calmes. A 10 h 15, je vire pour tirer un long bord dans l'Ouest. Nous ne sommes pas très loin de Malpelo, en longitude ; si notre latitude — que j'ignore, faute d'observations — me réservait une surprise heureuse, nous pourrions apercevoir Malpelo au couchant.

Avant le déjeuner dominical, j'envoie le « Korrigan-Moqueur » (mon foc ballon). Nous débouchons une bouteille d'un vin mousseux chilien, don de la princesse, qui nous a fait présent de toute une caisse de ce breuvage, avec consigne d'en boire une bouteille chaque dimanche.

Aujourd'hui est l'un des derniers jours où nous mangeons du pain. (A Panama, nous n'avons pu trouver du pain de bonne conservation.)

A 17 heures, j'amène la grand-voile. Les ralingues se sont allongées à l'envergure sur la come et au gui ; il est temps de reprendre les empointures.

Je suis occupé à refaire l'empointure à l'arrière du gui, quand je m'aperçois que le *Kurun* est environné de requins. Je lâche tout ; la main qui maniait l'épissoir a tôt fait de gréer le harpon. Les « Jean-Louis » sont là, rôdant, se frottant à la coque, heurtant même le gouvernail. Farge leur envoie des feuilles de clinquant bien brillantes, mais ils les dédaignent. Les peaux rugueuses se frottent à la peinture sous-marine. Ah ! les salopards. Quelle provocation ! Par deux fois, sur le travers bâbord, j'avise un de ces tigres de la mer et je « pique ». Mais les bêtes sont profondes et le harpon, pourtant bien aiguisé, pénètre peu dans ces peaux résistantes.

L'échec décuple mon ardeur. Je suis un animal qui vient de l'avant vers l'arrière, et à faible profondeur. Il ose se frotter à l'emplacement de la béquille bâbord ; de toute ma force, je lance le harpon. Le couteau a bien pénétré, au bon endroit, et s'est mis en croix sous la peau. Celui-ci est à nous, me dis-je. Mais, bien qu'il mesure à peine deux mètres, le requin est vigoureux et je dois tenir bon. Son idée est sans doute d'amener la ligne à lui. J'ai exactement l'idée contraire. La ligne solide (8 mm de diamètre) me coupe cruellement les mains ; pourtant je ne lâche pas. J'amène la bête à toucher le bord, mais, à force de se débattre, pendant que Farge fait des photos, le squale s'arrache du harpon et disparaît comme une flèche dans les profondeurs. Il ne me reste qu'un morceau de chair sur le couteau du harpon et les marques de la ligne sur mes mains... Les autres « Jean-Louis » ont également disparu. La pêche est finie pour aujourd'hui.

Je termine la mise en ordre de la grand-voile. Peu avant la nuit, on a renvoyé et remis en route. La « Paimpolaise » fargue beaucoup mieux maintenant.

Nuit noire. Pas d'étoiles.

2 octobre. — A 3 h 15, la corne tombe ! L'épissure du dormant du palan de drisse de mât a lâché[1]. Tout amené. La ferrure de suspente de la corne a un peu abîmé le mât, bien que j'aie ramassé rapidement la toile. C'est la première fois que je vois une de mes épissures lâcher ; j'en suis très vexé. Aussi, avant de renvoyer, je refais l'épissure avec un sérieux amarrage de sécurité par-dessus.

Peu avant l'aube, j'ai la chance de pouvoir observer une excellente hauteur de l'étoile Canopus. Je consigne avec bonheur hauteur et heure sur mon cahier de calculs : ma latitude est dans ces deux chiffres, car l'azimut de cette belle étoile est assez voisin du Sud. Peu de temps après

1. La voile s'étant allongée, le palan est venu à « cul de poulie » et l'épissure s'est défaite.

paraît un magnifique soleil ; l'astre n'est pas monté de 15° sur l'horizon que j'en prends aussi la hauteur. Sans point précis depuis le 28, je vais savoir enfin ma position par le recoupement de mes deux observations.

Je ne cherche pas, ce matin, à piquer les nombreux marsouins qui jouent autour du bateau. Je suis tout à mes calculs et je ne harponne que les logarithmes.

Au début de la nuit, des troupeaux de marsouins jouent de nouveau autour du cotre. Dans la mer très phosphorescente, ces petits cétacés rivalisent de vitesse, et tracent de longs traits de feu sur une étendue féerique.

Le ciel, par contre, est couvert et opaque. Mais tout à coup, voilà qu'il se déchire un peu vers le Nord. Que vois-je ? Une petite étoile vient de se dégager au-dessus de l'horizon, plein Nord. La Polaire ! Je la retrouve avec une grande émotion. Ce sera sa dernière apparition jusqu'à la dernière étape du voyage.

3 octobre. — Aux dernières heures de la nuit, le ciel se dégage un instant — ce qui me permet de prendre plusieurs hauteurs de Canopus et de Procyon. Et le matin, je suis assez heureux pour attraper le soleil. Je m'attaque aux calculs. Nous sommes à une quarantaine de milles de Malpelo, dans le S.-S.-E.

Temps couvert et brise irrégulière ; mais désormais j'ai la certitude de ne pas voir le *Kurun* moisir dans le Pot au Noir.

4 octobre. — La nuit a été très noire ; il a plu sans interruption. Je suis trempé.

La pluie s'arrête vers 14 heures, mais le ciel reste couvert toute la journée. La pluie revient avec la nuit. Aucune observation astronomique possible, aujourd'hui.

5 octobre. — Nuit très noire. Aucune visibilité. Nuages bas, épais. Pluie toute la nuit. Grains. La brise joue beaucoup. Mer confuse et cahoteuse. Nous sommes trempés.

La brise souffle frais pendant une heure, puis le calme revient à 14 h 50.

Tout amené. Il ne pleut plus et nous essayons de faire sécher nos vêtements.

Des quantités d'anatifes[1] se sont fixés sur la ligne du loch, ce qui est curieux, étant donné sa rotation continuelle. Nous passons un bon moment à les en détacher.

En ouvrant le grand tiroir de la cuisine, réservé à quelques vivres de réserve, je tombe sur un grouillement d'insectes divers. Horreur ! Je déclare la chasse ouverte et le massacre commence. Nous écrasons, méthodiquement, ces ignobles intrus. D.D.T. et Fly-Tox entrent aussi en action. C'est un vrai carnage. Malheureusement, il n'est pas possible de leur faire la chasse partout à la fois, et nous serons des semaines à exterminer ces hôtes indésirables.

A 17 h 40, remis en route avec une petite brise S.-W.

Nuit noire.

6 octobre. — Grains sur grains, toute la journée. Ciel ouvert. Temps de chien. Du cahot dans lequel on n'avance pas. Forte dérive.

Grand-voile à deux tours et foc n° 3.

Nous sommes trempés et avons froid. Nous nous réchauffons à grand renfort de bouillon. Tous nos vêtements sont mouillés. Cirés égalent zéro.

Un suintement désagréable sur le pont, près du pavois, sur le passavant bâbord, à l'emplacement de la béquille, m'oblige à déménager une partie de ma bibliothèque, car plusieurs livres sont déjà abîmés.

7 octobre. — Peu après minuit, j'observe un vilain grain qui semble gagner rapidement vers le cotre. Je ne le quitte pas des yeux, je suis persuadé qu'il y a du vent dedans.

1. Genre de crustacés cirripèdes.

Vers 0 h 45, j'amène la trinquette, car la brise fraîchit sérieusement. Les crêtes des lames déferlent et la brise a commencé sa chanson dans le gréement.

Je réveille Farge : « Préparez-vous à monter sur le pont, car je crois bien qu'il va falloir tout amener. »

La brise a halé le Sud et fraîchit encore. Je mets en cape courante : « On verra au jour. »

La petite lampe du compas, qui jusqu'ici a bien marché, fume et n'éclaire plus. Farge grée la lampe de rechange.

A 6 h 30, il est nécessaire de prendre deux tours supplémentaires dans la grand-voile.

Brise fraîche du Sud, force 6 à 7. Grains sur grains. Pluie.

La brise calmit un peu après le déjeuner. A 15 heures, je hisse la trinquette et remets en route. Le cotre embarque de bons paquets.

Peu après, je dois amener la trinquette dans un grain ; puis la renvoyer ; puis l'amener de nouveau... Les grains vont se succéder ainsi sans la moindre interruption pendant plusieurs jours : ce n'est que le 11 octobre, en fin d'après-midi, que je larguerai les tours de la grand-voile.

Dans l'après-midi, un requin vient donner de grands coups de queue sur le gouvernail et la hanche tribord du cotre.

Aucune observation astronomique aujourd'hui.

Jusqu'au 11, nous allons naviguer avec une brise fraîche de S.-S.-W., une mer creuse et des grains continuels, conservant les quatre tours de grand-voile.

La mer est dure, et le vaillant petit *Kurun* embarque de partout, au vent et sous le vent. Le bout-dehors disparaît quelquefois. Quand une risée plus forte coïncide avec une mauvaise lame, la lisse sous le vent disparaît et la mer passe par-dessus les râteliers. Mais il faut faire de la route. Le pont n'a jamais été si énergiquement lavé... Il faut tout fermer hermétiquement ; nos affaires, trempées, ne sèchent pas. L'humidité règne à bord. Dans le poste, je vois mes focs s'abîmer sans que je puisse rien faire pour y porter remède. La grand-voile, que l'on ne peut dérouler, ne s'arrange pas non plus. Le suroît moisit sur la tête. Pour mieux nous garantir, nous utilisons, à tour de rôle, les deux vestes cirées l'une sur l'autre, mais, décomposées, elles collent partout. On gèle, il va falloir sortir des couvertures pour nos couchettes.

Péniblement, le cotre gagne dans l'Ouest.

Je repense au beau voilier fin, profond, élancé que j'avais souhaité d'avoir ces jours derniers. En l'occurrence, il s'enfoncerait lourdement sous la mer s'il voulait s'élever au vent... On est décidément mieux à bord du *Kurun*.

Le *Störbecker III* nous avait précédé de peu sur la même route et, aux Galapagos, j'ai su qu'il avait fait une très dure traversée. J'admire le beau tracé de Rasmussen, mais de tels bateaux sont très inférieurs à ceux du type *Kurun*, pour de longues traversées et par tous les temps.

8 octobre. — 4 h 50. Feux d'un vapeur, en route vers l'Amérique, sur l'arrière du travers tribord. De toute la traversée et de toutes les suivantes, ce sera le seul bateau aperçu dans le Pacifique !

Le matin, je réussis à « fusiller » un soleil blafard qui montre le bout de son nez et disparaît aussitôt. J'ai ma longitude approchée.

9 octobre. — Le poste radio ne marche plus. Farge change les piles et vérifie celles de rechange.

Mon compagnon confectionne aussi avec le fer-blanc d'une vieille boîte de conserve une protection du mât contre l'usure causée par les pommes de racages.

Un oiseau gris, du genre goéland, vient voler autour du bateau et essaie de se poser, mais en vain, sur la pomme du mât. La potence le gêne.

10 octobre. — Ce matin, j'ai la chance de pouvoir obtenir une hauteur crépusculaire de Canopus ; et, peu après, j'ai le soleil comme les jours précédents.

Le point est fort différent de mon estime. J'ai tablé sur

un courant portant vers le S.-S.-W., comme l'indique la Pilot Chart du mois d'octobre — alors que, précisément, il a été de sens contraire. Cela n'a rien d'étonnant et je l'attribue au courant de surface créé par la grosse brise qui souffle depuis plusieurs jours de la même direction. Les Instructions nautiques françaises ne sont pas particulièrement prolixes au sujet des courants de cette région ; mais, sans s'avancer, elles attirent l'attention : « Dans la région située entre le golfe de Panama et les Galapagos, les courants sont variables et incertains... On y a observé des courants portant au N.-E. à la vitesse de deux nœuds et demi ou en sens contraire, à la même vitesse. » Être 100 milles plus Nord que ce qu'on présumait, quelle déception ! Avec ce vent debout, cela représente plusieurs jours de mer.

11 octobre. — La brise a molli. L'après-midi, je déroule les tours et vire de bord. Le louvoyage continue, laborieusement...

14 octobre. — Vers 1 h 30, je me réveille et, montant sur le pont, je vois Farge, de quart, fort occupé, le harpon à la main, avec une bande de marsouins. Il me dit avoir touché huit fois, sans pouvoir enfoncer le harpon assez profondément.

A mon tour j'essaie, mais sans trouver une occasion vraiment favorable. Deux fois je pique et touche l'animal trop profond sous l'eau. Le harpon ne pénètre pas.

Ce matin, comme les trois jours précédents, j'attrape à la même heure — à quelques minutes près — le fidèle soleil blafard qui joue à cache-cache avec les nuages — oh, très peu de temps ! — et disparaît... Je ne connais que ma longitude approximative ; car il n'y a pas d'autres observations possibles. Mais je m'efforce de gagner coûte que coûte dans le Sud.

Deux requins viennent, comme d'autres l'ont fait à plusieurs reprises ces jours derniers, donner de grands coups de queue dans l'arrière de la coque. Impossible de harponner ces provocateurs : ils donnent un ou deux coups et s'éloignent aussitôt. Je suis très intrigué par le manège de ces animaux et en cherche l'explication. A toucher la coque, à l'arrière, à cinquante centimètres sur l'avant de l'étambot, je constate depuis plusieurs jours la présence, en banc serré, de douzaines de petits poissons pilotes un peu plus gros que des sardines. Est-ce cela qui les attire ? Pourtant les requins respectent les poissons pilotes.

Nous n'avons pas chaud. Peu avant midi, nous notons + 23° 5 pour la température de l'air et + 25° pour celle des eaux de surface de la mer.

La nuit, la brise souffle par « bouffées » — quelquefois assez fortes, puisque la mer vient parfois aux dalots.

16 octobre. — En fin de journée un oiseau gris vole longtemps autour du cotre ; il tente de se poser. A la tombée de la nuit, il se perche, visiblement exténué, sur la tête du gouvernail — position fort inconfortable. Je le prends dans les mains et le mets sur le pont, à l'abri du vent, entre les béquilles et la prame. Farge lui offre du biscuit, de l'eau douce et même un encornet venu s'échouer sur la lisse. Mais notre oiseau ne veut rien savoir. Il tombe de sommeil et s'endort paisiblement.

Au début de la nuit, dans une éclaircie, je fais des droites de hauteur de Vega, de la Lyre et de la Lune.

17 octobre. — Nous naviguons barre amarrée depuis quelques jours et les quarts de nuit sont sans histoire. Navigation privilégiée. Nous pouvons lire, écrire, en allant jeter un coup d'œil sur le cap et, de temps à autre, sur le pont. Quelquefois même je somnole ou dors un peu, mais le cotre est en parfaite sécurité.

Au jour, l'oiseau est toujours là. Il semble avoir repris force et avale d'un seul coup l'encornet que Farge lui offre. Au début de la matinée, il s'envole et nous quitte, après avoir souillé tout l'arrière. Les animaux seraient-ils aussi ingrats que les hommes ?

La mer est plate. Le cotre dérive peu. Et la brise, quoique faible, a halé le Sud. Je fais route au plus près, bâbord amures, gagnant au maximum dans le Sud. J'ai établi le foc ballon dans le courant de la matinée.

Nous faisons aujourd'hui de la couture, paisiblement, et mettons de l'ordre dans notre garde-robe.

Il ne fait guère chaud. Température de ce matin : + 19° pour l'air et + 22° pour les eaux de surface de la mer. Je sors des couvertures de laine, pour nos couchettes.

En fin d'après-midi, une baleine montre son nez, à plusieurs reprises, autour du cotre.

Avant la nuit, dans la mâture, je constate que la garniture de laiton au portage de l'encornat s'arrache de plus en plus, surtout à bâbord. Le cuir de l'encornat est arraché, le bois entamé.

Aucune observation astronomique aujourd'hui.

18 octobre. — Vers 1 heure du matin, la manille retenant la balancine au gui, desserrée, manque. Au jour, par une curieuse chance, je retrouve les deux éléments de cette manille tombés sur le pont. Dorénavant, comme pour les manilles du palan de grande écoute, l'axe de la manille sera immobilisé par un amarrage de sécurité en fil de fer.

Le ciel, couvert le matin, se dégage progressivement ; des pans de vrai ciel bleu apparaissent. Temps magnifique. Il y a si longtemps que je n'en ai vu de pareil que j'en ressens une joie profonde. Le bleu des mers du Sud, éclatant sous le soleil ! La mer est plate et la brise a halé S.-S.-E. Nous avons donc enfin croché le vrai beau temps ! L'alizé...

En fin de matinée, nous hâlons à bord la ligne de loch pour la débarrasser de nouveau de sa colonie d'anatifes et autres espèces. Dans l'Atlantique, j'avais utilisé des bains de sulfate de cuivre pour protéger cette ligne, aucune saleté ne s'y était jamais fixée. Avant le départ de Balboa, changeant de procédé, je l'avais passée au « Tar Stockholm ». Le goudron ne contrarie pas le goût de fixation de ces animaux ; peut-être, au contraire, les attire-t-il.

A moi les observations ! Nous approchons des îles. Il est temps de déterminer la position exacte.

Une excellente méridienne me donne la latitude. Je pensais avoir coupé la ligne ce matin, mais c'est hier ou avant-hier que nous avons passé l'équateur. Avec ces damnés courants, la navigation réserve des surprises.

Nous sommes à 120 milles de l'île Chatham, mais plus Sud ; ce qui est très bien, car au voisinage des îles le courant porte au N.-W., parfois violemment, et un voilier pur doit s'en défier. Il est préférable d'atterrir par le Sud.

Demain nous devrions être en vue de terre.

Mais il faut fêter le passage de la Ligne... bien qu'avec retard ! Je demande donc au cook de préparer un solide punch n° 1. Et, au déjeuner, nous aurons une bouteille du mousseux de la princesse, bien que ce ne soit pas aujourd'hui dimanche.

Petite brise. Je rectifie le cap à l'Ouest, et le cotre, toujours barre amarrée, reste bien en route au largue avec la grande écoute bien filée, le ballon bien gonflé et la trinquette bordée plat.

Dans l'après-midi, de nouvelles observations de soleil et de la lune confirment ma position.

19 octobre. — Au jour, Farge, qui est de quart, aperçoit la terre. Il n'en est pas peu fier et me réveille pour l'annoncer. Il n'y a pas d'erreur : Chatham est là, devant, légèrement par tribord. Elle n'est pas haute sur l'horizon, mais la visibilité est excellente ce matin. Les Galapagos !...

Nous naviguons maintenant à vue sur l'île, vent arrière. A 13 heures, je reconnais l'île Hood par le travers bâbord. La brise est très faible et, malgré le foc ballon en ciseaux, nous progressons lentement. La nuit franche que nous avions escompté prendre au mouillage ne sera pas pour ce soir.

L'île apparaît de plus en plus haute et compacte sur l'horizon. Le relief prend ses valeurs, les perspectives s'affirment.

Chatham : volcans sortis de la mer ; rocs sauvages.

Au couchant, nous sommes encore à 18 milles de la pointe Wreck. Mais, grâce à une visibilité merveilleuse, on distingue parfaitement Hood, Barrington et les hauts sommets de l'île Indefatigable, distante de quelque 60 milles.

La nuit est très belle : toutes les étoiles scintillent. On distingue nettement la masse noire de la terre et ses sommets. Nuit des mers du Sud.

La brise tombe et c'est surtout le courant qui nous emmène.

De nombreux cétacés évoluent dans l'eau calme.

20 octobre. — Nous ne sommes qu'à quelques milles de terre et, à 3 heures, je mets en panne pour attendre le jour.

Je monte la lampe Radius sur le pont et la place au ras de l'eau, près de l'étrave, pour attirer les poissons. Des quantités de petits viennent voir, mais les gros que j'attends avec ma foëne n'ont garde de se montrer.

Je vais m'allonger un peu, quoique je sache qu'il est dangereux de dormir quand on se trouve près de la terre. Farge prend le quart.

Je m'endors et mon compagnon ne me réveille pas à l'heure que je lui avais strictement fixée. Je me réveille de moi-même, plus tard, constatant, avec une certaine colère, ce manquement à la discipline du bord.

Il fait jour. Nous sommes à peine à 5 milles de la côte et l'on voit la mer briser sur tout un littoral de basalte qui défoncerait un navire au premier contact.

Le soleil éclaire la côte. La sauvagerie grandiose et déserte de cette île où l'on ne voit nulle trace du travail de l'homme est impressionnante. A ses pieds le noir rocher Whale s'ourle du blanc des vagues déferlantes et le plus haut cratère de ses volcans se dresse à 758 mètres.

Je ne suis guère pressé de remettre en route et j'admire le cadre. Un phoque[1] vient jouer autour du bateau, s'amuse avec la ligne de loch, et montre sa bonne tête à toucher le cotre. Il serait trop facile de le harponner ou de le tuer raide

1. Dans le récit, le terme phoque a été utilisé indistinctement pour désigner phoques et otaries. Les phoques des Galapagos sont en fait des otaries.

d'une balle dans la tête ; mais ce serait un crime. Il a une si bonne expression, cordiale et presque humaine...

Nous prenons tranquillement le café et je jette de nouveau un œil attentif sur une excellente carte, don du capt'ain Beverstock ; j'y vois le plan détaillé de Wreck Bay, le mouillage principal de l'île. Cette entrée ne présente aucune difficulté.

Farge possède le récit de l'entrée de Gerbault à bord de son *Firecrest* — un récit émouvant... mais erroné.

Gerbault parle d'un « étroit et tortueux chenal » alors que ledit chenal est large, rectiligne et franc de dangers.

« La pointe Lido, dit-il, disparaissait sous l'écume. » Il faudrait un cataclysme pour produire ce résultat !

Je lis encore : « Les pointes traîtresses de corail me guettaient sous la mer. » Lesquelles ? Et ceci : « Je ne dus mon salut qu'à un rapide coup de barre. » Or, l'axe de la passe est indiqué par un *alignement* remarquable qui était là du temps de Gerbault. D'autres alignements simples permettent de déterminer aisément l'espace dans lequel on peut évoluer. C'est l'a b c de la navigation.

Sans me laisser impressionner par la relation de mon illustre prédécesseur, à 8 h 20, je fais servir. Il y a bonne brise et le *Kurun* taille sa route. Le phoque nous suit un moment et joue autour du bateau ; il fonce devant nous comme pour nous montrer la route... puis revient comme pour nous attendre. Quelle aisance d'évolution ! Enfin il nous abandonne.

A 8 h 55, je suis sur l'alignement Dalrymple-Pointe Wreck. Je passe à moins de 2 milles de la pointe sur laquelle la mer brise durement. Sur ce littoral absolument désolé, le spectacle est impressionnant. Ces rocs de basalte noir ont quelque chose de sinistre, malgré le soleil. Nous traversons en même temps de violents remous de courants, et l'on voit nettement une veine, rencontre de deux courants, qui se dirige vers l'île Barrington.

A 9 h 40, le Kicker Rock se dégage de la pointe Wreck. Je fais route sur le Dalrymple. Peu après, nous apercevons les maisons de Puerto Chico. Je commence à louvoyer pour venir mouiller. Je tire un bord à toucher la pointe Lido ; la mer y brise, mais il y a de l'eau. Le cotre remonte au vent, parfaitement, à bonne allure.

« Parer à mouiller. » Trois ou quatre bords et nous sommes dans le fond de l'anse.

« Amener la trinquette. » Je viens vent debout et mouille à cent mètres dans le Nord de l'extrémité du pier.

« Amener le foc. » Mon compagnon s'empêtre dans la voile et le cotre abat lamentablement. Je termine la manœuvre, furieux d'offrir un pareil spectacle.

En effet, on nous a vus arriver, et une petite vedette est déjà là, pour nous accoster. Elle fait des ronds dans l'eau pendant qu'on amène et rabante la grand-voile. C'est le gouverneur des Galapagos, accompagné du docteur. L'accueil est cordial, réchauffé par un punch robuste que Farge a préparé pour les « autorités ».

Je discute en anglais, laborieusement, avec le commandant Paez, tandis que le petit docteur de Farfan, qui ne connaît que l'espagnol, reste silencieux dans son collier de barbe noire.

Programme : mettre de l'ordre à bord et dormir.

Les autorités ayant regagné leur sol, nous fêtons notre arrivée et la mort du Pot au Noir. A cet effet nous ouvrons une bouteille de Veuve-Clicquot que nous avait offerte à Panama notre consul. Vingt-cinq jours de mer : je ne suis pas trop mécontent.

Temps magnifique. Du soleil. Un bel alizé de Suet, presque frais. Une température idéale. Un air limpide et sec, contrastant avec l'atmosphère du Pot au Noir et la chaleur humide de l'Amérique Centrale. Silence. Une eau pure, claire, laissant voir le fond et des milliers de poissons aux merveilleuses couleurs.

En excellente santé, je respire l'air pur à pleins poumons. Je suis heureux.

10

Les Galapagos

Nous n'irons à terre que le lendemain. En attendant, j'inspecte les lieux à la jumelle.

Wreck Bay, ou Puerto Chico, est une anse bien abritée, offrant un mouillage de toute sécurité. Dans le fond, une plage de sable d'un blanc éclatant, à laquelle aboutit un vieux « pier » en bois délabré. La terre disparaît sous une végétation compacte mais desséchée (nous sommes en saison sèche). Quelques taches d'un vert prononcé, cependant, raniment un peu ce « roussi » où foisonnent des cactus.

Plus haut, le paysage change : c'est la montagne et sa verdure ; j'y distingue nettement deux palmiers et deux maisons, dont une en ruine. Comme je l'apprendrai plus tard, c'est le pueblo[1] de Progresso. Les cheminées de la sucrerie, mentionnées dans les Instructions nautiques, ont disparu depuis des années... Le « village » — des baraques en planches, aux toits de tôle ondulée — n'est attrayant que par son étrangeté.

Les tons sont d'une richesse étonnante et la lumière d'un éclat presque insoutenable.

Wreck Bay est ceinturée de blocs de basalte noir où s'incrustent de petites plages de sable blanc qui étincellent sous le soleil.

1. Village.

Le « phare » mérite une mention spéciale, car c'est le seul de l'archipel : un petit pylône portant une lampe. Les livres des Phares lui donnent pour caractéristiques deux éclats par seconde : une fougue très espagnole ; malheureusement, le feu ne fonctionne pas ! « Feu noir à éclats gris », disent les marins. Pourtant, en de grandes occasions — et j'en ai connu quelques-unes —, le phare s'éclaire. On est tenté de crier au prodige ! Mais la cadence est très inférieure à celle qui est indiquée.

Le silence de la baie est plein de vie. De nombreux « fous » (« blue-footed boobies », comme les nomment les Anglo-Saxons) plongent çà et là autour du cotre. Quelle pureté de style et quelle promptitude ! On entend le sifflement de leur chute, rapide comme la flèche, et le « floc » des points d'impact. Quelquefois ils sont une douzaine à plonger exactement ensemble.

L'aquarium de la baie est un perpétuel enchantement. Aussi, à peine mouillé, ai-je gréé une ligne. Nous avons sous la main un vivier bien peuplé.

A peine descendus à terre, nous rencontrons le « Padre ». Ce vieillard paisible, une hachette à la main, travaillait à l'achèvement de son église. Il était sur l'île depuis peu de mois et donnait ses premiers soins à la construction d'une chapelle. La population l'aidait. Le Padre respirait la douceur et la bonté. Ce missionnaire avait séjourné en France il y avait bien longtemps. De notre langue, il n'avait retenu que quelques mots, qu'en général nous ne comprenions pas, tant sa prononciation les déformait. Farge essaya de lui parler latin. Sans vouloir vexer mon compagnon, je crois que son latin n'était guère plus clair que le français du Padre, mais il parvenait cependant à converser quelque peu avec lui. D'ailleurs, à Puerto Chico, Farge, qui ne savait pas un traître mot d'espagnol, comprenait et se faisait comprendre grâce à un don miraculeux qui m'échappait, mais auquel je devais rendre hommage. En général, il servait d'interprète !

La petite chapelle de bois construite sur le sable, en haut de la plage, avec des moyens de fortune modestes, était émouvante dans sa simplicité.

Nous assistâmes à son « inauguration », le Padre nous ayant adressé une invitation en règle. La cérémonie fut touchante. De l'autel partaient quantité de longs rubans multicolores, dont les extrémités étaient tenues par des notables de l'endroit. En qualité de capitaine du navire mouillé en rade, j'eus aussi, entre les mains, un de ces longs rubans.

Puerto Chico est la capitale, le poumon des Galapagos. Ce hameau est pittoresque à sa façon. Tout y respire la pauvreté, car les ressources de l'archipel sont plus que modestes. C'est sans doute ce qui l'a protégé de l'avidité des hommes. Heureuses les contrées sans richesses : on les laisse en paix.

Puerto Chico ne comporte ni rues tracées ni magasins. Aussi ne faut-il pas s'attendre à y trouver les choses les plus usuelles. Fort heureusement, le cotre était pourvu de tout le nécessaire pour vivre sur lui-même pendant des mois.

Comme les habitants sont démunis de tout, l'arrivée d'un bateau — événement peu fréquent — est toujours regardée comme une occasion d'échanges intéressants. A peine débarqués, nous fûmes de toutes parts sollicités. Si nous avions pu disposer de clous, de chemises ou de n'importe quoi d'utile, que d'heureux n'aurions-nous pas faits ! Les habitations sont de misérables constructions en planches mal assemblées, négligées et sales, où les hommes vivent entassés. L'étrange est que ces intérieurs si primitifs sont tapissés de magazines américains dont les images font merveille. Que de fois nous réclama-t-on de ces précieux illustrés qui, malheureusement, faisaient défaut à notre bord.

La population est en majorité équatorienne. Depuis la guerre elle s'est accrue jusqu'à atteindre quelques centaines d'individus. Les Indiens vivent de préférence sur les hauteurs.

L'activité du port est réduite aux besoins de l'île, qui sont minces, mais on pêche miraculeusement dans les eaux très poissonneuses de l'archipel, et le gouvernement équatorien perçoit une taxe sur les bateaux de pêche. Les fameux « tuna-clippers » américains[1] viennent de San Pedro ou de San Diego (Californie), parcourant des milliers de milles pour y pêcher le thon. La perception des taxes donne lieu parfois à des complications : il y a des fraudeurs.

Les tuna-clippers mouillent volontiers dans les baies des Galapagos. Bien que Wreck Bay ne soit pas leur lieu de prédilection, nous en vîmes plusieurs. Ce sont de véritables usines flottantes qui représentent une industrialisation de la pêche, à laquelle, en Europe, nous ne sommes pas encore habitués. Les équipages ont eux aussi une allure qui ne nous est guère familière. Ces gaillards bâtis en hercules, avec leurs casquettes de joueurs de base-ball et leurs chemises de cow-boys, font penser à des sport-men plutôt qu'à des pêcheurs... et pourtant, ils prennent du poisson !

Nous eûmes un jour la bonne fortune de visiter à Wreck Bay l'un des plus grands, sinon le plus grand, de la flotte des tuna-clippers américains : *Normandie*, de 160 pieds de long et pouvant porter 430 tonnes de poisson. La pêche se fait à l'appât vivant, avec de courtes gaules de bambous qui permettent cependant aux pêcheurs de sortir de l'eau, sans perte de temps, des pièces magnifiques. Les hommes se tiennent à l'arrière du bateau, les pieds à la hauteur du niveau de la mer. Le plus grand problème de la pêche est peut-être celui de la capture de l'appât : la sardine. Il faut souvent plus de temps pour la pêcher que pour prendre les thons. Il faut aussi les maintenir en vie. On les met dans de grands viviers (ceux de *Normandie* ont douze pieds de profondeur), dont on surveille constamment la température, et qui sont éclairés par de puissantes lampes électriques. Comme beaucoup d'autres clippers, *Normandie* est pourvu d'un hydravion qui facilite le repérage du poisson. Quand

1. Avant la guerre les Japonais eux-mêmes venaient pêcher aux Galapagos.

la pêche donne à plein, le travail est assez dur, mais les gains sont très substantiels et l'existence à bord est confortable et bien organisée.

Le poisson avait attiré à Chatham, quelques années auparavant, un Américain entreprenant, M. Mann, qui y fit construire un entrepôt frigorifique et y organisa une flottille de petits bateaux de pêche à moteur. C'est ainsi que Chatham est en voie de transformation. La réussite de cette entreprise doit révolutionner le cadre paisible de Puerto Chico. Je ne l'ai vu qu'à son début : le *plant* ne commença à fonctionner qu'à la veille de notre départ.

Les Galapagos sont belles et étranges ; par certains de leurs caractères, elles sont uniques au monde.

Thomas de Berlanga, évêque de Panama, eut le privilège d'associer son nom à leur découverte. Envoyé au Pérou par son souverain Charles V, à la suite de la conquête de ce pays par Pizarre et Almago, il fit voile du golfe de Panama vers le Sud ; mais le navire qui le portait se trouva encalminé près de la Ligne. Après cinq jours de calme, le capitaine demanda à l'évêque d'implorer le ciel, qui resta sourd. Le navire dériva inexorablement dans l'Ouest, si bien qu'au bout de deux semaines, le 10 mars 1535, il était en vue des îles, à court d'eau. Ce n'est pas l'évêque, mais un cartographe flamand qui baptisa ces îles Galapagos. On appelait ainsi, au Moyen Age, en Espagne, de grands boucliers à forte convexité dont les guerriers se protégeaient pour monter à l'assaut des châteaux forts. Ce nom fut adopté, par analogie avec les carapaces très bombées des tortues de terre géantes qui foisonnent dans l'archipel. Mais le nom qui leur fut donné plus couramment par la suite, est celui de « Las Encantadas », les îles Enchantées — les courants qui les entourent ayant longtemps fait croire aux marins que ces îles flottaient à la surface de la mer.

Les Galapagos sont d'anciens volcans — et certains encore sont en activité, comme c'est le cas à Albemarle.

Leurs pentes sont couvertes de végétation pleine de contrastes suivant le lieu et l'altitude ; on passe aisément de la véritable forêt de cactus[1] aux caféiers, aux orangers ou aux champs de pommes de terre. C'est pourquoi certains voyageurs ont porté des jugements erronés sur ces îles dont ils n'avaient vu que certains aspects.

Le climat est le plus agréable du globe : jamais trop chaud et jamais froid[2] ; les pluies sont modérées. Ces conditions privilégiées sont dues au fameux courant de Humboldt ou courant du Pérou : ses eaux froides remontent la côte d'Amérique du Sud pour s'incurver à la hauteur du golfe de Panama et rejoindre le courant équatorial. C'est un merveilleux régulateur thermique pour l'archipel des Galapagos, que traverse la ligne de l'équateur.

Si le littoral de ces îles est desséché pendant une partie de l'année (Darwin, venu en saison sèche, porta ainsi sur elles certains jugements erronés), les hauteurs ont le privilège bénéfique du « garua », sorte de crachin providentiel. Passer en quelques heures du littoral aux montagnes du centre, avec leur végétation luxuriante, est un enchantement.

La faune des Galapagos est unique. Elle intéresse les naturalistes et, pendant notre séjour, je déplorai que de savants compatriotes n'aient pas eu l'idée de me demander tel spécimen — dont la recherche eût été un attrait de plus dans nos promenades au milieu de ce monde étrange.

L'animal numéro un des Galapagos est la tortue de terre géante, dont le poids arrive à dépasser cinq cents livres et dont la longueur atteint presque une brasse ! L'espèce en était, paraît-il, répandue sur le globe, il y a quelque soixante millions d'années. Après quelques millions d'années, elle disparut complètement, sauf de deux points du

1. Ce sont, pour la plupart, de véritables arbres atteignant plusieurs mètres de hauteur.

2. Température moyenne des parties basses : + 22°.

monde : l'archipel Aldabra (Seychelles, Maurice, Réunion) et les Galapagos.

Pourquoi ces tortues, parentes du grand fossile de l'Inde, existent-elles encore ici, alors qu'elles ont disparu de tous autres lieux depuis des temps si reculés ? C'est un mystère, rendu plus singulier par le fait qu'il existe dans l'archipel une quinzaine d'espèces de ces tortues, et que chaque île a son espèce particulière !

Celles-ci disparaîtront-elles à leur tour ? Les baleiniers et les pirates qui fréquentèrent l'archipel en ont fait des massacres inconsidérés. C'est que leur chair constitue un mets délicieux, qui devait être particulièrement apprécié par des gens venant de la mer à une période de la navigation où la nourriture à bord était souvent déficiente. D'autre part, ces tortues portent, à la partie inférieure de leur carapace, un véritable réservoir d'eau. Les marins eurent tôt fait de découvrir cette particularité, précieuse dans des îles où il est souvent difficile de trouver de l'eau et où l'on peut mourir de soif.

D'après l'étude des journaux de bord des baleiniers, le docteur C.H. Townsend, de New York, estima qu'en trente ans, les équipages ont exterminé dans l'archipel plus de deux cent mille tortues, et c'est pourquoi elles sont devenues rares.

Outre les tortues géantes, les Galapagos ont le privilège de posséder deux espèces particulières d'iguanes, que l'on n'a retrouvées nulle part ailleurs, soit en vie, soit même à l'état fossile. L'une de ces espèces, l'*amblyrhynchus cristatus*, est maritime, tandis que l'autre, le *conolophus subcristatus*, est terrienne. Ces animaux, à l'allure préhistorique, sollicitèrent vivement la curiosité de l'équipage du *Kurun* qui en captura plusieurs, sans leur faire de mal, uniquement pour les voir.

L'iguane de mer vit sur le littoral, dans les blocs de basalte. C'est un animal de couleur noire (le mâle porte cependant des taches jaunes et orangées), aux mâchoires armées de dents aiguës, et bon nageur.

Quant à l'iguane de terre, c'est un vrai terrien qui ne s'aventure pas sur les rivages ; il serait du reste incapable de nager. C'est un animal aux formes plus lourdes, dont la couleur varie du jaune au rouge brique ! Il évoque irrésistiblement — en plus petit — l'aspect de quelque dragon de légende. Je me souviens de la chasse épique que nous donnâmes à l'une de ces bêtes sur l'île déserte de Barrington. Nous dûmes enfumer dans sa caverne le magnifique iguane qui nous avait filé entre les murs. Capturé, il exhalait un souffle de dragon, quasi surnaturel, C'était un *conolophus pallidus*[1], sous-genre du *conolophus subcristatus*. Voilà de quoi satisfaire les insatiables chercheurs de performances ! Capturer, à la main, un *conolophus pallidus*. Il est peu d'hommes sur cette terre qui puissent en dire autant.

A cet aperçu de vie animale, il faut ajouter les oiseaux. Darwin, qui visita ces îles en 1835[2], en nota 108 espèces et sous-espèces, dont 77 ne se trouvent pas autre part que dans l'archipel ! Autant d'îles, autant d'espèces de pinsons. Mais on y rencontre aussi, entre autres, hiboux, tourterelles, pélicans, hérons, flamands roses, pies de mer, oiseaux-mouches...

L'archipel est le seul habitat des pingouins connu sous les tropiques.

Les premiers navigateurs amenèrent avec eux des chevaux, des porcs, des chiens, qui se sont multipliés et vivent à l'état sauvage. A l'île d'Albemarle, par exemple, un homme seul et non armé court le risque d'être dévoré par des meutes de chiens sauvages !

L'histoire du peuplement des Galapagos ne manque pas non plus d'originalité.

1. N'existe qu'à Barrington.

2. On sait que le jeune Darwin, après de médiocres études et un échec dans la carrière médicale, s'était embarqué à bord du *Beagle*, à Devonport, pour une croisière autour de l'Amérique du Sud. C'est au cours de ce voyage qu'il conçut son hypothèse sur l'origine des êtres vivants. Wreck Bay possède un monument avec le buste de l'illustre naturaliste.

Lors de leur découverte, elles étaient inhabitées. Le général équatorien Villamil y fonda la première colonie. Celle-ci se développa au début mais la révolte et les meurtres s'y installèrent. C'est alors que l'Équateur fit de ces îles un bagne. A l'île Chatham Manuel Cobos, dont le fils reçut Alain Gerbault lors de son passage, utilisait des bagnards comme travailleurs. Ils étaient traités sans ménagement ; ce qui expliqua peut-être le tragique assassinat de M. Cobos, sauvagement coupé en petits morceaux.

La colonisation entra dans une phase toute nouvelle lorsque William Beebe, après un séjour de quatre jours et demi aux Galapagos, trouva le moyen d'écrire un solide ouvrage : *Galapagos, World's End*[1], qui eut un énorme succès en Amérique.

Le livre, traduit en plusieurs langues, fit fermenter des imaginations. C'est ainsi que naquit en 1927, sur les instigations d'Harry Randall, le projet norvégien de colonisation : « Kolonisationen Paa Galapagos Oerne ».

Plusieurs expéditions arrivèrent successivement avec tout un matériel. Bien qu'elles fussent constituées par des hommes d'une race qui ne craint ni l'effort ni le travail, elles étaient vouées à l'échec. Le gouvernement équatorien mit un point final à l'entreprise en confisquant les biens du groupe sous prétexte qu'il n'avait pas rempli ses engagements.

Il ne reste actuellement que quelques Norvégiens auxquels sont venus se joindre des Européens des origines les plus diverses : allemande, suisse, espagnole, italienne et russe. C'est un ensemble humain, bigarré sans doute, mais extrêmement attachant, car tous sont venus aux Galapagos pour mener en paix une vie saine et laborieuse, à l'écart de l'incohérence et de l'agitation modernes. Milieu réconfortant où règnent la compréhension, l'entente, la bonne humeur.

Aux Galapagos, les colons vivent isolés, sur eux-mêmes

1. « Galapagos fin de monde. »

et par eux-mêmes. Ils ont dû construire leurs maisons, leurs bateaux, défricher le sol.

Il y a un médecin à Puerto Chico, mais, en fait, la plupart des habitants des îles se passent de ses soins. Leur santé s'explique par la salubrité du climat. Il n'y a pas de maladies aux Galapagos, pas de fièvres, pas d'animaux dangereux.

Les seules relations des Galapagos avec l'Équateur se font par le petit navire de la marine militaire qui fait le voyage une fois par mois. L'arrivée à Chatham d'*El Oro* — c'est le nom du bâtiment — est pittoresque, car il remplit toutes les tâches : transport des passagers, du courrier et des marchandises les plus hétéroclites. Comme la place manque, tout cela vient pêle-mêle.

Les Galapagos reçoivent peu de visites de bateaux. Néanmoins il ne se passe pas d'année sans que quelques yachts viennent mouiller dans ses baies. La plupart sont américains.

Il me plut d'y évoquer le jeune Herman Melville qui, à 21 ans, vint aux Galapagos, alors qu'il était matelot à bord de l'*Acushnet*, de New Bedford, qui devait devenir le fameux *Pequod* de son célèbre roman *Moby Dick*.

Après leur voyage autour du monde sur le *Svaap*, William Albert Robinson et sa femme revinrent aux Galapagos à bord de leur ketch pour vivre de longs mois au milieu des animaux qu'ils voulaient filmer. Robinson fut saisi d'une crise d'appendicite avec péritonite. Le ketch avait pu être amené d'Elizabeth Bay, déserte, à Tagus Cove, où par chance se trouvait un « tuna-boat ». Sur appel radio, la Navy de Panama envoya d'urgence un avion et un destroyer. L'avion arriva à temps et Robinson fut sauvé de justesse. Je devais plus tard le rencontrer à Tahiti.

La Seconde Guerre mondiale apporta un peu d'imprévu et quelques transformations aux Galapagos, qui sont, en quelque sorte, la clé du canal de Panama. En 1942, les Américains installèrent une base aérienne importante dans la petite île de Seymour, au Nord d'Indefatigable. En peu de temps une véritable ville surgit dans cette contrée sauvage. L'île Hood reçut également un puissant poste d'écoute.

La présence de ces troupes provoqua un afflux d'argent. Certains habitants édifièrent, dit-on, de petites fortunes. Mais les Américains apportèrent à Wreck Bay un trésor inestimable : l'eau douce, amenée d'un lac de montagne par une canalisation.

La paix venue, ils abandonnèrent sur place leurs baraquements et l'on vient quelquefois en expédition à leur ancien camp pour y chercher des matériaux, comme dans un entrepôt.

Le *Kurun* resta plus de six semaines au mouillage de Wreck Bay, bien plus longtemps que je n'avais prévu. Mais le temps fut bien employé, et j'ai pu regretter parfois de n'avoir pas prolongé mon séjour dans ces îles heureuses.

Le 1er novembre, au réveil, quelle ne fut pas notre surprise de voir, mouillé à une demi-encablure sur l'arrière du *Kurun*, un beau dundee qui battait pavillon français.

Un pavillon français aux Galapagos, c'est déjà bien rare ; mais deux à la fois, cela n'était pas arrivé, sauf erreur, depuis le passage de Dupetit-Thouars au cours de son voyage autour du monde sur la *Vénus* (1836-1839).

Ce beau dundee trapu, au gréement bien de chez nous, était la *Fleur-d'Océan* de Saint-Malo. Aussi mon cœur de marin battait-il un peu tandis que je grimpais à bord.

Fleur-d'Océan venait de Saint-Malo, à destination de Tahiti, après un détour en Méditerranée. A bord, le propriétaire Pierre Suzanne, sa femme et sa petite-fille, le capitaine Argod avec sa femme et trois enfants en bas âge, un couple de jeunes Belges, les Vandewiele, un matelot et un mécanicien. Nous sympathisâmes tout de suite.

Le 5 novembre, en fin d'après-midi, saluée par trois coups de corne à brume du *Kurun*, *Fleur-d'Océan* appareilla pour l'île Hood. Après une escale aux Marquises, il devait arriver à Tahiti bien avant le cotre. De là, les Vandewiele retournèrent à Nice où ils avaient laissé leur ketch *Omoo* et repartirent, peu après, pour le tour du monde.

A Wreck Bay, nous eûmes un autre agréable voisinage : celui du ketch américain de 11,18 m, *Symbol*, à bord duquel se trouvait le jeune couple Devine comme seul équipage. Les Devine vivaient aux Galapagos depuis plusieurs années ; ils venaient de terminer l'installation de leur maison à Academy Bay, après avoir vécu longtemps à leur bord. Ils passaient quelques jours à Wreck Bay avant de regagner Panama où ils allaient fêter Noël. Un puissant moteur auxiliaire Diesel leur assurait la régularité dans leurs traversées.

Le propriétaire du *Symbol* était, comme moi, un passionné, un maniaque du bateau et de la croisière, mais il était le maniaque « américain », tandis que j'en étais un beaucoup plus rustique.

Devine m'éblouit en me montrant le matériel perfectionné dont son ketch était pourvu, depuis les boutons électriques de l'évier qui distribuaient au choix l'eau douce ou salée, depuis l'appareil à battre les sauces, jusqu'au poste de soudure autogène.

En escale, il y a toujours de l'occupation à bord. Entre autres travaux, je refis les peintures et vernis du pont qui avaient quelque peu souffert, tandis que Farge se consacrait à la remise en état de la garniture en laiton du mât.

Mais nous sûmes aussi profiter de l'escale pour faire de belles promenades à pied, à cheval ou à dos de mulet.

Nous allâmes plusieurs fois sur les hauteurs, « arriba », d'où l'on embrasse pleinement la beauté des Galapagos. On dit que ceux qui ont goûté la goyave de l'île y reviendront un jour, et je le crois volontiers.

Monter, c'est aller vers la verdure, parmi les orangers, les citronniers, les goyaviers, les avocatiers ! Les fruits sont si abondants qu'ils pourrissent sur le sol, par tonnes. Qui les ramasserait ? Chacun en a sa suffisance à sa portée.

Un des charmes des Galapagos est l'absence totale de routes. Pour aller de Puerto Chico à Progresso, distants de sept kilomètres, il faut emprunter un « sentier » pittoresque formé de quartiers de rocs, et il est nécessaire d'avoir un sens aigu de l'équilibre pour ne pas s'y rompre le cou. J'étais émerveillé de voir les mulets, ou même les chevaux, y trotter sans hésitation.

Nous rendîmes visite à Mme Cobos[1], la Norvégienne, dont le mari, alors en voyage en Équateur, avait reçu Alain Gerbault. La grande hacienda perdue dans la verdure nous accueillit par l'aboiement d'énormes chiens à l'œil féroce. Le bâtiment de planches, vieux et délabré, avait un air à la fois de grandeur et de pauvreté. Mme Cobos nous fit le plus aimable accueil. Cette femme courageuse et digne, bonne mère et chef de famille, était aussi capable, le cas échéant, de tenir un revolver pour se faire respecter.

Un soir où nous étions revenus en visite, sa fille aînée, Sylvia, jolie blonde de seize ans, nous joua de vieux airs sur sa guitare, quoiqu'elle fût assez intimidée par l'équipage du *Kurun*.

Mme Cobos nous prêta des chevaux, pour faire une magnifique randonnée sous la direction de son fils. Nous allâmes visiter, à plusieurs heures du pueblo, le domaine du vieux Guldberg, le père de Mme Cobos, qui vivait seul avec son autre fille Snefrid. Je conserve un souvenir inoubliable de cette visite. Nous étions si loin de la vie moderne ! Quel silence ! Quelle paix ! Quel décor ! Un sentiment d'éternité.

Le vieux Guldberg ne nous accorda pas une parole. Je ne sais même pas s'il nous accorda un regard. Il était ailleurs, si loin, comme dans la béatitude. De grands et beaux arbres nous entouraient. Sur le sol des jonchées aux vives couleurs d'oranges et d'avocats. L'aimable et douce vieille

1. Son prénom est Karin, et non pas Kanis comme il est écrit dans l'édition originale d'*Iles de Beauté* d'Alain Gerbault.

demoiselle nous introduisit dans un intérieur norvégien, bien en ordre, avec ses vieux meubles, ses tapis, ses bibelots, ses souvenirs. Quelle impression étrange que de découvrir ce coin de Norvège sur ces îles tropicales ! Il s'en dégageait une impression d'irréel, de mélancolie.

Dans cette solitude absolue, l'existence des Guldberg n'était que travail et silence. J'appris que le père n'était pas allé à Puerto Chico depuis quinze ou seize ans ! A quoi bon aller ailleurs quand on peut rester où l'on est ? Sagesse !

Poursuivant notre promenade, nous traversâmes un joli ruisseau d'eau claire (certains disent qu'il n'y a pas d'eau aux Galapagos). Puis nous atteignîmes les lacs de montagne. Quelquefois, nous dérangions sur notre chemin des chevaux ou des porcs sauvages.

A un moment nous nous trouvâmes entourés d'une troupe de cochons pareils à des sangliers. Avisant le plus gros d'entre eux, je levai mon pistolet, mais le fils Cobos m'arrêta. La bête en question avait l'oreille coupée, ce qui la classait bête « domestique » ou, plus exactement, ce qui attestait qu'elle avait un propriétaire.

L'après-midi, je pris ma revanche au bord des lacs. Avec mon pistolet 22 LR Walther, je tuai cinq canards sauvages. Je les tirai à des distances variant entre vingt-cinq et soixante mètres, après de savantes manœuvres d'approche.

Au-dessus du lac le plus élevé, formé par un cratère du volcan, planaient des frégates. Je m'amusai à en tirer quelques-unes. J'entendais nettement le « choc » de l'impact de la balle, mais pas un oiseau ne tomba.

Nous rentrâmes au pueblo à la nuit, après une belle galopade. Il y avait bien des années que je n'étais monté à cheval et nous enviions l'aisance du jeune Cobos, écuyer hors ligne.

A Wreck Bay, nous rencontrions souvent le couple Mann, qui habitait une coquette maison de la baie, à Sundown Beach, à l'écart des autres habitations. M. Mann était le type même de l'Américain entreprenant, mais pour lui rien d'autre que son affaire ne comptait.

Sa charmante et fort jolie femme était parfois excédée d'entendre parler de poisson : « fish, fish... »

Un oncle de M. Mann vivait également à Sundown Beach. C'était un vieil Anglais célibataire, un original à tous crins. Après avoir vécu dans bien des pays divers, notamment en Amérique du Sud et aux Indes, il avait fait ses malles pour les Galapagos. Souvent, il venait nous rendre visite à bord. Grand et sec, il sortait toujours appuyé sur une canne, sa robe de chambre passée sur son costume, affublé d'un foulard et, à la fois, d'un casque colonial ! Son allure joviale et malicieuse mettait un peu de fantaisie à Wreck Bay.

Un jour que les Mann recevaient quelques amis, l'oncle me prit mystérieusement à l'écart et m'entraîna dans sa chambre. Soudain, il s'empara d'un sabre qu'il fit siffler dangereusement autour de nos têtes. Un peu inquiet, je me demandai ce qui allait se passer. Mais l'oncle arrêta sa démonstration et sourit : « Le rêve de ma vie : pourfendre quelqu'un... et je ne l'ai jamais réalisé ! » Il avait dans sa chambre tout un lot d'armes blanches et il m'en faisait souvent admirer le tranchant qu'il avait soin d'entretenir bien affilé ; mais, dans le fond, c'était un être pacifique.

Nous nous liâmes également avec un Canadien d'origine française, Franck Balbar — le nom primitif de sa famille était Barbier. C'est par hasard qu'il était venu aux Galapagos, sur un yacht. Le bateau était reparti, mais lui était resté. C'était un jeune et solide gaillard, respirant la santé et la cordialité. Il s'était échappé du monde moderne et, comme un enfant, il goûtait la liberté, la joie de vivre.

— J'ai toujours travaillé, aimait-il à dire, mais ici, je prends des vacances, pour la première fois de ma vie.

En effet, Franck prenait des vacances depuis près d'un an et les appréciait. Il dormait bien, se nourrissait sainement mais frugalement, se promenait, allait à la chasse, bavardait avec les uns et les autres, lisait un peu.

Une telle cure aux Galapagos serait salutaire à bien des agités...

Nous avions également, parmi les Équatoriens, un bon ami en Frederico Garcia. C'était déjà un homme d'âge et il avait de nombreux petits-enfants. Il vivait de sa pêche. Garcia, plein de cœur, nous recevait cordialement dans sa grande maison aux vieilles planches disjointes où grouillait toute une marmaille vêtue de haillons disparates. Je lui fis présent de peinture pour son bateau. Il ne voulut pas être en reste et nous combla de menus cadeaux.

Avant de quitter Wreck Bay, je demandai à Garcia de signer le livre d'or du *Kurun*. Peut-être ne savait-il pas écrire, mais il avait un petit-fils très intelligent dont il était fier. Ce fut ce garçon bronzé, aux yeux pétillants, qui écrivit, sous la dictée de son grand-père, quelques lignes pour ses « amigos » et « la patrie amie », la France.

Nous avions d'excellents rapports avec le gouverneur, le commandant Paez, officier de la marine militaire équatorienne. La « garnison militaire » des Galapagos comportait une dizaine d'hommes équipés d'une manière hétéroclite. Heureux pays, de posséder si peu de guerriers ! Il ne semble pas que le gouvernement alloue de gros émoluments à son gouverneur, car il vivait avec sa famille dans une baraque en planches plus que modeste et dépourvue de mobilier. Par contre, je ne crois pas qu'un gouverneur des Galapagos ait à résoudre souvent des problèmes bien ardus.

Puerto Chico connaît parfois des réjouissances populaires, où tout le monde boit et danse. La boisson populaire est le « pouro », sorte de rhum fort en alcool et dont je n'apprécie nullement le goût. Les danses s'exécutent au son des guitares et mettent les danseurs dans un état d'intense excitation.

Les enfants jouent au football et je suis surpris que Gerbault, grand amateur de ce sport, n'ait pas été frappé par leurs dispositions. Les gamins de Puerto Chico jouent même la nuit, avec des ballons de feu ! Ils les imbibent d'essence ou de pétrole et ils les enflamment.

Lors de notre passage, deux petits bateaux de pêche étaient en construction. J'avoue n'avoir jamais vu travailler le bois d'aussi piètre façon. Les morceaux les plus invraisemblables étaient utilisés et leur assemblage laissait rêveur. Je me demande comment il peut être possible de faire flotter de telles coques. J'étais non moins surpris de voir l'Équatorien, spécialiste de mécanique, démonter et remonter ses moteurs sur le sable de la plage !

La monnaie de l'Équateur est le « sucre ». A ce moment-là, le cours normal était de vingt sucres pour un dollar. Nous changeâmes les quelques malheureux dollars qui nous restaient, mais nous dûmes nous résigner à subir une perte. Et ce fut le Padre qui nous offrit le meilleur change.

Dépenser n'était guère possible, sur les îles. Néanmoins, pour nous « faire » un peu d'argent, je vendis un des compas du bord, qui n'était pas indispensable, pour la grosse somme de trois cents sucres.

L'appareillage du *Kurun* fut retardé par l'état de santé de mon compagnon. Farge était alité, tremblotant, vomissant et sans forces, et j'étais fort inquiet. Sa température monta à plus de 41°. Le docteur ne sut jamais ce dont il souffrait. Par la suite, mon compagnon estima n'avoir eu qu'une crise hépatique.

Le 25 novembre, cependant, son état devint assez inquiétant pour que j'envisage de le faire conduire à Guayaquil, afin qu'il vît des spécialistes et fût radiographié, mais il ne le voulut pas. Finalement, après une série de piqûres, une amélioration me permit d'envisager le départ.

Après avoir confié notre courrier à Mme Butler, secrétaire du président de la République de l'Équateur, qui était venue à Wreck Bay sur le yacht *Solana*, je mis mes papiers en règle avec le « gobernador » pour appareiller de Chatham.

Le dimanche 3 décembre, après le déjeuner, le *Kurun* appareilla tout dessus, par une jolie brise de S.-E. Le temps était superbe et nous partions pour une belle promenade à travers l'archipel. J'avais plusieurs projets, que la prolongation forcée de notre séjour à Chatham avait quelque peu bousculés. Néanmoins, je ne voulus pas quitter l'archipel sans voir de près le Dalrymple, le Kicker Rock, ainsi que les îles Barrington et Indefatigable.

Le rocher Dalrymple, situé à 2 milles de l'ouvert de Wreck Bay, est une curieuse formation d'aiguilles de basalte qui ressemble, si l'on veut, aux doigts d'une main ; c'est pourquoi les Américains l'appellent « the five fingers » — les cinq doigts. Nous en passâmes fort près, car il est accore.

Le Kicker Rock est une autre curiosité de la nature, située à un peu plus de 7 milles de là. Je mis le cap dessus.

A mi-chemin nous eûmes le plaisir de rencontrer un yacht norvégien. Bien appuyé, sous toutes ses voiles blanches, ce ketch louvoyait pour rentrer à Wreck Bay. Nous nous croisâmes, à contre-bord, à petite distance, tandis que nos pavillons respectifs montaient et descendaient trois fois en signe d'amitié — les trois couleurs de la corne du *Kurun* et le pavillon norvégien en tête de l'artimon du *Ho-Ho II*.

Sur le pont du ketch sc tenaient deux hommes — de vrais Vikings — et un jeune garçon blond. Je ne pensais pas, alors, que nous nous retrouverions à Tahiti et que je sympathiserais avec cette charmante famille, les Bryhn.

Progressivement, les proportions du Kicker s'imposèrent. C'est un bloc majestueux de 150 mètres de hauteur, tombant à pic dans la mer et présentant une brèche verticale du plus étonnant effet. Son aspect change entièrement suivant l'angle sous lequel on l'observe. D'un côté, il ressemble à une cathédrale ; de l'autre, à un lion allongé (c'est pourquoi les Équatoriens l'appellent généralement « leon dormiente », le lion dormant). Ce vaste rocher est couvert d'immenses colonies de fous et de frégates qui le couronnent de leur noble vol plané. Et ces grands oiseaux, autour du roc énorme, apparaissent minuscules. Dans la partie Sud-Est, plusieurs colonies de phoques sont établies sur de petits rochers élevés de quelques mètres au-dessus de la mer.

Nous fîmes le tour du rocher, lentement. Sa masse déventa le cotre quand il passa sous le vent.

Comme la nuit allait venir, je décidai de faire route sur Barrington. On m'avait vanté sa merveilleuse petite baie. Cependant, des gens avisés, marins par surcroît, m'avaient mis en garde contre l'étroitesse de la passe et le courant ; ce qui ne permettait pas de tirer des bords : tenter d'entrer sans moteur, c'est risquer de perdre votre bateau, m'avait-on dit. Il n'était pas question que je prenne un tel risque. Néanmoins, j'étais tellement tenté d'explorer cette île déserte, que j'avais résolu au moins d'aller voir.

Nous perdons de vue assez vite les pâles lumières de Wreck Bay. A minuit, je reconnais, sur tribord, la masse noire de Barrington. Je mets en panne pour attendre le jour.

Ce n'est qu'à 8 h 40, le lendemain, que je fais servir. Je m'approche de l'île, naviguant tout près de la côte, précautionneusement. Des requins de toutes tailles, par douzaines, nagent paresseusement en surface. Je n'en ai jamais tant vu et je comprends pourquoi, quelques années auparavant, Mann pratiquait aux Galapagos la pêche aux requins. Ces bêtes semblent repues, indolentes, et je me demande si un homme tombant à l'eau courrait avec elles de grands dangers.

Sans carte (les Instructions nautiques ne parlent même pas de l'île), je me demande où est la baie et crains presque de me tromper. Enfin, une profonde ouverture se révèle tout à coup. Il ne peut y avoir de doute. Du reste, nous découvrons un petit bateau de pêche au mouillage, au fond de la baie. La passe est beaucoup plus large qu'on n'avait voulu me le faire croire. J'y engage résolument le cotre. Sans difficulté je pénètre dans la baie et mouille, non loin des pêcheurs qui nous ont fait des signaux affolés, croyant sans doute que je n'avais pas vu les bancs de coraux à travers l'eau parfaitement limpide.

Le petit bateau de pêche va quitter la baie, il nous accoste et l'équipage équatorien nous offre un superbe poisson dont nous allons nous régaler au déjeuner.

Nous resterons quelques jours à ce mouillage, menant une vie de robinsons, faite de flâneries au soleil, de promenades, de parties de chasse et de pêche. Ce fut une de nos plus délicieuses escales.

Barrington est une petite île massive, montagneuse, longue seulement de 5 milles marins et inhabitée — c'est un de ses charmes. La baie que j'ai choisie est un long couloir rectiligne, de largeur uniforme aboutissant à une jolie petite plage de sable d'un blanc aveuglant, où une rudimentaire croix de bois marque l'emplacement d'une tombe. La profondeur, grande à l'entrée, diminue progressivement jusqu'à la plage. L'eau est merveilleusement pure et transparente — un véritable aquarium peuplé de poissons de toutes tailles, de toutes espèces, de toutes les formes, et magnifiques de couleurs.

Je m'amuse à pêcher. Il suffit de mettre une ligne à l'eau pour prendre aussitôt un poisson : mais, s'ils sont beaux, ils ne sont pas tous comestibles. Lorsque, après les repas, nous lavons nos assiettes en les plongeant dans l'eau, les poissons se jettent dessus ! De même, quand nous débarquons sur la plage, ils accourent jusque dans nos jambes. Les tortues fréquentent la baie et j'aime suivre leurs évolutions dans l'eau transparente. Malheureusement toutes mes tentatives pour en capturer restent vaines. Elles se tiennent toujours à une distance respectable du bord et il est impossible de les approcher, même avec la prame.

Un soir, cependant, je réussis, au pistolet, à faire mouche dans la tête de l'une d'elles, à une distance d'environ 35 mètres ; mais, après un soubresaut spectaculaire de la bête, je ne vois plus rien.

Une colonie de phoques nous environne. Leur adresse à la nage est un perpétuel motif d'admiration. Ils sont peu farouches, et il est possible de les approcher à quelques mètres. Toutefois, les vieux mâles sont agressifs. Quand on s'avance vers eux, ils chargent résolument ; étant donné leur masse et la puissance de leur tête, il est préférable alors de prendre la fuite.

Un jour, sur le littoral de la baie, je capturai, après une belle poursuite dans l'eau et sur les rochers, un bébé phoque, gros comme un chat et du plus haut comique avec sa petite tête mobile et inquiète. Je pensai l'embarquer à bord du cotre, mais cela posait des problèmes de nourriture trop difficiles à résoudre.

Nous ne faisions aucun mal à ces phoques sympathiques et presque familiers, qui, le matin, ébranlaient de leurs cris le silence de la baie. Néanmoins, sachant que l'huile de phoque est excellente pour le filage par gros temps, je décidai de sacrifier une de ces bêtes. Mon choix s'arrêta sur un mâle énorme, marqué des cicatrices des combats livrés à ses congénères. Ce fut une exécution plutôt qu'une chasse. Je le délogeai d'un rocher élevé pour le faire redescendre vers l'eau, car il eût été impossible, une fois tué, d'en remuer la masse. Quelques mètres avant qu'il ne saute à l'eau, je l'abattis d'une balle de Mauser et l'achevai d'une seconde balle dans la tête. Nous eûmes beaucoup de peine à le faire rouler à la mer et à le remorquer, avec l'embarcation, jusqu'à la plage où il fut échoué.

L'équipage se mit alors à la besogne. Nous n'avions aucune expérience de ce genre de travail. Néanmoins le dépeçage de la bête à l'aide de couteaux aiguisés s'accomplit fort bien. Le lard fut soigneusement coupé en morceaux. Pour le fondre, nous avions allumé un grand feu de bois sous un chaudron de trente litres. Le résultat fut excellent, et nous obtînmes une bonne quantité d'une huile splendide. Pour notre coup d'essai, nous étions passés maîtres en la matière ! Le soir, le cadavre de notre phoque fut amarré soigneusement pour que la marée ne l'emporte pas ; le lendemain matin, il était toujours là, mais il y manquait la tête. Ouvrage de requin ?

A bord, tous les récipients disponibles étaient remplis

d'huile. Nous goûtâmes aussi la viande de notre victime, laquelle fut jugée excellente. Il est vrai que le cook s'était surpassé.

Les pêcheurs des îles voisines viennent parfois à Barrington. Sur les rochers de la plage ils salent et sèchent leurs captures. Certains étaient encore couverts de déchets de poissons : une aubaine pour les nombreux rapaces qui vivent sur l'île. Ces odieux oiseaux ont l'œil vraiment méchant. J'en tuai quelques-uns et pus ainsi me rendre compte de leur extraordinaire vitalité. Je les tuais au pistolet, à courte distance, faisant mouche à chaque fois. Touchés, ils paraissaient n'accuser même pas le coup et il fallait souvent deux ou trois balles pour les abattre. Un après-midi, j'en tuai sept d'affilée. Je m'abstins de tirer les autres oiseaux, particulièrement les petites tourterelles, familières et fines, que les rapaces ne décimaient que trop.

Nous fîmes quelquefois la chasse aux chèvres sauvages, mais la cambuse étant garnie, je limitai strictement le nombre des victimes. D'ailleurs, la dernière expédition de cet ordre m'écœura quelque peu. Par mégarde, j'avais tué une chèvre femelle accompagnée de son chevreau. Elle était à longue distance et je ne fis que la blesser, si bien qu'elle continua de s'enfuir, les entrailles traînant sur le sol. Je pus la rattraper, mais il fallut l'abattre au pistolet, tandis que le petit chevreau orphelin pleurait sous un couvert de cactus[1].

Nous dépecions les animaux sur place et les ramenions à bord en les amarrant sur un arbuste ébranlé. La chair en est délicieuse et les gigots succulents.

1. Je fus un chasseur très passionné. Pour moi, la chasse —comme la pêche — s'intégrait naturellement dans un rapport très étroit avec la nature et s'imposait dans la recherche d'une autonomie poussée à l'extrême. Le *Kurun*, avec ses quelque 11 tonnes tout ormé, devait à mes yeux constituer un ensemble pouvant suffire à lui-même quelles que soient les circonstances. Plus tard, en dehors de tout raisonnement, il m'apparut inconcevable d'ôter la vie, sous toutes ses formes. D'ailleurs, à peu près à la même époque, j'allais à Paris rencontrer, en tête à tête, un maître spirituel tibétain très vénéré qui venait d'arriver en Occident. Sa seule présence m'apportait confirmation.

Les promenades le long de la côte étaient pleines de charme. Malheureux ceux qui ne connaissent pas le plaisir des coureurs de grève ! C'est une joie d'enfant, toujours renouvelée, de flâner au bord de l'eau et de découvrir toute la vie qu'elle recèle : poissons, crustacés, mollusques, coquillages. Ce qui me frappa le plus, ce furent les crabes. J'en avais déjà beaucoup vu, mais jamais de semblables. Je me souviens surtout d'un crabe rouge et blanc qui court à une vitesse surprenante et fait de véritables bonds au bord des mares. Crabe sauteur ?

J'avoue m'être complu à jouer au Roi de l'île, sans souci, au grand soleil, loin du monde et de ses misères. Il fallut pourtant mettre un terme à cette délicieuse escale.

Le 7 décembre, le cotre quitte Barrington.

Nous emportons un lot impressionnant de viande de phoque et de chèvre, non seulement pour notre table, mais parce que je caresse depuis longtemps le projet d'une pêche aux requins — une pêche de grand style ! Si j'ai un appât de choix pour les attirer, je possède aussi le matériel pour m'expliquer avec ces seigneurs de la mer !

Très beau temps. Brise S. à S.-S.-W.

Déventé, le cotre se prélasse tout le long de la côte du Nord de Barrington. L'eau est très claire. Dès la sortie de la baie, nous voyons en surface de nombreux ailerons, mais les quartiers de viande jetés par-dessus bord n'ont pas l'air d'intéresser les requins. Sans doute sont-ils repus au point de ne pas faire trente mètres pour avaler un bon morceau. L'heure tardive ne permet pas de prolonger cet essai.

Dégagé de Barrington, avec la brise régulière, le cotre marche bon train.

Je gouverne en conservant le Nord de l'île au même relèvement, cap sur Indefatigable bien en vue. Le cotre doit aller tout droit sur Academy Bay et je ne m'explique pas comment le *Störtbecker III* a pu la rater et atterrir bien au Nord ! Car s'il peut être difficile d'identifier cette côte sans amer, sur laquelle les documents usuels donnent si peu d'informations, il existe heureusement des procédés de navigation extrêmement simples qui permettent de remédier à cette insuffisance, ce qui ne m'empêcha pas de faire une grossière erreur en entrant à Academy Bay. Nos Instructions nautiques ne mentionnent pas cette baie, mais j'avais recueilli, à Wreck Bay, quelques indications. Sur le petit plan américain que je possédais figuraient quelques maisons. Je crus que c'étaient celles qui m'apparurent d'abord. Or il y en avait d'autres, masquées par une pointe et qui étaient précisément celles de la carte. Je commis donc une sotte confusion : alors que je pouvais entrer en gouvernant sur le relèvement d'un petit îlot situé à l'entrée de la baie et que je venais de doubler, je conduisis le cotre à plus de cinq nœuds, tenant ferme la barre... droit sur les cailloux !

Cependant, en approchant, un malaise me prit : je ne reconnaissais pas la description qui m'avait été faite. Et puis, droit devant, sur la plage, un homme criait et gesticulait comme un forcené. Je n'entendais pas ses paroles, mais l'aspect des lieux me fit venir vent debout et mouiller immédiatement. Farge jeta l'ancre et, s'il avait été marin, il eût poussé un cri, car il n'y avait pas d'eau — ce dont je me rendis compte aussitôt en étalant sur la chaîne. Un très gros poisson ne serait peut-être pas passé sous la quille ! Nous étions à proximité de dangereuses « crasses ». La mer baissait. Je compris mon erreur. D'ailleurs deux petits canots à moteur s'étaient dirigés vers nous en même temps que l'ancre tombait à l'eau ; ils étaient montés par deux hommes, les frères Angermeyer, qui nous expliquèrent la topographie des lieux et proposèrent de nous remorquer. Je déclinai cette proposition. Il eût été très dangereux de partir sous les mauvaises amures en appareillant ; mais la manœuvre fut correcte : le cotre abattit du bon bord en masquant le foc rehissé.

Quelques minutes après avoir quitté ce dangereux endroit, le *Kurun* était de nouveau mouillé, en sécurité cette fois, par trois brasses de fond, tout près de terre, derrière la pointe traîtresse.

Notre escale à Academy Bay ne devait durer que cinq

jours ; nous étions en retard sur mon programme et je ne voulais pas accentuer ce dérèglement. Ce fut bien dommage, car, non seulement l'île Indefatigable (ou Santa Cruz) est, comme ses voisines, fort belle, mais nous y trouvâmes des gens attachants.

Le nom d'Academy Bay vient du nom de la goélette *Academy*, qui amena dans cette baie, en 1905, pour un an et demi, l'expédition de l'Académie des Sciences de Californie. A côté de la petite agglomération d'Academy Bay, Puerto Chico fait figure de grande ville. Cependant, on y trouve, dans une misérable cabane en planches, un représentant du gouvernement.

A la différence de Puerto Chico, la population d'Academy Bay est plutôt européenne. Il ne s'agit du reste que de quelques familles.

Un charme tout particulier se dégage de ce groupe humain qui, dans un certain sens, me semble peut-être le plus évolué que j'aie rencontré tout au long de ma croisière. Il y a là une atmosphère de paix, de cordialité, d'entente, de santé, de force des plus édifiante. Ces gens venus de divers coins d'Europe eurent pour mobile commun le goût de fuir une agitation malsaine et de chercher une île où vivre selon leur cœur.

Les habitants de la baie orientent leur activité principalement vers la mer, tandis que ceux d'« arriba » s'adonnent à l'agriculture ; tous mènent une existence idyllique et forte.

A Academy Bay, nous connûmes surtout les trois frères Angermeyer. Ils avaient quitté l'Allemagne plusieurs années avant la guerre pour s'établir aux Galapagos. Primitivement, ils étaient cinq, tous de vrais marins, et possédaient de beaux voiliers dont je vis les photographies. Deux étaient morts. Les survivants étaient de solides gaillards aux beaux et francs visages qui eussent fait des vedettes rêvées de quelque film d'aventures ; mais leur vie même était une aventure, vraie celle-là et plus belle que celles qu'imaginent cinéastes et romanciers.

Après avoir bâti leurs maisons, les Angermeyer, restés marins, avaient construit de leurs mains d'excellents bateaux de pêche. Tous mariés, ils avaient de beaux enfants en pleine santé.

Nous nous liâmes également avec une Suissesse, Mme Coray. Son mari était mort quelques années auparavant, la laissant seule avec une petite fille. Mais si Coray avait été un homme dans toute l'acception du terme, son épouse est une vaillante femme. En dehors de son travail, elle s'astreignait chaque jour à faire la « classe » à sa fille (il n'y a pas d'école à Academy Bay). « Je lui apprendrai au moins tout ce que je sais », disait-elle.

Les enfants de Santa Cruz, d'origine européenne, m'ont stupéfait par leur don des langues. Il n'est pas rare de voir des moutards parler au moins trois langues — et correctement. J'étais quelquefois honteux de parler anglais avec des enfants qui s'exprimaient mieux que moi et connaissaient en outre l'espagnol, le norvégien ou l'allemand !

Santa Cruz a aussi son original. C'est un Alsacien du nom de Kübler. Sans lui, il manquerait quelque chose à la physionomie et au caractère de l'île.

Après une existence chaotique et aventureuse — souvent en marge des lois — Kübler est venu échouer aux Galapagos. Cet homme est une force de la nature. A plus de soixante ans, il eût été capable encore d'étrangler un bœuf comme en se jouant. Sa santé de fer n'était nullement altérée par un appétit pantagruélique. Il ouvrait avec sa machette un énorme melon d'eau ; j'en prenais timidement une tranche, tandis qu'il dévorait aisément le reste. C'était un homme « nature », astucieux comme un singe, grand pêcheur et grand chasseur devant l'Éternel.

Kübler vivait en véritable solitaire. Il avait eu une épouse, qui lui avait donné une fille, mais la vie familiale ne devait guère être facile avec un être pareil. Naturellement Kübler avait construit sa maison — tout seul. Il y avait travaillé longtemps, mais il faut reconnaître qu'il était parvenu à un beau résultat. Personne, au su des autres habitants, n'avait jamais pénétré dans cette maison plus loin que la grande pièce d'entrée, à multiples usages. Au-delà régnait le mystère. Je tentai moi-même d'aller plus loin, mais je sentis tout de suite qu'il n'eût pas été de mise d'insister dans cette voie...

On tenait Kübler pour un maniaque, sinon pour un fou dangereux ; mais, excellent agriculteur, il avait créé un très beau jardin, où fruits et légumes croissaient à merveille. Son domaine était entouré d'un solide mur de pierre, dans une crainte assez peu fondée des voleurs. Il avait même pourvu son enceinte d'un mirador élevé, d'où il pouvait, l'arme à la main, surveiller son bien. Afin que nul n'en ignore, il avait proclamé : « Je tire, sans préavis, sur quiconque tentera de franchir mon mur. » Un jour je le rencontrai devant sa porte qui tirait en l'air des coups de fusil. Comme je lui demandais la raison de ce vacarme, il me répondit : « Ils croyaient peut-être que je n'avais plus de munitions. Maintenant ils sont fixés. » Et, après avoir brûlé encore quelques cartouches, il referma sa porte, satisfait. Tireur d'élite, il possédait chez lui un véritable arsenal.

Le plus curieux du domaine de Kübler était ce qu'il appelait son musée. C'était, sur le devant de la maison, une sorte de terrasse aux allées bien ratissées. Là s'étalait un assortiment bizarre de coquillages, de carapaces de tortues terrestres et marines, de vertèbres et d'imposantes mâchoires de baleines, sans compter bien d'autres trophées dont la description pourrait être osée.

Les relations de Kübler avec ses voisins ne sont pas, on l'imagine, des plus cordiales. Certains l'accusent de méchanceté, voire de sadisme. Seul du groupe à posséder quelques cocotiers, son grand plaisir est d'en dévorer les noix, en affectant une délectation intense, devant les enfants des voisins qu'il déteste ! Kübler n'entretient de relations qu'avec les gens de passage ; il déteste les sédentaires, qui le lui rendent bien d'ailleurs.

J'aurais aimé partir en expédition de chasse avec Kübler, sur des pistes connues de lui seul, et surtout visiter certaine grotte mystérieuse sur laquelle on m'avait rapporté des faits étranges ; mais le temps manqua.

Nous fîmes aussi connaissance du Néo-Zélandais Sanders, dit Sandy, arrivé depuis peu aux Galapagos où il pêchait avec un petit canot à moteur. Il vivait dans une grande tente de l'armée américaine au milieu d'un bric-à-brac extraordinaire.

Sandy avait eu bien des aventures. Fin 1948, il avait quitté Plymouth avec deux autres Anglais, à destination de la Nouvelle-Zélande, à bord du cotre à moteur auxiliaire *Heather Glen*. Le bateau fut jeté à la côte sur l'île des Cocos. Sandy resta seul neuf mois sur cette île, essayant de le sauver. Dur travail ! Il réussit, cependant, à le remettre à l'eau, mais la mer le jeta de nouveau à la côte où il resta, définitivement perdu. Relevé d'une longue prostration, Sandy poursuivit sa vie aventureuse dans les mers du Sud, et vint chercher un refuge consolateur à Academy Bay, où tout le monde l'aimait bien.

Avant de partir, sac au dos, gourdin à la main, Farge et moi allâmes en excursion « arriba ». La « route », plus longue que celle de Chatham et encore plus mauvaise, est un chemin étroit formé de rocs chaotiques. « Arriba », le chemin devient un merveilleux petit sentier de terre dans une verdure exubérante et splendide. Un des buts de la promenade était de recueillir des vivres frais pour la prochaine traversée, qui selon mes calculs devait nécessiter un mois de mer environ.

Dans la zone du « garua », les fermes sont disséminées. Quelques familles y vivent, assez loin les unes des autres. La famille norvégienne Kastdalen, qui passe pour posséder la plus belle plantation de l'île, nous fit un aimable accueil. L'allée d'accès à leur propriété, bordée de magnifiques avocatiers, où nous pûmes faire une ample provision d'avocats, mène à un beau jardin bien ordonné, orné de fleurs ravissantes. Comme les autres, cette famille de quatre personnes se suffit à elle-même et mène une existence de labeur paisible. Kastdalen et son fils tinrent à nous apporter à dos de leurs mulets tout ce dont nous avions besoin.

Il n'y a ni puits ni cours d'eau à Academy Bay. L'eau de pluie est recueillie sur les toits et conservée précieusement dans des citernes. Pourtant, grâce à l'aimable assistance de tous, nous pûmes faire aisément le plein des caisses à eau et des jerrycans du bord. Chacun tint à nous faire de petits présents : pain, gâteaux, vivres divers, ce qui était plus que généreux, les conditions de vie de ces bons insulaires étant malgré tout modestes.

Nos amis cherchèrent à me convaincre de rester dans ces îles, où il est permis à quiconque de vivre en paix. « Ne savez-vous donc pas ce que vous allez retrouver en Europe ? » Je le savais, assurément, mais je voulais réaliser le programme que je m'étais fixé.

Non seulement je regrettai de ne pas prolonger mon séjour à Academy Bay, mais aussi de n'avoir pas eu le temps de visiter les autres îles de l'archipel, et notamment, l'île de Floreana.

Je devais le regretter plus encore quand mon ami Pierre Suzanne me fit le récit de son propre séjour dans cette île, où il avait fait escale avec sa *Fleur-d'Océan*.

Les premiers occupants connus de Floreana, temporaires d'ailleurs, furent les équipages des pirates Dampier et Morgan. Ils montrèrent une prédilection pour Post Office Bay, excellent mouillage dont ils firent une base de ravitaillement et de départ pour leurs opérations contre les galions espagnols qui transportaient l'or du Pérou à Panama. En gens prévoyants, ils avaient amené avec eux des animaux : chevaux, ânes, vaches, moutons, chèvres qui devaient, en se multipliant, leur assurer une réserve sérieuse de viande fraîche.

Au sommet de l'île, dans les cavernes, on voit encore la griffe de Morgan, et Floreana dut servir aux pirates pour receler les trésors volés aux Espagnols qui en avaient dépouillé les Indiens.

Du temps des baleiniers, au siècle dernier, où le mouillage de Floreana était fréquenté, date l'histoire du fameux tonneau de Post Office Bay, que doivent connaître tous les collectionneurs de timbres.

En ce temps-là, où n'existaient ni la radio ni la poste aérienne, les marins avaient pris l'habitude de laisser leur courrier dans un tonneau planté en haut de la plage. Les navires qui, cales pleines, venaient se ravitailler à Floreana avant de faire voile sur l'Amérique, prenaient les lettres du tonneau. Un jour, un marin eut l'idée de graver un tampon qui, après quelque résistance des postes officielles d'Amérique et de l'Équateur, fut admis comme affranchissement régulier. Ce curieux privilège subsiste de nos jours et le bureau postal de Post Office Bay garde cette particularité unique au monde. Floreana est le seul endroit de la terre où un quelconque voyageur peut expédier autant de lettres qu'il lui plaît pour toutes destinations en utilisant lui-même le tampon qui est à sa disposition dans le tonneau et sans payer d'affranchissement !

Floreana, comme d'autres îles Galapagos, reçut un groupe de Norvégiens qui s'établit à l'instigation d'H. Randall ; mais ils commirent l'erreur de s'installer à Post Office Bay même (on y voit encore les soubassements de leurs maisons) alors que l'eau et les terres cultivables sont sur la hauteur. Cet essai de colonisation fut un échec et l'île redevint déserte.

En 1931, le docteur Ritter, dentiste allemand, accompagné d'une de ses clientes, Fraülein Dora Strauch, vint y tenter de retrouver le Paradis terrestre. Strictement végétarien et nudiste, il vécut avec sa compagne comme Adam et Ève avant le péché. Somme toute, ils réussirent, à quelques privations près, à mener une existence édénique. Ils avaient eu la sagesse de s'établir au point d'eau et d'apporter des graines.

Leur existence, paisible, je suppose, allait bientôt se compliquer légèrement. Un beau matin, la famille Wittmer — un petit fonctionnaire, sa femme et un enfant de treize ans — débarquait à Floreana. Allemands, eux aussi, et d'un naturel arrangeant, ils respectèrent les convictions d'Adam et d'Ève avec un tel souci de discrétion qu'ils allèrent camper dans les cavernes de Morgan, au centre de l'île. Ainsi l'intimité des deux groupes se trouva sauvegardée.

C'est alors qu'apparut la baronne de Wagner, flanquée de deux sigisbées et de quelques péons équatoriens. Et le paradis devint infernal.

Les excentricités de la baronne sont trop connues pour qu'il faille les redire ici : elles ont défrayé toutes les chroniques. La « Reine des Galapagos » voulait faire de Floreana un centre touristique. Elle projetait d'y construire un palace pour milliardaires et d'y créer une escale pour les navires de la « Grace Line ».

Mais toutes ces fantaisies se terminèrent tragiquement. La baronne et un de ses sigisbées disparurent sans laisser de trace... Le second s'embarqua, quelques jours après ces disparitions, sur le bateau à moteur d'un Norvégien venu pêcher dans les parages. Ils firent route sur Chatham, mais personne ne les revit... Six mois plus tard, un navigateur retrouva leurs squelettes sur la grève de l'île perdue Marchena[1], à une centaine de milles au Nord. En panne de moteur, le bateau était venu s'échouer sur ce roc désertique. Les deux hommes étaient morts de soif.

Quelques mois après, le docteur Ritter mourait à son tour. Fraülein Dora revint alors en Allemagne où elle écrivit son livre *Mais Satan vint dans l'Eden*. On devine qui était Satan !

Les Wittmer se retrouvèrent seuls. De 1934 à 1939, retirés au sommet de l'île et occupés à défricher le terrain, ils ne virent âme qui vive.

En 1935 naquit un garçon, puis en 1937 une fille. Ils défrichaient toujours.

La guerre cependant vint les troubler. En 1942, ils virent arriver un contingent armé envoyé par l'Équateur à la demande des USA pour s'opposer à un éventuel débarquement japonais qui pouvait menacer Panama. Or, cette force armée se composait d'un caporal, d'un radio et de deux hommes, tous conscients de leur responsabilité et de leur rôle. Il fut donc question de mettre les Wittmer, sujets allemands, dans un camp de concentration. A Academy Bay, les Américains avaient déjà déporté Kübler, bien qu'Alsacien. Mais on rapporta la décision déjà prise, les Wittmer

1. Ou Bindloe.

étant seuls capables de nourrir cette garnison. Ils furent seulement surveillés de près !

La guerre terminée, les braves militaires furent néanmoins gardés « sous les drapeaux » ou, plus exactement, sous les cactus, car Floreana fut transformé en lieu de déportation. En suite de quoi, 1948 vit un grand événement : l'arrivée à Floreana de Luiz Martinez, le révolutionnaire équatorien.

Ainsi, à l'heure actuelle, la population de l'île compte dix habitants : les cinq Wittmer, l'opérateur radio, le révolutionnaire, le caporal et les deux hommes chargés de surveiller le révolutionnaire et de hisser le drapeau équatorien !

Floreana possède donc une miniature de la société. Des relations courtoises subsistent entre les différentes classes. Cependant, les Wittmer ne se gênent pas pour traiter les militaires de bons à rien et pour nourrir une saine méfiance à l'égard de l'élément subversif constitué par le révolutionnaire, lequel serait bien capable de fomenter un complot, d'instituer un régime populaire préjudiciable aux intérêts des propriétaires terriens !

Quant à Luiz Martinez, il vitupère avec véhémence contre l'esprit « petit-bourgeois » de la famille Wittmer et les traite de capitalistes. C'est un pur ; il lit Karl Marx et Lénine et orne son chevet d'un mauvais chromo montrant la Révolution d'Octobre !

Ainsi, les Galapagos ne sont pas seulement étranges et belles : elles recèlent, on le voit, de beaux types d'humanité et de beaux exemples de travail et de persévérance.

L'homme moderne y a rejoint l'iguane préhistorique, et c'est peut-être un jour dans de tels lieux que se réfugieront les derniers spécimens humains.

11

Les îles Marquises

Sur le livre du bord, Gus Angermeyer a écrit :

Wer das grüne kristallene Feld
pflügt mit des Schiffes eisendem Kiele
der vermählt sich das Glück
dem gehort die Welt[1].

J'ai ce sentiment chaque fois que je reprends la mer.

Le 12 décembre, à 17 heures, nous dérapons et appareillons tout dessus, tribord amures. Sous la brise insignifiante, le cotre se traîne péniblement sur l'eau et ce n'est qu'à 18 h 15 que je vire de bord à un quart de mille au Sud de l'îlot situé à l'ouvert de la baie.

Puis, une petite brise arrive du S.-S.-E., poussant, comme à regret, le cotre vers le large. La mer est plate. Belle soirée. Barrington et Floreana sont en vue.

A 20 h 30, la brise tombe et pendant toute la nuit le *Kurun* ne trace qu'un bien faible sillage : vitesse maximum un nœud et demi.

J'ai réglé les quarts pour avoir celui du matin et voir, dès le lever du jour, la position par rapport à la côte Sud d'Albemarle que nous devons longer.

1. Celui qui laboure le vert champ de cristal avec la quille de fer de son navire se marie avec le bonheur. Le monde lui appartient.

Vers 5 h 30 j'aperçois par tribord les masses noires des petites îles Crossman. Au jour, nous en sommes assez près et je puis admirer ces cratères de volcans effondrés dans la mer, et dont l'aspect sauvage prend sous le soleil des couleurs somptueuses.

Certains sommets d'Albemarle restent visibles, tandis que la côte très basse de la partie S.-E. ne peut être discernée que par la ligne écumeuse des brisants. Albemarle ou Isabela est l'île la plus importante des Galapagos, puisqu'elle a soixante-quinze milles de longueur. Il paraît qu'elle renferme la population la moins recommandable de l'archipel ; elle serait constituée en majorité par d'anciens convicts. Mme Cobos m'avait dit : « Si vous allez là-bas, gardez toujours votre revolver sur vous et veillez bien sur votre bateau. » C'eût été un attrait de curiosité ; je ne crois pas tellement à la méchanceté foncière des gens que la société a mis à l'index.

A 11 heures le cotre était encalminé à un tiers de mille dans le Nord de la pittoresque petite île Brattle, couverte d'oiseaux, et que j'avais voulu voir de près.

Journée de boucaille et brise faible.

A la tombée du jour, le cotre est à huit milles dans le S. 34 E. de la Pointe Essex, au S.-W. de la grande île.

Le lendemain, au jour, le cotre est de nouveau seul sur l'immensité. Cependant, dans la direction du sillage, on croit deviner encore, dans une buée, Isabela. Adieu, Galapagos !

La plus belle des traversées s'offrait maintenant au *Kurun* : trois mille milles sans la moindre difficulté, ni le moindre incident possible. Nulle part autant qu'entre l'Amérique et l'archipel des Pomotus, le Pacifique n'a mérité son nom. C'est certainement la région du monde où le temps est le plus égal. L'examen des « Pilot Charts » des diverses saisons concernant cette région indique, comme pourcentage de « gales[1] » : zéro, zéro... Karl Angermeyer, à Academy Bay, m'avait longuement entretenu de ce beau temps inaltérable.

1. Coups de vent.

Établi depuis bien des années aux Galapagos, il me disait avoir vu une fois seulement le vent atteindre la force huit, et cela ne dura que quelques heures Des Galapagos à Tahiti, le *Kurun* ne réduisit pas une seule fois sa surface de toile.

C'est dans cette zone, véritable paradis du marin, que s'effectua la traversée du célèbre *Kon Tiki*. Et, si le public a vu dans cette expédition un exploit maritime extraordinaire, les vrais marins l'ont jugée avec une objectivité plus réservée. Les annales de la vie maritime contiennent une foule de faits moins spectaculaires, peut-être, mais tellement plus valables en tant qu'exploits !

Une fois dégagé des Galapagos, je comptais trouver un alizé mieux établi, mais ce fut presque toujours une petite brise, atteignant au plus la force quatre, et encore rarement. Le courant équatorial offrait heureusement son tribut et, grâce à lui, le brave petit cotre marchait tout seul. Pour naviguer, je me contentais d'une droite de soleil le matin, recoupée par la méridienne ; chaque jour j'avais ainsi un point très satisfaisant. Je n'ai guère fait d'observations d'étoiles, sauf les derniers jours, où je pris plaisir à faire des points par trois étoiles pour « fignoler » le travail et atterrir « au poil ».

Le 14 au matin, je remplaçai le deuxième foc par le foc ballon. Nous devions le conserver jusqu'au 22 décembre au soir. Le ciel était souvent couvert avec, parfois, du crachin. Le courant, plus fort que je ne le prévoyais, emmena le cotre un peu au Nord de sa route, mais il gouvernait très bien barre amarrée à cette allure favorable.

Le ciel se dégagea bientôt. Le 21 décembre, nous vîmes le premier poisson volant depuis les Galapagos (nous n'en avions pas vu un seul dans l'archipel). Une prise de température des eaux de surface de la mer nous indiqua + 22°.

Le 22, à 11 h 50, le cotre traversa une sorte de ruban fluide très dense, large de quelques mètres et d'une couleur vert-jaune parfaitement opaque. Plancton ? Pourtant, je n'en vis jamais sous cet aspect. Cela ressemblait à un liquide épais qu'on aurait versé dans la mer. Il eut été sans doute intéressant d'en faire un prélèvement ; mais comment le conserver ?

Après le déjeuner, baleines en vue à proximité sur l'arrière (nous en avions déjà aperçu le 14).

Nombreuses bonites toute la journée, mais pas de succès à la ligne... Depuis le matin, deux gros thons nagent sous le bateau. A 20 h 15, quoiqu'il fasse nuit, je les vois distinctement tous les deux près du gouvernail. J'en touche un avec ma foëne, mais trop superficiellement.

A 16 h 30, j'ai remplacé le foc ballon, qui fatigue à force de battre dans la brise insuffisante, par un foc n° 2.

Le 24 décembre, la brise ayant halé S.-E., le cotre ne tenait pas bien sa route, barre amarrée. Aussi eus-je l'idée d'installer un bout-dehors volant pour réaliser un meilleur équilibre sous voile : je jumelai la vergue de flèche au bout-dehors. L'opération terminée, j'établis un tourmentin à l'extrémité de ce bout-dehors volant improvisé. Bordée plat, cette voile faisait office de gouvernail aérien ; ainsi le cotre gagna beaucoup en stabilité de route.

Noël fut pour nous un jour comme les autres. Le ciel, couvert tout l'après-midi, nous gratifia de quelques grains de pluie. Le cotre faisait sa route, comme à l'habitude. Le déjeuner vit seulement quelques petits extras pour marquer ce jour de fête.

Le 26, je déride le dernier hauban sous le vent afin que la grand-voile filée en grand porte mieux et s'use moins — les garnitures en peaux de mouton ne suffisant pas à la protéger. D'ailleurs la brise tend encore à remonter vers l'Est, comme je le prévoyais, si bien que le 27, à 2 heures du matin, il faut reprendre la barre pour rester au bon cap. Je décide donc de rétablir les trinquettes jumelles, soigneusement rangées dans le poste avant depuis Panama. Pour la première fois, elles se gonflent sous le souffle des mers du Sud.

Le 31, à la nuit, nous amenons la grand-voile et, laissant le bateau courir tout seul, l'équipage, après avoir allumé le fanal, va dormir. A partir de ce jour, jusqu'à l'atterrissage, l'équipage au complet, dormira la nuit. Dans ces beaux temps, loin des routes habituelles des grands navires, les risques qu'il y a à laisser un bateau faire route tout seul ne sont pas bien grands. Néanmoins, le fanal était *toujours* allumé. En outre, de nuit, je conserve toujours la lampe de cabine allumée.

Beau temps. Nuits franches, à part deux nuits de barre, rendues nécessaires par des modifications de voilures. Vie de palace ! Le seul travail est de surveiller tout l'appareillage : huiler les poulies de retour, suiffer abondamment les bras aux portages sur les réas, rectifier quelquefois les retenues des tangons ou les bras, ainsi que les sandows de la barre ou les rabans limitateurs d'embardée. Malgré les précautions prises, les bras, en raison des raguages continuels, s'usent très vite. Après deux ou trois semaines de service, ils sont, en général, hors d'usage.

A partir du 8 janvier jusqu'à notre arrivée aux Marquises, il y aura des orages avec tonnerre et éclairs plus ou moins lointains et nous essuierons quelques grains.

Toute la journée du 9, nombreux oiseaux ; c'est l'approche de la terre, où je compte être le surlendemain.

Le 10, un bel orage. Nous renvoyons la grand-voile jusqu'à la nuit pour augmenter notre vitesse, et ne pas arriver trop tard à terre, le lendemain.

Un excellent point crépusculaire fixe la dernière position sur la carte. Demain, au jour, la terre sera en vue. Je rétablis les quarts pour surveiller le cap soigneusement.

11 janvier. — Je me suis attribué le dernier quart de la nuit. Le jour se fait. L'aube est rapide sous les tropiques. Je suis un peu impatient : la terre est là, droit devant ; ne devrais-je pas déjà la voir ?

5 h 45. Terre droit devant. Tout embrumée, dans la splendeur du matin, c'est elle : Hiva-Hoa.

Les Marquises ! Le rêve que j'ai caressé depuis des

années est maintenant réalisé. Je me rappelle les lignes écrites par Stevenson, quand il découvrit, en 1888, du pont de sa goélette *Casco*, au petit matin, ces mêmes Marquises :

« Bien peu d'hommes venus aux Iles les quittent : ils grisonnent où ils ont débarqué ; les palmes de l'alizé les éventent jusqu'à leur mort. Peut-être caressent-ils jusqu'au bout le désir d'une visite au pays ; mais celle-ci a lieu rarement, est plus rarement goûtée, et encore plus rarement réitérée. Aucune partie du monde n'exerce plus puissant attrait sur le visiteur...

» La première sensation ne se retrouve jamais. Le premier amour, le premier lever de soleil, la première île de la Mer du Sud, sont des souvenirs à part, auxquels s'attache une virginité d'émotion. »

L'île Motane, habitée seulement par des moutons sauvages, est en vue sur bâbord et, à 6 heures, mes relèvements nous placent à 17 milles dans le S. 83 E. du cap Balguerie, pointe extrême Est de Hiva-Hoa.

A 6 h 35, je reconnais, loin par tribord, la petite île Fatu Huku, gros rocher aride et inhabité, situé à une vingtaine de milles dans le nord d'Hiva-Hoa.

Le cotre avance doucement.

A 9 h 05, j'amène les deux trinquettes, continuant sous le troisième foc, pour mettre le pont en ordre avant de renvoyer la grand-voile, à 10 heures.

Mon intention était d'aller mouiller dans l'anse de Taahuku, dans la baie des Traîtres. Nous passons à faible distance du cap Balguerie, ou Matafenua, qui termine une arête montagneuse tombant à pic dans la mer, pour longer ensuite une côte à la végétation très dense. La montagne, les vallées, la verdure, la mer... majestueux spectacle, plus impressionnant encore après un mois passé entre ciel et eau. Non, les Marquises n'étaient pas inférieures à l'idée que je m'en étais faite.

Bientôt j'identifie l'îlot Hanaké, dont les Instructions nautiques disent, avec raison, qu'il ne se distingue pas aisément. Le cotre entre dans la majestueuse et grandiose baie des Traîtres, ou Vipaihai, dominée par le pic escarpé de l'Heani, le plus élevé de l'île.

Brusquement, je découvre, dans la verdure, l'entrée étroite et profonde de Taahuku. Le cotre pivote presque à angle droit ; je passe tout près, un peu trop même, de la pointe Plate, où la houle vient briser.

Un instant plus tard, le cotre était immobilisé par le calme créé par le dévent des rives élevées, et c'est à la godille que je dus mener le *Kurun* au fond de l'anse.

A 14 h 18, l'ancre tomba sur le fond de sable par quatre brasses et demie d'eau, à proximité d'une petite vedette au mouillage. J'apprendrai plus tard que c'est celle de l'évêque.

Tout en ferlant la grand-voile, je goûtais le spectacle. J'étais comme dans un lac enchanté. De toutes parts l'eau calme était entourée de verdure d'où s'élançaient des cocotiers et, même vers l'entrée de l'anse, la forte courbure de la baie des Traîtres lançait une flèche de terre qui masquait la mer libre.

Au fond de l'anse, une belle petite plage de sable noir où débouchaient deux rivières. Quelques pirogues à balancier montées par des pêcheurs indigènes, immobiles. Près de la plage, dans l'eau, d'autres pêcheurs. Et la paix la plus sereine baigne ce spectacle.

Ce n'est pas l'arrivée d'un petit cotre, viendrait-il de la lune, qui pourrait troubler la quiétude de ces îles et de leurs habitants. Dans les récits de voyageurs d'autrefois, on lit que l'arrivée de leurs navires provoquait la mise à l'eau d'une flottille de pirogues et que de gracieuses naïades se jetaient à la nage pour leur souhaiter la bienvenue. Mais actuellement combien de pirogues y a-t-il aux Marquises ? Quant aux naïades, s'il en reste quelques-unes, elles doivent être blasées sur le compte de l'homme blanc !

Néanmoins, une pirogue, dont les occupants étaient en pêche, s'approcha doucement vers nous, mais non pour le cotre lui-même ; l'un des pêcheurs — un solide gaillard —

regardait un beau thon séché que j'avais piqué à la foëne quelques jours auparavant, et qui était pendu au portique. Il me sembla qu'il lui faisait envie. Je lui en fis cadeau sur-le-champ, mais en riant de cette offrande faite à l'un de ces « Vikings du Pacifique », ainsi que certains enthousiastes se sont plus à les nommer, et qui règnent, cependant, sur des eaux très poissonneuses.

Malgré l'attrait de la Terre promise, il fallut d'abord remplir les devoirs du marin : ramasser les voiles, mettre la grand-voile sous étui, dépasser et ranger les manœuvres courantes, puis installer la tente, indispensable dans les pays tropicaux, tant pour le confort de la vie à bord que pour la protection du pont.

De terre, quelqu'un nous cria que le gendarme aurait plaisir à nous voir.

Avec la prame, nous nous dirigeâmes vers le côté gauche de la plage que je savais être le meilleur point de débarquement.

Sur les rochers, à quelques mètres de la plage, deux filles, jeunes et rieuses, pêchaient avec des gaules de bambou et des leurres formés par de petites plumes blanches qu'elles faisaient sautiller sur l'eau. En manière de plaisanterie, je les interrogeai sur les possibilités de débarquement, faisant mine de craindre des dangers imaginaires. Nous débarquâmes et hâlâmes la prame à terre, près de la rivière aux eaux claires, accueillis par des éclats de rire et de joyeux kaoha (bonjour). Tel fut notre premier contact avec la terre des Marquises.

Je prolongeai les rires de nos interlocutrices en leur posant toutes sortes de questions saugrenues sur leur pays. Puis nous prîmes le chemin d'Atuona. Nous rattrapâmes et dépassâmes nos deux jeunes Marquisiennes qui nous avaient devancés sur le même chemin. Elles allaient doucement, si doucement, avec une nonchalance telle, que je me pris à en rire. Ces deux enfants des îles étaient les filles du chef d'Atuona, Caroline, dix-huit ans, et Rebecca, seize. Mais je préférais leurs noms indigènes qui leur seyaient tellement mieux : Taua et Titi-Hina[1]. Elles étaient belles, grandes et d'une finesse qui me surprit. On imagine les filles de la Polynésie grasses et épaisses ; mais je me souvenais de ces lignes de Radiguet : « Les Tahitiennes si vantées semblent de lourdes, épaisses et brunes campagnardes, comparées aux légères filles de Nuku-Hiva », et aussi de l'appréciation, bien plus ancienne, du grand Cook : « the finest race in the Pacific, perhaps surpassing all other nations[2] ». Titi-Hina avait des yeux de chatte, verts et brillants. A la vérité, dans le sang de ces deux belles filles, il y avait quelques gouttes de sang français — et peut-être d'autres mélanges.

Où trouve-t-on le type polynésien pur ? Existe-t-il même encore ? On se demande si Gerbault plaisantait le jour où il déclara qu'il n'aurait pas voulu avoir d'enfant d'une Polynésienne, par scrupule, et pour ne pas souiller la race !

Le chemin d'Atuona est un délicieux petit sentier perdu dans une exubérante verdure. Il surplombe l'anse de Taahuku, car il est accroché en épingle à cheveux au promontoire qui sépare l'anse de la plage d'Atuona. Il offre une promenade délicieuse car les échappées qu'on y a sur l'anse ou la baie des Traîtres sont aussi belles que variées.

Sans nous presser, nous laissant envahir par le charme de l'île, nous arrivâmes chez le gendarme.

Aux îles, le gendarme est tout-puissant. On a souvent tracé, des gendarmes océaniens, des portraits trop sévères. En vérité, leur rôle est complexe et ils ne sont pas sans mérite. Prendre un gendarme en France et le transplanter, en faire le chef suprême, lui donner à remplir les fonctions de maire, de notaire, de juge, détenteur des « forces » de police, n'est pas une chose simple. Pour ma part, je les ai toujours vus remplir leur rôle avec intelligence, compréhension, justice.

1. « Prêtresse païenne » et « déesse de la Lune ».

2. « La plus belle race du Pacifique, race surpassant peut-être toutes les autres nations. »

Le gendarme d'Atuona, grand patron d'Hiva-Hoa, M. Roques, est un Méridional de caractère ouvert et jovial, arrivé peu de mois auparavant, avec sa femme et leur petite fille Jacqueline. Les Roques nous attendaient, car la *Fleur-d'Océan* avait annoncé notre arrivée.

Nous rendîmes aussi visite au docteur Boutonnet, médecin des îles Marquises, résidant à Atuona avec sa belle vahiné tahitienne, Tetia. Le docteur nous offrit le champagne pour fêter notre arrivée.

Le séjour à Taahuku fut un enchantement. La vallée est belle et silencieuse, parcourue par une jolie rivière aux eaux claires et vives. Les cocotiers, très denses, garnissent tout le bas de la vallée dont ils sont la richesse, et vont jusqu'au rivage même.

La vallée a deux propriétaires, français l'un et l'autre, établis depuis fort longtemps aux Marquises : M. Le Bronnec, depuis une quarantaine d'années, et M. Rouzy, depuis dix-huit ans. Leur histoire est typique.

Le Bronnec, Breton de Pontivy, était il y a bien longtemps un petit employé de la Samaritaine à Paris. Un beau jour, épris d'horizons plus vastes et de ciels plus bleus, il partit pour l'Océanie, ayant signé un contrat d'engagement avec une société. Après avoir navigué pendant quelques années en qualité de subrécargue sur les goélettes, il se fixa à Taahuku, construisit sa maison et mit en valeur sa plantation. Il avait épousé une Marquisienne de l'île de Tahuata, dont il eut huit enfants. Dans cette réussite matérielle, Le Bronnec trouva encore moyen de se cultiver et de s'intéresser aux questions océaniennes.

Quant à Rouzy, il abandonna ses études de médecine à la mort de son père. Ayant un peu d'argent, il prit un billet pour Nouméa, où il avait l'intention de se fixer. Arrivé à Tahiti, il jugea inutile d'aller plus loin et acheta la cocoteraie de Taahuku. Sa femme, tahitienne, lui donna six enfants.

L'atmosphère de Taahuku est paisible, familiale, cordiale. Outre ces deux familles de propriétaires terriens, la vallée comporte deux ou trois cases d'indigènes travaillant à la cocoteraie, qui nécessite un entretien ; il faut débrousser et veiller aux cercles de zinc qui protègent les cocotiers des rats. Les rats sont en effet les pires ennemis des cocos et leurs destructions considérables. Les griffes de leurs pattes glissent sur le zinc lisse, qui constitue une bonne protection. Il faut aussi fendre les cocos, les faire sécher, les ensacher et les embarquer sur des baleinières, au passage des goélettes.

Hiva-Hoa est l'île non seulement la plus grande de l'archipel des Marquises, mais aussi la plus fertile et la plus peuplée. Atuona est le village le plus important et pour ainsi dire la capitale de l'archipel, bien que l'administrateur des Marquises réside à Tai-o-Hae, dans l'île de Nuku-Hiva. Ce village-capitale, enfoui parmi les manguiers et les arbres à pain, a quelques centaines d'habitants. La tôle ondulée de ses toitures n'est pas toujours d'un effet très heureux, mais l'ensemble n'est pas désagréable à l'œil, encore qu'il soit permis de regretter la substitution de baraques aux cases dans l'ancien style.

Atuona est le centre religieux de l'archipel, qui est catholique. L'évêque y réside. Nous allâmes lui présenter nos respects. Mgr Le Cadre était aux Marquises depuis cinquante ans. Pendant notre séjour aux îles, la Marine militaire envoya un petit aviso pour le décorer de la Légion d'honneur et fêter ce demi-siècle au service de l'archipel. Breton de Questembert, Mgr Le Cadre, comme la plupart des missionnaires, n'est retourné en France qu'en de rares occasions. C'est un homme bon, souriant, dévoué. Quand nous allions le voir, il fallait faire honneur à son excellent vin et il nous traitait d'une manière toute paternelle.

On a parfois reproché aux missionnaires d'Océanie d'avoir détruit, avec les anciennes croyances des Polynésiens, leur civilisation : leurs coutumes, leur manière de vivre et de sentir, leur folklore et leur caractère, sans que le christianisme soit encore parvenu à compenser complètement ces destructions et ce déséquilibre. Si cette accusation peut paraître fondée, il n'en reste pas moins que leur action est aujourd'hui relativement bienfaisante : puisque les Européens devaient s'implanter dans ces îles, mieux valait que ce fût avec leur morale et leur religion.

Au fait, peut-on parler d'une véritable civilisation polynésienne qui aurait existé jusqu'à l'arrivée des Européens ? Il s'agit plutôt de résidus de civilisations antérieures apportés dans ces îles par les migrations successives.

Il ne reste plus trace de vie « primitive » en Océanie française, ni le moindre vestige du passé. Le folklore des provinces françaises est incomparablement plus riche et plus vivant que celui de ces îles. Considérée sous cet angle, leur visite a quelque chose de décevant. Le pis est que rien ne semble susciter d'intérêt chez le Polynésien moderne. Comme le dit Gerbault, c'est une race qui se meurt.

Quantitativement, cependant, il semble que les données du problème se soient modifiées depuis quelques années. Le nombre des habitants, qui avait diminué d'une manière impressionnante depuis l'arrivée des Européens[1], après s'être stabilisé, s'accroît de nouveau. D'ailleurs l'état sanitaire m'est apparu incomparablement supérieur à l'idée que je m'en étais faite.

Il ne reste guère aux Marquises de souvenir de la vie passée, dont les indigènes, d'ailleurs, ne semblent pas se soucier. Leur histoire même leur est indifférente. Elle n'intéresse que quelques spécialistes qui ne sont pas de leur race.

D'après les légendes, le peuplement de ces îles se serait opéré, à bord de grandes pirogues, par les Maoris venant des Tonga et Samoa. Des études sérieuses de spécialistes ont montré toutes les raisons, basées sur des faits précis, qui prouveraient que le peuplement des îles océaniennes s'est opéré d'Ouest en Est. On sait que Thor Heyerdahl,

1. Aux Marquises le phénomène du dépeuplement était déjà en cours avant l'arrivée des Européens. Ces derniers l'ont seulement accentué, considérablement il est vrai...

par sa traversée spectaculaire à bord de son radeau, tend à démontrer le contraire[1].

A Tahiti, j'appris que le fameux Eric de Bisschop avait l'intention de faire, à bord d'un radeau de bambou, une démonstration similaire, mais en sens inverse, d'Ouest en Est, expédition d'ailleurs beaucoup plus dangereuse. Malheureusement, il est vraisemblable que cette expérience ne sera pas réalisée, étant donné l'âge de son promoteur et quoiqu'il soit resté très vert.

Les Marquises étaient autrefois fort peuplées et de nombreux vestiges l'attestent ; ce sont surtout les « paepae » (terrasses de pierre), ou quelques « tohua » (places publiques). Tout ce qui a pu être enlevé a été pillé et si, dans l'archipel, il reste quelques beaux « tikis » de pierre, c'est qu'ils étaient trop lourds pour être déménagés, sous prétexte d'art et de science. Et ces objets d'art exotique ne se trouvent plus que dans les musées lointains ou chez les collectionneurs d'Occident.

Un jour, MM. Le Bronnec et Rouzy nous emmenèrent au fond de la vallée de Taahuku. Sous une végétation luxuriante, nous retrouvâmes le paepae de Hopeta, constitué par trois terrasses de pierre d'une construction remarquable.

Au fond de la vallée, après quelques tâtonnements, nous retrouvâmes aussi, enfouie sous la végétation, la grosse pierre gravée de Tehueto. Elle est couverte de signes symboliques dont on nous donna plusieurs interprétations. Dominant le cours d'une ancienne rivière, elle servait peut-être aux sacrifices humains. Ces pratiques autrefois courantes aux Marquises n'ont cessé qu'à la fin du siècle dernier. Elles s'accompagnaient de festins cannibales. Il paraît d'ailleurs, qu'en dehors du côté rituel, le « cochon long[2] » constituait un mets fort apprécié.

1. Son hypothèse a été réfutée, notamment, par le savant Alfred Métraux.
2. On appelait ainsi l'homme en tant que comestible.

Dans ce fond de vallée nous fîmes connaissance avec de petits moustiques appelés « nonos », particulièrement virulents et agressifs.

A Hiva-Hoa je fus surpris de voir combien les indigènes étaient peu attirés par la mer. Les pirogues y sont très rares. La pêche, il me semble, pourrait être très fructueuse autour de l'île, mais les indigènes se contentent de pêcher du rivage ou dans les baies. Comme Moetai, le dieu des grandes navigations, Hahatai, le dieu des pêcheurs, est mort.

Cependant, à Taahuku on voit toujours quelqu'un occupé à pêcher. Les filles y restent des journées entières, sur les rochers, en pirogues, ou dans l'eau sur la plage avec leur paréo. La baie regorge de langoustes. Comme aux Galapagos elles sont pêchées à la main. Un matin, le fils aîné Le Bronnec, en plongeant, en remplit tout le fond de sa pirogue. Tout le village en eut et il nous en apporta gentiment quelques-unes à bord.

C'est cette simplicité, cette douceur et cette gentillesse qui rendent les Marquisiens attachants.

Il fait bon vivre à Taahuku. La plus grande simplicité des mœurs y règne. Les filles viennent laver leur linge à la rivière et s'y baigner, nues, en toute ingénuité. Personne ne songerait à voir là quelque chose de choquant. Ce qui serait inconvenant, ce serait d'y prêter une attention particulière. Je devais entendre de cinglants jugements contre un photographe de Tahiti, qui était venu dans la vallée pour y faire des cartes postales à l'usage des touristes. Les Polynésiens sont la race la plus propre du monde et ils consacrent une bonne partie de la journée aux bains corporels.

J'aimais bavarder avec les uns et les autres, plaisanter avec les jeunes, rieurs et insouciants.

Les filles s'amusaient à déposer des fruits ou des poissons dans la prame, échouée en haut de la plage et que nous mettions à l'ombre en la couvrant de branches de cocotiers, suivant l'usage du pays. Quand nous revenions de terre et que nous découvrions ces petits présents dans l'embarcation, nous entendions les rires des donatrices. Les filles Le Bronnec, avec toute l'habileté de la race de leur mère, nous tressèrent de magnifiques chapeaux en feuilles de pandanus.

On ne peut aller à Atuona sans évoquer le souvenir de Gauguin[1]. Sa tombe, dans le petit cimetière, surplombe le village, face à la mer, dans le cadre majestueux et paisible de la baie des Traîtres. L'évêque l'a bien connu et nous en entretint à plusieurs reprises.

Il y a deux voitures automobiles à Hiva-Hoa, mais leurs possibilités de déplacement sont strictement limitées au trajet Atuona-Taahuku.

Les réjouissances populaires sont peu nombreuses à Atuona. Les jeunes jouent au football et il semble que ce sport, cher à Gerbault, soit assez en vogue. Il y a aussi des bals qui réunissent quelques amateurs, mais ils sont réglementés. Le gendarme doit donner son autorisation. Les danses sont occidentales et modernes ; elles ne présentent aucune originalité particulière. D'ailleurs, les danseurs sont habillés à l'européenne. Quelquefois, cependant, ont lieu des danses plus colorées, généralement à l'occasion de quelques fêtes. Celles du « 14 juillet », qui groupent à Tahiti, pour des réjouissances et des compétitions diverses, des représentants de tous les archipels voisins, sont préparées pendant des mois. Plus d'une fois, le soir, à la lueur du classique « morigaz[2] », nous eûmes la chance d'assister à des danses ou chants proprement *tahitiens*. Les Polynésiens ont un extraordinaire sens du rythme et de remarquables dons de chanteurs.

L'usage du vin est interdit ou, plus exactement, contrôlé, aux Marquises. Comme pendant la guerre, les Français, les indigènes sont rationnés. On pense que, s'ils pouvaient disposer à leur gré des boissons alcoolisées, ils en feraient un

1. Mort en 1903.

2. Lampe à pression, le plus souvent américaine, donnant une forte lumière — très utilisée en Océanie.

terrible abus. Mais ils tournent un peu la loi par exemple en fabriquant du « jus de coco », qui est une liqueur forte et certainement néfaste pour l'organisme.

Le coût de la vie, élevé à Tahiti, l'est encore bien davantage aux Marquises où toutes les marchandises qui débarquent des goélettes sont grevées de diverses majorations. Il semble qu'il y ait là des abus, qui profitent à quelques-uns, au mécontentement des Marquisiens.

Dès notre arrivée à Taahuku, j'avais remarqué une baleinière hissée au sec en haut de la plage et protégée du soleil par un abri de branchages. Je fus tout étonné de constater que c'était une épave et de lire son nom : *Kroja*. Je savais, en effet, que ce bateau était passé à Panama quelque temps avant le *Kurun*.

Le *Kroja* était une ancienne baleinière[1] transformée par l'adjonction d'une fausse quille de 60 centimètres, d'un pont et d'un rouf. Son propriétaire, le Hollandais Ernst Wilhelm Lamberty, après avoir équipé cette baleinière gréée en ketch pour un long voyage, quitta seul Amsterdam à destination du Pacifique. Passant à Cristobal en juillet 1949, il fit la traversée de Panama aux Marquises, directement, en quatre-vingts et quelques jours de mer, ratant l'escale des Galapagos... Lamberty tomba sous le charme des îles, au point de négliger peut-être son bateau. Très mal mouillé[2], le *Kroja* fut jeté à la côte et complètement défoncé. La coque étant difficilement réparable, Lamberty l'abandonna à son destin. D'ailleurs, s'il perdit son bateau, il gagna en revanche une jolie femme. Il devait revenir aux îles en 1952 à bord d'un autre voilier.

Taahuku n'est visité que par les goélettes ; les yachts qui peuvent s'y arrêter sont très rares. Pendant notre séjour, le fameux *Stella Polaris* y était attendu. Il m'amusait de voir ce grand yacht luxueux, pour touristes milliardaires. Nous

1. 9,14 m x 2,74 m.

2. Le *Kurun* était mouillé assez loin de la côte et sur deux ancres.

déjeunions à Atuona lorsque le navire fut signalé ; mais, quand nous arrivâmes à la pointe Noire, il était déjà reparti. Le commandant avait estimé la houle trop forte (!) pour permettre le débarquement de ses passagers de luxe. La population fut déçue, car elle avait organisé des danses et préparé une réception.

A plusieurs reprises, nous vîmes, à Taahuku, la baleinière de Taahuata, l'île voisine de Hiva-Hoa, dont elle n'est séparée que par le canal du Bordelais, large de 2 milles environ. Pourquoi les indigènes ont-ils abandonné leur pirogue pour la baleinière ? Il y a dans l'archipel un type de très grande baleinière, conçue pour les traversées d'une île à l'autre. Récemment, l'une avait chaviré et la plupart de ses occupants avaient été noyés ou mangés par les requins près de Ua-Pou. Les embarcations, œuvres des indigènes, sont en général construites avec habileté. Le Marquisien, malgré son indolence, est adroit.

Les rivières sont peuplées de « chevrettes », sorte de grosses crevettes[1] vivant en eau douce. Elles constituent un mets délicieux et les Marquisiens les pêchent d'une manière originale : avec une minuscule foëne[2], qu'ils manient d'ailleurs avec une adresse peu commune. Les voir utiliser ce harpon miniature est un réel plaisir.

A Atuona, il n'y a pas de boucherie pour approvisionner en viande les habitants. Le boucher est un chasseur. C'est Puaka.

Puaka part chaque semaine en campagne dans l'intérieur de l'île qui, déserté des hommes, est le domaine du bœuf sauvage. Le gendarme m'octroya un permis de chasse en règle, et je pus l'accompagner plusieurs fois avec le docteur.

Puaka signifie cochon. Son vrai nom est Teikivahitini. Comme c'était un bébé bruyant, sa mère, en entendant ses cris, le baptisa Puaka ! Cette coutume des surnoms en Océanie est charmante.

1. Et non pas d'écrevisses comme certains l'ont dit.

2. Ils utilisent aussi, parfois, une étoffe à la manière d'une épuisette.

Puaka n'est pas un homme de haute stature, mais un colosse. C'est aussi un infatigable chasseur. Il a un faible : la boisson. Combien de fois ne l'ai-je rencontré, ivre mort, au bord du sentier... ou sur son cheval, qui devait y être habitué et le ramenait ainsi chez lui, d'un lieu parfois fort éloigné. Cependant, Puaka mérite qu'on lui rende cette justice, c'est qu'à la veille d'une chasse, on ne lui aurait pas fait absorber une goutte d'alcool. Voilà une marque de volonté peu en rapport avec le caractère marquisien !

Une chasse représente des kilomètres à parcourir à travers la montagne. On part à cheval ; puis, dès qu'un bœuf est repéré, on lâche les chiens. Ensuite on met pied à terre et la chasse proprement dite commence. Souvent ce sont des courses éreintantes à travers les sous-bois, les caféiers sauvages, les bosquets de bambous géants, avec passage de rivières et escalade de tous accidents de terrain. J'avais parfois peine à suivre l'enragé chasseur.

Dès que nous étions sur la trace du bœuf, Puaka se déchaînait, déployant sans réserve toute son énergie. Quoiqu'un bœuf sauvage n'ait rien de comparable à un grand fauve, une charge de sa part peut être dangereuse et il est préférable de conserver tout son sang-froid pour le tirer posément. Comme on ne tue pas les vaches, cela entraîne des émotions de chasse supplémentaires, car, quand on force un troupeau, les vaches vous chargent aussi bien que les bœufs, et il ne faut pas tirer sur elles. Dans ce cas, le chasseur s'esquive, ou il grimpe dans un arbre !

Puaka avait une vieille carabine Winchester datant de la fin du siècle dernier... et des munitions d'un autre calibre : c'était pour moi un mystère. Mais il laissa parler ma carabine Mauser, qui remplit bien son office. Le bœuf tué est dépecé sur place et les quartiers de viande, enveloppés dans des sacs, sont chargés sur les chevaux. J'admirai avec quelle habileté Puaka accomplissait cette besogne. Il ne lui fallait pas longtemps pour dépecer et débiter une bête. Avec son sabre d'abattis il enlevait l'écorce d'un bourao pour en faire des ficelles à l'aide desquelles il suspendait les quartiers de viande tout dégoulinants de sang.

Avait-on soif ? Près d'une rivière, de deux coups du même sabre d'abattis, il taillait un gobelet dans un gros bambou — ou il grimpait, en un clin d'œil, au haut d'un cocotier, si nous avions la chance d'en rencontrer un (il n'y a pas de cocotiers sur les hauteurs).

Ces chasses furent de merveilleuses randonnées, au centre de l'île. Une fois nous allâmes même, sur l'autre versant, jusqu'à la vallée Hanaiapa.

Ce qui frappe peut-être le plus dans les paysages marquisiens, c'est le silence : nul bruissement. La faune, à part des bœufs, porcs, chèvres ou même des chiens vivant à l'état sauvage et plus ou moins nombreux suivant les lieux, est pratiquement inexistante. On peut rester des journées entières sans voir ou entendre un seul animal. La montagne est d'une sauvagerie splendide. A cheval, on galope parfois sur d'étroits sentiers au-dessus de précipices. La selle marquisienne type est en bois ; certaines sont de véritables travaux de sculpteurs, mais je les trouvai toutes cruellement dures...

A Taahuku le temps s'écoule aussi doucement que la petite rivière aux eaux claires qui murmure sous le feuillage. Cette escale de plus de trois semaines passa comme un rêve. Choyés par tous, il nous fallut du courage pour partir...

1er février. — J'avais décidé d'appareiller au début de l'après-midi, afin d'arriver le lendemain dans la journée à Tai-o-Hae, dans l'île de Nuku-Hiva, à quelque cent milles de là.

Un grave accident étant survenu à Nuku-Hiva — un indigène, tombé d'un cocotier, s'était brisé les deux jambes — il avait été décidé que le docteur Boutonnet nous y accompagnerait, à bord du *Kurun*.

Le cotre était empli de fruits de toutes sortes que nos amis nous avaient généreusement apportés — quelquefois par caisses — ananas, pamplemousses, bananes, mangues, avocats.

Les Roques avaient tenu à nous avoir pour le dernier déjeuner à terre et Titi-Hina m'accompagna à bord. Il me plaisait de bavarder avec elle, de la taquiner. Timide, rieuse et douce, elle avait quelque scrupule à s'attarder : « Mon papa va me gronder », disait-elle. Je ramenai sur la plage ma visiteuse et embarquai l'équipage. A 18 heures, nous appareillâmes. La belle brise de l'après-midi était tombée.

Je dus sortir le cotre de l'anse à la godille. Le *Kurun*, comme à regret, s'éloigna lentement de la plage de sable noir. Il me fallut vingt-cinq minutes pour atteindre la sortie de Taahuku.

Puis un petit souffle de brise, venant de terre, me permit de rentrer l'aviron. La nuit était tombée. Imperceptiblement, le cotre glissait sur l'eau plate de la baie des Traîtres. Dans les ténèbres, l'île était devenue une grosse masse noire. Un petit feu, de la force d'une lampe de poche, indiquait cependant encore le « phare » de la pointe Noire. Taahuku n'était plus qu'un souvenir qui se perdait déjà dans la douceur de la nuit, propice aux tupapaous[1].

Ce n'est qu'à 20 h 30 que nous passâmes à environ un tiers de mille de la pointe Teaehoa[2]. Puis, entre les masses sombres de Hiva-Hoa et Tahuata, le cotre embouqua le canal du Bordelais. Mais la brise tomba.

Le cotre était encalminé à la sortie du canal, par la plus belle des nuits des mers du Sud. Le ciel était tout scintillant d'étoiles. Des poissons sautaient dans l'eau calme. Une grande douceur émanait de la terre endormie. A l'extrême Ouest, je devinais la pointe Kiu Kiu. C'est là qu'autrefois arrivaient, en pirogue, les âmes des morts, avant de se rendre aux enfers. Où vont-elles maintenant ?

Heureux de vivre, je somnolais sur le pont.

Cependant, à 4 h 30, une petite brise s'établit au N.-N.-E. permettant de faire route. Journée de beau temps. Cumulus. Navigation de plaisance.

1. Revenants.

2. A l'extrémité de la baie des Traîtres.

Après que nous fûmes passés entre Ua-Pou et Ua-Uka, Nuku-Hiva se précisa sur l'avant, mais il n'était plus question d'y arriver de jour.

Nous approchions de la côte ; le docteur me parlait de la pêche et j'étais en train de lui dire : « C'est bien le diable si nous ne prenons rien », lorsque la ligne de traîne, filée peu auparavant, se tendit. J'eus à peine le temps de mettre la main dessus, qu'elle cassa comme un fil à voile, et pourtant c'était une ligne digne de ce nom ! Gros thon ? Requin ?

Avant la nuit, j'identifiai la branche verticale de la croix de trachyte haute de trois cents mètres qui surplombe la mer à l'Est de la baie de Tai-o-Hae.

Puis ce fut le noir complet ; mais je gardai soigneusement le cotre au bon cap, si bien qu'à 20 heures, nous nous présentions à l'entrée de la baie profonde que décelaient des feux « morigaz », fixés sur des pirogues de pêcheurs. Du feu du Fort-Collet, qui doit indiquer le fond de la baie, pas le moindre indice. Par la suite, je devais remarquer que, outre qu'il était du type « lampe de poche », il donnait, vu de l'entrée de la baie, une lumière blanche au lieu de rouge ! Comme quoi, dans la navigation, il ne faut pas trop se fier à ce que l'on « doit » trouver.

En profitant de quelques souffles de brise, j'amenai le cotre au fond de la baie et, à 21 h 30, mouillai dans l'W.-N.-W. du Fort, à proximité du petit ketch *Nuu-Hiva*.

Le lendemain, au réveil, le jour nous révéla le cadre majestueux de la baie de Tai-o-Hae. C'est un vaste amphithéâtre, protégé de tous côtés par des sommets élevés. La baie elle-même forme une espèce d'U allongé, régulier, orienté rigoureusement Nord-Sud. Deux gros rochers élevés, les Sentinelles, se tiennent de part et d'autre de l'entrée. Le fond de la baie est en partie bordé d'une belle plage de sable blanc. Tai-o-Hae est réputé, à juste titre, comme le mouillage le meilleur de tout l'archipel. Sa rade pourrait abriter une escadre et le petit *Kurun* y semblait perdu.

Contrairement à l'avis courant, je lui préfère la beauté de la baie des Traîtres, d'aspect plus sauvage, et aussi l'intimité de l'anse de Taahuku. Néanmoins cette escale, qui dura neuf jours, fut excellente.

De toutes les îles de l'archipel, Nuku-Hiva est celle qui a eu le plus de contact avec la civilisation et les récits abondent à son sujet.

Depuis peu de temps, un administrateur réside à Nuku-Hiva, alors qu'auparavant le médecin en remplissait également les fonctions.

A Taahuku, Le Bronnec nous avait parlé de son ami Bob, « Bob the trader », figure originale de Tai-o-Hae, depuis quelque trente-neuf ans. Bob — de son vrai nom Mac Kittrick — était un Écossais. Il avait quitté l'Europe pour naviguer sur les grands voiliers. Puis il avait abandonné le métier de marin pour se fixer dans les îles, mais il était resté marin dans l'âme. Il avait conservé la marotte de la voile : c'est dire que nous nous entendîmes très bien. Beaucoup de navigateurs célèbres furent ses amis, notamment Gerbault et Pidgeon. Bob, lui-même, avait possédé plusieurs petits voiliers et méditait d'en construire un nouveau.

Au pied de Fort-Collet — ou tout au moins de ses vestiges — le *Kurun* était donc mouillé à côté du *Nuu-Hiva*. Ce petit ketch, ancien yacht de plaisance, était le bateau de l'administration, qui l'avait acheté à Tahiti d'un Américain.

Les circonstances de la venue du *Nuu-Hiva* aux Marquises méritent d'être dites, car c'est un exemple typique de la navigation telle qu'elle est pratiquée par les insulaires.

Le *Nuu-Hiva* quitta Papeete pour l'archipel, à 750 milles dans le N.-E. Trois mois après on retrouvait le petit ketch... à Bellinghausen, atoll situé à environ 310 milles, dans le N.-W.

Tels sont les hasards des voyages dans les mers du Sud !

Le capitaine du *Nuu-Hiva* s'appelait Doum. (Il n'était pas à bord lors du fameux voyage.) Étant donné notre voisinage, nous nous faisions de fréquentes visites. Doum était un très brave homme et parfois nous lui cédions un peu de notre vin. Je crois que cette entorse au rationnement, dont nous nous rendions coupables, n'avait pas de graves conséquences ; et cela faisait tellement plaisir à notre voisin !

Je pus admirer quelques pirogues à Tai-o-Hae ; mais c'est là aussi que je vis pour la première fois des pirogues munies de moteurs hors-bord. Des Evinrude ou des Johnson sur des pirogues à balanciers, quelle abomination !

Nous prenions des bains délicieux près du bord et j'aimais flâner le long de la baie en ramassant des coquillages. Sur le côté Est, le littoral est en partie constitué par une plate-forme rocheuse surplombée par une paroi rentrante formant comme une amorce de grotte. Un jour que je m'y promenais, songeant aux Marquises d'autrefois et à l'anéantissement de tout ce qui en faisait l'intérêt, je m'assommai à moitié en me heurtant le crâne aux rochers. Était-ce un rappel des vieux dieux ?

Le cirque de Tai-o-Hae est riche en vestiges : tohua, meae, pierres de sacrifices, qui témoignent de la densité de la vie d'autrefois, mais la flore envahissante a tout recouvert.

L'idée que beaucoup de gens se font des Marquises est basée sur le charmant tableau qu'en brossa Herman Melville dans son fameux *Typee.* Je tenais à voir Taipi-Vai, non pour vérifier l'exactitude des descriptions du célèbre écrivain, mais pour réjouir mes yeux d'un spectacle qui est fort beau.

Avec plus de temps j'aurais sans doute amené le cotre dans la magnifique baie du Contrôleur, grande plusieurs fois comme celle, déjà vaste, de Tai-o-Hae, et qui fut, pendant les deux guerres mondiales, un lieu de ravitaillement pour les navires (la flotte de l'amiral Von Spee y charbonna à la Première Guerre ; les grands transporteurs *Queen Elizabeth* et *Monterey* y remplirent leurs tanks à mazout à la Seconde).

Nous préférâmes faire une promenade à cheval, avec le « taote[1] » Boutonnet : une splendide randonnée. Nous gravîmes d'abord la montagne qui constitue l'arrière-plan de la

1. Docteur.

baie de Tai-o-Hae, par un joli petit sentier accidenté. De là-haut, le panorama de la baie est grandiose. Ensuite ce fut une longue galopade sur le plateau désert d'où l'on aperçoit les filets d'argent de magnifiques cascades[1]. Quelques chevaux sauvages furent les seuls êtres vivants que nous rencontrâmes.

Puis nous descendîmes dans la vallée riche en histoire, où des vestiges très nombreux attestent l'intensité passée de la vie indigène. La population, dense autrefois, était tombée à moins de vingt individus il y a quelques années ; mais, actuellement, elle prospère et tend vers deux cents. Tous sont issus de métissage avec des Chinois, m'a-t-on dit. Race polynésienne...

Nous rencontrâmes un missionnaire occupé à la construction d'une nouvelle chapelle, bien laide en vérité — alors que l'ancienne, dans le style local, était charmante. Je bavardai avec le Père, mais les réponses qu'il fit à mes questions furent décevantes. Il semblait n'avoir aucune illusion sur les chances de relèvement « spirituel » de ses paroissiens et reconnut, avec résignation, qu'il ne pouvait les intéresser à quoi que ce fût.

Nous visitâmes les « paepae » de Vai tavii au « mae[2] » de Paeke. Ils sont uniques aux Marquises avec leurs façades ornées de huit beaux « tikis » de pierre — si lourds que personne encore n'a pu les voler. Bénie en soit la pesanteur !

De ces lieux se dégage encore quelque chose de l'ancienne atmosphère marquisienne et je croirais volontiers que les esprits des morts y errent encore la nuit.

Ce ne fut que fort tard, après une galopade grisante, que nous retrouvâmes Tai-o-Hae, à la nuit tombante.

1. Les cascades des Marquises sont célèbres. L'une d'elles atteint 350 mètres, la plus grande hauteur de chute du monde, dit-on.

2. Lieu « tapu » réservé aux cérémonies religieuses.

12

Tahiti
Les îles Sous-le-Vent

Le dimanche 11 février le *Kurun* quitta les Marquises pour Tahiti. A 6 h 30, quand nous dérapâmes l'ancre, il faisait calme. Pour sortir de la baie profonde, ce fut, à la godille, un exercice matinal dont je me serais bien dispensé, mais nous nous étions levés trop tard pour profiter de la brise de terre qui cesse avec le jour. Cependant, à la pointe Arquée, d'insignifiants soupirs de brise, venant du large, permirent de « louvoyer » — laborieusement, car le cotre ne gouvernait pas.

Ce n'est qu'à 10 heures que nous doublâmes les Sentinelles, qui marquent l'entrée de la baie. Au moteur il n'eût fallu que quelques minutes pour sortir du mouillage. Sans mécanique, cela se traduisit par trois heures d'efforts et quelques ampoules. Du moins l'incomparable harmonie de ce cadre ne fut-elle pas troublée par un bruit de machine.

La brise se fit progressivement E.-S.-E. pour haler à l'E. à midi et le N.-E. avec la descente du soleil.

Très beau temps. Cumulus. Navigation pour demoiselles.

Que Nuku-Hiva était belle !

Je jetai un long regard sur la baie magnifique et sauvage des Tai-oa.

Navigué l'après-midi, avec l'île Ua-Pou par le travers. L'aspect de ses pics déchiquetés, tourmentés, est d'une sauvagerie fantastique.

A 18 heures, Nuku-Hiva, qui s'était progressivement estompée, avait disparu. Peu après, Ua-Pou s'évanouit dans un crépuscule de rêve.

C'en était fini pour moi des Marquises — et j'en avais déjà la nostalgie !

A part de légers grains, un peu de pluie et quelques orages, le temps fut beau, y compris dans les Pomotus où la navigation est délicate, et la traversée devait être sans histoire. Le seul incident fut une hélice de loch avalée par un requin.

Le 12, je gréai un nouveau bout-dehors volant. D'une promenade dans la vallée de Taahuku, j'avais rapporté un énorme bambou, léger, résistant, qui constituait un espar idéal. Le cotre avait fière allure avec ce formidable bout-dehors qui dépassait l'étrave de six mètres ! Je riais en pensant à ceux qui s'étaient moqués de mon bout-dehors normal, le trouvant encombrant, inesthétique, gênant, inutile, que sais-je encore ? Pourtant, avec un foc n° 3 bordé plat, à l'extrémité de cet espar, le cotre gouvernait seul au grand largue et presque vent arrière, avec petite brise. Bien que haubanné, ce dispositif n'eût pas résisté à de fortes brises ; et, par la suite, je devais trouver un système autrement élégant et efficace, qui permit au cotre de naviguer seul aux allures portantes, sans qu'on eût à s'occuper de la barre, automatiquement asservie.

Chaque soir, je faisais un point d'étoiles. Il importait de bien surveiller la route pour traverser les Pomotus. Cet archipel est, en effet, composé d'atolls, c'est-à-dire d'îles basses, sans amers et visibles à quelques milles seulement. D'autre part, cette région est parcourue par des courants, souvent incertains. C'est pourquoi les navigateurs l'appelaient l'Archipel Dangereux. De nombreux bateaux s'y sont perdus et s'y perdent encore.

La route qui m'était apparue la meilleure me faisait atterrir sur Ahé, puis passer entre Rangiroa et Arutua pour retrouver ensuite la mer libre.

Le 15 au soir, un point précis, par des observations de

Sirius, Canopus et Achernar, m'indiquait qu'Ahé devrait être en vue le lendemain, vers la fin de la matinée.

En grimpant en tête de mât, je pensais mieux voir l'atoll ; mais ce n'est qu'à midi que je reconnus Ahé, ou, plus exactement, ses cocotiers. A 14 heures, le cotre était dans le N. 86 W. du Nord de l'île, à environ deux milles de terre.

L'atoll étant accore extérieurement, je passai à le ranger. En arrivant devant la passe, je fus presque tenté d'entrer dans le lagon, dont la vue était séduisante, mais j'avais décidé de rallier Tahiti directement.

J'étais si près des récifs que j'avais l'impression de faire une promenade sur l'atoll. Celui qui n'a pas vu les éclatantes couleurs de certains lagons d'Océanie ne saurait les imaginer. Juché à la tête du mât, j'admirais, entre les cocotiers, ce lac merveilleux serti de verdure.

Dans cette promenade au long des récifs bordés d'eau limpide, les seuls humains que je vis furent d'indolents pêcheurs sur le rivage.

Nous suivions un cap précis pour passer juste entre les deux atolls suivants. Au dernier quart de nuit, qui était le mien, je réveillai mon compagnon qui avait peu dormi. La nuit était très noire et la visibilité incertaine. Si un courant nous avait déportés, le récif de corail pouvait surgir soudainement. Aussi, par précaution, mis-je Farge à la barre et restai-je à veiller attentivement à l'avant. Il eût été stupide de ne pas profiter de la présence de deux hommes à bord pour assurer une plus grande sécurité.

A 6 h 30, je reconnus Rangiroa sur tribord. Le cotre avait suivi la bonne route. A 7 heures, la pointe extrême Est de l'atoll — ligne grise indistincte — était par le travers à environ six milles. Nous ne vîmes pas Arutua.

Le cotre marchait maintenant bon train et, à 18 h 20, j'aperçus Makatea par tribord. Nous passâmes à plus de seize milles de cette île, qui ne nous apparut que comme une petite masse bleutée. Elle n'a aucun intérêt esthétique ni humain ; c'est l'île aux phosphates. Pour l'exploiter, les hommes en ont retourné le terrain, et elle ressemble m'a-t-on dit, à quelque contrée lunaire. Fort heureusement, les îles voisines n'ont pas de phosphates !

A la fin de la nuit suivante une goélette motorisée, qui suivait notre route, nous rattrapa ; mais elle y mit le temps. Un petit navire de même taille, bien dessiné, doté d'une belle voilure, eût marché plus vite ! Maintenant toutes les goélettes des îles sont équipées d'un moteur. Les voiles sont très peu utilisées. Il faut faire un effort, il est vrai, pour hisser et étarquer une voile, et les Tahitiens sont ennemis de l'effort.

Par jolie brise d'E.-S.-E. le cotre marcha toute la journée « avec un os entre les dents ». Très beau temps, malgré une nébulosité assez forte.

11 h 25 : Une légère bande plus foncée que l'horizon par bâbord devant. La terre. Peu après midi, les hauts sommets de Tahiti commençaient à se dessiner.

A 13 h 30, Moorea était en vue.

Comme nous approchions, un grain nous tomba dessus, qui me laissa indifférent à serrer de la toile. Le cotre gîta un peu plus et ce fut tout.

Vue de la mer, Tahiti est très belle et mérite ses surnoms de « Reine des mers du Sud » et de « Perle de l'Océanie ». Bien qu'un peu prévenu contre Tahiti, je ne pus qu'admirer le magnifique spectacle.

Le *Kurun* courait grand erre et je pensais arriver sur la rade à la tombée de la nuit. A 19 heures, la pointe Vénus était déjà sur l'arrière du travers, à moins de deux milles ; mais, à l'approche de la nuit, la brise mollit progressivement.

Nous assistions, pour la première fois, au coucher du soleil sur Moorea et, bien qu'il fût « classique », je le trouvai très beau.

Je tenais le cotre au Nord de l'alignement feu pointe Vénus — extrémité Sud de Moorea qui me faisait parer le récif ; mais celui-ci était bien visible et la mer y brisait.

Vers 20 h 15 la brise de mer tomba complètement et fut remplacée, presque aussitôt, par une brise de terre, caressante et changeante chargée de lourds et nonchalants effluves.

J'avais le plan de la rade ; l'entrée de nuit ne présentait aucune difficulté.

Soudain, signal lumineux. Pilote ? Nous approchions, bientôt interpellés joyeusement par des voix familières. Elles venaient d'une embarcation qui n'était autre que le petit *Lamentin* de Robert Argod, où avaient pris place le capitaine, Pierre Suzanne, Jacqueline de Broca, et d'une pirogue où pagayait en solitaire mon vieil ami Gérard de Broca. Je ne pouvais avoir plus agréable surprise.

Tous nos amis embarquèrent à bord du cotre ; je pris canot et pirogue à la remorque. Mais, peu après, je dus sortir le long aviron et, finalement, Robert Argod nous déhala.

Ce fut une entrée laborieuse et très « vieille marine ». A 21 heures, cependant, nous étions dans la passe et une heure un quart plus tard le cotre se mettait à poste au quai du Commerce, l'arrière à quai — à côté de la grande et célèbre goélette *Yankee* d'Irving Johnson, devant les bureaux de la Compagnie des messageries maritimes.

Malgré l'heure tardive, un petit groupe nous attendait. Deux belles vahinés, suivant la coutume locale, nous remirent les guirlandes de fleurs traditionnelles.

Le lendemain, je remis au receveur des postes le courrier qui m'avait été officiellement confié aux îles Marquises. J'avais, d'autre part, des lettres des Galapagos pour plusieurs yachts américains en escale à Papeete et un petit chargement régulièrement embarqué à Panama.

Papeete n'est pas une belle ville, mais sa rade, dominée par la montagne, ne manque pas de grandeur.

A notre arrivée je dus remplir une multitude de formalités auxquelles je ne m'attendais guère. Même à Panama, chez les Américains si pointilleux, je n'avais pas connu de telles tracasseries.

Entre autres, je dus fournir, en plusieurs exemplaires, une

liste détaillée de toutes mes provisions à bord. Mes armes furent saisies par la douane alors qu'en France, pendant l'occupation, je les avais sauvées en partie des Allemands[1].

Papeete étant le grand port de l'Océanie française, il y règne en permanence une certaine activité. On y remarque surtout les pittoresques goélettes qui assurent les liaisons avec toutes les autres îles des Établissements français d'Océanie, et dont les cargaisons se composent principalement de coprah.

Tahiti est fréquenté par d'assez nombreux yachts. Les Américains, notamment, manifestent un certain engouement pour les « South Seas » et pour nos îles.

Je rencontrai le petit trois-mâts *California*[2], de Californie, avec un équipage de quatre garçons en voyage autour du monde.

Quant au *Mariachi*[3], ketch à moteur auxiliaire, il était monté par un jeune couple, avec un petit garçon de 7 ans ; ils terminaient une croisière de trois ans et demi dans le Pacifique.

Au début de son séjour, le *Kurun* fut voisin de la belle goélette à hunier *Yankee*, d'environ trente mètres, deuxième du nom, au fameux skipper Irving Johnson. Aux USA, I. Johnson est populaire et tout le monde connaît le *Yankee*. A intervalles réguliers, le capitaine organise une croisière autour du monde, qui dure dix-huit mois. L'équipage est composé uniquement de jeunes gens qui payent fort cher le droit d'assumer la conduite et l'entretien du navire, tout en continuant, généralement, leurs études. Il faut rendre à Johnson cette justice : son organisation est parfaite. Le bateau est impeccable et l'existence à bord, où règne la meilleure camaraderie, semble réglée d'une manière idéale.

A côté de mon petit cotre, le *Yankee* me faisait l'effet

1. Je ne les récupérai qu'après une demande spéciale au gouverneur.
2. 19,20 m x 4,42 m x 2,90 m.
3. 11,58 m x 3,50 m x 2,13 m.

d'un énorme navire. Robert L. Loomis[1], qui avait à bord le grade de « second mate », m'emmena faire une promenade dans la mâture.

I. Johnson et sa femme me furent fort sympathiques et j'eus souvent avec eux des conversations agréables. Mme Johnson me fit cadeau d'un complet ciré, indécomposable à la chaleur humide des tropiques, et qui devait me rendre par la suite les plus grands services.

Le 2 mars au matin arrivait au moteur, à côté du *Kurun*, à la place du *Yankee* parti quelques jours auparavant, le beau ketch *Ho-Ho II*[2], du Royal Norvegian Yacht Club, que j'avais déjà rencontré dans les eaux des Galapagos. Équipage familial très sympathique : B.J. Bryhn, sa femme, leur fille Marja, âgée de 20 ans, leur fils Sigurd, âgé de 7 ans, et leur ami le capitaine Carl Krafft. Leur bateau, confortablement aménagé, était une véritable demeure flottante. La jeune fille n'avait-elle pas, dans sa cabine, un métier à tisser ?

Bryhn était marin dans l'âme ; j'eus plaisir à entendre la narration de son voyage autour du monde, avec deux compagnons, à bord du premier *Ho-Ho*[3], magnifique cotre dessiné par Colin Archer. La croisière dura quatre ans. Le cotre quitta la Norvège l'hiver et y rentra l'hiver, après une traversée de l'Atlantique Nord partant de New York. Bryhn fit son voyage d'Ouest en Est. Son intention primitive était de doubler les trois caps sans escale. Parti de Buenos Aires, le cotre dut faire face à des conditions météorologiques extrêmement dures. Loin dans le Sud du cap de Bonne-Espérance, il chavira, heureusement sans dommage. Plus tard, il fut jeté à la côte et défoncé sur l'île Norfolk. (Bryhn me montra du désastre d'éloquentes photographies.) Avec les moyens du bord, les tenaces marins norvégiens réparè-

1. Son père collabore à la belle revue maritime *Rudder*.
2. 16,85 m x 5,24 m x 2,55 m.
3. 11,89 m x 4,27 m x 2,13 m.

rent eux-mêmes leur bateau et, onze mois après, ils appareillaient de nouveau.

Le *Ho-Ho II* quitta Papeete le 12 avril, à destination des Samoa. Quelques jours plus tard, le *Kurun* avait un autre voisin, le cotre *Manzanita* (12,20 m), appartenant au navigateur solitaire Lee. Cet Américain me plut tout de suite : c'était un garçon simple, discret et silencieux. En pêchant le saumon sur la côte Pacifique d'Amérique, il avait économisé de l'argent et acheté d'occasion un vieux bateau. Puis, un jour, il était parti — comme cela, sans idée préconçue, sans doute pour le seul plaisir de vivre libre.

Les explications qu'il me donnait sur sa façon de naviguer étaient des plus cocasses. Lee, simple pêcheur, ignorait la navigation astronomique précise. Il avait fait le trajet Acapulco (Mexique)-Marquises en trente-neuf jours, ce qui était plus qu'honorable. Sa carte ne montrait qu'une toute petite partie du Pacifique Est, mais cela ne l'embarrassait nullement de naviguer hors de la carte ! Le canevas du Mercator étant toujours valable, un simple décalage de numérotation des méridiens lui permettait de continuer sa route.

Lee n'avait pas de livre de bord. Il traçait seulement, sur son Nautical Almanach, des signes cabalistiques qu'il était seul à pouvoir déchiffrer. Tel d'entre eux voulait dire : « J'ai eu grosse brise et des grains aujourd'hui », tel autre : « J'ai pêché un thon », etc.

Il s'y retrouvait d'ailleurs parfaitement et c'était là le principal.

Le 28 avril, au petit jour, le *Manzanita* appareilla au moteur, par calme plat, pour Pago Pago, dans l'archipel des Samoa, à quelque douze cent cinquante milles. Ce départ du navigateur solitaire fut d'une simplicité émouvante. Pas de couronnes de fleurs, pas d'amis. Lee semblait avoir choisi cette heure matinale pour passer inaperçu, encore qu'il faille bien autre chose que le départ d'un petit bateau pour tirer les Tahitiens de leur torpeur ! Je regardai Lee manœuvrer, calmement, avec des gestes précis et sûrs. Je fus seul à lui dire au revoir et, durant la matinée, je suivis longtemps des yeux la petite voile blanche qui se détachait sur la masse sombre de Moorea.

A mon arrivée à Tahiti, je me réjouissais à l'idée de rencontrer W.A. Robinson. Je fus cruellement déçu. J'avais admiré sa luxueuse goélette *Varua*, mouillée sur la rade. Le rencontrant un jour, je m'enhardis jusqu'à lui dire quel plaisir j'aurais à visiter son bateau. Il me répondit sur un ton cassant qu'il n'avait pas de temps à me consacrer.

Je pensais rencontrer un homme de mer, je n'avais trouvé qu'un snob.

Par habitude, on appelle Polynésiens les naturels de Tahiti. Le plus souvent ils sont le produit de mélanges « raciaux », où l'on trouve du polynésien comme du gin dans un cocktail. Les divers métissages ont d'ailleurs favorisé l'éclosion de types divers mais généralement beaux. Les caractères « moraux » les rapprochent davantage et c'est sous ce rapport que l'on peut définir un type tahitien.

Tahiti n'a guère à envier de progrès à la métropole ; il y a des terrains de sport : on y organise des courses à bicyclette. Le cinéma est indispensable à chacun et les films américains font fureur. Il y a des boîtes de nuit, une « Radio-Tahiti » et la politique n'abandonne pas ses droits.

La population, assez fluctuante, comporte un bon nombre de fonctionnaires et un lot très pittoresque d'hommes d'affaires, de voyageurs, d'aventuriers, d'artistes, d'originaux, de malades et de ratés.

Objectivement, le groupe chinois est le plus industrieux de l'île. Travailleurs, persévérants, ils ne craignent pas l'effort réfléchi ; on peut compter sur leur parole.

Conséquence : presque tout l'argent de l'île est entre les mains des Chinois.

On parle souvent de la liberté des mœurs qui règne à Tahiti. Y a-t-il tellement plus de « licence » à Tahiti qu'à

Paris, par exemple ? Sans doute que non. En tout cas, celle de Tahiti est plus naturelle.

Comme convenu à Panama, je me séparai de Farge. Ce fut pour moi une indicible détente que de me retrouver seul. Je méditai sur les erreurs du début de ma croisière, et je n'incriminai nul autre que moi.

Cette présence continuelle m'avait fatigué et rendu nerveux. J'allais pouvoir retrouver un équilibre et une discipline. J'avais assez de cette solitude avec un autre et c'était une joie de me retrouver seul avec moi-même.

J'eus de nombreuses demandes d'embarquement, mais je les déclinai toutes. Continuer seul le voyage ne me posait aucun problème, mon intention ayant toujours été d'accomplir la totalité de ma croisière en solitaire.

Certes, mon compagnon, par ses talents de bricoleur, de cuisinier, sa présence à la barre, m'avait appréciablement assisté pendant près d'un tiers de ma croisière ; mais mon organisation se suffisait à elle-même. Enfin, bien que son séjour à bord lui eût appris bien des choses, Farge n'était pas marin.

Je devais, tout compte fait, garder un bon souvenir de Tahiti, où j'avais d'excellents amis : les Broca, éternels voyageurs toujours pleins de projets ; les Argod, famille modèle.

J'eus plaisir à connaître le commandant Faye. Il possédait un petit cotre de dix mètres, mouillé à Papeari, près de l'isthme de Taravao où il avait pris retraite, loin de l'agitation de Papeete. Je pris un vif intérêt à visiter son bateau, le *Korrigan*, car c'était l'ex-*Lak* dont je possédais les plans dans mes archives en France.

Je rencontrai aussi Bengt Daniellson, membre de l'expédition du *Kon Tiki*. Ce grand gaillard de Suédois m'apparut éminemment sympathique.

Tahiti pourrait être un pays rêvé pour le yachting, mais il n'y a pratiquement aucun bateau de plaisance. Il existe bien à Papeete un « Yacht Club », mais c'est un bar !

J'eus l'occasion de faire quelques belles promenades dans l'île. Son merveilleux littoral est malheureusement déparé par la route goudronnée qui fait le tour de l'île et que sillonnent des voitures américaines et des « trucks[1] ». Seule la presqu'île de Taiarapu résiste encore à ce modernisme envahissant.

Mais il y a quelque chose de très beau et d'inviolé : c'est la montagne. Elle est rigoureusement inhabitée et très peu visitée. Grimper dans la montagne représente un effort qui ne tente guère les Tahitiens — et fort heureusement, car c'est la solitude qui donne au centre de l'île son principal attrait.

Je tins à faire l'ascension d'un de ses plus hauts sommets.

Avec Robert Argod et quelques amis, nous partîmes pour l'Aoraï. L'expédition dura trois jours.

Jusqu'à la station de Fare Rau Ape, la route, entre les arbres de fer, les bananiers et les goyaviers, est quelconque, mais on emprunte ensuite un beau chemin qui traverse de délicieux sous-bois envahis de fougères arborescentes. Le Bain Loti apparaît en contrebas, tout petit.

Après le col de l'Arbre Mort et Fare Mato, le paysage devient de plus en plus grandiose.

Seuls quelques passages méritent un peu de prudente attention.

Après le Rocher du Diable, passage « difficile », où un câble de sécurité supprime tout danger, après les Grosses Pierres et le magnifique vallon du Kava où l'on marche sur un vert et frais tapis de mousse dans un merveilleux sous-bois de fougères arborescentes, notre petite expédition parvint à la station de Fareata (à 1 850 mètres).

C'est un petit chalet aménagé par la Section alpine du Syndicat d'initiative de Papeete. Nous y campâmes deux nuits, par une fraîche température, agréable et vivifiante.

Fareata : la maison des nuages !

De là-haut, le spectacle est un des plus merveilleux qu'il

1. Autocars.

m'ait été donné de contempler. D'un côté, la vue sur le fameux Diadème, que l'on domine, est déjà très belle ; mais elle ne saurait se comparer au grandiose et sauvage tableau de l'Orohena qui, de l'autre côté du plateau, surplombe de très haut une splendide vallée. Des douzaines de cascades tombent de ce massif. Le silence est total. En bas, Papeete apparaît si petite qu'elle ne parvient pas à mettre dans ce spectacle une dissonance.

Avec ses 2 232 mètres, l'Orohena est le sommet de l'île. C'était autrefois le domaine des dieux. Personne n'a jamais réussi son ascension, qui serait, d'ailleurs, fort dangereuse car la roche est friable. Seul un nocturne oiseau de mer, le nola, revient à l'aube y trouver son repaire.

Mais si l'Orohena était interdit, nous fîmes l'ascension du sommet de l'Aoraï (2 065 mètres). La vue y est superbe. Malheureusement nous ne pûmes en juger que lors de rares éclaircies, car la montagne est presque toujours dans une mer de nuages.

Pendant toute l'escale à Tahiti, je fus astreint à de nombreux travaux de bord. Je désirais repartir avec un bateau impeccable. La route vers la France était longue, et les escales prévues relativement courtes. Je visitai de nouveau tout le pouliage et le gréement. Je refis toutes les peintures extérieures et remis ma prame à neuf.

J'avais décidé de confectionner une voile triangulaire, partant de la tête de mât. Je pensais l'utiliser au vent arrière, en sus des trinquettes jumelles, et au grand largue, à la place de la grand-voile normale, afin d'obtenir un meilleur équilibre du bateau.

La confection en fut longue. Acheter toile et ralingue, couper moi-même la voile sur le ciment du skating, en marquant les ronds et les coutures « forcées », la faire coudre à la machine[1] par un tapissier, disposer les doublages, avoir

1. Quatre coutures.

recours à un menuisier pour la confection du bois de point de drisse et, enfin, la faire ralinguer par une femme pomotu, colosse à la poigne de fer. Je baptisai cette voile la « Petite Tahitienne ». Ma « Paimpolaise » subit quelques heureuses retouches. Son nom prêta à une confusion amusante : quelqu'un répandit malicieusement le bruit que le « navigateur solitaire » était accompagné de sa « Paimpolaise ».

Il me manquait des cartes marines pour la suite de mon voyage. Même avec de l'argent, il m'eût été impossible de les obtenir à Papeete, les relations postales, à ce moment-là, étant misérables. Heureusement le commandant de l'aviso *Lotus* voulut bien me prêter quelques-unes des siennes dont je pris des calques. Le *Commandant-Charcot*, de passage à Tahiti, à son retour de Terre-Adélie, me tira d'embarras, en me faisant présent d'une carte des Cocos Keeling, introuvable.

Ce qui me tracassait le plus, c'était le carénage du cotre, absolument indispensable. La simple mise à sec était une opération dont le coût normal dépassait mes moyens. J'eus la chance de bénéficier d'une faveur. Le 2 mai, M. Walker, constructeur, mit le cotre au sec, gracieusement, sur le quai.

Je fus consterné en découvrant, à la flottaison, quelques trous de tarets heureusement sans gravité. La cause de ces dégâts était simple : aux Marquises j'avais enlevé quelques coquillages qui s'étaient fixés sur la coque, arrachant en même temps, sans y prendre garde, la couche protectrice de peinture. Je grattai la carène. Dans les hauts, il me fallut enlever toute la vieille peinture blanche et mettre le bois à nu.

Le travail était pénible, mais il n'y avait pas à rechigner.

Le 25 mai, le *Kurun* fut remis à l'eau. Le cotre glissa tout seul, à bonne vitesse, sur les glissières bien suiffées. Je ne me doutais pas de la suite.

J'avais quitté le cotre pour me rendre à terre. Quand je revins sur le quai, le *Kurun* m'apparut bien lourd, anormalement enfoncé. A bord, je trouvai le plancher flottant dans la cabine ! L'eau entrait avec force par les coutures des bordés qui s'étaient ouvertes au soleil. J'avais cependant prudemment protégé la coque avec des bâches et des voiles pendant les travaux de peinture. Mais cela n'avait pas suffi.

Mon bateau coulait bas dans le lagon en plein après-midi, sous les yeux de spectateurs impassibles. Pas de plage en pente douce à proximité pour échouer. C'était la catastrophe. Le *Kurun*, mâture comprise, allait-il disparaître dans les eaux calmes de la rade ?

Il y avait du désordre à bord, le matériel de peinture n'ayant pas encore été remis à sa place. Je ne retrouvai pas le piston de la pompe de cale. La grosse pompe d'évacuation, dont les joints de clapets s'étaient abîmés, fonctionnait d'une manière dérisoire.

L'eau montait vite...

Toscana, ex-matelot de *Fleur-d'Océan*, heureusement présent, me donna la main. Avec des seaux, nous nous mîmes au travail. Enfin, je retrouvai le piston de ma pompe. Laborieusement, la rentrée d'eau fut étalée.

Toute la nuit, sans arrêt, il fallut pomper. Dans les douces ténèbres parfumées des odeurs capiteuses de la terre, au son des guitares des Tahitiens rieurs et insouciants, nous pompions, nous pompions... à tour de rôle.

Le lendemain, les entrées d'eau étaient beaucoup moins fortes et, vingt-quatre heures plus tard, la coque était de nouveau étanche comme une bouteille.

J'avais compté être tranquille et me reposer un peu avant de quitter Tahiti. Je dus pendant plusieurs jours rincer à l'eau douce et faire sécher soigneusement tout ce qui avait été mouillé, avant de préparer l'appareillage.

J'avais une corne neuve confectionnée avec une belle pièce de pin d'Orégon que j'avais minutieusement choisie. Je la gréai avec des ferrures faites par mon forgeron de Nantes, Millot, et que j'avais reçues juste à temps.

Je m'occupai des vivres ; avant une grande traversée la question demande du temps et des soins.

Pour mon poste de T.S.F., n'ayant pu trouver de piles normales, j'achetai quelques douzaines de piles de 1,5 volt et les mis en boîtes, noyées dans de la paraffine. Ces piles américaines sont d'une qualité extraordinaire et mon poste de radio marcha sans défaillance jusqu'à mon retour en France.

J'avais fait la connaissance de M. Doudoute, constructeur de bateaux, qui connut Alain Gerbault et travailla pour lui au chantier qu'il possédait alors à Fare Ute. Il effectua pour moi plusieurs petits travaux, pour lesquels il ne voulut accepter aucun argent.

Le cotre paré, je me disposai à l'appareillage.

Il était temps de quitter Tahiti pour être assuré de traverser l'océan Indien avant la saison des cyclones[1] et d'arriver à la Réunion au plus tard le 15 octobre. Il me fallait donc faire de la route, car j'étais en retard sur mes prévisions.

Je fixai au 9 juin la date de mon appareillage.

Un groupe d'amis vint me faire des adieux à grand renfort de couronnes de fleurs. On ne part pas de Tahiti sans couronnes et mon grand nez émergeait à peine de ces magnifiques fleurs odorantes, rouges et blanches. Ma tête elle-même était couronnée de rouge — comme le tonnerre ! C'est dans cet équipage que je souquai dans ma prame vers le cotre qui se balançait au bout de sa chaîne.

Je dérapai vers 13 heures. J'eus de la peine, à la main, à soulager mon ancre du fond car j'étais fatigué. Je dus tourner ma chaîne, afin de masquer le foc promptement pour ne pas rater mon appareillage et aller écraser un banc de coraux. Le cotre prit de l'erre sur le bon bord et je pus mettre l'ancre à poste.

Je mis le cap sur la passe. Brise faible, alors qu'elle soufflait honnêtement quelques heures auparavant[2].

Papeete semblait vide. Personne sur le quai, sauf Farge, à qui j'étais allé serrer la main à son bureau et qui était venu pour prendre quelques photos. Je lui souhaitai

1. Je n'avais aucune envie, par ailleurs, de doubler le cap de Bonne-Espérance en hiver (austral).

2. La rade de Papeete, située sous le vent de l'île, est sujette aux calmes et aux faibles brises variables.

« bonne chance ». Il avait trouvé à l'Office des travaux publics un emploi enviable dans l'atmosphère d'un pays enchanteur qui lui convenait. Je savais qu'il était persuadé que je ne reverrais jamais la France ; il l'avait d'ailleurs annoncé à qui voulait l'entendre.

Pavillon haut, j'appareillais seul pour une longue course qui représentait les deux tiers du tour du globe. Le *Kurun* glissait doucement, silencieusement, sur le lagon à peine ridé. Je sentais quelque fatigue, mais mon œil n'en était pas moins vif et ma main pas moins ferme sur la barre de chêne. Quant à ma détermination, elle était aussi inébranlable qu'un bloc de granit : « Je te ramènerai aux côtes qui t'ont vu naître, mon vieux *Kurun* », murmurai-je.

Suivant l'usage je jetai mes couronnes à la mer, n'en conservant que deux dans ma cabine : une blanche, de tiaré, et une rouge, d'hibiscus.

J'étais persuadé que la petite brise de N.-E. allait me permettre de sortir de la passe sans difficulté. Mais en l'approchant, il n'y avait plus que des souffles insignifiants et changeants, debout et gonflant à peine les voiles.

La mer brisait des deux côtés sur le récif et, à certains moments, qui me semblèrent longs, le cotre ne gouvernait même plus. Calme !

Je regardai les remous et des noix de cocos en dérive, jouets du courant. Pas assez d'erre pour virer !

Enfin, à 13 h 40, après quelques instants désagréables, je sortis de la passe. Tout de suite accueilli par un cahot qui cassait l'erre, je me dégageai laborieusement.

A 14 heures, la brise se fit et hala le S.-W. tandis qu'une houle du Sud faisait son apparition. Le cotre prit alors de l'erre et je l'amenai sur la route que j'avais tracée sur la carte.

Tandis que je m'éloignais de l'écran de la terre, la brise halait Sud en fraîchissant. Bientôt la houle se creusa et les moutons apparurent.

Le temps était splendide, la mer magnifique ; j'admirais cette mer du Sud déjà si familière. Tahiti se dressait majestueusement sur l'arrière, et Moorea, à l'aspect sauvage, se profilait au-dessus du bossoir bâbord.

C'était bien le temps qui convenait au *Kurun*. Son étrave écartait puissamment l'eau verte, faisant jaillir des gerbes de diamants. Six nœuds. « Demain soir, si le vent tient, Raiatea, peut-être... »

A la barre, je dégustais des fruits dont on m'avait comblé : un régime de bananes, un sac d'oranges, de magnifiques pamplemousses. (Le « grape-fruit » tahitien est particulièrement succulent.)

A 16 heures, mes relèvements indiquaient que j'avais parcouru douze milles et demi depuis la passe de Papeete. Je filai le loch.

Jusqu'au soir j'admirai la côte Nord de Moorea que je n'avais pu toucher. Baie de Cook, baie de Papetoaï, sites si souvent admirés en photographie, je ne vous verrai pas de près !

La nuit vint vite. Tahiti se perdit dans une buée presque irréelle, mais Moorea découpait durement son âpre silhouette et, pendant plusieurs heures encore, je devais la voir sur l'arrière bâbord.

Vers 19 h 15, la brise fraîchit de nouveau. Suet. Mer houleuse. Je passai la nuit à la barre. J'avais dû revêtir pantalon long, chandail, ma veste de la Kriegsmarine et mon ciré. N'ayant pas mis le pantalon ciré, mes jambes étaient mouillées. Il faisait presque froid sur le pont. Fatigué, j'avais décidé de dormir et de laisser le cotre en route avec ma nouvelle petite grand-voile pointue ; mais on « torchait » si magnifiquement avec ce « maraamu[1] » ! Six nœuds et demi et, dans les rafales, aisément sept. Le bateau n'avait jamais si bien marché et je réalisai les meilleurs quarts depuis mon départ du Croisic[2].

1. Alizé de S.-E. parfois frais.

2. Vingt-cinq milles quatre de 20 à 24 heures, vingt-six milles de 0 à 4 et vingt-cinq milles sept de 4 à 8.

La mer frisait son poil et le *Kurun* avait ses moustaches des plus grands jours.

Vers 2 heures, grains et pluie. Je souquai un peu : mais je me sentais tellement chez moi, à mon bord, malgré l'aspect peu engageant de la nuit !

Par instants, cependant, je réalisais que le cotre était forcé et je me disais, tout haut : « Ce n'est pas sérieux. Il faut diminuer. N'attends pas le dernier moment. » Tout dessus, le *Kurun* courait au W.-N.-W. ...

Je tombais de sommeil. Pourtant, toute la nuit se passa dans cette chevauchée farouche. J'étais si heureux de me retrouver seul, avec lui, mon *Kurun* !

A 6 heures, au jour, la réalité confirmait exactement mon estime : sur tribord Huahiné et, droit devant, Raiatea — île sacrée, jadis !

A 8 heures, mes relèvements me plaçaient à douze milles de la passe Te-Ava-Piti. Je renonçai à descendre me faire un « jus » dont j'avais pourtant bien envie.

Il y avait de la brise et de la mer. Le mouillage d'Uturoa m'apparaissait de moins en moins souhaitable. L'étude de la carte ne m'y avait pas révélé un seul endroit où l'on pût se mettre à poste en toute quiétude. Partout beaucoup d'eau : 35 à 40 mètres[1] et, par surcroît, des courants. Je tenais cependant à cette escale pour voir mes amis Suzanne, qui m'attendaient.

Le Sud de Raiatea était magnifique. Bientôt la barrière de récifs fut visible : une bande d'écume derrière laquelle se déroulait le tapis vert jade du lagon. Je gardai le cap sur le mont Tapioï, au sommet plat, qui domine Uturoa, puis je parai le mouillage.

A 10 heures, j'étais dans la passe de Te-Ava-Piti, dont les deux motus[2] Tetaro et Taoru font le pittoresque. La mer

1. Pour un petit bateau, c'est, dans les mers du Sud, un des inconvénients de la plupart des mouillages.

2. Motu : îlot.

brisait sur le récif, mais la passe est large et profonde. J'avais parcouru cent vingt milles en vingt heures, ce qui est assez honorable.

Les fonds étaient parfaitement reconnaissables et leur coloris merveilleux. On dit que le lagon de Raiatea est le plus beau de cette région du Pacifique, après celui de Bora Bora.

Sur l'eau calme le cotre filait comme une flèche — sept bons nœuds. J'avais rarement ressenti cette impression de vitesse. La terre défilait rapidement. Arrivant devant Utuora, j'eus un moment l'intention d'accoster l'appontement, mais je pris une autre décision. Avec une erre impressionnante, je vins vent debout et mouillai à deux encablures de l'appontement. Il était 10 h 10.

Je serrai mes voiles et pris quelque nourriture, puis j'allai somnoler. Malgré ma grande fatigue, je dormis peu, montant fréquemment sur le pont pour tâter le câblot maillé au bout de chaîne qui sortait du davier, et contrôler les « marques » que j'avais prises à terre.

Le maraamu conserva toute sa force, mais je passai néanmoins une nuit réconfortante.

Le lendemain, en meilleure forme, après un bon « jus », je mis ma prame à l'eau, malgré le fort clapotis, pour aller examiner de près l'appontement en vue de son accostage — solution la meilleure et surtout la plus sûre.

Je pris contact avec la terre. Uturoa, ville chinoise, est laide et décevante.

L'arrivée dans une île océanienne fait souvent passer par trois impressions successives. Vu du large, c'est beau : en arrivant au village principal : horrible ! En visitant l'île et en retrouvant la nature : c'est beau ! Éprouvée à Tahiti, cette suite d'impressions se renouvela pour moi à Raiatea.

Après une courte promenade « en ville », je ressentis comme une hâte de rejoindre mon bord. Intuition ? Inquiet, je me dirigeais vers le wharf quand quelqu'un me cria : « Votre bateau s'en va ! »

Je me précipitai. Effectivement, le *Kurun* chassait rapidement et, par moments, venait presque en travers au vent. Ce fut à la volée que je sautai dans ma prame. Copieusement trempé, j'embarquai à bord du cotre.

D'un coup d'œil, j'évaluai la situation. Le bateau dérivait à peu près dans l'axe du chenal et ne courait pas de danger immédiat. Sinon il eût fallu filer la chaîne par le bout[1] et établir promptement la voilure.

Je m'attaquai au guindeau sans tarder davantage. Virer était long et laborieux avec cette touée dehors. Péniblement, le câble vint à bord. Plusieurs fois, le linguet d'arrêt sauta et il me fallut arrêter la manivelle avec ma jambe (au prix de quelques contusions). Je sentais la fatigue ; mais il importait de déraper, car le cotre chassait toujours et, si le vent jouait un peu, j'allais faire tête sur un banc de corail, bien repéré, sous le vent. Après plus d'une demi-heure d'efforts, l'ancre était dérapée. Peu après, elle apparaissait pendante au bout d'une dizaine de mètres de chaîne, surjalée et surpattée... Résultat du courant la nuit précédente, pendant que je dormais !

J'envoyai la trinquette et commençai à remonter au vent. La prame me gênant, je ratai un virement de bord, vent devant à proximité d'un banc de corail. Immédiatement je mis la barre toute au vent et virai de justesse lof pour lof !

Le petit canot à moteur d'*Air-Tahiti* vint me donner la remorque ; mais ses cinq chevaux étaient dérisoires. Il m'aida néanmoins à louvoyer et surtout à virer de bord, si bien que, petit à petit, nous arrivâmes à gagner dans le vent. Nous approchions du wharf, quand le moteur du canot tomba en panne ! Fichus moteurs : il n'y a rien de plus dangereux que ces mécaniques.

Je mouillai aussitôt et portai une amarre sur le coffre à hydravion qui se trouvait à proximité. Affourché, le *Kurun* était en sécurité.

Iles Sous-le-Vent ? Je n'avais jamais vu tant de brise en Océanie...

1. Avec une bouée, bien entendu.

Le cotre ne resta que quatre jours à Raiatea, mais grâce aux attentions de l'administrateur, ces quatre jours furent bien employés. Le gendarme me fit visiter en Jeep la côte Ouest de l'île.

Uturoa est un village composé surtout de baraques en planches, couvertes de tôle ondulée. Il offre pourtant des surprises et, tout d'abord, un grand hôpital moderne qui, pour l'instant, ne risque pas d'être encombré !

Mais ce qui laisse rêveur, c'est l'éclairage au néon dont la route est dotée — au profit de quelques centaines d'habitants, qui vivent pieds nus !

Le premier soir que je passai chez l'administrateur, sa servante tahitienne, Céline, avec la charmante et douce nonchalance des îles, avait oublié de préparer le repas ! Nous le préparâmes nous-mêmes, sans façon.

Charnay était un homme intelligent, qui s'était fait lui-même. Un jour que je déjeunais avec lui en compagnie du vieux peintre hollandais Gouwe et de Pierre Suzanne, nous ouvrîmes un long débat sur le Polynésien.

Charnay parlait de la « philosophie » du peuple de l'Archipel ; je répliquai que leur légendaire « Aïta peapea » : « Cela n'a pas d'importance », qui les définit si bien, n'est pas précisément une philosophie. L'expression a d'ailleurs des équivalents dans toutes les langues et chez tous les peuples. C'est le « Je m'en f... » érigé en système.

Cette attitude n'est pas le résultat d'une recherche, d'un effort de compréhension, d'un jugement ; mais d'un abandon à une inertie qui ne saurait se confondre avec la sagesse. La sagesse est active : vivante, l'inertie est passive : la mort. Comment ce qui est la négation même de l'esprit pourrait-il être appelé philosophie ?

Le jugement de Bougainville, au sujet des Tahitiens, est toujours d'actualité : « Il semble que la moindre réflexion leur soit un travail insupportable, et qu'ils fuient encore plus les fatigues de l'esprit que celles du corps. »

Je garde un souvenir merveilleux de tous les sites de Raiatea : la montagne, les vallées, les admirables baies. Les hommes ont encore beaucoup à faire pour gâcher complètement cette superbe nature.

Les colons français sont peu nombreux. Je les rencontrai presque tous, sinon tous. L'un d'eux, un mécanicien, m'amusa par son originalité. Il s'était construit, dans la partie N.-W. de l'île, une véritable maison-usine, où tout marchait électriquement grâce à une « conduite forcée » qui alimentait une turbine. Pour accéder à sa demeure, il avait installé un ascenseur au flanc de la colline. Du vrai Jules Verne ! Mais je ne pus voir toute son installation. Aucun gendarme n'avait jamais pénétré dans sa maison, et j'étais alors en compagnie de l'un d'eux.

La « marae » de Tevaitoa est constituée par des blocs verticaux, de corail et de basalte, disposés suivant un rectangle qui, en fait, limite un amas de morceaux de corail. Dans un petit bloc de basalte, jadis réservé aux sacrifices, sont ménagés trois trous, pour recueillir le sang des victimes. Là semblent s'arrêter à peu près les connaissances qu'on a des anciens rites. Il existe à Opoa, une pierre levée, analogue aux menhirs : on n'a pas mieux trouvé, pour expliquer sa signification, que d'affirmer qu'elle servait à mesurer la taille des rois (ils devaient être de haute stature !).

A Uturoa, le mercredi, jour de marché, donne lieu à une pittoresque animation, car les populations des divers coins de Raiatea et Tahaa s'y trouvent réunies. Tout ce monde arrive sur des petits bateaux, tellement chargés qu'on voit d'abord, sur le lagon, s'avancer des grappes humaines ; ce n'est que lorsqu'elles arrivent tout près qu'on voit le bateau qui les porte.

Le 14 juin, après le déjeuner, à 14 h 20, j'appareillai avec Pierre Suzanne à mon bord, tout dessus, la prame à la remorque, par le temps le plus magnifique qui soit, et sous une caressante brise de N.-W.

Malheureusement, la brise tomba bientôt et il fallut près de trois heures pour couvrir un peu plus de quatre milles en louvoyant ; mais il faisait si bon et le lagon était si beau ! Aïta peapea ! …

Après avoir embarqué Jacqueline Suzanne et ses deux petites filles dans le Sud de Tahaa, nous fîmes route sur la baie Hurepiti. Cette baie profonde, à l'Ouest de l'île, est parfaitement abritée.

Nous y parvînmes laborieusement, après plusieurs heures d'aviron, et nous nous amarrâmes en pleine nuit, l'arrière à toucher l'appontement du « fare[1] » de Roland Morillot.

La baie Hurepiti est, dans un cadre splendide, un lieu d'escale idéal. Alain Gerbault, m'a-t-on dit, aimait venir y mouiller, et je le comprends, car elle résume tous les charmes des îles polynésiennes. Pour le *Kurun* ce fut un des mouillages les plus enchanteurs de toute la croisière. Ce fut aussi une escale de détente et de repos auprès de charmants amis.

J'appareillai le 19 juin à 9 h 40, toujours en compagnie de Pierre Suzanne, la prame à la remorque.

Par cette belle matinée, la baie apparaissait encore plus édénique. Du fond de la vallée, parvenait, amorti par la distance, le long appel d'un « pu[2] » aux sonorités nostalgiques. Des souffles capricieux d'Ouest semblaient inciter le cotre à rester dans la baie. Mais, doucement, il gagnait la sortie du long couloir. Puis la brise se leva du S.-E.

Pour sortir du lagon, la passe Paipai, située presque devant Hurepiti, était tout indiquée.

La mer déferlait sur le récif, en gros rouleaux, des deux côtés, mais, avec la brise, je pensais pouvoir sortir sans difficulté.

A 10 h 15, nous étions dans la passe Paipai. Quelques

1. Maison — en tahitien

1. Coquillage, sorte de conque marine, dont on se sert pour émettre un son en y soufflant.

minutes encore et nous serions parés. C'est alors qu'avec une soudaineté singulière, le calme survint.

J'étais un peu inquiet. La houle portait sur le récif et paralysait l'efficacité de l'aviron de godille. L'ancre avait beau être parée à mouiller, la situation n'était pas de tout repos.

Enfin, laborieusement, nous pûmes sortir de la passe. Ouf ! Je bénis le souffle du S.-S.-E. qui nous dégagea du récif.

La traversée de Tahaa à Bora Bora ne fut qu'une agréable promenade par le temps le plus beau qui se puisse rêver.

Par une excellente visibilité, le spectacle était superbe ; toutes les îles Sous-le-Vent étaient à la fois en vue : Huahiné, entre Raitea et Tahaa ; Bora Bora, dont le sommet ressemble à la tête d'un énorme cachalot, pointée vers le ciel ; enfin, dans l'Ouest de Bora Bora, Maupiti. Il n'y manquait que Motu-Iti (ou Tupaï), un atoll, il est vrai, presque au niveau de la mer, dans le Nord de Bora Bora.

Après midi, une jolie brise se leva et Bora Bora grossit à vue d'œil. Nous contournâmes, à petite distance, le récif sur lequel la mer brisait en belles volutes devant Toopua, île secondaire enclose, elle aussi, dans le lagon merveilleux.

A 16 heures, le cotre entrait dans la passe Teavanui. Le lagon ne comporte qu'une seule passe, large et franche de dangers, insérée entre motu Ahuna et motu Tapu. Après avoir louvoyé, je mouillai, à 16 h 50, à une demi-encablure devant le wharf de Vaitape.

La carte marine, pourtant récente, que nous avions, donnait un aspect inexact des lieux ; elle laissait présumer suffisamment d'eau à gauche du wharf (en regardant du large). En réalité, il n'y avait là que de magnifiques pâtés de coraux ! Si j'étais arrivé de nuit, en me fiant à la carte, je serais allé mettre mon bateau au sec, en toute confiance... Heureusement, de jour, la vue du fond évite toute surprise. L'utilisation des documents nautiques, pour ces îles peu fréquentées, requiert la plus grande prudence.

Il y a beaucoup d'eau devant le wharf, mais c'est un bon mouillage qu'Alain Gerbault avait l'habitude d'utiliser.

Dès que les voiles furent serrées et que tout fut en ordre sur le pont, nous allâmes à terre avec la prame.

Explosion de verdure tropicale au milieu de l'eau verte du lagon — lui-même serti dans l'anneau d'argent des brisants du récif de corail — Bora Bora[1] est belle et attachante.

Pendant la Deuxième Guerre mondiale, l'île fut occupée par l'armée américaine et la nature en garde quelques blessures : de la ferraille, du ciment, le grand appontement de la baie Fanui. Une route a bien été faite autour de l'île ; mais, Dieu merci, elle n'est pas goudronnée et conserve plutôt l'aspect d'un chemin.

L'occupant a, davantage encore, marqué son passage dans la chair des Poraporas ; mais cela échappe au regard non averti. Ne m'a-t-on pas affirmé que le tiers des enfants de l'île était un souvenir des Américains ? Race polynésienne !

Cette progéniture ne soulève d'ailleurs aucun problème. Aux îles, les enfants naissent et se développent sans souci ni peine. L'Archipel, là aussi, est en voie de repeuplement.

Lors de mon bref séjour à Bora Bora, les Français étaient au nombre de trois — tous fort sympathiques : le gendarme, le radio, l'artiste.

Le gendarme, c'était Le Houedec, un Breton cordial, habitué au Pacifique depuis de longues années, intelligent et compréhensif comme tous les gendarmes polynésiens.

Le radio était un très gentil garçon avec lequel nous aimions bavarder.

Quant à l'artiste, c'était le peintre Michon, Breton lui aussi, bon et placide, qui menait aux îles, depuis des années, une vie heureuse avec sa femme porapora, et ses deux enfants.

On ne peut venir à Bora Bora sans évoquer le souvenir d'Alain Gerbault. Grâce à l'initiative du Yacht Club de

1. En langue tahienne, la lettre « b » n'existant pas, Bora Bora s'écrit Pora Pora.

France, sa tombe se dresse sur la place de Vaitape. C'est un monument sobre, orné d'un médaillon fort réussi, représentant le profil de l'illustre navigateur.

On a beaucoup critiqué, à tort ou à raison, certaines attitudes d'Alain Gerbault. Il avait pris la défense de la cause indigène en Océanie. Quelques-uns ne lui pardonnèrent pas d'avoir dénoncé des abus dont ils profitaient, et ils se vengèrent en le calomniant. Par ailleurs, des marins lui ont reproché certaines inexactitudes, étonnantes de la part d'un homme de mer. Gerbault manquait peut-être un peu de simplicité, et il n'avait certes pas le caractère facile, mais ce ne sont là que des travers auxquels il serait injuste d'accorder une importance excessive.

Comme me le disait Bob le Trader à Tai-o-Hae : « Alain, c'était un homme de fer. » Et Gerbault s'était pourtant querellé avec Bob, pour une peccadille ; mais Bob avait navigué sur les grands voiliers : il savait ce qu'était le métier de marin. Les touristes écrivains qui ont parfois jugé sévèrement Gerbault, bien qu'ils fussent d'un « gabarit » bien petit par rapport au sien, ignorent les servitudes du navigateur solitaire : les longues nuits à la barre, le manque de sommeil, le froid, l'eau qui vous trempe, la manœuvre en pleine nuit, sur un pont mouvant, balayé, où on lutte avec une voile qui lacère les mains et menace de vous jeter à la mer... Souffrance, fatigue, effort, ténacité — qualités viriles. N'y eût-il rien d'autre à dire en faveur de Gerbault, qu'il serait déjà une grande figure.

Il a d'ailleurs fait école. A sa suite, certains ont voulu parcourir les mers, et beaucoup ont cru qu'il était souhaitable de fuir la civilisation pour retrouver la « vie primitive ».

A ce propos, il me semble nécessaire de faire une remarque : le Tahitien n'a rien d'un primitif. Il en est même tout l'opposé. Dans la mentalité et dans l'existence des vrais « primitifs », tout est rituel, sacré, religieux. Rien de tel chez le Tahitien.

Pour ma part je n'éprouve pas plus d'attirance pour la mollesse du Tahitien que pour l'agitation de l'Occidental. Ce n'est pas, du reste, entre eux que se situe l'Homme.

Quoi qu'il en soit, les insouciants insulaires se préparaient aux fêtes du 14 juillet ; tous les soirs, dans chaque district, danseurs et chanteurs s'exerçaient longuement sous les bananiers ou les cocotiers. Nous y allions en spectateurs. Dans la douce nuit des îles, le déchaînement des danseurs avait quelque chose d'ensorcelant. Plus que jamais, ici, on est tenté de voir dans la danse « une technique de l'excitation érotique par agitation collective ».

Mon intention était de traverser tout le Pacifique Ouest sans escale. Cela me fit mieux goûter le charme de ma dernière escale dans les îles des mers du Sud. Avant de reprendre la mer, j'appréciais mieux la douceur et la poésie de ces îles.

Mais, là-bas, du fond de l'Ouest, derrière le soleil couchant, l'appel de ma patrie montait déjà vers moi :

Ni zo bepred
Bretoned
Bretoned tud Kaled[1] *!*

1. « Nous sommes toujours bretons, bretons race dure ! ».

13

Bora Bora
La Nouvelle-Guinée

A deux reprises, j'ai différé l'appareillage. Aujourd'hui, dimanche 24 juin, sans rémission, je pars.

Pierre Suzanne m'a invité au « restaurant » de Vaitape, où nous avons fort bien déjeuné, puis il m'aide à mettre en place le dispositif des trinquettes jumelles, soigneusement rangé dans le poste avant.

Quelques indigènes, sur le wharf ou à bord du bateau voisin, sont là, dans je ne sais quel anéantissement de la pensée. Que leur importe si un petit cotre part pour une traversée de quatre milliers de milles ou pour celle du lagon ?

J'établis la grand-voile et largue devant. Comme les longs-courriers d'autrefois, je m'écrie : « Hisse le grand foc, tout est payé[1] ».

Il est 14 h 30. Le cotre prend de l'erre. C'en est fini avec la terre, pour de longs jours.

« Au Croisic, dans un an », criai-je à Pierre une dernière fois. L'un et l'autre, nous devions être exacts au rendez-vous, bien que rentrés en France par des voies opposées.

Une brise irrégulière, mais portante, m'emmena jusqu'à la passe. J'en sortis à 14 h 55 et filai le loch.

Très beau temps. Brise d'Est.

1. Quand le grand foc était hissé, tout était fini avec la terre ; si les marins laissaient des dettes, elles se trouvaient par là même réglées !

Houle du Nord d'abord[1], puis de l'arrière ; elle se creuse un peu. A la barre, je fais route sur le Sud de Maupiti, parfaitement visible.

Jolie brise. Foc en ciseau sur le tangon tribord ; le cotre, vent arrière, donne cinq nœuds sept.

« Westvard Ho ! »

Belle navigation ! Me voilà donc sur le chemin du retour. Des milliers de milles restent à parcourir et, jusqu'au continent sud-africain, je sais que je n'aurai guère de répit.

Ces îles, quand les reverrai-je ? Dans l'encadrement du portique, je ne quitte guère des yeux le mont Pahia qui s'écrase à l'horizon. Il disparaît à la nuit, tandis que la masse noire de Maupiti reste bien visible.

Après l'avoir dépassée, j'amène tout, à 20 h 50, et laisse un moment le cotre en travers pour manger un peu et mettre de l'ordre à bord.

A 22 h 30, je remets en route sous les trinquettes jumelles.

La nuit est si belle et si douce que je ne puis me décider à descendre me coucher. Je reste sur le pont longuement, sous les étoiles, à rêver. Là-bas, comme chaque soir, la jeunesse insouciante de Bora Bora danse et chante, si loin déjà dans le sillage du *Kurun* !

Ce n'est que passé minuit, après avoir soigneusement réglé le pilotage automatique et allumé le fanal, que je décide d'aller dormir.

Au jour, Maupiti est encore en vue, car la brise est légère, mais à 9 heures elle disparaît pour toujours dans l'Est.

Je ne fis guère de route ce jour-là. Le lendemain, 26, j'eus des grains et de la pluie, peu favorables à la paix du bord. Le matin, la brise hala N. 1/4 N.-W., et je dus renvoyer la grand-voile. La brise ayant encore joué, il me fal-

1. Elle contourne l'île. Dans les îles, de nuit, sans aucune visibilité, le changement de direction de la houle peut indiquer au marin la proximité de la terre.

lut reprendre la barre. A 21 h 40, cependant, j'amenai la grand-voile au vent arrière et continuai sous les trinquettes. Dans la matinée, j'avais laissé, à une trentaine de milles dans le Sud, l'atoll de Mopelia où, lors de la Première Guerre mondiale, le navire corsaire *Seeadler* avait été détruit... par un raz-de-marée. Dans la nuit suivante, je passai entre les deux atolls Scilly et Bellingshausen. Désormais, c'était l'eau libre pour assez longtemps.

Grains et pluie, les jours qui suivirent ; mais le 29 juin marqua une innovation à bord. Dans l'après-midi, j'établis pour la première fois ma petite grand-voile pointue. La vitesse s'en accrut sensiblement, et le nouveau réglage du pilotage automatique, à ma vive satisfaction, s'opéra sans difficulté.

Cependant, cette nouvelle installation, je dois l'avouer, était de fortune. Pour déborder la « Petite Tahitienne », je ne possédais pas de tangon assez long. J'avais donc dû jumeler mon bambou de Taahuku à l'une de mes cornes inutilisées[1] ; l'ensemble était lourd et peu maniable.

Le 30 juin, des grains, avec pluie abondante, firent jouer la brise jusqu'au S.-S.-W., mais elle recrocha S.-S.-E. ensuite, puis S.-E. Pendant quatre jours, la brise fut fraîche. Le cotre roulait beaucoup, embarquait un peu, mais « torchait » de la route ; c'est ce qu'il me fallait. Cependant, il ne donnait pas son maximum, car le 30, au soir, la drisse de la « Petite Tahitienne » s'était rompue[2] et j'avais dû ramasser la voile.

Le 4 juillet, la brise mollit, force 4, et la mer devint plus aimable.

5 juillet. — Nuit magnifique avec toutes les étoiles. A dormir. Cependant, à 3 h 15 et à 5 h 40, il me fallut monter

1. Au départ de Tahiti, le cotre avait donc trois cornes : une grande pour l'« Alexandrine » et deux petites pour la « Paimpolaise ».

2. Par raguage sur le clan du mât (installation faite à titre d'essai).

sur le pont pour rectifier les bras des trinquettes, car le bateau ne suivait pas son cap.

Matinée splendide. La mer est tombée et j'apprécie cette tranquillité, après le cahotage des jours derniers. Malheureusement, la petite brise Est est très faible. Le cotre suit mal sa route et masque plusieurs fois — ce qui, en général, oblige à amener la trinquette masquée pour remettre en route ; c'est assommant.

A 10 h 45, tandis que je calcule les logarithmes de ma droite de soleil, un bruit caractéristique me fait lever le nez.

Il n'y a pas de doute : c'est une baleine qui souffle. J'abandonne mes tables de Friocourt et monte sur le pont. J'ai vite fait de déceler le remous subtil qui ne peut échapper au marin averti. « Il y a une baleine là. » Quelques minutes après, la bête émerge.

L'eau est très claire et je vois parfaitement l'énorme cétacé dans la mer transparente. Bientôt, une seconde baleine apparaît. Pendant un long moment elles accompagnent le *Kurun* et rôdent autour de lui, beaucoup trop près à mon goût...

Je grimpe dans la mâture, pour mieux voir les évolutions de ces bêtes gigantesques, qui sont souvent à moins de cent mètres du bateau. Je discerne parfaitement leur queue formidable, dans son mouvement de propulsion, paisible et comme ralenti, mais tellement puissant. J'avoue que c'est impressionnant. Ces animaux mesurent plus du double de la longueur du bateau... Hum ! J'ai presque envie de manœuvrer pour m'en éloigner un peu.

Cette navigation de conserve prend fin, les monstres s'éloignent et je verrai une ou deux fois encore le geyser monter de leurs évents, à bonne distance.

Très beau temps. Cumulus. L'après-midi, j'amène la voilure, avec le calme. De telles journées sont des journées de vacances. Aujourd'hui, j'opère des rangements dans la cabine. Je mets des draps propres dans ma couchette. Je prends ma douche sur le pont, je me rase. La belle vie ! Je fais de la couture, puis du matelotage.

A 20 h 30, j'envoie de nouveau les trinquettes et remets en route avec un petit souffle du N.-E., mais si faible que le réglage de la barre est impossible. Il faut rectifier constamment. Enfin je vais dormir. Nuit magnifique et scintillante d'étoiles.

6 juillet. — Calme plat. Voici ma plus belle matinée depuis Bora Bora. Pas un nuage, à part une légère ligne mauve autour de l'horizon. Grandeur et pureté de ce spectacle. Quel silence ! Le *Kurun* monte doucement sur une légère houle Est.

Je fouille la mer du regard. Voici un requin sur l'arrière, mais je suis fasciné par l'extraordinaire vie du plancton — par ces milliards d'animalcules, de petits globules translucides. Quels sont ces petits points, bleu-argent brillant, que j'ai très souvent remarqués et qui se déplacent si vite, comme par enchantement, dans l'eau calme ? Je vois passer, mais trop vite, une espèce de petit serpent de mer au corps diaphane. Un beau poisson solitaire, gris-bleu avec la nageoire dorsale sur l'arrière et très développée, va rôder toute la journée autour du bateau. J'essaie en vain de le capturer.

Océan plein de vie et de mystère...

Il fait chaud. Pas un souffle d'air.

Dans l'après-midi, une baleine souffle à quelques encablures.

7 juillet. — Ce matin je devrais voir les îles Manua, les plus Est de l'archipel des Samoa, dont je m'estime à environ 45 milles, mais je me rends compte que la visibilité, réduite par des grains, n'est pas suffisante.

A 12 h 20[1], alors que je monte sur le pont pour la méridienne, la terre m'apparaît brutalement par tribord. Un léger contour bleuâtre : Tutuila. Après la prise de hauteur,

1. Je change l'heure de la montre d'habitacle tous les 15°. Pour les profanes : la méridienne est à midi rigoureusement, heure locale.

je relève, au compas, le plus haut sommet, qui doit être le pic Matafao. Je suis à environ 42 milles de terre.

A 13 heures, les îles Manua sont en vue sur l'arrière du travers tribord et je relève le plus haut sommet de l'île Tau.

Iles Samoa, après treize jours de mer. Le désir me démange d'aller y mouiller un pied d'ancre ; mais, vraiment, ce ne serait pas raisonnable, étant donné l'avancement de la saison et la perspective des cyclones... Dommage ! J'aurais aimé connaître les indigènes de ces îles, qui ont, paraît-il, un caractère spécifique bien plus marqué que ceux de l'Océanie française. Ce sera pour une autre fois.

Le lendemain, au jour, Tutuila est bien en vue.

A 8 h 15, j'aperçois Upolu, par tribord.

A 10 h 25, je renvoie la « Petite Tahitienne » avec plusieurs améliorations et en utilisant la drisse de pic ; la vitesse s'en accroît. L'après-midi, la brise fraîchit, avec un grain et une pluie abondante.

Upolu disparaît à la tombée de la nuit. Le cotre est en route pour les îles Horn, et la brise fraîchissante, dans les premières heures de la nuit, est pleine de promesses. Les milles s'ajoutent aux milles. Le cotre gagne dans l'Ouest... en embarquant de temps à autre.

Le 9, au début de l'après-midi, deux baleinoptères suivent le bateau — puis, le lendemain matin, je vois quelques mouettes et un « vol » de poissons volants, si rares depuis Bora Bora.

11 juillet. — Jolie brise S.-E. 1/4 E. Le *Kurun* donne cinq nœuds et demi. Je dois voir la terre dans la matinée, et des mouettes semblent me dire : « Bien sûr, elle est là. »

A l'approche de ces îles françaises, découvertes par Lemaire et Schouten, les mouettes et les fous se font nombreux.

10 h 15, la terre droit devant : Alofi. Comme elle m'apparaît minuscule ! Dire qu'il y a des gens qui vivent là-dessus, perdus dans l'immensité du Pacifique. Peu après, Futuna apparaît à son tour.

Je range. Alofi à toute petite distance. L'île est belle, toute verte, dominée par le mont Bougainville. Sur la côte, des rochers avec des grottes. Je ne vois pas trace humaine.

A 17 h 28, je double la pointe extrême Sud d'Alofi à environ un demi-mille. Puis la côte Ouest m'apparaît ; avec mes jumelles je distingue, devant le village de Mua, des pirogues et des hommes. Le coin est tentant. J'irais volontiers y mouiller quelques heures... Allons ! pas de faiblesse !

Futuna, elle aussi, est tentante avec son paysage accidenté. Quelques fumées s'élèvent vers le ciel. Comme l'existence doit y être paisible.

A la nuit tombante, je passe à moins de 3 milles du village de Sigave.

Un moment encore, je verrai des feux de brousse allumés au-dessus du village ; mais la brise a de nouveau fraîchi et, cap à l'ouest, le cotre s'enfonce dans la nuit, taillant de la route à 6 nœuds.

Maintenant les Hébrides et les Banks...

Je comptais avoir du vent : j'allais en avoir plus que je ne l'avais souhaité...

12 juillet. — 8 heures. Soixante-douze milles au loch depuis hier soir à 20 heures. Temps orageux ; ciel chargé de gros nuages cuivrés.

A 12 heures, la brise a fraîchi et halé E. d'un quart. Le *Kurun* dévore les milles, mais je préférerais une brise plus aimable et une mer plus clémente.

Vers 12 h 15, je m'aperçois que la ferrure de tangon bâbord est fortement tordue[1]. Il sera nécessaire d'amener ; c'est ce que je compte faire après la méridienne.

Vers 12 h 30, la balancine de la trinquette bâbord manque. Cinq minutes plus tard, le tangon est à la mer.

1. La ferrure s'est soulagée et s'est tordue, malgré son fort échantillonnage. L'écrou d'arrêt en place, avec une clavette, eût évité cet incident. J'avais négligé de le mettre.

Le cotre vient du lof et embarque. Toutes les voiles battent durement.

Prestement, j'embarque tout ce qui est à l'eau, amène la trinquette bâbord et remets en route.

Me voilà privé de mon « pilotage automatique » aux allures portantes, et, tout en barrant, je mesure les conséquences de ce tout petit incident, si grave pour un navigateur solitaire.

Équilibre sous voiles ; naviguer barre amarrée : questions capitales qui m'ont continuellement hanté !

Précisément, ces jours-ci, je méditais sur la possibilité de naviguer au grand largue, la barre étant commandée seulement par le bras de la trinquette *sous le vent*, conduit à la barre par des poulies de retour placées du bord *du vent*. Théoriquement mon raisonnement est bon. Je procède donc sur-le-champ à la mise en place de ce dispositif.

12 h 50. Amarré le bras de la trinquette tribord, sur la barre, en utilisant les poulies de retour bâbord. Bénédiction ! Après un rapide réglage des sandows, le *Kurun* tient magnifiquement son cap.

J'avais fait une découverte qui devait révolutionner ma navigation solitaire ; car un voilier de grandes croisières, barre amarrée, *doit rester en route parfaitement à toutes les allures.*

Je viens de couper l'anti-méridien de Greenwich.

Le ciel, dans le Nord, a très mauvais aspect, et mon regard reste fixé soucieusement sur des cirro-cumulus et alto-cumulus de mauvais augure.

Vers 13 h 15, j'établis le foc n° 3 bordé plat sur le bout-dehors pour éviter la venue du lof.

20 heures. La brise a un peu molli. J'observe, en altitude, des nuages qui viennent du W.-N.-W. Mauvais aspect.

Avant de me coucher, j'accomplis une double opération : celle du changement d'heure et surtout celle du changement de date.

J'ai coupé le méridien 180° en quittant les longitudes

Ouest. Un jour doit donc disparaître du calendrier. Cette opération, malgré le raisonnement qui la justifie, est assez amusante. On hésite à rayer un jour, comme cela, tout bonnement ! Je m'y résolus enfin.

Ce fut donc un vendredi qui fut sacrifié, et ce qui était scabreux : un vendredi 13 !

Aujourd'hui, j'ai terminé le pain frais — encore bon. Du pain frais pendant dix-huit jours de mer, c'est un bon résultat. Salut au boulanger chinois de Bora Bora.

14 juillet. — Le cotre reste bien en route. Je dors.

A 3 h 30, je suis réveillé. Le bateau vient de masquer. Heureusement, pas de dégâts. Je remets en route et le *Kurun* continue plein Ouest, donnant six nœuds avec aisance, sans forcer.

Au jour, le ciel a très mauvais aspect. Grains. Ciel couvert. Vers 7 heures, je reprends la barre.

8 heures, brise E.-S.-E., force 6 à 7. Mer très houleuse. Vingt-six milles au loch, le dernier quart.

La brise fraîchit. Le ciel est bas, entièrement couvert. Le temps a très mauvaise apparence. Je crains que cela ne tourne au coup de vent.

La mer se creuse et le bateau devient dur à tenir. Le *Kurun* vole littéralement sur les lames farouches — sept nœuds — mais je sais que je ne pourrai continuer longtemps ainsi. On ne doit pas s'amuser à souquer, surtout au grand large, seul. Si cela ne s'arrange pas, il va falloir rentrer de la toile.

A 10 h 45, le cotre, qui depuis un moment embarde sous les grosses lames, vient en grand sur tribord. Je n'y peux rien. De justesse j'évite l'empannage, mais la grand-voile fouette, et l'écoute casse comme un fil à voile !

J'amène la voile qui claque furieusement et je continue avec les voiles de l'avant : trinquette brassée carrée sur tangon, foc « petit moco » bordé plat.

Grains violents. Pas de vue. Sale temps.

Pas question de déjeuner aujourd'hui ; il faut rester sur le pont : cap à l'Ouest !

Le temps forcit toujours et la mer a revêtu son aspect de gros temps. Coup de vent.

Solidement amarré, debout sur le pont, jambes bien écartées, calé contre le rouf et les espars de la grand-voile, protégé par mon ciré, mon suroît et mon « cotillon[1] », je gouverne à la lame.

De 13 heures à 13 h 45, grain violent.

14 h 30 : une dorade à la ligne de traîne. C'est bien le moment de pêcher ! Mais, bigre, ce n'est pas moi qui vais laisser perdre ce beau poisson. Il se débat ferme et engage la ligne avec celle du loch. Mon « juge de paix[2] » est dégréé (une erreur) et il va falloir embarquer la prise comme cela. Enfin, je parviens à enrouler le fin avançon en acier inoxydable autour de mon bras et à mettre le poisson sur le pont avec un beau paquet de lignes ! Mais il est difficile d'être à la pêche et à la barre. Après avoir exécuté sur le pont quelques bonds spectaculaires, le poisson retombe à la mer avec le paquet de lignes. J'embarque de nouveau le tout, m'entaillant un doigt avec l'avançon. Pendant l'opération le bateau embarde et je me fais « coiffer » par un joli paquet. Mais ma dorade gît maintenant sur le passavant bâbord, réduite au calme par un certain nombre de coups de couteau dans la tête. Les dalots crachent à pleine gorge, mais l'honneur du pêcheur est sauf.

Plaisir d'avoir du poisson frais ! Je me pourlèche les babines (elles sont plutôt salées !) à la pensée des plats solides que je vais préparer (je n'ai pas déjeuné à midi) !

15 heures. Grains très violents ; pluie abondante ; mer grosse.

Très peu de visibilité (à peine quelques centaines de mètres). Je suis littéralement aveuglé par l'eau qui gicle

1. Pantalon ciré.

2. Courte gaffe acérée destinée à embarquer les gros poissons.

violemment de toutes parts. Le creux glauque des lames prend un aspect hideux, presque à vous glacer les entrailles. C'est, de loin, le temps le plus dur que le cotre ait vu depuis sa naissance.

Ruisselant sous mon ciré, ayant froid malgré mes lainages, je fixe toute mon attention sur les crêtes qui arrivent, écumantes. Le cotre se comporte magnifiquement, sans embarquer. Les sens qui animent la barre sont aiguisés au point qu'il me semble que la mer ne pourrait les prendre en défaut. Mais, je le sais, je suis à la limite. Il serait dangereux de continuer ainsi. Je décide d'amener avant la nuit.

17 heures. Impossible d'amener la trinquette. Les bagues se sont engagées avec l'autre draille et l'étai. J'ai beau peser de tout mon poids sur la ralingue d'envergure, la voile ne bouge pas d'un pouce. L'incident est fâcheux. Mais je bénéficie d'une embellie et le bateau reste docilement — quelle chance ! — plein vent arrière. Je me résous à la seule solution possible : enfiler mon pantalon (j'avais enlevé mes vêtements), prendre mon couteau à gaine et grimper le long de la draille pour couper les amarrages des bagues. « Allons, matelot, pas le choix ! La nuit vient. » Grimpé sur le mât tripode (un beau sport), je m'acharne avec une gaffe et réussis à amener cette « garce de voile ».

Tout en ordre à la nuit. Continué sous le foc n° 3 bordé plat. Le pauvre « petit moco » porte une déchirure, en sus de toutes ses videlles et placards ; mais je pense qu'il étalera pour la nuit. « Et puis, Père Éole, enlève-le si tu veux. Je m'en moque bien. J'ai envie de me mettre au sec. »

En bas, quelle satisfaction d'être à l'abri, chez soi, au grand large. J'ouvre la bouteille de cognac trois étoiles, cadeau du « carré » du *La Grandière*, et me verse une large rasade...

Je fais une collation rapide et pense surtout à prendre du repos.

19 h 10. Coup de mer. Je passe de ma couchette bâbord à celle de tribord.

Grains. Pluie abondante. Ciel bas, couvert. Nuit noire.

Le bateau roule et embarque. J'essaie de dormir mais ne peux fermer l'œil. Beau 14 juillet !

15 juillet. — En fuite sous le foc n° 3 bordé plat. Coup de vent. Mer grosse. Je somnole.

1 heure : j'embarque un bon paquet ; 1 h 40, idem ; 4 h 40 re-idem.

Au jour, le ciel a très mauvais aspect. Je vide l'eau des fonds. La coque est parfaitement étanche, mais les suintements du pont comptent, quand l'eau embarque dessus continuellement. Le clapet de la pompe de cale m'est resté dans la main et la pompe est inutilisable. Je mets de l'ordre sur le pont.

Puis j'attaque la préparation de ma dorade. Il y a du vent et de la mer, mais le bateau se comporte bien — à part quelques paquets encaissés de temps à autre, quand il vient trop du lof.

Je prépare mon poisson avec art. Une partie en sera mangée crue, au « mitiari[1] » ; j'en fais cuire une autre partie au « court-bouillon » et dispose le reste pour le sécher au soleil.

Mon déjeuner prêt, je m'étends pour quelques instants sur la couchette tribord. Après déjeuner, je compte mettre en cape : je serai ainsi plus en sécurité et le bateau roulera moins.

Vers 13 h 10[2], le fil de mes pensées est brutalement rompu par un énorme fracas, tandis que le bateau est enlevé par une force irrésistible. Je réalise aussitôt la situation, sans appréhension, d'ailleurs. Ça y est : je vais chavirer, ou le rouf va être défoncé ! Je suis plaqué brutalement sur la boiserie et mitraillé par toutes sortes d'objets — y compris la totalité des livres de ma bibliothèque qui se trouve à bâbord. Je vois les trajectoires de tous ces corps en mouvement, tandis que le hublot de la cuisine, resté

1. Préparation polynésienne au jus de citron et au lait de coco.

2. La position est alors à environ deux cent vingt milles dans le N.-W. 1/4 N. de Viti-Levu (îles Fidji).

ouvert (pour l'aération !), crache un jet d'eau formidable, comme celui d'un énorme robinet ouvert à plein débit.

Mais, aussi brutalement qu'il a été couché, le *Kurun* revient d'aplomb avec la conviction de ne pas faire « capsize[1] ».

Je suis tout abasourdi. J'ai un œil « au beurre noir », la face tuméfiée, couverte de sang ; mais d'un bond je suis debout, et, d'un autre, sur le pont.

L'eau à hauteur de lisse s'écoule lentement par les dalots. Aucune avarie. Tout en ordre. Les espars ont bien un peu joué dans leur arrimage. Les jerrycans ont sauté de leur logement et je rattrape l'un d'eux en équilibre sur la lisse contre les filières.

Mais je ne m'attarde pas à cela. Je suis déjà au râtelier, j'amène le foc. Le cotre vient rapidement en travers de la lame ; il se comporte avec la plus parfaite aisance, créant au vent un large remous.

Cependant, un quart d'heure plus tard, je suis à la cape bâbord amures, après avoir récupéré, non sans peine, voile, palans et manilles parmi un monceau de matériel pêle-mêle dans le poste avant.

L'aspect de la cabine est pitoyable. Livres maculés, déchirés ou nageant dans l'eau ; objets de toutes sortes dans tous les coins ; ma table de Friocourt coincée derrière le vaisselier de la cuisine ; des objets calés dans le plumier de la table à cartes, c'est-à-dire à toucher la cloison arrière de la cabine, retrouvés sur l'avant de la cabine, de l'autre bord. Le bateau a donc pris également une forte inclinaison dans le sens longitudinal avant de se coucher sur l'eau. Attaqué davantage du travers, il eût vraisemblablement fait le tour !

Contempler l'intérieur avait vraiment quelque chose de décourageant. Je m'en rendis compte aussitôt et je me mis à sourire.

Cet incident me coupa l'appétit. D'ailleurs, des plats que j'avais préparés, plus aucune trace... Leur contenu gisait

1. Chavirer (en anglais).

sans doute çà et là, dans le pêle-mêle. Je me résignai à mettre de l'ordre, en sauvant le plus précieux.

L'après-midi, comme je contemplais longuement la mer, je vis deux ou trois très grosses lames déferlantes qui me donnèrent à réfléchir... Eh oui, un petit bateau peut parfaitement chavirer. Je le compris en admirant ces hautes crêtes blanches. J'avais commis une très grosse faute en continuant à fuir trop longtemps. Je croyais être en sécurité : je ne l'étais pas. Un marin ne doit jamais croire, il doit être sûr[1].

J'avais reçu un avertissement du Père Neptune.

Si je m'étais trouvé sur le pont[2] quand le cotre fut capelé, j'eusse été vraisemblablement jeté à la mer. J'aurais peut-être revu une dernière fois mon bateau, sur une grosse crête, avant d'être englouti... Le *Kurun* aurait continué seul, avant d'aller se briser dans quelque archipel !

J'eus un moment de « cafard », de dégoût même. Un instant, je songeai à rallier Port-Vila, dans les Nouvelles-Hébrides, à remettre de l'ordre à bord et à me reposer. Je me vis même passant de longs mois en Australie... Mais ce ne fut là qu'une courte défaillance, que je surmontai.

Je restai à la cape jusqu'au 19 juillet.

Le 19 juillet à 10 heures, après avoir amené la voile de cape, je remis en route sous le « petit dauphin » et la trinquette tribord. Puis, à 11 heures, j'envoyai la « Petite Tahitienne ».

La brise était très fraîche, la mer grosse ; mais le temps était maniable. J'aurais même pu remettre en route deux jours plus tôt.

J'avais dû regréer une ligne de loch neuve, l'ancienne ayant été coupée — sans doute par un requin attiré par l'hélice qui faisait trempette, le cotre restant en cape[3].

1. Que d'autres profitent de cette leçon. *Dans un coup de temps on ne doit jamais fuir.*

2. Étant à la barre, j'aurais pu présenter convenablement l'arrière du cotre.

3. Par la suite, quand le cotre était en panne ou en travers, je rentrais le loch pour éviter le renouvellement de cet incident.

J'avais réparé la pompe de cale, mis de l'ordre dans la cabine.

La veille, à la tombée de la nuit, j'avais eu une désagréable vision : celle d'une masse flottant entre deux eaux. Un noyé, peut-être ? Non ce n'était qu'une peue[1] que j'avais mise « au sec » sur l'avant du pont et qui avait été emportée par la mer.

21 juillet. — La terre des Nouvelles-Hébrides se fait désirer. D'après mes calculs, je pensais la voir à partir de midi. J'ai l'absolue certitude qu'elle est là, devant moi, mais il s'en faut de quelques milles de visibilité pour que je l'aperçoive.

15 heures : la terre par bossoir bâbord : l'île Aurore. Il faut vraiment des yeux de marin pour la voir : une légère touche grise, là-bas ! Cela fait tout de même plaisir. La brise, insignifiante, ne permet de faire qu'une route misérable. Aussi, à 21 heures, ai-je tout amené.

J'ai décidé d'aller dormir pour pouvoir demain remettre en route, dans les meilleures conditions, tout dessus, en restant à la barre.

22 juillet. — Ciel couvert ; grains ; pluie.

Une petite brise N.-E. semble s'établir à la fin de la nuit.

Bien qu'alerté de bonne heure par la sonnerie de mon réveil, je ne monte pas sur le pont ! Ce temps me dégoûte. On est si bien, en bas, au sec... Renvoyer la « Paimpolaise » et rester à se faire rincer la figure sur le banc de quart manque d'attrait.

Mais je me secoue vigoureusement : « Allons matelot ! Perdre du vent favorable est une honte ! » auraient dit les anciens de la Voile. A 4 h 40, je remets en route sous les voiles d'avant.

La visibilité est médiocre et la terre, pourtant montée

1. Natte tahitienne.

sur l'horizon, ne réapparaît que bien après le lever du jour.

Je rechigne un peu à faire de la toile car le dispositif de la « Petite Tahitienne », réglé pour les autres amures, est à changer. Cependant, à 10 h 25, j'établis la grand-voile normale pour faire de la route. Bientôt, l'île Meralaba est en vue ; malheureusement, le pic est dans les nuages.

A midi, je contourne le Nord de l'île Aurore, à environ trois milles.

Le cotre file six nœuds. Comme la brise (force 5) semble bien établie, mon intention est de rester à la barre jusqu'à demain matin. Après, on verra.

Maiwo, Aurora ou île Aurore. Océan de verdure sauvage et émouvant. Je ne vois aucune trace de vie humaine. Il est vrai que je suis un peu éloigné... Ciel couvert. Grains sur cette terre sauvage. Puis un rayon de soleil fugitif. Mélanésie...

Voici encore des îles que j'eusse aimé visiter. J'aurais volontiers, ce soir, mouillé un pied d'ancre à Laka Rere. On dit que les naturels de l'île viennent à ces cascades et qu'ils sont toujours en guerre. Mais je ne crois guère à la férocité de ces « sauvages », non plus d'ailleurs qu'à la méchanceté foncière de qui que ce soit.

L'île Meralaba, ou Pic de l'Étoile, avant-garde des Banks, est parfaitement visible : un grand cône qui émerge de l'océan et qui, de loin, semble une pyramide géante. Malheureusement, le sommet persiste à rester dans les nuages.

Sur la côte de Maiwo, j'observe un brisant en geyser du plus bel effet : il monte comme le « jet » de quelque énorme baleine.

Pas question aujourd'hui de déjeuner. La brise a halé Est et il faut faire de la route. J'abandonne bien la barre quelques instants pour aller en bas, mais le bateau vient du lof très rapidement. Entre deux embardées, je me prépare, cependant, un plat de « puffed wheat » au lait concentré additionné de Nescafé, que j'avale sans quitter la barre.

Le *Kurun* taille de la route et je suis assez satisfait. Dans l'après-midi, je verrai l'île Aoba (des Nouvelles-Hébrides) et l'île Gaua[1] (des Banks). Un peu avant minuit, j'abandonne la barre un instant, au détriment de la route et descends prendre un peu de nourriture.

23 juillet. — A la barre, je tombe de sommeil. Ces quarts de nuit sont toujours pénibles.

4 heures : mis en panne pour me reposer. 5 heures : tout amené. Je dors un peu.

Après le lever du jour, les sommets Nord de Espiritu Santo, la plus grande des Nouvelles-Hébrides, apparaissent, ainsi que Gaua.

A 8 heures, par brise E.-S.-E. force 4, je remets en route sous les voiles d'avant, à vingt-six milles dans le N.-N.-E. du cap Cumberland (N.-W. de Santo). Les cirrus et le ciel chargé sont prometteurs de brise, mais c'est ce qu'il faut : je n'ai aucune envie de rester moisir dans la mer de Corail.

Je songe un instant à rétablir les trinquettes jumelles, et j'en examine la ferrure dangereusement tordue. Mais, comme je le craignais, elle se casse lorsque j'essaie de la redresser. Question définitivement classée.

Il ne faut donc plus compter naviguer vent arrière sans rester à la barre. Une cause de souci, de perte de temps et de fatigue supplémentaires.

Cependant, à 10 h 15, j'établis la « Petite Tahitienne », et l'allure du grand largue me permettra de naviguer ainsi pendant presque toute la traversée de la mer de Corail.

La brise fraîchit le 24 et le cotre fournit de très belles journées de marche, mais il mouillait passablement, car il y avait de la mer. L'eau presque toujours sur le pont, il fallait garder tout fermé : panneaux et hublots.

Le 26, à midi, je constatai le changement de couleur de la mer, devenue vert olive comme à l'atterrissage à la Martinique. Question de courant ?

1. Ou Santa Maria.

J'avais largement paré les récifs Indispensable (formations coraliennes situées au Sud des îles Salomon), alors dans le N. 1/4 N.-E.

Les mouettes, que je rencontrais très nombreuses, devaient y avoir leur habitat.

La route me faisait alors passer à trente milles dans le Sud du plus au Sud des deux P. A.[1] situées dans le Sud de l'archipel de La Louisiade.

28 juillet. — J'ai lavé un short suivant ma méthode de bord pour économiser l'eau douce : lavage avec très peu d'eau douce, rinçage à grande eau de mer, essorage, puis rinçage avec un peu d'eau douce pour enlever le sel.

Je mets donc mon short au rinçage à la traîne au bout d'une solide ligne neuve. Mais quand je veux le reprendre, il n'y a plus rien au bout de la ligne ; celle-ci est coupée... Un requin est passé par là !

29 juillet. — Je poursuis, comme chaque jour, une lutte vaine, décourageante et fastidieuse contre les bêtes à coprah. Celles-ci se sont installées à bord deux ou trois semaines après l'arrivée à Tahiti. Depuis, leur nombre n'a pas cessé de croître prodigieusement.

Impossible de m'en débarrasser, malgré les massacres fréquents. J'ai recours à tous les moyens : Fly-Tox, insecticides américains, D.D.T., pâtes empoisonnées. Beaucoup disparaissent, mais il en reste davantage encore.

Ces bêtes ont une vitalité extraordinaire (écrasées ou coupées en deux, elles sont encore vivaces) et une agilité surprenante. Elles s'attaquent à tout : livres, linge, vivres (impossible de préserver quelque chose hors d'un endroit rigoureusement étanche). Fruits et pommes de terre, qu'il est nécessaire de garder à l'air, ont beaucoup souffert. C'est le fléau du bord.

1. Position approchée d'un danger.

Je dois changer de route ce soir pour suivre celle que j'ai tracée sur la carte au N. 65 W. et qui aboutit à trente milles au Sud de la pointe Hood où je compte atterrir. Je suis légèrement au Sud de ma route. Il va falloir reprendre la barre pour faire une route plus au Nord ; quoi qu'il en soit, depuis Santo, j'ai fait une excellente route. Je mange le dernier grape-fruit embarqué à Raiatea.

30 juillet. — La brise a molli et joue. Grains.

Il faut reprendre la barre. Plus de paix, maintenant, jusqu'à Port-Moresby. Ce matin : mouettes et fous.

31 juillet. — Grains ; pluie abondante ; brise variable. Temps désagréable. J'ai rétabli la voilure normale avec la « Paimpolaise ».

Oiseaux toute la journée. Pas de repas aujourd'hui : à la barre.

1er août. — Mon point de midi m'indique la proximité de la terre de Nouvelle-Guinée. J'aurais voulu la reconnaître avant de prendre un peu de repos ; mais, après une nouvelle nuit blanche, je tombe de sommeil.

Après midi, je n'y tiens plus : je mets en panne pour me reposer.

A 16 heures, je remets en route et reprends la barre, cap franchement à terre.

16 h 50 : un gros arbre à la dérive. Pas de terre en vue. Pourtant je la sens : elle est là. Je sais aussi qu'elle est très « embrumée » en saison d'alizé de S.-E.

A 18 h 15, je change d'amures pour ne pas me trouver trop près de terre pendant la nuit.

A 22 heures, je mets en panne bâbord amures ; car j'ai l'intention de me reposer jusqu'au matin.

Comme je n'ai pas fait de repas aujourd'hui, j'ouvre quelques conserves[1] pour ne pas aller me coucher l'estomac vide.

1. J'en consomme très rarement : c'est une nourriture douteuse.

2 août. — J'ai pris un bon repos. Il est bienfaisant de dormir !

Au jour, hauts sommets en vue dans le Nord et le N.-E. C'est la chaîne Owen Stanley, dont les sommets ont près de 3 500 mètres. Étant donné la distance et les conditions de visibilité, je ne peux rien identifier. D'ailleurs ces hauteurs se cachent après le lever du soleil.

A 7 heures, je remets en route avec une brise E.-S.-E. force 3.

Je croise des débris végétaux, y compris des arbres, en très grande quantité. Cela ne correspond guère aux indications de courants fournies par les divers documents nautiques : si le courant porte vers la côte et le fond du golfe de Papouasie, d'où viennent ces arbres ?

9 h 08 : terre en vue dans le Nord, mais aucune identification possible. J'ai d'ailleurs fait des observations dont le résultat différait de l'estime. Ah, les belles flèches de courant marquées sur les cartes ! Avec petite brise ou calme, le courant est certainement différent de celui, mieux défini, que provoque un alizé frais tout le long de la côte.

J'ai filé ma ligne de traîne, regréée, car, il y a quelques jours, je l'avais encore retrouvée coupée. En approchant de terre, j'ai l'intention d'attraper quelque chose pour le déjeuner, car les eaux sont très poissonneuses. Je ne suis pas déçu : tout de suite, je prends une dorade que j'ai vue mordre ; un autre poisson suit ma prise quand je la hale à bord, mais un seul me suffit.

Je vais me dédommager des derniers repas réduits à peu de chose. Je prépare une assiette de poisson cru, en cuis une autre partie, et mets le reste à sécher sur le portique.

A midi, je suis à neuf milles dans le S. 1/4 E. de l'île Coutance, mais je ne me dispense pas d'observer ; c'est le premier point précis de la Nouvelle-Guinée reconnu avec certitude. Cette île, un bouquet d'arbres, abrite, paraît-il, d'innombrables pigeons. Dommage de ne pas avoir le temps !

Jusqu'au soir, je navigue le long de la côte, parant un

P.D.[1]. Au crépuscule je suis à moins de trois milles de la pointe Hood[2] et je reprends la route au large pour parer, avec une marge de sécurité suffisante, le P. A. Nellie.

Quelques heures plus tôt je serais allé volontiers, en toute confiance, mouiller dans la baie Hood ou dans celle du Beagle, seulement pour la nuit. A Port-Moresby je devais apprendre que c'était une chance pour moi de n'y être pas allé, car les naturels n'y sont pas sûrs...

A la nuit, de grands feux de brousse embrasent le ciel.

Le matin, j'avais vu une énorme colonne de fumée s'élever de terre et, tout le jour durant, un nuage était resté visible de fort loin. Phénomène volcanique ?

3 août. — A 1 heure du matin, à la barre, de lourds effluves, venus de terre, me remplissent les narines. J'aime sentir, au large, ces odeurs de la forêt vierge. L'odorat du marin demeuré plusieurs semaines en mer est particulièrement sensible.

A 2 heures, je mets en panne pour aller me reposer.

Au jour la terre est bien en vue, mais très embrumée ; aucune identification certaine : cette particularité de la côte y rend la navigation délicate en cette période d'alizé de S.-E. Comme il existe plusieurs plans successifs de collines et de montagnes, le cadre varie beaucoup selon la visibilité. On évalue mal les distances et les échelles. Une petite colline peut être prise pour une montagne... Symbole de la relativité des valeurs.

La brise tombe, en même temps que le soleil monte sur l'horizon ; mais le temps est splendide. Le Pacifique tient à me laisser des regrets. Le bateau ne roule ni ne tangue. J'en profite pour mettre quantité d'affaires au sec : literie, linge, voiles... C'est, sur le pont, un beau déballage, et le *Kurun* a fière allure !

1. Position douteuse.

2. A environ cinquante et un milles de Port-Moresby à vol d'oiseau.

Des pirogues sont en vue dans le lagon[1]. J'aperçois seulement leurs voiles carrées qui, de loin, ressemblent à des balises ou à des tourelles.

Le cotre ne fait pas beaucoup de route. Cependant, vers 16 h 45, je double le cap Tupuseli, identifié quelques instants auparavant.

Bientôt l'épave du cargo *Pruth* est visible, mais ce n'est que beaucoup plus tard que je l'identifierai comme telle. Les vues de cette côte sont déconcertantes. Je fais, d'ailleurs, très attention.

A 17 h 25, la balise de la passe Basilik, qui donne accès à Port-Moresby, est en vue. Je n'arriverai pas avant la nuit.

A plusieurs reprises, je monte dans la mâture pour me faire une idée du récif. L'eau est d'une belle transparence ; mais, la nuit, je ne verrai rien. Le récif-barrière est noyé et, avec ce très beau temps, il y a peu de brisants. Le *Pruth* est assis sur le corail : une belle mise au sec. A Port-Moresby je sus qu'un cargo de 4 000 tonnes s'était également échoué, de nuit, quelques mois auparavant. Avec les moyens extraordinaires dont disposent les navires modernes, de tels accidents ne devraient pas exister. Mais il semble que le sens marin ait diminué parallèlement au perfectionnement des machines et des instruments. Dans la navigation moderne, il suffit, parfois, de la défaillance d'un instrument pour perdre un navire ; c'est la rançon du progrès technique.

La nuit venant, je fais une route de grande sécurité et, à 18 h 25, je mets en panne devant la passe.

Tout n'est pas en ordre à bord et je n'ai pas donné mes derniers soins à l'étude de la carte. Je pare les fanaux, et ajoute un câblot à la chaîne d'ancre, au cas où je devrais mouiller avant d'arriver à poste.

19 h 30. Je fais servir. Le courant m'a emmené dans l'Ouest, mais je suis exactement dans l'axe de la passe.

1. La côte est protégée par un récif-barrière ; c'est un danger de plus pour la navigation de nuit, car il est souvent noyé.

A cause du courant, je suis obligé de garder le cap nettement à l'Est de la route. Bientôt j'identifie les feux de l'alignement et, à 20 h 05, je suis par le travers du feu de la passe Basilik.

J'entre dans le lagon. Un cotre portant un feu blanc en tête de mât est là, monté par des Noirs qui m'interpellent. Je ne comprends rien à ce qu'ils me disent. Je leur demande, en anglais, si c'est le bateau du pilote ; mais ils semblent un peu ahuris.

D'ailleurs le *Kurun* sous voiles est autrement rapide que leur cotre et je les laisse sur l'arrière, pour faire route sur la rade.

Aisément, je contourne le récif Logobu Motu Motu, puis je viens du lof et mets le cap sur le port.

De multiples lumières illuminent Port-Moresby.

Bientôt, déventé, il me faut louvoyer pour gagner le fond du port.

Un grand cargo très éclairé est accosté au wharf. Des bruits infernaux de moteurs me remplissent les oreilles. Il me semble être dans quelque vaste usine.

21 h 40 : mouillé à deux encablures de terre. Cela me fait un curieux effet d'être immobile sur une eau plate comme une table.

Avant de quitter Bora Bora, j'avais escompté quarante jours de traversée. J'en ai mis trente-neuf. Une belle étape !

Ma première visite à terre fut pour le Harbour Master. Je m'offris à remplir les formalités habituelles ; mais j'avais devant moi un gentleman anglais qui ne voulut même pas que je lui montre un seul papier ; « You are a yacht », dit-il en insistant sur le dernier mot. Pour lui, cela suffisait. Même accueil à la douane, où les formalités furent rapides et sans complication.

Je fus étonné de voir à Port-Moresby un Yacht Club et de petits monotypes montés par des skippers enthousiastes qui me nommèrent « honorary member » de leur Club.

Ces bateaux, destinés aux compétitions, sont tous de la même série et du même type que les célèbres V.J. de Sidney, mais plus petits. La plupart sont construits par des amateurs.

Je restai une semaine à Port-Moresby — escale consacrée aux soins du bateau plutôt qu'à l'agrément.

Port-Moresby, la grande ville de la Nouvelle-Guinée, bâtie sur deux collines dénudées, n'est qu'une agglomération de quelques milliers d'habitants.

C'est une ville de fonctionnaires et de commerçants. Je fus surpris de voir dans ses rues des femmes indigènes à peine vêtues d'une petite jupe, pieds nus et la poitrine à l'air. Cela fait un curieux effet dans les « stores », beaux magasins modernes, où les vendeurs sont habillés à l'européenne. Très vite cependant on n'y prête aucune attention.

J'admirai la belle prestance des indigènes, leurs vêtements aux couleurs vives, leurs bracelets, leurs colliers et leurs tatouages.

Port-Moresby est sans caractère. Face au lagon s'étend une belle plage, fréquentée par les baigneurs.

Je visitai le village indigène de Tanubada. La guerre est passée par là. La plus grande partie de l'ancien village a été incendiée. Il n'en reste que quelques constructions sur pilotis qui, malgré leur délabrement et leur saleté, conservent un certain caractère. Le nouveau village est d'une laideur et d'une tristesse affligeantes, avec ses baraques en planches, ses tôles ondulées, ses vieilles ferrailles rouillées, sa crasse, ses chiens étiques et hargneux dont je subis les assauts.

Je me présentai au chef, un vieillard à l'œil vif. Sa demeure contenait un bric-à-brac invraisemblable, y compris un vieil appareil de T.S.F. Je lui expliquai que je venais d'au-delà des mers, que j'étais seul à bord, que ma dernière traversée avait demandé plus d'un mois ; tout cela semblait dépasser son entendement.

Je fis une visite à la mission catholique du village.

Les pirogues indigènes viennent fréquemment à Port-Moresby. Ce sont les fameux lakatoïs[1], longues et fines pirogues la plupart doubles : des catamarans ; certaines autres ayant seulement un balancier.

Elles n'ont guère changé depuis des temps reculés. Le gréement est composé d'une voile carrée à livarde. Malheureusement, les magnifiques voiles de natte en forme de croissant ont disparu de la région[2]. Les voiles modernes sont faites de vieux sacs, de vieilles couvertures ou de vieux tissus, assemblés tant bien que mal : la toile à voile serait trop coûteuse pour les indigènes.

Ces lakatoïs dépassent aisément dix nœuds et sont capables de battre n'importe quel yacht de course.

Je fus agréablement surpris de constater qu'à l'encontre des Polynésiens modernes, les Papous étaient restés des marins. Les pirogues se comptent chez eux par centaines et elles naviguent.

Je bavardai parfois avec leurs équipages, venus de la ville pour commercer. Sur les plates-formes de leurs embarcations, avec leurs femmes, ils restaient des heures entières, immobiles, mâchant des noix d'arec assaisonnées de chaux vive, qu'ils tiraient d'une petite boîte. (C'est ce qui donne à leur bouche une couleur rouge sang.)

J'ai goûté cette fameuse noix, rare et fort prisée ; mais je ne l'ai guère appréciée. Il est vrai que le bétel demande toute une préparation[3]. J'étais un jour dans la rue, lorsqu'une Jeep s'arrêta brusquement tout près de moi : « C'est vous, le Français ? »

Cet homme au volant — cheveux grisonnants, pantalon

1. J'eus l'occasion d'en mesurer un en construction : 13,14 m de long, 0,53 m de large. La coque monoxyle n'avait que 0,43 m de creux, mais une fargue est toujours ajoutée pour augmenter le franc bord. Le travail, fait à l'herminette, m'a surpris par sa perfection.

2. Peut-être subsistent-elles dans des coins plus sauvages.

3. Feuilles de bétel, noix d'arec, chaux vive, tabac et poivre ! L'usage de cette mixture est mauvais pour les dents et émousse le goût.

long, petit plastron violet — c'était le vicaire apostolique de Nouvelle-Guinée, Mgr Sorin.

Je fus tout de suite séduit par son allure jeune et sympathique. Il me fit connaître l'œuvre admirable et si peu connue de la mission française en Nouvelle-Guinée.

Comme il avait insisté pour que je fasse escale à Yule-Island[1], centre de la Mission catholique, je décidai, à la fin de mon séjour, de me rendre à cette aimable invitation.

J'avais du travail à bord : inspection du gréement, de la voilure, etc.

Il fallait aussi remettre en état mes ferrures de trinquettes jumelles. Grâce à l'empressement d'un membre du Club, spécialiste de la forge, une pièce neuve fut faite dans les quarante-huit heures. On me confectionna aussi deux petites pièces métalliques, permettant de fixer, en tête de mât, un palan de drisse pour la petite voile triangulaire.

Je fis le plein de mes réservoirs à eau et à combustible. Malheureusement j'eus des déceptions pour mon ravitaillement en vivres frais. A ma stupéfaction, il n'y en avait pas à Port-Moresby. Tous les vivres, congelés, arrivaient d'Australie : œufs, viande, poisson et même légumes et fruits. Il me fut impossible de trouver des bananes dans les « stores ». Je finis par en trouver à bord d'un lakatoï — de toutes petites bananes, dont la peau sentait un peu le « nègre », mais d'une saveur incomparable.

Le 11 août, à 13 h 20, je dérapai mon ancre et appareillai, tout dessus, par une jolie brise S. 1/4 S.-E.

Après avoir passé Logobu Motu Motu, je vins au près, car il me fallait sortir vent debout. Malgré le clapotis, un petit monotype du Club me fit un brin d'escorte.

Je virai de bord devant le récif de l'île d'Hanudamava ; un autre bord me fit parer de justesse les hauts-fonds Ara-

1. A environ soixante milles dans le N.-W. de Port-Moresby.

kuti, situés devant la plage de Port-Moresby. Les lakatoïs, voiles bien gonflées, rattrapèrent le cotre à une allure du tonnerre. Le spectacle de ces pirogues volant littéralement sur la mer est enthousiasmant. Les Papous me faisaient de grands gestes d'amitié et il me sembla qu'ils goûtaient, eux aussi, la griserie de la voile.

Je virai de nouveau à proximité de l'île Manubada et, à 15 h 10, j'étais dans la passe Basilik.

Pour aller à l'île Yule, je pouvais rester dans le lagon qui s'étend vers le Nord, mais, sans carte, il n'était pas prudent d'emprunter cette route, pourtant plus rapide.

Je parai largement le récif et, cap au N.-W., doublai l'île Daugo, puis l'île Idiha, entourée d'oiseaux.

J'assistai à un coucher de soleil d'une beauté extraordinaire — ceux de la côte néo-guinéenne sont célèbres — avec une féerie de nuages en altitude.

Malgré le clair de lune, il n'était pas question d'aller mouiller à Yule en pleine nuit. Aussi, à 23 heures, je mis en panne pour attendre le jour dans le S.-W. 1/4 W. du cap Suckling.

J'étais assez loin de la côte pour pouvoir dormir tranquille, ce que je fis, un peu après minuit.

Au jour je distinguai nettement l'île. A 7 h 45, je remis en route sous une petite brise S.-E. cap sur l'entrée Sud du Hall Sound. C'est le nom de la baie fermée par Yule-Island.

A 10 h 57, je passai à petite distance de l'unique bouée indiquant le chenal Sud. Je n'avais pas de carte, mais l'eau claire révélait parfaitement les fonds et il n'y avait pas de surprise possible. Aussi continuai-je ma route pour, un quart d'heure plus tard, mouiller à une encablure de la jetée de la Mission française à Port-Léon.

Les missionnaires étaient au courant de ma venue. D'ailleurs j'avais envoyé mes couleurs, sachant que l'arrivée d'un bateau français à Yule était un événement peu ordinaire.

De jeunes Papous vinrent me chercher avec une plate armée d'un seul aviron et d'une longue perche. Le courant rendit le retour à terre assez laborieux.

Cette escale à Yule constituait une sérieuse entorse à mon programme ; mais j'eusse regretté de ne l'avoir point faite. Elle ne me retarda d'ailleurs que de deux jours et demi.

C'est à la fin du siècle dernier que les missionnaires du Sacré-Cœur d'Issoudun s'établirent à Yule-Island après bien des difficultés. Le lieu de fondation primitif de la Mission avait été Thursday-Island, à l'entrée S.-W. du détroit de Torrès ; c'est là que fut préparée la « conquête spirituelle » de la Nouvelle-Guinée.

Les débuts furent difficiles, mais la réussite est admirable de charité, de dévouement et d'amour.

Je trouvai à la mission des hommes remarquables, et une atmosphère peu commune de paix, de bonté et de compréhension à l'égard des indigènes.

Il existe encore en Nouvelle-Guinée de véritables « primitifs ». L'homme « primitif » tel que l'on peut le trouver dans le monde actuel et l'homme « civilisé » représentent deux évolutions différentes qui sont en réalité deux dégénérescences de l'Homme — celui dont parle la Bible (entre autres textes).

Ces évolutions ont suivi des voies très différentes : plus « intellectuelle » chez le civilisé, plus « instinctive » et plus religieuse chez le primitif. Chacun a oublié ses origines à sa manière, mais l'étude du « primitif » par le « civilisé » pourrait être pour celui-ci un sujet fécond de méditation.

Il y a aussi des religieuses à Yule. Leur parloir eût pu se trouver n'importe où en France, avec son parquet bien ciré, ses chaises bien rangées, son atmosphère calme et reposante — et pourtant nous étions dans un des pays les plus sauvages du globe !

Les Sœurs, comme les Pères, sauf exception très rare, ne

rentrent jamais en Europe. La doyenne avait cinquante ans de Nouvelle-Guinée ! Je rencontrai une Sœur irlandaise, récemment arrivée à la mission. Elle était jeune, distinguée, fort jolie, mais son visage était déjà marqué par la fatigue du travail et du climat. Ce renoncement total et définitif est émouvant.

Les missionnaires sont des gens positifs ; avec la religion en plus, ils me rappelaient un peu les colons des Galapagos.

Yule est un centre, une véritable petite ville. Quel étonnement d'y voir, à toucher la forêt vierge, une centrale électrique, un atelier de mécanique, une forge, une menuiserie, une imprimerie, et jusqu'à un chantier de construction navale !

La mission possède toute une flottille : des canots, des barges, des chalands et même un caboteur.

Pour faire marcher toute cette organisation, cerveaux et bras sont nécessaires. Je rencontrai à la mission trois laïcs : deux Français qui s'étaient engagés bénévolement pour dix ans et un Australien, qui commandait le « caboteur ».

Je me promenai sur le littoral de l'île jusqu'au village indigène de Chiria, très attrayant. Au bord de la mer, sous les cocotiers, les constructions y sont dans le style du pays, exemptes des horribles toitures de tôle ondulée. Quant aux indigènes, ils gardent le costume, ou plutôt la quasi-nudité du pays. Les femmes portent des jupes de tapa.

Au contraire de Tanubada, Chiria est propre et ordonné. Le haut de la plage est garni de belles pirogues et l'on fait des poteries dans le village.

Mgr Sorin avait proposé d'organiser une expédition à mon intention, pour aller voir Mgr de Boismenu, son prédécesseur, retiré dans l'intérieur de la grande île, et j'eusse aimé saluer ce grand missionnaire français, Breton de Saint-Malo, qui a consacré son existence à la Nouvelle-Guinée. Malheureusement plusieurs jours étaient nécessaires pour aller jusqu'à sa résidence, et mon temps était trop limité.

La Nouvelle-Guinée, en général, est fort peu connue.

C'est l'île la plus grande du globe, si l'on excepte le Groënland. Les sommets de ses énormes massifs montagneux se dressent à plus de 5 000 mètres d'altitude, et ses immenses forêts vierges s'étirent sur 2 350 kilomètres.

Il ne semble pas que les hommes blancs se soient acharnés à en exploiter les richesses naturelles. C'est le royaume d'élection des magnifiques paradisiers.

Bien plus que les Etablissements français d'Océanie, ce pays est à conseiller aux désabusés qui souhaitent le retour à l'existence primitive. Disons tout de suite que ce retour n'est pas sans risques : les chasseurs de têtes existent encore...

14

De Nouvelle-Guinée aux Cocos Keeling par le détroit de Torrès

14 août. — Mon appareillage de Yule est pour aujourd'hui.

Hier, à Chiria, sur ma demande, des indigènes avaient promis de m'apporter deux régimes de bananes bien verts et une quinzaine de cocos. Personne n'est venu...

Aussi les Pères me conseillent-ils d'attendre le retour de Sœur Gabrielle (bretonne de Penmarc'h), partie « au marché » sur la Grande-Terre, expédition pittoresque, en bateau évidemment, avec remontée de rivières peuplées de crocodiles et bordées d'une végétation exubérante.

Mon appareillage est donc subordonné au retour du petit bateau à moteur de la mission. Je procède, à bord, aux derniers préparatifs. Pour aller me promener parmi les récifs de Torrès, il faut que tout soit impeccable : voiles et gréement.

Je complète ma provision d'eau douce. Il faut aller pour cela jusqu'à la mission, à une bonne touée du wharf, mais un petit Noir m'assiste dans ce travail.

Le Père Willem me fait livrer une véritable palanquée de cocos et un lot de petits citrons ; comme ils sont un peu mûrs, des petites filles de la mission iront m'en cueillir d'autres... Deux petits Noirs me les apportent dans un canot ; ils sont très intrigués par le *Kurun* et regardent tout avec admiration.

Le Père Gremaud, économe de la mission, m'a fait

recuire une demi-douzaine de pains doubles. En regagnant mon bord le soir, je trouvai tout l'arrière du pont garni de fruits et de légumes de toutes sortes.

Tout le monde m'a comblé : j'ai été l'objet des attentions de la Sœur cuisinière, qui m'a préparé de délicieux gâteaux. Les Sœurs ont voulu laver mon linge, et Mgr Sorin, qui vient de rentrer d'une tournée de plusieurs jours, tient à me reconduire au wharf dans la Jeep épiscopale magnifiquement repeinte en vert...

Le clair de lune sur le Sound Hall est magnifique. On voit distinctement la masse noire de la majestueuse forêt de la Grande-Terre. Un souffle presque imperceptible du mirikini[1] ne ride même pas l'eau miroitante du Sound sur laquelle le *Kurun* est immobile, comme un grand oiseau de nuit.

J'embarque la prame, puis j'établis. Minuit : je dérape. Mais la brise est tombée. Je n'ai pas assez d'erre pour gouverner et crains que le courant ne me drosse sur une épave que je sais coulée par là. C'est pourquoi, peu de temps après, je croche dans une barge, mouillée à proximité.

Sur un petit souffle de N.-E. je largue. Envoyé la trinquette. C'est surtout le courant qui m'emmène, parallèlement au rivage, et je me dégage péniblement de Port-Léon.

L'île Yule est débordée par un dangereux récif de corail. Aucun feu. Je n'ai pas de plan détaillé, mais seulement une carte générale où Yule figure bien petite et où l'on ne discerne presque rien.

Dans la crainte d'être drossé sur le récif, je me laisse dériver quelque temps, mon ancre faisant « trempette[2] ». Puis, sur un souffle de brise, j'embraque la chaîne et réussis à me dégager.

1 h 23. La balise, qui marque l'Ouest de la passe, est en vue, à proximité. Voici la mer libre !

Toute la fin de la nuit se passe à dériver, gouvernant de

1. Brise de terre, en langage papou.

2. Ainsi elle aurait croché bien avant que le cotre soit en danger sur le récif.

temps à autre quand vient un souffle de brise. Pas question d'aller prendre du repos, si près de la côte ; je reste sur le pont.

Au jour, la terre est encore bien visible : Yule-Island, et, sur la Grande-Terre, les collines qui bordent la côte, vers le Nord, à partir du cap Suckling.

Une toute petite brise se lève, qui, à 8 heures, me place à 5 milles dans le S.-W. de la bouée Sud du Sound Hall. Le gréement fatigue, avec la grosse houle du Sud.

En fin de matinée, la brise semble s'établir.

A la barre, je déjeune de fruits, le plat de résistance étant constitué par la moitié d'une énorme papaye, cadeau de la Sœur cuisinière.

Après le déjeuner, la brise fraîchit très rapidement et hale S.-E. : le baoura des Papous.

Là se place un moment important dans l'histoire de la navigation du *Kurun*, car je mets en pratique le procédé de pilotage automatique au grand largue que j'ai expérimenté dans la dernière traversée, mais en le généralisant, avec la voilure normale[1].

Le cotre se gouverne ainsi lui-même, mais il faut suivre une route très rigoureuse pour atterrir demain à Bligh Entrance, entrée du détroit de Torrès ; je rectifie fréquemment en aidant la barre.

J'ai retrouvé le puissant alizé de ma dernière traversée. Le bateau mouille et roule. Je me fais rincer la figure. Pas moyen d'être un peu tranquille sur cette garce de mer.

Une lame met sur le pont une quinzaine d'encornets d'assez jolie taille.

17 h 10. Pris deux tours de rouleau, car la brise a fraîchi. Il me faudra, d'ailleurs, en prendre deux autres un peu plus tard.

Minuit. Ciel couvert. Mer grosse. Le bateau roule et embarque. Pas question d'aller dormir : il faut suivre, avec soin, un cap précis.

1. Voir appendice.

Si j'ai ce temps-là demain, mon atterrissage sur l'entrée du chenal du détroit promet d'être réjouissant...

J'avais longuement et de longue date étudié ce passage réputé si dangereux pour un simple voilier et qui, pour un navigateur solitaire, offre des difficultés plus grandes encore, car il réclame une navigation constamment attentive. Avec deux bons marins à bord et par beau temps, l'entreprise est relativement aisée, mais pour un seul elle est ardue.

16 août. — Le *Kurun* fonce dans la nuit sur l'extrémité de la Grande Barrière, cette formation de récifs coraliens, unique au monde et longue de deux mille kilomètres environ, qui défend l'accès de la côte Est de l'Australie. Ces récifs, très peu élevés sur l'eau, sinon noyés, ne sont visibles qu'à très faible distance et constituent un grave danger pour la navigation.

Je m'étends un instant sur ma couchette, mais je dois faire effort pour ne pas m'endormir et j'ai les yeux rivés sur le compas[1].

Remontant sur le pont, je suis tout étonné de voir un fou sur le rouf. Est-il venu se reposer ou s'adjuger un encornet que j'aurais oublié de rejeter à la mer ? Toujours est-il qu'il s'envole dans un grand battement d'ailes quand j'ouvre le panneau.

Au jour, le ciel est entièrement couvert, la visibilité très médiocre. Grains. Mer grosse. Dans mon ciré humide, je gouverne avec le plus grand soin. Je m'approche de la Grande Barrière à vive allure et non sans quelque appréhension, car je ne connais ma position que par l'estime, et les courants ont pu dévier ma route. Pas un astre pour faire une droite de hauteur.

Je scrute la mer de tous mes yeux, cherchant quelque signe. Rien. Rien. Et le *Kurun* court grand erre...

1. Compas renversé.

Je décide donc, si je n'ai rien pu voir, de mettre en panne en fin de matinée pour sonder et attendre une possibilité quelconque d'observation.

Maudits récifs ! Ne les verrai-je que quand je serai dessus ?...

9 h 15. Un petit trait gris vertical, légèrement sur tribord, à moins d'un quart. Je ne puis y croire : serait-ce quelque bateau ? Non, c'est bien la balise de la Caye Bramble, marquant le Nord de Bligh Entrance, le passage que je dois franchir dans la Grande Barrière. J'en suis à environ cinq milles.

Jamais atterrissage ne m'a causé une émotion aussi intense. Arriver ainsi « pile » au milieu de la mer de Corail et dans ces conditions de temps ! Sûrement le vieux Neptune lui-même avait un doigt sur la barre à côté des miens...

C'est par intuition que j'ai guidé mon bateau. Quelques milles plus au Nord ou au Sud, et je passais à côté... pour tomber sur la Grande Barrière aux innombrables récifs anonymes !

Des marsouins, des oiseaux viennent nombreux autour du *Kurun*, comme pour l'accueillir. Je discerne bientôt le banc de sable de la Caye Bramble, puis les Black Rocks où la mer vient briser. L'aspect de ce cadre est sinistre et émouvant.

10 heures. A environ un mille et demi dans le Sud de la Caye Bramble[1], je change de route pour commencer le passage du fameux détroit et reconnaître l'île Stephens, distante de quelque trente milles. Je gouverne attentivement, en conservant la Caye Bramble au même relèvement ; c'est la méthode rigoureuse pour suivre la route avec précision.

11 heures. Perdu de vue la Caye Bramble. La grosse houle du large s'atténue au fur et à mesure que je m'engage dans le chenal du Nord-Est ; mais il y a un dur cahot

1. La distance de la bouée de Yule à la Caye Bramble est de cent soixante milles. Pratiquement, le cotre a donc traversé le golfe de Papouasie en vingt-quatre heures avec un « os dans la gueule ».

et la brise n'a pas molli pour autant. Le cotre en a bien assez avec ses quatre tours de rouleau dans la grand-voile.

Je passe à proximité d'un très gros tronc d'arbre à la dérive, tout noir, piqué verticalement dans l'eau, qui crève la surface et disparaît, alternativement — bélier capable de faire de sérieuses avaries à un petit bateau.

13 h 10. Ile Stephens en vue. Je fais route dessus et distingue bientôt l'énorme récif sur lequel elle repose en la reliant presque à l'île Campbell.

L'île Stephens, bien boisée, est d'aspect engageant. J'y distingue deux ou trois maisons, mais aucune forme humaine.

Basse mer. Je longe le récif — si séduisant pour qui aime courir les grèves... Je suppute même les possibilités de mouillage, mais il y a une sacrée piaule[1] et des courants violents — grande marée d'ailleurs. Le mouillage ici ne serait sans doute pas de tout repos.

Un oiseau essaie, en vain, de se poser à bord. La force du vent est trop grande. Il rate le bateau, chaque fois enlevé comme une plume, et tombe à la mer à plusieurs reprises. Après sa dernière chute à l'eau, je le perds de vue.

Je continue sur l'île Dalrymple. Je compte y être à la nuit et mettre en panne sous le vent quelques heures, avant de reprendre ma route pour me retrouver à l'aube suivante à Cocoanut Island et, ainsi, sortir de Torrès en fin d'après-midi. (J'estime, en effet, peu prudent de faire route de nuit après Cocoanut.)

17 h 50. L'île Dalrymple est en vue. M'approchant à belle allure, les détails m'apparaissent bientôt et je distingue le vilain récif qui la déborde dans le N.-E. Les Instructions nautiques disent qu'elle porte un village à l'Est, mais je ne discerne rien. J'approche à quelques encablures de la côte Ouest qui est accore. Un chien gambade sur la plage, mais on ne voit aucune trace humaine. Je ne songe pas à mouiller. Il y a, d'ailleurs, beaucoup d'eau : trente-trois mètres.

1. Vent violent.

18 h 40. Mis en panne sous le vent de l'île, sans m'en approcher néanmoins, car je ne tiens pas à venir racler le récif. Je reste en cape courante, virant fréquemment de bord, pour me maintenir à l'abri.

Pas question de prendre un repos quelconque. Le dangereux récif Warrior est sous le vent, à cinq milles. Il y a grosse brise ; les courants sont violents.

Entre deux virements de bord, je mets de l'ordre, mange un peu, revois avec attention cartes et documents nautiques. Je compte remettre en route vers 1 heure du matin.

Travail inattendu : en étarquant le foc, la drisse casse[1]. Je grée donc une drisse neuve, ce qui me vaut de grimper deux fois en tête de mât et de m'écorcher un peu les jambes, du fait des mouvements secs de rappel.

Il vente dur, mais il y a un beau clair de lune. La masse noire de l'île Dalrymple, couverte d'arbres, est bien visible. Je pense donc pouvoir continuer aisément.

17 août. — 1 h 30. Remis en route. A 2 h 35, l'île Rennel est en vue et, à 3 h 10, je la laisse par le travers bâbord. Ensuite, quelques grains.

L'île Arden porte un feu ; je ne le vois qu'à 4 h 20 et, à 5 heures, je passe l'île à toute petite distance. Je tombe de sommeil. C'est ma troisième nuit blanche. Debout depuis soixante-douze heures, je me secoue énergiquement : « C'est bien le moment de dormir ! » et fais route pour passer entre l'île Roberts et l'île Dove, afin de reconnaître Cocoanut au jour.

Par instants (oh ! rien que quelques secondes), je m'endors à la barre, malgré ma volonté tendue — et j'ai laissé trop tomber sous le vent.

Vers 5 h 30, un gros rouleau, à la crête déferlante, s'avance d'un bloc, parallèlement au bateau, comme une

1. Je n'avais pas eu le temps de la changer avant d'appareiller — seule négligence, mais sans excuse.

lame qui vient briser sur une plage. Cela me tire de ma somnolence et je présente rapidement à la lame assaillante l'arrière du cotre, qui la chevauche gentiment sans embarquer. Je suis pourtant loin des brisants !

Oh ! la force de ce sommeil. Mais s'endormir signifierait perdre le bateau. Pour me tenir éveillé, je me donne des coups de poing, je me pique les jambes avec la pointe de mon couteau. « Allons, matelot ! »

Au jour, l'île Roberts est en vue, puis bientôt Cocoanut. A 6 h 40, l'île Roberts est par le travers. Il serait agréable de visiter un jour ces jolies petites îles boisées, aux plages d'une blancheur éclatante.

Il vente très frais. La mer est d'un magnifique vert pâle, strié d'écume.

Je mets le cap sur Cocoanut, comme si cette dernière était ma destination. En approchant, j'aperçois des formes humaines qui se dirigent vers la plage. Sans doute vient-on voir l'arrivée de ce petit cotre rapide aux voiles rouges.

Je discerne nettement un grand cotre au mouillage et, près de terre, un plus petit. Gerbault et Bernicot donnent ce mouillage pour très mauvais. Mais, en fait, ces deux bateaux me paraissent paisibles et en sécurité ; ils bougent à peine alors que l'alizé souffle de toute sa force.

Je suis tenté de mouiller pour prendre un peu de repos. J'hésite. Mais j'ai hâte de sortir du détroit. « Ce soir je serai dans la mer d'Arafura, pensai-je, et les derniers dangers parés — quitte à mettre en cape — je pourrai enfin dormir. »

Je continue donc. Sur la partie Ouest de l'île, des bateaux sont au sec, haut sur le rivage.

Cap sur les Three Sisters. Il y a très grosse brise, la visibilité est médiocre : tout paraît embrumé.

D'abord je gouverne assez au vent, puis, comme j'ai une marge de *plusieurs quarts*, je mets le cap presque exactement sur le point que je dois doubler : le banc de sable qui marque l'extrémité Est du récif Nord des Three Sisters. Bientôt Cocoanut disparaît dans l'horizon embrumé. Le

Kurun se trouve dans un cahot énorme ; il tangue dur et embarque copieusement. Je ne m'attendais pas à rencontrer des conditions aussi rudes, pensant que l'écran des îles et des récifs empêchait la mer de se former.

Des roches noires apparaissent : elles marquent l'extrémité N.-E. du banc de sable ; et voici la balise à la pointe que je dois doubler.

Je viens du lof. La mer est si confuse que je ne peux gagner dans le vent. Je force le bateau, souquant au maximum. Le pont est balayé de bout en bout ; la lisse disparaît sous l'eau ; la toile est mouillée jusqu'en haut. Jamais le cotre n'a été aussi malmené. Je suis dans l'eau, trempé ; mais cela importe peu. Je n'ai plus le choix.

Tirant bord sur bord, j'essaie de m'élever au vent. Rien à faire. Mes voiles d'avant portent mal.

Une inquiétude m'envahit un moment. Je vais être jeté à la côte. Pas même l'espoir de tenir sur une ancre avec cette mer-là. Je tire un grand bord en revenant vers Cocoanut, qui réapparaît. Le dur cahot diminue. Puis je retourne dans la « marmite ». Le cotre est de nouveau malmené. J'estime dangereux d'aller plus loin et revire de bord.

J'envisage de retourner à Cocoanut, mais ne puis m'y résigner.

De nouveau, je consulte la carte trempée, dans la cabine inondée. Il existe un passage entre les Three Sisters et le récif Dungeness. C'est un chemin peu pratiqué ; pourtant, après mûre réflexion, je décide de le prendre.

Je mets le cap sur le Sud de l'île Longue, qui ne tarde pas à se préciser. Très boisée, elle paraît si attrayante qu'un moment je pense à aller mouiller à son abri. Mais les I.N.[1] disent qu'il existe un bon mouillage à Mount Ernest Island. Je prends donc cette île pour but car il n'est plus question de sortir de Torrès ce soir.

1. Instructions nautiques.

Laissant derrière moi l'île de la Selle, haute et couverte d'une aimable végétation, je fais route sur le pic aigu de Mount Ernest.

Je marche à bonne allure, passe entre l'îlot Pecnacar et l'île, puis me rapproche de la côte, en observant les décolorations de l'eau. Même à l'abri de l'île, il y a de la houle, et de lourdes rafales tombent du mont.

Je suis très perplexe. Au lieu de mouiller, ne vaudrait-il pas mieux capeyer cette nuit ? Je m'en tiens cependant à ma première idée et je vais mouiller à l'extrémité N.-W. de l'île, à environ cinq cents mètres du récif où la mer est la plus plate. Il est 15 h 40.

Sous l'effet du courant, le bateau court sur sa chaîne et j'amène la grand-voile promptement.

C'est basse mer ; derrière la bordure de récifs, une vaste étendue découverte. Des embarcations sont au sec, devant quelques habitations. Il ne doit pas être désagréable de vivre ici, malgré ce grand vent.

Je mets de l'ordre sur le pont et prépare un petit repas. Puis je songe à prendre, après quatre-vingt-quatre heures de veille, un repos bien gagné.

Le bateau ne semble pas souffrir au mouillage, malgré des coups de rappel sur la chaîne de temps à autre. Je m'endors tard, comme un plomb, sur ma couchette mouillée. Pas pour longtemps !

22 h 40. Je me réveille. Intuition ? La chaîne semble forcer. Je passe un pull-over et vais monter sur le pont pour bosser l'extrémité de la chaîne. Comme j'escalade l'échelle de descente, bang ! ça y est, cassé ! Je me précipite à l'avant ; l'émerillon a manqué : du fer de 13 mm de diamètre !

Je suis consterné. Ma belle chaîne calibrée et mon ancre sont perdues.

Sans perdre une seconde, avant que le cotre parte à la dérive, je repère par des relèvements la position de mon ancre dans l'intention de revenir la récupérer.

L'alizé souffle en coup de vent et le cotre s'éloigne rapidement de l'île. Après avoir de nouveau examiné longuement la carte, j'établis la voilure.

Alors commence un pénible louvoyage qui va durer plusieurs heures. Les conditions de mer sont peut-être moins dures que ce matin, mais il vente davantage encore. Le bateau est balayé par les lames d'un bout à l'autre.

Trempé jusqu'aux os, les mains déchirées, je n'arrive pas à border mes voiles, tant la brise est forte.

Je regarde mon gréement dans les rafales. Il vente à démâter, ce qui signifierait la mort sans phrases. A moins de dix milles sous le vent, les récifs sont là, balayés par des courants très violents. Le *Kurun* lutte vaillamment, sans défaillance.

Enfin, vers 3 h 30, je retrouve l'abri de l'île. Mais à peine ai-je mis en cape que le cotre est pris tout à coup dans un courant qui l'emmène à vive allure dans le N.-E. ! Cette fois, je laisse aller ; tant pis pour l'abri. Laissons courir jusqu'au jour, la direction de ma dérive est franche de dangers.

J'abandonne l'espoir de récupérer ma chaîne en draguant son emplacement. Le jour venu, je remettrai en route pour reprendre le chenal.

Transi, je m'étends un moment sur ma couchette pour me réchauffer mais je n'y parviens pas : je suis resté trop longtemps mouillé tous ces jours derniers. Très fréquemment, j'ouvre le panneau pour juger de l'effet du courant. J'approche de l'île Pole et la dépasse...

8 h 15. Après un bon « jus », et pourvu de vêtements secs sous mon ciré bien ajusté, je remets en route.

Fort cahot. Visibilité très médiocre ; grosse brise E.-S.-E. Le *Kurun* taille de la route. Cette fois j'espère bien être ce soir dans la mer libre...

J'ai le cap très au vent de ma route et je veille avec la plus grande attention aux relèvements que j'ai choisis.

9 h 12. Ile Ernest sur le travers tribord. De la route !...

9 h 45. Récif Campbell paré. L'île Travers est en vue.

10 h 10. Terre devant ; embrumée ; à peine perceptible.

Ce sont les îles que je dois contourner par le Nord. Je passe entre les bancs Beresford et le récif Marina.

Je fais route sur la pointe Ince, de l'île Wednesday, la gardant bien par tribord. A son approche, le courant se fait de plus en plus violent. Me voici dans « Prince of Wales Channel ».

Le temps s'est bien amélioré. La brise a molli en halant Est. Il y a de gros cumulus sur la terre, et la mer, par suite du courant considérable qui porte à l'Ouest, dans le sens du vent, est tombée.

11 h 50. Je mets le cap sur le récif Hammond, qui est en vue. La mer est devenue plate comme une table. Je suis emmené par six nœuds et demi de courant[1] : une vraie rivière.

A 12 h 30, je passe le récif Hammond, où les remous de courant sont éloquents, et à 13 heures je suis à la bouée du récif Harrison, à la sortie de Prince of Wales Channel.

La mer d'Arafura est devant moi — l'eau libre...

Une grande étape s'achève. Derrière le *Kurun*, tous les récifs et les dangers. Je regarde longuement ces îles : Hammond, Goode, Friday, Prince de Galles, et la belle entrée du Normandy Sound, au fond duquel se trouvent Thursday Island et Port-Kennedy.

Cap sur l'île Booby.

Brise légère ; mer toujours rigoureusement plate. Le cotre ne fait guère de remous, mais le courant, s'il est devenu beaucoup plus faible, m'emmène encore à sept bons nœuds sur le fond !

Je contourne le banc Larpent et ses hauts-fonds indésirables ; l'île Booby est en vue. Je goûte le beau temps et fais sécher mes vêtements.

15 heures. Je mets en panne à un quart de mille dans le N.-N.-E. de l'île Booby.

De nombreuses constructions[2] sont visibles sur l'île ;

1. Différence entre les indications du loch et les distances mesurées sur la carte.

2. Qui doivent dater de la dernière guerre.

mais pas un être vivant. J'aimerais communiquer avec le sémaphore, pour lui demander de transmettre ma position à Paris, mais j'ai la paresse d'entamer une conversation par pavillons. Un homme paraît enfin et me fait des signes amicaux ; mais il est trop loin pour que nous puissions converser. Plusieurs fois je change d'amures, mais je renonce à approcher plus près de terre, sous le vent, car, de la mâture, je vois des récifs immergés non indiqués sur ma carte.

Une série de hauteurs de soleil va vérifier la marche de mon chronomètre, car je n'ai rien pu tirer de mon poste radio ces jours derniers.

Examen de la carte. Il fait bon. Je flâne ; mais la route jusqu'à la Réunion est longue encore... Aussi, à 16 heures, je fais servir. Brise Est, force 3. Mer peu agitée. Très beau temps.

J'amarre la barre et fais une route franchement Sud pour parer les derniers dangers de la sortie de Torrès.

J'ouvre une bouteille de Mumm Cordon-Rouge. Le docteur Lhoiry, avant mon départ de Tahiti, m'a fait présent de trois bouteilles et je lui ai dit : « J'en boirai une à la sortie de Torrès et la dernière pour fêter le passage du cap des Tempêtes. » Je bois donc à la santé de ma famille, de mes amis et du vieux Neptune, au milieu de la mer d'Arafura, paisible et grandiose. Malgré l'effort[1] surhumain de ces derniers jours, je ne ressens nullement la fatigue ; j'ai conscience d'être en pleine forme, de corps et d'esprit.

Je suis heureux.

La traversée de la mer d'Arafura fut une merveilleuse promenade, véritable yachting sous brise légère — trop légère, peut-être, à mon gré, mais si reposante ! Mer belle presque tout le temps. Ciel bleu, très souvent sans un seul nuage. Nuits magnifiques.

1. Si l'on excepte les deux ou trois heures de repos pris à l'abri de l'île Ernest, je suis resté environ cent sept heures sans dormir.

Malheureusement le cotre ne suivit pas toujours le meilleur cap : le capitaine rachetait son arriéré de sommeil, si bien que les points portés sur la carte n'étaient guère en ligne droite !

Pendant des jours entiers, je naviguai dans des bancs de plancton d'une densité et d'une étendue inimaginables. Certains jours, j'eus l'impression que l'on avait saupoudré la mer de son ou de sciure de bois. Je n'avais jamais vu cela.

Je rencontrais souvent, endormis à la surface, de petits serpents de mer, de couleur blanc sale ou marron ; certains avec des anneaux de couleurs différentes. Étrange mer d'Arafura, grouillante d'une vie mystérieuse !

Le 19 août, à 19 h 20, un navire sur l'arrière. De telles rencontres furent très rares pour le *Kurun*.

Après avoir changé les piles de mon poste de radio, je puis de nouveau capter les signaux horaires.

26 août. — Un oiseau s'est posé sur la barre d'écoute. Il semble exténué. Je suis obligé de le déranger pour changer d'amures.

Aujourd'hui, dimanche, un menu très soigné : poisson cru au mitiari, bonite froide, tarots au beurre, fromage de Nouvelle-Zélande, bananes ; pain frais et beurre ; vin rouge (l'avant-dernière bouteille), café et cigarettes anglaises. La grande vie !

Je fais un brin de sieste, puis j'étudie les cartes, très perplexe quant à l'opportunité de l'escale aux Cocos Keeling, qui doit me faire perdre plusieurs jours.

En fin d'après-midi, comme prévu, la brise hale Est. Je reprends la barre pour suivre la bonne route et ne pas me laisser tomber dans le Sud, cette nuit. Un vilain récif est marqué sur la carte, dans ces parages, et je n'ai aucune envie d'aller le télescoper demain.

Nuit étoilée ; mer phosphorescente ; le grand beau temps continue. La brise, faible, joue beaucoup en intensité et direction. Cette navigation au vent arrière[1], à la barre, est fastidieuse.

Vers 21 h 30, une tache phosphorescente fonce sur l'arrière du cotre et passe sous la quille : sans doute un petit cétacé. Je crains toujours d'avoir affaire à quelque mauvais orque épaulard.

Aujourd'hui, ma provision de bananes est épuisée. Jeté par-dessus bord le reste de la provision de pain frais, gâté par la moisissure.

27 août. — 0 h 30. Un avion se dirigeant vers le N.-W. passe au-dessus du bateau. Par cette nuit superbe, j'entends longtemps le ronflement de ses moteurs.

29 août. — 12 heures. Brise N.-E. 1/4 E., force 3 à 4 — mer agitée. Ciel bleu. Quelques cirro-stratus et cumulus. Mer d'un bleu plus profond que ces jours derniers.

Je suis par des fonds de cinq cents mètres, alors que tous les jours précédents j'ai navigué sur des hauteurs d'eau moindres. Cap à l'Ouest, maintenant, je pare les derniers dangers de la mer de Timor qui barrent curieusement le passage vers l'océan Indien : banc Sahul, banc du Fantôme, récif Hibernia, récif Ashmore, banc Woodbine, île Cartier et autres.

Mon loch ne marche plus ; je m'attaque à son démontage et à sa révision — ce brave petit loch qui a déjà marqué si correctement des milliers de milles, et encaissé tant de coups de mer !

19 heures. Refilé le loch. Il tourne magnifiquement. Je ne me doutais pas qu'il allait bientôt me donner de nouveaux ennuis ; malgré un huilage journalier, les billes sont abîmées.

Demain, vers midi, je pense être en vue de terre. Mais si la brise change, je risque de l'atteindre beaucoup plus tôt... Donc, pas question de passer une bonne nuit en laissant le

1. L'installation complète des trinquettes jumelles exige un travail de plusieurs heures. Elle n'est justifiée que si l'on a la certitude d'avoir du vent arrière sur un parcours suffisamment long.

cotre gouverner seul. Cependant, vers 10 heures, je m'étends pour dormir, après avoir mis mon réveil à minuit. Malgré la fatigue de la nuit précédente que j'ai passée à la barre, je dors mal. Et si je n'entendais pas mon réveil ? S'il ne sonnait pas ? Et si la brise en jouant de plusieurs quarts me mettait à la côte ? C'est là une des rançons de la navigation solitaire : l'obligation de rester éveillé à l'approche de la terre.

30 août. — Vent arrière, la navigation est désagréable au possible.

Au jour, de nombreux oiseaux confirment la proximité de la terre.

Il fait très chaud à la barre sous le soleil, malgré le chapeau et la chemise capelés pour me protéger[1]. Pour la première fois, je mets des lunettes « fumées », car l'éclat du soleil sur la mer est éblouissant. D'ailleurs, je suis fatigué.

Cinq minutes avant la méridienne, alors que, sextant en main, je commence à suivre l'ascension finale du soleil, la terre m'apparaît dans le N.-W., très embrumée ; c'est le massif du mont Ailai, point culminant de l'île Rotti[2].

Mon intention était de passer à ranger la petite île Dana, à l'extrémité Sud de l'île Rotti ; mais, étant très las, je laisse le cotre aller barre amarrée, faisant, un peu plus au Sud, une route que je surveille de la cabine.

A la nuit, je suis à six milles dans le Sud de l'île Dana. L'océan Indien...

Je tombe de sommeil et vais dormir. « Cap au large ! »

31 août. — Le *Kurun* court grand largue bâbord amures, à plusieurs quarts de sa route. En eau libre... Je dors... dors...

J'ai cependant intérêt à me dégager le plus tôt possible à

1. L'exposition prolongée du corps au soleil tropical est très mauvaise. Je m'en garde soigneusement.

2. Elle fait suite directement à Timor, où est mort Alain Gerbault.

trois ou quatre cents milles dans l'Ouest. En cette fin de saison d'alizé, celui-ci mollit progressivement pour faire place aux calmes qui dureront jusqu'à l'établissement de la mousson de noroît[1].

Cet après-midi, matelotage sur le pont. Ma grand-voile s'abîme beaucoup au portage sur le hauban malgré les fourrures et le « déridage » du dernier hauban sous le vent — à cause surtout de petites brises, car la toile bat au lieu de porter franchement. J'ajoute quelques fourrures, tirées d'un vieux « sweat-shirt » en coton.

1er septembre. — Des pailles-en-queue viennent voler autour du cotre ce matin. La brise mollit et joue ; je reprends donc la barre jusqu'à midi.

Il y a quelques jours, j'ai remarqué qu'une des planches de ma caisse à chaîne — située au pied du mât — était attaquée par des insectes et en partie détruite. Est-ce l'œuvre des termites ?

A Tahiti on m'avait affirmé que les termites ne quittaient jamais la terre. J'avais été déjà intrigué par certains bruits provenant de la partie inférieure du mât. J'inspecte ce dernier avec mon couteau, et je découvre de longues et larges galeries. Le bois tombe en poussière à côté des excavations. Toute la base du mât, sur la hauteur de la cabine, est attaquée et jusqu'au-dessus du pont. Je suis atterré. Les dégâts vont-ils plus haut et jusqu'au cœur ?

Certes, je ne suis pas de ceux qui se laissent abattre et, même si le *Kurun* devait démâter, je gréerais un mâtereau de fortune qui me permettrait bien de faire terre quelque part. Je suis, cependant, très inquiet. Dans le passage de Torrès, la perte de mon mât eût entraîné celle de mon bateau.

En admettant qu'il tienne jusqu'à la Réunion, le changer représenterait une très grosse dépense, et beaucoup de

1. Cf. la traversée du *Tilikam*. Voss s'est trouvé beaucoup *trop tard* dans cette région et a rencontré les calmes et petites brises de rigueur.

temps. Je resterais ainsi bloqué par la saison des cyclones. Une année perdue. Quelle guigne !

2 septembre. — Les ravages dans le mât me paraissent encore plus graves qu'hier. Je dégage quelques galeries, j'y coule du pétrole. Que vaut le procédé ? Cela n'empêchera nullement l'ascension des insectes.

Je dois aussi m'occuper de nouveau du loch, qui fonctionne très mal et sous-estime. Je le hale à bord et le laisse de côté.

Je suis dégoûté. Tout s'use, tout s'abîme, tout souffre — sans trêve. Pauvre *Kurun* !

Ma patience aussi s'use, par moments. Ce soir, dans ma cabine, par « le plus beau temps de la carte », j'ai un peu le « cafard ». Ces grandes croisières solitaires mettent les individus à l'épreuve. Jamais de répit ; toujours cette tension d'esprit à cause du temps, de la route, du gréement, de la voilure, de la coque, de l'eau, des vivres, de chaque détail... Ah ! un bon mouillage, sûr, bien abrité — et y rester de longs mois, en paix. Je pense au Croisic, à la joie du retour...

3 septembre. — J'ai mis mon réveil à 2 heures car, d'habitude, la brise hale Est en fin de nuit, et je ne tiens pas à m'écarter dans le Sud ; mais la brise ne joue pas cette nuit. Peut-être maintenant, plus loin de terre, vais-je trouver des conditions plus régulières.

Je suis à peu près en latitude des Cocos Keeling où je compte, finalement, m'arrêter un jour ou deux.

Sans loch, je dois faire ce matin mon estime « à vue de nez », mais le résultat est aussi bon : cinq milles d'écart avec mes observations.

Ce n'est pas assez des insectes rongeurs du mât. Les cancrelats, nombreux, dévorent tout. Malgré les massacres journaliers, ils sont chez eux dans la cambuse. Pommes de terre, patates douces, tarots en souffrent. Quelle plaie !

Vers 14 heures, le ciel se couvre : cumulus, cirro-cumulus, alto-cumulus abondants. La houle du Sud est longue et creuse. Mauvais temps dans le Sud certainement. J'espère, sur cette latitude, ne pas ramasser un « coup de tabac ». Il reste assez de chances d'en prendre quelques-uns entre Cocos Keeling et le cap de Bonne-Espérance...

A la nuit, le ciel se dégage complètement et la brise fraîchit en halant S.-S.-E. La première lame de l'océan Indien monte à bord et inonde la cabine par le panneau ouvert. Le capitaine l'accueille par des injures.

5 septembre. — Petite brise Est. Grosse houle Sud. Le gréement fatigue. Désagréable « quart » sous le soleil qui tape. A la barre, pas le temps de préparer à déjeuner. Je me contente de confiture et de biscuits. De temps en temps, un verre d'eau.

Un paille-en-queue vient me dire « bonjour » : un des plus jolis que j'aie jamais vus : taches noires sur les ailes, corps marqué de jaune, queue aux longues plumes où le soleil fait chatoyer des reflets roses.

En guise de déjeuner « dînatoire », je me prépare un énorme plat de nouilles.

6 septembre. — J'ai des mécomptes avec le « combustible » de mon réchaud : je manque mettre le feu à bord et je noircis toute la cuisine. Ma poêle est percée. Quel dommage : une poêle achetée 1,25 F avant la guerre, au temps heureux où je faisais du camping !

Pas le courage de travailler aujourd'hui... Je lis et je réfléchis à divers problèmes.

Le *Kurun* active sa marche : près de six nœuds en fin de journée.

Nuit magnifique. Je reste un moment, au clair de lune, à contempler mon vaillant petit bateau qui cingle avec ardeur vers l'Ouest, et couvre mille après mille. Image émouvante de l'océan immense sur lequel ce minuscule petit voilier, avec entêtement, décrit un si long sillage.

7 septembre. — L'alizé a bien croché, cette fois-ci. La

mer s'est formée. Tout en avalant mon « jus », j'observe avec attention un joli pied de vent dans le Sud, alors que quatre pailles-en-queue planent au-dessus de ma tête.

Le cotre roule et embarde passablement ; mais l'étrave fait jaillir deux puissantes moustaches d'écume.

La mer est belle sous le soleil éclatant, quand les moutons la couvrent ainsi jusqu'à l'horizon. Le cotre embarque, depuis ce matin. Plus besoin d'arroser le pont. Les observations au sextant commencent à devenir sportives, mais j'en ai l'habitude.

A midi : cent cinquante-deux milles dans les dernières vingt-quatre heures ; c'est correct. Depuis l'île Rotti, le cotre marche assez bien malgré les petites brises, puisque toutes les journées de route ont dépassé aisément cent dix milles. J'espère arriver aux Cocos Keeling le 12. Si la brise tient, ce qui est probable.

Au déjeuner je termine ma provision de dorade séchée. J'ai mis au point une recette qui donne à ce poisson le goût (et l'aspect) du poulet rôti...

Grosse brise. Le cotre donne environ six nœuds et demi.

Avant la nuit, une lame dépose sur le pont une vingtaine de petits encornets...

8 septembre. — Le cotre embarde et roule. Mal dormi.

Nombreux oiseaux toute la journée : fous, frégates, etc., dont la présence s'explique sans doute par la proximité de l'île Christmas. Je suis passé ce matin à quelque cent milles au Sud de cette île.

9 septembre. — Au jour, forte nébulosité. Ciel un peu orageux.

La mer se creuse davantage. Une très longue houle du S.-E. est venue ajouter à la grandeur de cette solitude.

Le baromètre est plus haut que de coutume. Je prévois le renforcement de l'alizé. Pourvu que cela ne dégénère pas en coup de vent.

Ce matin, je ramasse sur le pont cinq poissons volants ; ce sont les premiers depuis bien longtemps. Ils sont d'une taille qui les rend dignes de figurer au déjeuner...

11 h 10. Pris trois tours de rouleau dans la grand-voile, après avoir longtemps hésité ; mais j'ai bien fait, le temps se gâte.

Tandis que je prépare du riz sur le passavant, le lavant comme d'habitude à l'eau de mer, qui vois-je, se chauffant au soleil, entre deux espars : Joseph !

Joseph-le-lézard, c'est le passager clandestin du *Kurun*. Il y avait des semaines que je ne l'avais vu.

On dit que tous les navigateurs solitaires ont leur compagnon de la gent animale. En l'occurrence, j'avais été favorisé par les dieux, car mon compagnon possédait de hautes qualités.

C'est quelques jours après mon départ de Bora Bora que je découvris Joseph. Où avait-il embarqué : à Tahiti, à Tahaa, à Bora Bora ? Mystère. Mais il avait une bonne tête et ce n'est pas moi qui serais allé lui chercher noise. C'était un équipier d'une discrétion rare. Nous nous respections mutuellement et, sous aucun prétexte, aucun de nous deux n'eût dérangé l'autre. Comment subsistait ce brave Joseph ? Il devait vivre sous les espars et sur l'arrière, mais la prame était son meilleur refuge. Il avait dû en voir de dures, lui aussi, dans le Pacifique et à Torrès...

A midi, avec mon sextant, je prends une bonne douche. Je redescends dans la cabine avec ma hauteur, mais tout dégoulinant... cent soixante milles depuis hier midi.

Pour la première fois depuis le départ de Yule, je me rase. Trop longtemps retardée, l'opération est laborieuse.

Sur le pont, avant le déjeuner, je me savonne entièrement le corps avec un tiers de seau d'eau douce ; puis je me rince à l'eau de mer selon ma coutume. Je suis gelé à la fin de l'opération et redescends me mettre au sec avec joie, bien qu'on soit sous les tropiques...

10 septembre. — Le cotre roule, embarde, embarque. Je dors très mal. Au jour, je ramasse dix-sept poissons volants sur le pont. Quelle aubaine ! Grosse brise de S.-E. De la mer. Ce temps est fatigant et désagréable. Chahuté comme un diable dans la cabine, je suis las. C'est à vous dégoûter de la navigation !

Cent soixante-quatorze milles depuis hier midi. Cette journée de mer est un record que je n'aurais pas pensé pouvoir établir[1]. Le *Kurun* marche un train d'enfer, il monte et descend en grand style : un spectacle magnifique !

Il fonce droit sur les Keeling. A cette allure, j'atterrirais en pleine nuit, ce que je veux éviter : l'atoll ne porte aucun feu et sa faible hauteur ne permet pas de l'apercevoir de bien loin la nuit. Certes, le danger de taper dedans n'est pas grand, mais une faible erreur dans la route pourrait tout simplement me faire passer à côté. Je décide donc de mettre en cape au milieu de la nuit, d'attendre le jour, d'observer et de remettre en route pour atterrir.

Après avoir réglé mon réveil, je me couche de bonne heure.

11 septembre. — A minuit, je suis debout. La brise a fraîchi. Ciel couvert. Grains.

1 h 05. Mis en cape bâbord amures. Je veille.

A la fin de la nuit, les conditions m'apparaissent assez favorables pour observer. Je repère Achernar, Canopus et Sirius pour faire un point par ces trois étoiles. Mais les conditions d'observation sont difficiles, car la mer est grosse.

Dans ces circonstances, les observations sont ardues à bord d'un petit bateau ; cependant, avec de la patience, on arrive à de bons résultats. Il faut prendre la hauteur quand le bateau est sur une crête, à condition qu'une lame plus haute ne vienne pas « noyer » l'astre et que, soi-même, on garde l'équilibre...

1. Évidemment il faut tenir compte du courant, qui peut être de dix à douze milles par jour.

Après avoir attrapé Canopus, je renonce aux autres étoiles qui jouent avec les nuages et se rient du *Kurun*, pauvre jouet dans cette mer immense qui roule ses puissantes lames des mauvais jours.

Peu après, pourtant, j'obtiens une très bonne droite de soleil. Mes calculs posément terminés, je fais servir, à 8 h 45. Je compte voir l'atoll dans une heure et demie.

A la barre. Le cotre fait une bonne route. Impatient, je monte plusieurs fois en tête de mât, mais sans rien apercevoir.

10 h 15. Rien encore. Je suis un peu fébrile. Ces îles basses ne se voient pas de loin ; mes calculs sont-ils bons ? Vais-je rater les Cocos Keeling ?

Quelques instants après, sur la crête d'une grosse lame, il me semble avoir vu un léger trait gris à l'horizon, mais le *Kurun* est redescendu trop vite dans la vallée liquide.

Une autre grosse crête. Je la chevauche quelques secondes. Aucun doute possible : l'atoll. Il est 10 h 30. Inutile de dire si mon cœur bat !

Je ne vois l'atoll que par intermittence, mais le cotre taille de la route. Les cocotiers se précisent ; la plage apparaît.

Après New Selma (Home Island), voici les détails de Direction Island. Je distingue l'eau plus claire près du rivage où la mer vient briser.

13 heures. Mis en cape à un mille dans le N.-N.-E. de Direction Island. Je prépare le mouillage, mets de l'ordre sur le pont et consulte une dernière fois la carte, que les Instructions conseillent de n'utiliser qu'avec circonspection.

L'alizé souffle force 7 et, dans la mer creuse, le cotre a parfois des coups d'acculée spectaculaires.

13 h 50. Remis en route. J'arrondis le Nord de l'île. Des hommes, sur le rivage, m'adressent de véhéments signaux. J'approche, à quelques encablures. L'eau est magnifique et, grâce au soleil, le fond est visible dans tous les détails. Je navigue à vue, sans aucune difficulté ; un enfant conduirait le cotre parmi ces coraux.

Je viens bientôt du lof, et tire quelques bords pour

gagner l'abri de Port-Refuge. Une vedette vient à ma rencontre, pleine de jeunes gens qui me font signe de mouiller, mais, ne voyant aucun danger, je fais celui qui ne comprend pas ; je continue, car je veux me mettre à l'abri près de la plage. Après la dernière bouée, j'aperçois une brusque remontée du fond et distingue parfaitement des « crasses ». Tenant compte enfin de l'agitation forcenée de l'équipage de la « launch », je viens du lof et mouille.

On m'accoste pendant que j'amène la voilure. Je me présente : « Français. Vingt-sept jours de la Nouvelle-Guinée. »

Une conversation s'engage avec l'équipage de la « launch » de l'Amirauté, quand, de Home Island, se détache une longue vedette à moteur. Elle m'accoste également, et je ne vois pas cela d'un bon œil : mon câblot force durement sous la traction de ces trois bateaux ! A bord, M. B. de Burgh-Thomas, général manager de M. Ross propriétaire de l'île, Paul Baker, son secrétaire, R. Maclean, administrateur, et un équipage malais. Agréable prise de contact. Enfin la grande vedette me largue. Soulagement... pour le câblot ! Puis les jeunes gens de la « launch » m'aident à déraper mon ancre et je suis remorqué jusqu'à la plage devant laquelle je mouille.

En entrant dans l'atoll, je ne me doutais pas que j'allais y recevoir l'un des accueils les plus chaleureux de toute ma croisière. L'hospitalité anglaise n'est pas un vain mot.

Le cotre fut conduit à un solide corps mort, tout près de la plage. Je m'y amarrai en triple, ce qui n'était pas un luxe, l'alizé soufflant à pleins poumons.

Les Cocos Keeling sont situées à environ six cents milles dans le S.-W. du détroit de la Sonde, donc en plein océan. Elles sont composées de deux atolls, sensiblement à la même longitude, et distants d'environ quinze milles.

Celui du Nord, de beaucoup le plus petit, ne possède pas de passe ; c'est dire que le lagon constitue un véritable lac isolé de la mer. Totalement inhabité, il est visité seulement de temps à autre pour la collecte du coprah. C'est sur le récif Sud de cet atoll que le célèbre corsaire allemand *Emden*, surpris alors qu'il détruisait la station du câble par le croiseur australien *Sydney*, termina, lors de la Première Guerre mondiale, une carrière assez mouvementée. Son équipage avait néanmoins réussi à s'enfuir à bord d'une goélette vermoulue pour gagner la mer Rouge, débarquer à Djeddah, port de La Mecque, et, après des pérégrinations épiques, traverser la Syrie pour parvenir en Allemagne, par Constantinople ! A la Compagnie du câble je vis d'éloquentes photos, prises après l'œuvre destructrice des Allemands ; c'était un beau travail ! Mais les Anglais, très astucieusement, avaient dissimulé du matériel, si bien que quelques heures à peine après sa destruction, la station fonctionnait de nouveau. L'épave de l'*Emden* subsiste et les indigènes y récupèrent un acier de premier ordre, dont ils se servent pour fabriquer des couteaux tranchants.

L'atoll du Sud est beaucoup plus important, puisque ses dimensions maxima atteignent environ huit milles sur sept. Il a à peu près la forme d'une poire. C'est l'atoll-type. Il est constitué par un certain nombre d'îles couvertes de cocotiers. Elles reposent sur un socle de corail et entourent un lagon assez peu profond.

De ces îles, deux seulement sont habitées : Direction Island, située dans la partie Est du sommet de la poire, et Home Island, dans le S.-S.-E. de la première.

Direction Island est le domaine de la Compagnie du câble : « Cable and Wireless Limited Company ». Les Cocos sont, en effet, un important relais vers Rodriguez, Batavia et Perth. Depuis la guerre, la Navy y entretient également une station de radio. La population s'élève à quatorze Européens, accompagnés de quelques serviteurs malais. Cette colonie est constituée de jeunes gens, si l'on excepte le manager de la Compagnie du câble, M. Sykes, et le chef de la station, sous-marinier retraité de la Navy.

Direction Island est une île d'hommes. L'accès en est interdit aux femmes. L'atmosphère y est agréable, car il règne un excellent esprit de camaraderie entre tous ces jeunes gens qui mènent au grand air une vie saine, consacrant leurs loisirs aux sports, à la pêche ou à la navigation à voile sur le lagon. L'ambiance de l'île évoque à la fois celle d'un navire et celle d'un club anglais, avec son confort habituel : mess, bibliothèque, salle de jeux.

J'étais l'invité permanent du mess et ne me souviens pas, durant mon séjour dans l'île, avoir allumé une seule fois mon fourneau pour préparer quelque nourriture.

Je fus également reçu par le manager de la Compagnie du câble, que la hiérarchie isole dans un grand bungalow, à l'écart. Ce gentleman anglais devait mener aux Cocos la même existence ordonnée et stricte qu'il eût menée en Angleterre et, tout bien considéré, une telle discipline implique une grande force.

Dans le hall du bungalow, j'eus la surprise de voir accrochée en bonne place une photographie du capitaine Bernicot, à bord de son *Anahita*. A Home Island je devais d'ailleurs rencontrer des indigènes qui se souvenaient fort bien de son passage et conservaient de lui le souvenir d'un grand homme de mer, simple, modeste et courageux.

Presque tous les jeunes gens de l'île affectionnent la voile, et ils sont bien placés pour pratiquer ce sport. Ils organisent souvent des « régates ».

Les Cocos sont placées sous un régime juridique assez particulier. Propriété privée, elles appartiennent à la famille écossaise Ross. Slocum, dans sa relation de voyage à bord du *Spray*, a conté, avec beaucoup d'humour, l'histoire pittoresque de l'établissement du premier Ross, John Clunies, qui prit possession de l'atoll en 1816. Depuis, la famille a conservé ses droits.

Un matin, une grande vedette de Home Island vint me chercher pour m'emmener passer une journée dans cette île.

Malheureusement, je ne rencontrai pas le « roi des

Cocos » car le jeune Ross, descendant de John Clunies, s'était rendu en Angleterre pour s'y marier. Mais son « manager general » me fit visiter son domaine. Tout comme au temps de John Clunies, l'argent n'existe pas aux Cocos, mais il n'en résulte aucun désavantage. La population travaille pour Ross qui lui donne, en échange, ce dont elle a besoin. Il faut dire que ces travailleurs sont très différents de ceux d'Europe ; qu'ils n'ont ni les mêmes conceptions ni les mêmes besoins. Ils semblent vivre en paix et parfaitement satisfaits. Il y a là-dessous, pourtant, un paradoxe car les revenus du « roi des Cocos » se chiffrent par centaines de millions !

La demeure des Ross est une grande bâtisse peu esthétique. Construite entièrement avec des matériaux apportés d'Écosse, elle est revêtue de briques émaillées qui l'ont fait appeler plaisamment « Lavatory Castle » ! Sa froideur hygiénique et sa rigidité sont accusées par le cadre des cocotiers et du lagon aux couleurs vives. Cette impression persiste à l'intérieur, dans le vaste hall glacé où l'on est accueilli par les bustes figés de tous les Ross.

La jeunesse de l'actuel « roi des Cocos » explique la présence, sur l'atoll, d'un « administrator », qui dépend de la colonie de Singapour.

La population de ces îles, qui est malaise, donne une impression de correction, de tenue et de gentillesse. Heureux pays où il n'y a pas d'argent ! La bonne entente semble générale. Évidemment pas de gendarmes, pas de percepteur, pas de journaux, pas de cinéma, pas de politique !

A Home Island, la population est assez dense. Les constructions ne sont pas belles, mais les intérieurs sont propres et nets. On lit sur les façades les noms des propriétaires et je fus tout étonné de voir sur l'une d'elles celui de Gerbault ! Simple similitude de nom, avec une lettre différente cependant.

La richesse des Cocos tient — comme on pouvait s'y attendre — aux noix de coco. Elles sont toutes petites en comparaison de celles du Pacifique, mais leur écorce et leur pulpe sont plus épaisses, si bien qu'elles sont lourdes et d'un bon rendement.

Presque tout le monde travaille au coprah. L'exploitation, bien organisée, en est facilitée par une petite voie ferrée sur laquelle on pousse des wagonnets. Le coprah en cours de séchage est mis promptement à l'abri en cas de pluie. Ce sont les femmes qui cassent les noix, elles utilisent à cet effet une sorte de hachoir assez léger.

De charmants enfants à la mine éveillée courent partout dans l'île, si nombreux que l'on put me dire : « Il y a deux industries aux Cocos : le coprah et les gosses. » En effet, les enfants y poussent comme les cocotiers, sans difficulté. Mais leur nombre pose, néanmoins, un problème, car la surface de l'atoll est limitée et ses ressources en cocotiers le sont aussi. C'est pourquoi on y constate un mouvement d'émigration forcée, vers la grande île de Bornéo.

Chaque indigène possède son bateau, qui lui est nécessaire tant pour aller à la pêche que pour se rendre au travail sur les autres îles. Ces embarcations, toutes similaires, appelées « djukong[1] » sont fines, élégantes, remarquablement construites et rapides sans voiles.

Deux yachts se trouvaient au mouillage de Home Island. L'un était le trois-mâts goélette *Albatros*, bateau de construction ancienne mais d'élégantes proportions. Son propriétaire l'utilisait parfois pour aller jusqu'aux îles de la Sonde. L'autre, cotre de type norvégien, un peu plus petit que le *Kurun*, avait été construit sur place, par un Australien qui avait l'intention d'entreprendre un voyage de circumnavigation. Mais le grand voyage trouva son terme avant même de commencer. Le cotre terminé, son propriétaire voulut l'essayer, entre les deux atolls. L'alizé était frais, il y avait un peu de mer. Le cotre roulait bord sur bord. Notre pilote, en homme sage, trouva décidément que

1. Inspirées d'un type de canot des îles Shetland (Écosse).

la mer était bien grande et son bateau bien petit. Il vendit son yacht à Ross et quitta les Cocos... à bord d'un grand navire.

Je vis l'emplacement où le *Spray* fut caréné. A quelques jours près, j'aurais pu rencontrer un vieux Malais parti pour Bornéo et qui se souvenait bien de Slocum.

Je passai une nuit à Home Island où R. Maclean m'avait offert l'hospitalité. Il y avait bien longtemps que je n'avais couché à terre et je trouvais amusant d'être en sarong, dans un grand lit moelleux, alors que le *Kurun* restait seul à Port-Refuge et que l'alizé soufflait frais.

Autrefois fréquentées par les baleiniers, les Cocos ne voient guère de navires aujourd'hui. Les seules escales régulières y ont lieu deux fois par an. Un paquebot passe de temps à autre devant l'atoll, mais sans y jeter l'ancre. Il stoppe seulement et une embarcation sort de l'atoll pour transborder, au moyen d'un baril, le courrier et quelques denrées. Étant donné la rareté des relations postales, je devais quitter l'atoll avec un courrier abondant.

Des yachts s'arrêtent quelquefois aux Keeling, mais c'est un événement rare ; c'est pourquoi la voile du *Kurun* avait tout de suite été remarquée au large.

On me dit qu'il advient que des bateaux ratent l'atoll, si peu visible de loin. Aussi, dès mon arrivée, on me questionna sur mon atterrissage. Cependant, avec des observations astronomiques correctes, je ne vois pas comment on peut manquer les Keeling ! On se demandait, néanmoins, si une telle mésaventure n'était pas arrivée au *Seven Seas II*, yacht de Murman, signalé quelques mois auparavant à l'île Christmas. J'aurais aimé être informé de son sort car, en Nouvelle-Guinée, on m'avait dit que son pilote avait été tué par les indigènes au fond du golfe de Papouasie.

17 septembre. — Après six jours aux Cocos, j'appareille l'après-midi. J'ai la quasi-certitude de faire une traversée rapide avec cet alizé qui souffle si frais, bien qu'il rende peu agréable l'idée de reprendre la mer. Appareiller par ce temps-là, c'est se faire secouer les viscères et rincer la figure !

Pendant toute la durée de l'escale, je n'ai cessé d'entendre la plainte aigre du vent : à bord, dans mon gréement ; à terre, dans les cocotiers. La mer ne voulait me laisser aucun répit.

Si la brise semble aujourd'hui un peu mollir, la mer, par contre, moutonne toujours à perte de vue.

Je ne peux m'offrir la grasse matinée que je m'étais promise : trop de choses à faire. Je suis sur le pont de bonne heure. Il faut réparer la filière supérieure tribord, mangée par la rouille.

Dernier lunch au mess de l'Amirauté. Je le prends sous les cocotiers agités par l'alizé, goûtant, un dernier moment, le charme de cette île au milieu du lagon aux couleurs inoubliables.

Je quitte mes nouveaux amis, comblé, le docteur Watson s'étant particulièrement soucié de mon futur régime alimentaire : salades, radis, aubergines, haricots verts, œufs frais et — naturellement — noix de coco.

La Compagnie du câble et l'Amirauté m'ont fait présent d'approvisionnements variés : biscuits, café, conserves. Je ne risque pas d'être à court de vivres d'ici longtemps !

On me remet un câble : ce sont les prévisions météorologiques, envoyées spécialement de Perth (Australie) à mon intention.

Je regagne mon bord et embarque ma prame. Les jeunes gens de la Compagnie du câble m'aident à virer mon ancre et à établir la grand-voile. Les trois couleurs montent à la corne du cotre et claquent dans l'alizé, tandis que Leigh Parkin, cinéaste de talent, filme, en couleurs, l'appareillage.

J'envoie le foc n° 2 et fais signe aux jeunes gens de larguer la bouée. Le cotre, impatient, prend très vite de l'erre. Il est 16 h 55.

Je serre les dernières mains, alors que le bateau fait déjà

route, barre calée à l'angle convenable, et mes amis de quelques jours plongent par-dessus la lisse pour regagner à la nage la plage proche.

La vedette de l'Amirauté, avec tout le personnel de l'île, m'attend pour un brin d'escorte. Gentille attention !

A cet appareillage, il manque quelque chose au portique : l'œillet de l'air des Canaries. Le passage de Torrès et les grosses brises de l'océan Indien l'avaient réduit à sa tige qui fut, elle-même, emportée.

15

Des Cocos Keeling à la Réunion

Il y a jolie brise et l'étrave fait jaillir puissamment l'eau claire du lagon. Le « blue path[1] » atteint, je donne un bon tour à la première bouée, et quand je file la grande écoute, la « launch » ne peut plus me suivre... Puis je fais route dans la passe. Au N.-W.

Tout de suite je trouve de la houle. Encore un regard sur ce beau lagon, qui m'a tant rappelé le Pacifique.

Des poissons volants, très gros (ceux de l'océan Indien sont les plus beaux que j'aie vus), s'égaillent sur mon passage et des milliers d'oiseaux s'affairent sur des bancs de poissons en surface. Joli spectacle sur la mer moutonneuse, étincelante de soleil.

Je double l'île Horsburgh, à petite distance. Sa végétation m'apparaît très dense et particulièrement aimable. C'est là que M. Ross a sa « maison de campagne ».

A 17 h 40, à trois quarts de mille plein Nord de la pointe Ouest de Horsburgh, je file le loch et amène le cotre sur la route que j'ai tracée sur la carte.

Après avoir amarré sur la barre l'écoute de la trinquette bômée, je laisse le bateau gouverner seul — ce qu'il va faire de son mieux pendant presque toute la traversée.

1. « Sentier bleu » — couleur intensément bleue due à une plus grande profondeur.

La terre disparaît à l'horizon avec la nuit. Le fanal allumé, je vais me coucher. Je dors mal.

Les jours suivants, le cotre roule et tangue, mais marche magnifiquement. Ce début de traversée est prometteur : 120 milles le 18 septembre[1], 155 milles le 19, autant le 20.

Grains. Pluie.

Le loch ne marche pas du tout pendant cette première journée de mer. Je compte le haler à bord cet après-midi.

Pendant que j'observe le soleil pour la méridienne, je m'aperçois que la ligne de loch est molle : coupée une fois de plus ! Hélice et sinker sont perdus. Il ne me reste plus qu'une hélice de rechange. Aussi, après avoir halé la ligne à bord, je décide de ne plus utiliser mon loch pendant toute la traversée.

21 septembre. — A la fin de la nuit, la brise mollit et hale Est. Avec le pilotage automatique, le cotre suit un cap trop Sud, qui m'écarte de ma route. Après le déjeuner, je reprends la barre. Naviguer ainsi à la barre au vent arrière, avec petite brise et grosse houle, est particulièrement fastidieux. Bientôt, d'ailleurs, la brise mollit jusqu'à calmir complètement.

22 septembre. — 1 heure. Tout amené.

6 h 25. Remis en route sous petite brise S., qui fraîchit avec grain et pluie.

8 h 40. Un navire par bâbord devant. Comme je vais m'en rendre compte en coupant sa route dans un instant, il a le cap au S.-E. du compas ; donc il suit la route de Suez à Freemantle. Dans quelques jours il sera en Australie. Pas de pavillon. Tout l'équipage semble s'être calfeutré, alors que je suis sur le pont, vêtu d'un simple tricot...

A 9 h 10, il disparaît dans la grisaille.

1. Depuis Horsburgh la veille.

Grains. Pluie. La température est tombée de quelques degrés.

La brise forcissant, je remplace le foc n°2 par le n° 3, et prends trois tours dans la grand-voile. Je suis copieusement douché.

La mer est dure, juste par le travers. Le cotre est malmené. La lisse sous le vent disparaît constamment tout entière sous l'eau. La gîte est forte et les roulis considérables. Des tonnes d'eau passent sur le pont.

Après le passage de Torrès, c'est ma plus désagréable navigation. A l'intérieur, la vie est presque intenable. Il faut faire de l'acrobatie pour se déplacer dans la cabine. je n'ai pas réussi à supprimer une infiltration sur le pont près de l'emplacement de la béquille tribord et toutes les heures je dois vider l'eau qui menace de s'étendre sous les couchettes.

Sur le pont, le « bouchon » de la pompe de cale est enlevé par les paquets de mer. Je dois le caler avec une planche.

Mais, en dépit de ces désagréments, le cotre taille une jolie route.

Brave petit *Kurun*, solide comme un roc !

Au déjeuner, je prépare une magnifique omelette ; mais, dans un violent coup de roulis, le bol où je battais les œufs part comme un bolide hors de son « calage » !

Je peste contre cette navigation, et me demande comment se comporterait un yacht classique de la taille du *Kurun* sous cette brise fraîche et ces grosses houles confuses. Pourrait-il faire route ? Dans l'affirmative, comment pourrait vivre l'équipage à bord ?

18 heures. Pris deux autres tours dans la grand-voile, car le cotre est trop chargé.

J'essaie en vain de dormir. Ma couchette est intenable. La planche à roulis, que je n'ai jamais utilisée, est dans le poste sous un monceau de matériel de réserve et je ne puis l'en tirer. Il faudrait être boulonné à la boiserie pour y tenir.

Je me suis installé dans la couchette tribord, sous le vent. Avec la forte gîte, je vois très bien la rose de mon compas renversé fixé à bâbord.

25 septembre. — Je me réveille gelé, et dois sortir une couverture de laine pour ma couchette. Dès le samedi 22, la température a baissé. J'enregistre le soir dans la cabine une température de 21°3. Il faut remonter loin dans mon livre de bord pour trouver des températures aussi basses ! Le jour, la température est également en baisse (maximum intérieur 23°5). Ce changement m'est agréable car, maintenant, le souffle de l'alizé est vraiment vivifiant.

Grains. Pluie. Mais la mer est redevenue plus régulière.

Au début de la nuit, j'essaie vainement de faire fonctionner la petite lampe du compas. Elle me donnera encore bien du souci par la suite.

La petite lampe tempête américaine, que j'utilise d'ordinaire pour l'éclairage de la cabine, n'est pas non plus en bon état : l'eau l'a abîmée. Je ne trouve pas, à son poste, la lampe de rechange neuve, enlevée sans doute à Tahiti par un indélicat.

26 septembre. — Je suis paresseux aujourd'hui. Étendu sur ma couchette, je songe aux diverses modifications que je compte apporter à mon bateau à la Réunion : condamnation solide du panneau avant ; mise en place d'une robuste pièce de chêne pour renforcer l'hiloire du rouf à l'arrière ; calfatage partiel du pont ; révision de l'ancre flottante et de ses accessoires ; changement des drailles ou de l'étai (attaqués par la rouille...) ; changement des filières ; confection d'une ferrure pour la bôme de trinquette, et autres détails.

Ah ! les naïfs, qui s'imaginent qu'il n'y a qu'à se laisser vivre, dans une telle croisière, et qu'un bateau se conserve tout seul en bon état de navigabilité !

Ce soir, l'audition à la radio est d'une parfaite clarté. Pour la première fois depuis plusieurs jours j'attrape le signal horaire W.W.V.[1]. J'entends parfaitement des douzaines de postes.

27 septembre. — Dans la matinée, le ciel se dégage.

Aujourd'hui, je suis plus courageux et, le temps s'améliorant, je reprends goût à la navigation.

Matelotage sur le pont et dans la mâture où je refais quelques fourrures. Ma grand-voile a beaucoup souffert ; malgré toutes les précautions l'usure est impitoyable. Par endroits, au portage, on voit le jour à travers la toile. Pauvre « Paimpolaise » !... Et, pourtant, il faudra qu'elle tienne jusqu'au Croisic !

Comme la brise a bien molli (force 4), je largue les tours de la grand-voile.

17 h 15. Un beau paille-en-queue vient voler autour du cotre. Je me demande comment ces oiseaux peuvent rester ainsi au large, si éloignés de toute terre. Ils sont au moins aussi insensés que les navigateurs solitaires...

Beau coucher de soleil et je le note, car d'habitude l'horizon est masqué par d'épais nuages. Où sont les magnifiques ciels de la mer d'Arafura ?

Changement d'heure. Plus que cinq heures de différence avec Greenwich. *Kurun*, petit à petit, déroule son long sillage autour du globe.

Allumé fanal. A dormir.

28 septembre. — Beau soleil. Je mets mes affaires au sec, y compris ma provision de poisson séché qui commençait à se ramollir.

Je réfléchis, une fois de plus, à la croisière Durban-Cape Town, avec toutes ses possibilités de coups durs. Ce qui me tracasse le plus, c'est l'éventuel gros temps de S.-W. avec le fort courant des Aiguilles. La mer doit être démontée. Ah, j'ai hâte d'avoir doublé ce cap ! Bien qu'Irving John-

1. Washington — top *continuel* : un métronome qui bat la seconde.

son, qui l'a passé plusieurs fois, m'ait dit à Tahiti que ce n'était pas terrible en belle saison. Je voudrais avoir la chance de Bernicot, qui fit le trajet en huit jours !

Le ciel a mauvais aspect au coucher du soleil. Très nombreux alto-cumulus, notamment dans le N.-W. Le soleil disparaît dans une masse de nuages, en irradiant de sinistres lueurs. La houle se fait plus forte. Je regarde ce spectacle soucieusement.

22 h 20. Réveillé. La brise a fraîchi et chante dans le gréement. Grain. Pluie. Le cotre embarde.

En mettant le nez par le panneau, je me fais doucher : désagréable réveil. Il est temps de serrer de la toile. Je passe un chandail, capèle mon ciré et monte promptement à la manœuvre. Je prends quatre tours dans la grand-voile — assez laborieusement, car le vent gonfle bien la toile.

Le cotre est plus docile, mais je ne dormirai guère de la nuit.

29 septembre. — Grains. Mon point de midi me place à environ 430 milles de Rodriguez. Si la brise tient — ce qui est probable — et si je ne suis pas contrarié par un coup de vent, je pense être en vue de terre mardi 2 octobre. Peut-être serai-je à la Réunion le dimanche suivant ?

Pas de déjeuner aujourd'hui. Fatigué, je reste sur ma couchette, qui est pourtant loin d'être stable.

16 heures. Grain. Grosse houle S.-S.-E. Le bateau roule et embarque.

18 heures. Grain violent. La mer est devenue grosse. Sale aspect. Je prends deux autres tours dans la grand-voile.

Au début de la nuit, avant qu'il ne fasse noir[1], le cotre a traversé un banc de poissons volants dont plusieurs sont tombés sur le pont. Je suis monté les mettre de côté. Peu après, à la nuit, d'autres poissons sont tombés, mais la mer les a emportés.

1. De jour, il est rare qu'un poisson volant tombe sur le pont, car il voit le bateau et l'évite.

30 septembre. — Grains. Nuit noire. Le cotre roule et embarque. Je somnole...

3 heures. Je suis jeté en bas de ma couchette.

5 h 45. Réveillé. Le cotre est venu du lof et la trinquette bat furieusement. L'écoute a manqué[1]. La patte de la cosse du point d'amure est arrachée. Le point d'écoute a également manqué. Au jour, je remets tout en état. A l'avant, malgré mon ciré, je me fais joliment doucher. J'ai, d'ailleurs, le spectacle d'une grosse lame qui vient attaquer le cotre : le rouf est couvert, la lisse et le passavant tribord disparaissent sous la mer. Ce serait du plus bel effet, en photo...

Aujourd'hui dimanche, déjeuner soigné : poissons volants grillés, omelette, tarots au beurre, confiture. Le tout arrosé de ma dernière bouteille de vin rouge.

1er octobre. — 6 heures. Largué les tours de la grand-voile. La brise a molli, le temps s'est amélioré.

Avant le « jus », deux pailles-en-queue viennent planer au-dessus du cotre avec force piaillements. Ils semblent dire : « Voilà le beau temps. Demain tu verras la terre. »

Je salue le soleil.

Le rouf se couvre de tout un étalage d'affaires mises à sécher — entre autres le matelas tribord, bien humide.

Je nettoie la cuisine et en rince à l'eau douce tous les recoins, car elle a pris plus d'un coup de mer...

Le point de midi me place à 165 milles de Rodriguez. C'est un peu juste pour atterrir demain, mais j'espère cependant voir l'île l'après-midi.

2 octobre. — Magnifique nuit toute constellée. Atmosphère très limpide.

1. L'usure dans les réas des poulies de retour est très grande. Aussi faut-il très fréquemment changer le filin. La solution est d'utiliser du fil d'acier souple aux portages.

Je suis sur le pont avant l'aube pour faire un point d'étoiles. Comme je le pensais, je suis un peu trop Nord. J'embraque un brin la grande écoute et viens du lof, comptant être en vue de terre à l'heure du déjeuner.

Vers 8 h 30, des cétacés font d'énormes bonds hors de l'eau, au vent de ma route ; mais, vu la distance, je ne peux identifier les bêtes, qui me semblent avoir la longueur du cotre !

Assis sur le rebord du panneau de descente, donnant de temps en temps la main à la barre pour rectifier les trop grandes embardées, je surveille le cap.

Contrairement à l'habitude, je décide de déjeuner avant la méridienne. Je fouille l'horizon avec conviction, quoique je sache, d'après mes expériences passées, que la visibilité est de l'ordre de trente milles, pas beaucoup plus. D'autre part, de nombreux mammato-cumulus sont massés à l'horizon.

A 12 heures, n'y tenant plus, la dernière bouchée à peine avalée, je grimpe en tête du mât. Rien.

J'observe la méridienne et me place sur la carte. Il n'y a pas à dire, je devrais apercevoir Rodriguez ; il s'en faut d'un ou deux milles de visibilité. Grimpé de nouveau en tête de mât, je regarde dans la bonne direction, légèrement sur bâbord. Rien encore.

Cependant, après quelques minutes, en fixant attentivement, j'aperçois une petite touche bleuâtre. Il n'y a pas à s'y méprendre : c'est Rodriguez. Et j'éprouve, comme à chaque atterrissage, la joie de découvrir la terre, après plusieurs semaines de mer, et de l'apercevoir exactement en accord avec mes observations et calculs.

La houle gênant beaucoup la visibilité, ce n'est qu'un bon moment plus tard que je verrai l'île du pont.

Tenir la barre n'est pas désagréable. Il fait bon et le soleil est magnifique ; ce ne sont plus les chaleurs accablantes du Pacifique ou de la mer d'Arafura ; il souffle un alizé réellement vivifiant.

Rodriguez en vue, moins de quinze jours après mon

départ des Cocos Keeling. J'en suis content. Sur ce trajet, où la brise souffle toujours, les grands maîtres de la navigation solitaire, à bord du *Spray* et de l'*Anahita*, ont mis plus de temps. Or, ces bateaux, plus grands étaient beaucoup plus rapides[1]. Slocum et Bernicot parlent des neuf nœuds atteints par leurs cotres, alors que la vitesse maximum du *Kurun* n'a été que d'un peu plus de sept nœuds, dans des circonstances exceptionnelles. Sans le vouloir, j'ai donc réalisé une très belle traversée. Brave petit *Kurun* !

Étant venu davantage du lof, le cotre a perdu notablement de vitesse. Je ne serai pas près de terre avant la nuit. Quand les couleurs de l'île commencent à se préciser, le soleil se couche.

A 18 heures, je remets l'écoute de trinquette sur la barre pour reprendre ma route et parer, avec une bonne marge de sécurité, le récif qui entoure l'île à plusieurs milles de la côte.

Avec la nuit, des lumières s'allument à Port-Mathurin, village principal de l'île. Sous le vent de terre, je goûte la belle soirée, en déplorant de ne pouvoir m'arrêter.

Quelques heures plus tôt, j'aurais pu signaler ma présence à la station du câble qui l'eût transmise aux Cocos.

Je compte être en vue de la Réunion samedi et je suppute mes chances d'être à Port-des-Galets à temps pour avoir mon courrier ! Je fais des vœux pour que l'alizé ne me lâche pas.

Les dangers de Rodriguez parés, je prépare une tasse de bouillon, allume le fanal et vais me coucher.

3 octobre. — Beau temps d'alizé ; du soleil ; mer agitée à houleuse. Le cotre remue à peine. Navigation agréable.

Je jette à la mer le reste — pourri ou attaqué par les insectes — de ma provision de pommes de terre embarquée à Port-Moresby. Par la même occasion, je noie de nombreuses bestioles en mettant la caisse à la traîne, avec un « bout ».

1. La vitesse croît avec la longueur de flottaison.

Au début de l'après-midi, la brise fraîchit, et le matelas tribord, qui est à sécher sur le pont, attrape un « coup de mer » avant que j'aie pu le rentrer.

Ce soir, après avoir cherché le « top » à la radio, je tombe sur l'émission de Saint-Denis, à la Réunion, que je capte parfaitement.

4 octobre. — L'alizé se maintient constant et le cotre fait bonne route. Très beau temps. A midi : 140 milles depuis hier. Je pense être en vue de Maurice demain à l'aube, sinon auparavant, et à Port-des-Galets samedi après-midi.

Je me couche à 20 heures et mets le réveil à minuit pour veiller à l'atterrissage ; mais je ne parviens pas à dormir.

21 h 22. Un paquet de mer passe par le panneau de descente grand ouvert, inonde la cuisine et le plancher de la cabine, sans épargner au passage la petite étagère qui contient tout un matériel précieux : lampe-torche, allumettes, couteau, etc. Je me lève en maugréant pour réparer les méfaits de cette lame sournoise et que je n'attendais point car il fait beau temps.

5 octobre. — Très belle nuit. Visibilité excellente. Je veille, mais je n'ai pas chaud et j'ai dû me vêtir sérieusement : pantalon long, tricot rayé, pull-over et mon épaisse vareuse de la Kriegsmarine. Mon thermomètre de précision, sur le portique, marque +22° ! Je crois que je serai gelé en rentrant en France.

Vers 1 h 30, il me semble apercevoir une lueur par tribord.

A 1 h 40, de la tête de mât, un « feu » est en vue. Je ne possède aucune carte détaillée, ni le livre des Phares, mais je pense que c'est celui de Grand-Port.

La brise souffle en rafales.

A 4 heures, je commence à deviner la masse de la terre : l'île Maurice. Puis, la côte apparaît avec l'aube.

A 6 heures, mes relèvements me placent à onze milles dans le S. 14 W. de la pointe S.-E. de l'île. Puis je navigue

« à vue » le long de la côte, sans trop me soucier du compas. Bientôt je distingue nettement le jet puissant de la pointe du Souffleur qui monte à belle hauteur.

Je pourrais longer la côte de plus près pour mieux la voir, bien qu'elle soit débordée par un récif ; mais je suis, ce matin, quelque peu dédaigneux. J'ai hâte d'être à poste à Port-des-Galets et d'avoir le courrier...

Avec le soleil, les couleurs prennent peu à peu leurs valeurs. J'aperçois deux pics, dont l'un doit être le fameux Pieter Both. Ils me rappellent un peu Ua-Pou des Marquises ; mais ce n'est qu'une très vague analogie. On ne trouve ici ni la sauvagerie tourmentée ni la splendeur grandiose de cette île du Pacifique. L'île Maurice paraît aimable et civilisée. Partout, malgré la distance, on devine la main de l'homme.

A 8 heures, je porte de nouveau ma position sur la carte. L'atmosphère, dans l'Ouest, est remarquablement pure et limpide. Bien dégagé au-dessus de l'horizon m'apparaît un contour caractéristique : la Réunion ? A plus de cent milles, est-ce possible ?

Temps splendide. Je détaille l'île Maurice et distingue villages et maisons, ainsi que les champs de canne à sucre qui mettent leurs touches vertes assez haut dans le paysage.

8 h 32. Je suis en train d'écrire, en bas, depuis quelques minutes, lorsque j'entends distinctement un appel sur le pont : « Oh ! Oh ! » Stupéfait, je me précipite à l'ouverture de la descente. Rien, ni sur le pont ni aux alentours du bateau. Le cotre est bien seul, faisant route paisiblement ; rien que le ciel, la mer, et le silence...

J'aurais juré avoir entendu une voix humaine... Quelque appel d'au-delà des mers ? Un gémissement du gréement ?

Parfois au grand large, dans le vent, une plainte mystérieuse déchire ainsi le silence...

9 h 15. Je ne me suis pas trompé tout à l'heure : les hauts sommets de la Réunion sont parfaitement visibles. Le ciel est pur et dégagé dans l'Ouest. La visibilité est extraordi-

naire, mais, quand le soleil va prendre de la hauteur, je ne verrai plus rien.

A 10 heures, le cotre est à environ treize milles dans le Sud du cap Brabant, à l'extrême Ouest de la côte Sud de Maurice. J'ai pris quelques photos du Morne, belle colline isolée, au sommet plat, qui domine la pointe basse du cap.

Au coucher du soleil, les hauts sommets de la Réunion sont visibles.

23 h 57. Feu à 1/2 quart sur bâbord.

6 octobre. — Je gouverne, vent arrière. La nuit est belle, malheureusement la brise est très faible.

Cependant, à 3 h 45, la masse sombre et élevée de l'île apparaît.

Avec le jour, l'île dévoile progressivement ses détails. La Réunion s'éveillant, avec ses sommets de plus de 3 000 mètres, s'impose, majestueusement. Je goûte le charme prodigieux de ces atterrissages au petit matin après des semaines passées à la mer, seul... A ce moment, le navigateur solitaire, en communion avec la beauté de l'Univers, dans le silence, est l'égal des dieux.

6 h 10. Brise passe S.-W.

Très beau temps. Le cotre remue à peine... Je suis heureux.

Les terriens se lèvent et mes jumelles amusées fouillent la terre. Maisons, routes, usines, champs bien délimités, je vois s'esquisser la petite vie des hommes.

Forte nébulosité sur l'île. Je navigue à vue le long de terre. La côte est saine. Un seul danger : le Cousin, entre Sainte-Suzanne et Sainte-Marie.

8 h 37. Je suis plein Nord du feu du Bel-Air, à environ trois quarts de mille.

Quelques embarcations de pêcheurs, à l'aviron, sont « dehors ». Je passe, intentionnellement, à toucher l'une d'elles : « Savez-vous si la poste est ouverte cet après-midi à Port-des-Galets ? — Oui », me répondent ces braves gens un peu éberlués.

La brise, après avoir fraîchi, hale Est, et le cotre active un peu sa promenade matinale devant la côte.

Bientôt, j'identifie Saint-Denis, qui grossit rapidement. De loin, son aspect est agréable. De près, elle me donne l'impression d'une ville fermée à l'océan, ceinturée d'une plage peu accueillante et de constructions de pauvre apparence, montrant leur dos délabré à la mer, avec une gare et un train datant de l'invention de la machine à vapeur... Pas beau[1] !

10 h 25. Passé le cap des Jardins — devant la ville — à petite distance, puis les ruines du barachois. Pas un chat.

Le cap Bernard, lui, est beau. Sauvage et nu, il tombe dans la mer de plusieurs centaines de mètres. Craignant des perturbations de la brise près de cette muraille, je ne m'approche pas trop.

Dans la baie de la Possession, la côte s'abaisse de nouveau, si bien qu'en approchant de la pointe des Galets, j'aperçois les mâts et les passerelles de navires qui sont au port, ouvert à l'Ouest.

Je rallie la côte de galets, car l'entrée du port est toute proche mais la brise tombe. Le courant m'emmène. Un peu ennuyé, je crains de rater l'entrée du port. Vais-je tout à l'heure être drossé sur le grand pétrolier mouillé dans le Sud de l'entrée ? Étant donné la profondeur, impossible de mouiller.

Quelques risées folles. J'approche à la godille. Des chalands rentrent et sortent. Une drague travaille bruyamment dans la passe.

J'ignore que le dernier raz-de-marée a obstrué complètement l'entrée du port et que les navires sont prisonniers des galets !

Difficilement, je me faufile au milieu de l'étroit passage où circulent des chalands remorqués, menés par des Noirs à l'air un peu hébété. J'ai peur de me faire écraser par ces

1. L'impression, *de terre*, est tout à fait différente.

manieurs de machines qui ne font guère attention à mon petit *Kurun.*

Dans l'avant-port, j'amène promptement toute ma voilure et continue à la godille.

Sans idée préconçue sur le choix d'un poste dans ce port dont je n'ai pas le plan, je me décide pour la darse du Sud et m'avance entre les hautes murailles de deux cargos — le *Taurus* et la *Ville-de-Majunga* — pour accoster au fond de la darse.

Un homme élégant donne des instructions à une vedette pour qu'elle vienne m'assister. Je décline la remorque, envoie mes amarres à terre et accoste. Il est 13 h 40.

Quittant Tahiti, j'avais décidé d'arriver à la Réunion pour le 15 octobre, quitte à mener le cotre durement. Nous étions le 6 ! J'avais gagné la partie contre le temps.

En accostant, je fus chaleureusement accueilli par le commandant Fournage, directeur commercial du port, puis par le jeune docteur Destombes. Ne connaissant personne dans l'île, je ne pouvais supposer que le cotre était attendu et ce fut une agréable surprise.

Après avoir obtenu le courrier si souhaité et avoir remis celui qui m'avait été confié, j'allai prendre une douche chez le docteur ; c'est une satisfaction, quand on arrive du large, de pouvoir user, à profusion, d'eau... douce !

Pendant tout mon séjour, je devais être l'invité permanent du commandant Fournage. Ancien commandant de sous-marin, il avait quitté la Marine pour assumer la gérance du port.

Le *Kurun* devait à sa petite taille d'avoir pu entrer dans le port. Les grands navires qui se trouvaient à l'intérieur y étaient bloqués[1] ; tandis que ceux de l'extérieur n'y pouvaient entrer ; c'était le résultat du dernier raz-de-marée : il avait provoqué un tel amoncellement de galets qu'il ne restait qu'une brasse d'eau dans la passe !

1. L'un d'eux y resta immobilisé pendant plus d'un mois.

La Réunion n'est guère favorisée au point de vue maritime. Tandis que Maurice (que l'Angleterre a conservée) possède des abris naturels et des ports, favorables à une activité maritime, la Réunion a une côte très inhospitalière. Aucune baie, aucun abri naturel où un bateau puisse être en sécurité en toutes circonstances. Bien plus, les conditions sont telles que la construction d'un port artificiel serait une entreprise considérable. L'aménagement du Port-des-Galets n'est qu'une solution boiteuse, un pis-aller. Le port est précaire et, en dépit de fréquents dragages, à la merci d'une obturation soudaine. Ceci pose un problème pour l'économie de l'île, car ce port en est le poumon.

Je fus étonné de voir combien la vie de l'île se trouve peu orientée vers la mer. La seule activité maritime est constituée par quelques rares petits bateaux de pêche qui, la plupart du temps, sont tirés au sec. La pêche est peu pratiquée, avec des moyens rudimentaires et à proximité de la côte. Pourtant les eaux sont poissonneuses.

L'île est belle. C'est la montagne. Je fus, cependant, surpris de ne pas y trouver une végétation comparable à celle des autres îles tropicales. La raison en est que l'homme a voulu y « discipliner » la nature et qu'on a beaucoup déboisé. Seul l'intérieur de l'île est resté vraiment magnifique.

MM. Cornu et Hugot organisèrent à mon intention une petite expédition en montagne, qui dura trois jours. En gagnant en voiture le plateau de Cilaos, par une route particulièrement accidentée et pittoresque, je me souvenais des lignes écrites par le capitaine Bernicot à la suite de ses promenades dans cette même montagne, où il parle d'un chauffeur conduisant « grand largue ». Ce n'est pas seulement une boutade. On court peut-être moins de risques grand largue à bord d'un petit cotre par grosse brise, qu'à parcourir en voiture les routes de la Réunion... En certains endroits, les virages sont si scabreux que, pour les passer, il faut s'y reprendre à plusieurs fois et « faire croupiat » comme disent les marins.

Cilaos, dominé par le Piton des Neiges, est, grâce à son air sain et vivifiant et à ses sources thermales, une station climatique réputée.

Nous redescendîmes à pied de Cilaos à la côte. Après le passage du col de Taïbit, surplombé par le Grand-Bénard et les Salazes déchiquetés, et une nuit passée dans un petit village de montagne, dans le cirque de Mafatte, nous suivîmes la rivière des Galets jusqu'à la côte, à travers un paysage d'une sauvagerie et d'une splendeur inoubliables. Dans la montagne vit une population que l'on appelle les « petits Blancs des hauts », qui reste très à l'écart des autres, mais semble avoir trouvé la paix dans un cadre idéal.

Il nous fallut traverser dix-huit fois la rivière, qui coule entre d'énormes blocs de rochers. Chaque fois, c'était un agréable bain de pied dans une eau fraîche et limpide, mais l'un d'eux fut pour moi plus complet... Au passage d'un gué, je perdis l'équilibre. C'était bien la peine d'avoir traversé plusieurs océans pour venir choir dans l'eau douce !

Lorsque, au début du XVIe siècle, les Portugais découvrirent Santa Appolonia — ce fut le premier nom de la Réunion — l'île était inhabitée. Le peuplement s'est donc fait par des apports extérieurs : de France, d'Afrique, de Madagascar, d'Inde et de Chine. Aussi la population est-elle bigarrée, ce qui constitue un des charmes de l'île, car elle est douce et accueillante, dans son ensemble. Il se dégage des villes une impression « vieillotte » assez agréable qui fait penser à la province française d'autrefois.

Les Réunionnais sont d'ailleurs très attachés aussi bien à leur grande qu'à leur petite patrie.

Je me trouvais au port, au milieu de la grande famille maritime, et je fus souvent l'hôte des commandants des navires présents, notamment de mes compatriotes MM. Menguy et Depagne, qui m'assistèrent si gentiment. Je poursuivais la préparation minutieuse du cotre.

Le charpentier du *Ville-de-Majunga*, vieux marin des bords de la Rance, qui répondait au nom charmant de « Doux Jésus », mit tout son cœur et toute son expérience à exécuter de petits travaux à bord du *Kurun*. Il avait travaillé à bord du *Winibelle*, de Marin-Marie.

Grâce aux ateliers du port, les filières, dangereusement oxydées, furent remplacées par du câble en acier inoxydable. Une véritable bôme de trinquette, équipée avec des ferrures adéquates, fut confectionnée pour améliorer mon installation de fortune ; elle devait s'avérer par la suite extrêmement pratique.

Des drailles neuves furent mises en place, tous les ridoirs visités et graissés. Je révisai tout le gréement.

D'autre part, je pris une mesure énergique pour me débarrasser des bêtes qui infestaient le bord. Je déménageai tout l'intérieur et j'y projetai du D.D.T. à six kilogrammes de pression. Ce fut une opération d'envergure ! Le résultat fut radical. Bêtes à coprah, cancrelats ne furent plus, dès lors, qu'un souvenir.

Joseph avait déserté, sans attendre le début des opérations. L'air de la Réunion avait dû lui plaire et il avait peut-être trouvé une compagne. Après un si long séjour à bord, je comprenais qu'il pût avoir certaines aspirations. Mais je ne pus, là encore, que rendre hommage à son tact. Sans bruit il s'était embarqué, sans bruit il avait vécu à bord ; il partit de même. Brave Joseph ! Il doit en avoir, des histoires de mer, à conter aux lézards de Bourbon...

A bord du *Ville-de-Majunga*, j'avais décalqué la carte de Durban et recopié toute la partie du livre des Phares concernant l'Afrique du Sud.

J'étais prêt pour l'appareillage.

16

De la Réunion à Durban et au Cap

Samedi 10 novembre. — Comme d'habitude, je suis debout de bonne heure. Jamais, à Port-des-Galets, je n'ai pu rester couché au-delà de 6 h 30 du matin. Et ce n'est pas ce dernier jour que je ferai la « grasse matinée ».

Mais le *Kurun* ne partira pas aujourd'hui, car le commandant Fournage vient m'informer de l'état de la houle. Effectivement le pavillon S est hissé au bureau du port : passe impraticable. J'y vais jeter un œil ; elle est bouillonnante d'écume et la mer brise sur les jetées. Sortir serait dangereux. Force est d'attendre la fin de cette grosse houle qui vient de très loin et déferle sur toute la côte.

Des amis réunionnais sont venus me dire adieu. L'un d'eux m'apporte un petit cactus : « Il vous accompagnera jusqu'en France », me dit-il. Effectivement, je devais le ramener en excellent état. Avec sa cabine garnie de fleurs et de plantes vertes, le *Kurun* a un véritable petit jardin de paquebot de luxe.

11 novembre. — La fillette du commandant Fournage est venue glisser dans ma cabine un petit chien en caoutchouc auquel on peut donner une infinité de poses, plus ou moins drôles ou grotesques. Elle tient à ce que j'accepte ce fétiche.

La houle est tombée. Je suis tout juste paré quand le capitaine de port arrive avec sa vedette. Il me fait présent d'un bon bout de filin neuf : « Pour vous mettre à poste à Durban. Il y a de la marée », m'assure-t-il.

15 h 20. On largue. Doucement, la petite vedette remorque les dix tonnes et demie du cotre bien assis sur l'eau. Puis, à la sortie de la darse, j'établis la grand-voile.

En passant devant le bureau du capitaine de port, le radio du *Ville-de-Tamatave* me fait signe : « La météo est mauvaise. J'ai un télégramme pour vous. » La vedette du pilote m'apporte le pli.

Il émane du *Ville-du-Havre*, parti deux jours auparavant pour Durban, et me donne des nouvelles du temps rencontré. Aimable attention du commandant Depagne.

J'établis le foc ; le cotre est dans la passe. Au plus près serré bâbord amures, avec brise très légère, il m'eût été difficile de sortir à la voile seule.

La vedette du pilote me salue de trois coups de klaxon, auxquels je réponds par trois coups de corne à brume. Derniers adieux. Les deux vedettes virent de bord. Je suis de nouveau seul sur la mer.

Barre amarrée, tanguant un peu, le cotre s'élève doucement dans le vent au plus près serré, ne laissant derrière lui qu'un faible sillage. Petite brise de S.-W. à W.-S.-W.

Des marsouins viennent familièrement jouer devant l'étrave, se prélassant en surface. Il serait particulièrement aisé de les piquer. Instinctivement, je grée un harpon, mais le laisse de côté.

A 20 h 35, j'amène toute la voilure. Calme.

Je ne suis qu'à sept milles et demi de la pointe des Galets.

12 novembre. — Toute la nuit, je reste éveillé, ne m'assoupissant que pour une heure environ, peu avant le jour. A 6 h 10, sous un souffle de N.-E., je remets en route — pas pour longtemps, car le calme revient presque aussitôt.

Que l'île est belle dans la lumière du matin !

J'ai dû amener la voilure et longuement j'observe, dans

l'eau calme et transparente, les superbes couleurs d'une dorade qui nage autour du cotre.

Il fait une chaleur étouffante. Peu avant midi, je vais prendre un bain sous la sous-barbe, mais avec grande prudence, car, quelques instants auparavant, j'ai vu évoluer une longue et vilaine masse qui devait être un requin.

A l'heure du déjeuner, une petite brise me permet de remettre en route.

La bôme de trinquette me satisfait pleinement.

La côte s'éloigne et s'estompe petit à petit dans la couleur bleutée du soir. Avant la nuit, je prends, au sextant, la hauteur du Piton des Neiges et le relève au compas pour porter sur la carte mon « point de départ ».

Le loch que j'ai révisé minutieusement avant de partir tourne correctement.

Des conditions irrégulières de temps accompagneront le cotre jusqu'à Madagascar. Après une période de calme, la brise reprendra du secteur S.-E. Les journées de marche, à l'exception d'une seule, seront médiocres.

Le 16 novembre. — A 12 h 28, la terre est en vue par tribord, par 23°55' S. ; elle est imperceptible, masquée — comme c'est souvent le cas — par d'épais rideaux de pluie. Je préfère atterrir assez Nord, à cause du fort courant qui doit porter au Sud.

Aucun point de la côte n'est identifiable : la terre est une légère touche d'un gris un peu différent de celui qui masque tout l'Ouest. Je n'ai aucune envie d'approcher car la brise, déjà faible, peut tomber complètement ; il y a grosse houle, et, d'autre part, je n'ai aucune carte détaillée de cette côte, dont l'hydrographie est d'ailleurs incertaine.

Après le déjeuner, je reprends la barre pour faire route franchement à l'Est de la pointe Itaperina (S.-E. de Madagascar).

Il me semble reconnaître les deux montagnes Sakarivo et Torotoro, séparées par une coupure en V caractéristique.

En fin d'après-midi, j'aperçois, assez loin, un très gros

oiseau de mer comme je n'en ai jamais vu : je présume qu'il s'agit d'un albatros, croyant me souvenir que ces oiseaux remontent jusqu'au Sud de Madagascar.

Grains et calmes successifs. Pluie. La brise joue de toutes les directions. Le gréement fatigue. Enervant au possible.

17 novembre. — Le cotre gouverne seul, mais il n'est pas question de dormir. Les nuits près de terre sont des nuits blanches. La sécurité l'exige.

2 h 05 : feu de la pointe Itaperina en vue.

Au jour, la pointe débordée, je change de route. On devine la terre plutôt qu'on ne la voit.

Un autre albatros vient voler autour du cotre : bête magnifique, mais aussi oiseau de tempête : la brise fraîchit.

Le ciel a un très vilain aspect qui m'inquiète un peu. A 10 h 20, mon inquiétude se confirme : le baromètre baisse, alors qu'à cette heure on a précisément un maximum (marée barométrique). Ciel de cauchemar, comme avant un cyclone. La brise augmente.

A 10 h 50, j'amène tout, craignant de ne plus pouvoir manœuvrer si je tarde. En amenant le foc, la drisse me part des mains, me mettant les doigts à vif. Les mains douloureuses, je dois me débattre avec ce foc n° 2, tombé à la mer. Fichu métier !

J'amène assez laborieusement la grand-voile qui bat, et la rabante solidement. Puis je remets en route sous les voiles d'avant, cap au Sud, vers le large...

Le baromètre baisse régulièrement. Mauvais augure. En principe, pas de cyclone à cette époque, dans les parages où je me trouve ; mais je n'ai pas une confiance aveugle dans les statistiques. J'étudie cependant de nouveau mes documents et étale mes belles cartes de l'océan Indien sillonnées des trajectoires rouges des cyclones les plus typiques.

Il vente, force 7. Ce qui me laisse soucieux, c'est l'état du ciel.

En fin d'après-midi, c'est presque coup de vent ; la mer

commence à déferler en gros rouleaux. Je révise l'arrimage sur le pont comme en bas et garnis de cuir l'écoute du foc.

Le coucher de soleil est menaçant. Les nues cuivrées lancent d'étranges lueurs. Le baromètre baisse toujours. Je préférerais être en paix dans un bon port.

A la nuit, j'essaie de capter des nouvelles de la météo, sans succès. Radio Tananarive m'apprend seulement que demain doit avoir lieu une importante course de chevaux et que l'on se demande si ce sera possible, car le terrain est détrempé ; mais on ne parle pas de tempête...

J'observe longuement le ciel et la mer car, si le vent fraîchit encore un peu, il serait imprudent de continuer à fuir.

18 novembre. — La brise a molli et, à 8 h 35, j'ai remis en route tout dessus ; mais, en fin de matinée, le cotre a quatre tours dans la grand-voile par grand frais de N.-E. J'embarque un gros paquet de mer.

En fin d'après-midi, la brise mollit. Le soir, le ciel se dégage. Toutes les étoiles brillent. Le sillage du cotre est phosphorescent.

19 novembre. — La matinée est très belle. Le ciel se dégage, mais je me répète, à voix haute, le vieux dicton des anciens de la voile :

Temps bel et bon nouveau venu,
Le faut laisser rasseoir pour en voir la vertu.

De nombreux bancs de poissons sont en surface — l'eau en bouillonne —, survolés par quantité d'oiseaux. Je grée une ligne.

Je crois que le grand beau temps est venu. Mes affaires sèchent sur le pont. Le soleil chauffe, mais ce n'est plus la chaleur accablante que j'ai connue sous les tropiques (j'ai passé le tropique du Capricorne). L'air est doux et vivifiant.

Le loch n'indique pas même une vitesse de deux nœuds

et demi, mais le bord est si agréable avec ce beau temps que je suis moins pressé de rallier Durban.

J'ai perdu successivement deux fortes lignes de pêche écourtées par de très gros poissons.

Nuit magnifique. Toutes les étoiles. Ciel clair et pur. Du yachting comme on en rêve...

Pendant plusieurs jours le temps sera splendide, avec brise variable, très légère ou même calme plat, si bien que la route parcourue sera minime.

23 novembre. — 9 h 10. Je suis un peu étonné de voir un vapeur sur l'arrière du travers tribord, qui me rattrape. Il est environ à quatre ou cinq milles. Il doit venir de Maurice ou de Madagascar et fait route sur le Cap.

Le beau temps continue. C'est ce « flying fish weather[1] » que m'avait souhaité Bob the Trader avant mon appareillage de Tai-o-Hae.

Mais le cotre se traîne sur l'eau. A cette vitesse, je désespère d'être à Durban à la fin du mois. Après tout, cela n'a rien d'étonnant : je suis dans la zone des calmes tropicaux ou sub-tropicaux, connue pour ses vents variables et faibles.

Les Pilot Charts rendent très mal compte de la situation. Les conditions générales qu'elles indiquent sont bien différentes de celles que je rencontre.

C'est un temps pour yachts de course. Le *Kurun*, lourd, insuffisamment voilé, profite mal de ces brises très légères. Il lui faudrait au moins grand-voile normale, flèche et foc ballon (après avoir mis celui-ci bien au sec à Port-des-Galets, l'avoir soigneusement plié, je me suis promis de ne le ressortir qu'après le Cap...). Étant donné la prolongation de mon séjour à la mer, j'ai des chances de ramasser un coup de tabac avant d'arriver à Durban. Ce serait dans la norme...

Je termine le saindoux offert par Mme Angermeyer lors de mon départ d'Academy Bay, aux Galapagos, il y a un an.

1. « Temps de poisson volant. »

25 novembre. — Le temps est toujours beau, mais le Père Eole a dû se réveiller. A midi, brise N., force 5.

En fin d'après-midi, le cotre porte quatre tours à la grand-voile et le troisième foc. Depuis hier, le baromètre baisse régulièrement. La brise fraîchit.

A 18 h 15, vu l'aspect du temps, j'amène tout. Le baromètre baisse toujours. C'est le classique coup de N.-E. dont j'ai lu de si bonnes descriptions. Je sais que d'ordinaire il n'est pas dangereux et mollit avant même d'avoir atteint la force d'un véritable coup de vent ; mais ces coups de N.-E. sont suivis de coups de S.-W. qui, eux, sont très violents et s'établissent brutalement, par une saute rapide[1]. Comme la nuit vient, je trouve sage d'amener.

20 heures. N.-N.-E., force 7. A sec de toile, en travers à la lame. Je veille.

22 heures. La brise a molli légèrement. Le baromètre est stationnaire. A minuit, je constate qu'il a remonté d'une demi-division.

26 novembre. — 0 h 30. La brise tombe. La panne nuageuse classique s'élève du S.-W. Le baromètre remonte. J'attends la saute.

0 h 40. La brise s'établit brutalement S.-W. et joue.

La grand-voile de cape est parée à envoyer, mais le temps ne prend pas la tournure que je prévoyais. La brise joue vers le S.-S.-E. et ne souffle que force 5 au jour, avec des rafales.

J'ai remis en route, mais sous les voiles d'avant et grand-voile de cape, car le temps ne me laisse rien présumer de bon.

Après quelques heures de calme, la brise est repassée Nord, tandis que le baromètre redescend. Même processus qu'hier. Sur ma couchette, je somnole un peu, incapable de dormir, car je sais que le coup de S.-W. n'est pas loin.

1. En quelques minutes, le « South Wester » peut s'établir avec une force considérable — tandis que le ciel se couvre complètement.

27 novembre. — 2 heures, le baromètre atteint son minimum.

La brise mollit puis hale N.-N.-W., N.-W. et W.

5 h 10. Après être tombée presque complètement, elle saute au S.-W. et fraîchit brutalement. Mais ce n'est pas comme hier : en quelques minutes, coup de vent. La mer fume de partout et l'embrun vole. Je ne peux m'empêcher de m'exclamer : « Qu'est-ce que je vais prendre ! » Je mets en cape, bâbord amures, sous la grand-voile de cape seule, barre amarrée dans le milieu.

Coup de vent. Mer grosse. Mauvaise visibilité. Il n'y a qu'à attendre que cela se passe.

Le lendemain, c'est du calme... La brise reprend du N., cependant, en fin d'après-midi. La grosse houle fatigue le gréement.

30 novembre. — Coup de vent N.-N.-E. Mer grosse. A la cape, bâbord amures.

La mer est toute blanche d'écume que le vent, qui hurle dans le gréement, fait voler rageusement. Il vente la peau du diable et le cotre, en cape sous la grand-voile à six tours et le petit foc bordé au vent, est trop chargé de toile. Mais il est trop tard pour amener. J'avais dû crocher un solide palan sur le gui[1] pour éviter qu'il ne se brise sous la force du vent.

La gîte est forte, mais l'équilibre, sous cette voilure, excellent. Ainsi bien appuyé, le cotre capeye à la perfection — comme un vrai canard ! Et c'est pourtant un coup de vent digne de ce nom...

Le lendemain, cependant, je puis remettre en route avec jolie brise du S.-W.

J'ai une heureuse surprise dans mes observations, car je craignais d'être beaucoup plus au Sud. Comme bien souvent, le courant indiqué par les divers documents nautiques

1. A toucher la ralingue de chute arrière de la grand-voile.

est fantaisiste. D'autre part, mes observations d'hier, faites par grosse mer, n'étaient pas très précises[1].

Dans l'après-midi j'arrive à mettre au sec quelques vêtements, après les avoir rincés à l'eau douce. Mais, en fin d'après-midi, le temps se gâte de nouveau. Grains. Pluie. Temps bouché.

23 heures. Une lueur par bâbord devant ; c'est vraisemblablement Durban. Derrière, le feu blanc d'un navire.

Le cotre marche bien, au plus près bon plein, deux tours dans la grand-voile avec brise S.-S.-W. force 5. Et le navire qui me rattrape ne passe qu'à minuit sur le travers tribord, à petite distance.

2 décembre. — A la barre. Je pense être à Durban aujourd'hui, quelques heures après ce navire.

Malgré d'épais vêtements et des boissons chaudes, j'ai froid. Aussi vers 2 h 30 j'amarre la barre et descends au sec un moment.

Au jour, je vois un instant la terre, toute grise, entre deux grains. J'ignore où je suis exactement.

6 h 20. Grain violent ; pluie diluvienne. Amené la trinquette et pris un autre tour dans la grand-voile. Visibilité nulle. Mais, deux heures plus tard, la terre va m'apparaître de nouveau.

J'approche de la côte dont je ne vois qu'une partie, gouvernant au plus près serré. N'ayant aucune carte détaillée, j'essaie d'identifier, d'après les I.N., le paysage : des collines, quelques maisons. Ce doit être l'embouchure de Tongaat River que je garde un peu sur tribord. La mer semble moins dure en approchant de terre et je compte continuer mon bord jusqu'à environ un mille à un mille et demi de la côte.

Les détails du paysage se précisent, mais le temps se gâte. Un gros grain monte à l'horizon. Je ne le quitte pas des yeux et ne me hâte pas particulièrement de serrer de la

1. Dans un coup de vent, à bord d'un petit bateau, à la cape, il est quasi impossible de prendre de bonnes hauteurs.

toile, jusqu'au moment où je réalise qu'il amène une sacrée piaule avec lui.

J'amène la trinquette et l'amarre solidement, puis prends un quatrième tour dans la grand-voile. Le grain m'enveloppe et, en effet, il y a une jolie piaule dedans !

11 h 35. Après avoir manqué à virer vent devant, je vire de bord, lof pour lof, et mets en cape courante, les amures au large, car les conditions deviennent trop dures pour faire route. La terre a disparu, la visibilité est nulle. Je suis assez soucieux de la tournure du temps.

Vais-je encore ramasser un coup de vent, si près de terre ? (J'ai viré à environ deux milles et demi de la côte.) Si le vent hale S.-E., je suis tout bonnement en perdition.

12 heures. Grosse brise S.-W. Grains. Pluie. La mer est dure ; le cotre embarque et se mâte quelquefois rudement. Joyeux dimanche ! Je suis mouillé, j'ai froid. Aucun courage pour faire de la cuisine. Je voudrais surtout me réchauffer.

Je prends un bouillon très chaud, et m'octroie une bonne ration de confiture de papaye, terminant ce repas par une solide rasade de rhum.

La brise a fraîchi en coup de vent. Je crains que mon foc ne soit emporté : il est à bout de carrière, ce « petit moco », bien qu'aux Cocos Keeling on lui ait mis une ralingue d'envergure neuve, refait le point d'écoute et changé toutes les pattes des cosses.

Vers 15 heures, le vent a molli. Ce sont des bourrasques.

Toute la journée, grains et pluie. Je tire, cependant, quelques bords. Puis calme, au début de la nuit.

Sur ma couchette, tout habillé, malgré les boissons chaudes, je ne parviens pas à me réchauffer. Tout est mouillé ou humide. Je n'ai pas vu le thermomètre si bas (moins de 19°) depuis bien longtemps.

22 heures. Le ciel se dégage soudain. En montant sur le pont, surprise : des quantités de lumières, à quelques milles... C'est le Nord de la ville de Durban — Durban l'invisible et l'inaccessible... N'importe qui aurait parié

que le *Kurun* serait à poste demain ; moi-même je le croyais presque en voyant ces lumières proches !

Vers 22 h 30, la brise reprend, debout bien entendu. Mais je mets en panne, cap au large et regagne ma couchette. Je suis gelé et j'ai sommeil. Il me semble que je prendrais froid si je restais à la barre — c'est la raison que je me donne...

3 décembre. — Après avoir somnolé un peu, je remets en route au jour.

Grains, pluie, avec accalmies intermittentes. Il a fallu reprendre le louvoyage avec brise debout.

A 8 h 35, en virant de bord à environ deux milles et demi de terre, j'ai pu reconnaître que j'étais plus Nord de quelques milles sous le vent de la position d'hier matin. Je suis en dehors de ma route et je l'ai perdue par ma faute, en restant en bas au sec la nuit dernière ! C'est peut-être aussi le fait du contre-courant côtier qui porte au Nord.

Toute la journée, pluie et calme, coupés par quelques bouffées de brise. — Triste temps.

A 15 heures, le Bluff est en vue, très estompé ; c'est la presqu'île haute et boisée qui marque le Sud de l'entrée de Durban, tandis que la côte Nord est très basse.

Quelques oiseaux viennent autour du cotre qui monte doucement à la houle. Je leur lance des morceaux de biscuit de mer qu'ils semblent apprécier.

A la nuit, les lumières de Durban sont bien en vue, ainsi que l'éclat du « Natal Bluff ». Malgré la proximité de ces milliers de lumières, tout laisse présumer que je vais encore passer cette nuit à la mer.

20 h 50. Remis en route avec une petite brise N.-E. Petit à petit, le cotre s'approche, mais les feux de la passe sont bien longs à apparaître. Durban est une énorme agglomération dont les lumières s'étendent sur des milles et des milles. Voici soudain les enseignes lumineuses multicolores. Le passage des visions du large à celles de la grande ville moderne est brutal.

23 heures. La brise a halé N.-W. et fraîchi. Cette fois, je compte rentrer cette nuit. Bientôt, le feu vert de la passe est en vue.

24 heures. Je retarde d'une heure la montre d'habitacle. Maintenant, plus que deux heures de différence avec Greenwich !

Je suis heureux de retrouver l'Afrique. Il y a un an et demi, je la quittais, cap à l'Ouest, et, aujourd'hui, je touche ce même continent à l'Est. Le *Kurun* a déroulé autour du globe un long sillage...

J'ai froid, malgré mon caban, mais je gouverne dans l'axe de la passe — S.-W. du compas. Un très gros poisson saute près du cotre.

4 décembre. — 0 h 08. Je passe l'extrémité de la jetée Sud. Bientôt je suis à l'abri de la jetée Nord. L'eau est rigoureusement plate. — Une couche de mazout doit y être pour quelque chose — et le cotre glisse rapidement et sans bruit vers le port.

0 h 55 : l'équipage de la vedette de la « Water Police » m'amarre sur une énorme bouée et me souhaite une bonne nuit. Je vais dormir en paix.

A l'aube, je suis sur le pont. Il faisait froid mais le beau temps était revenu avec une jolie brise du N.-E. que j'aurais aimé avoir les jours précédents.

J'explore à la jumelle le port et la ville, qui m'apparaissent aussi vastes l'un que l'autre. Le petit *Kurun* y semble perdu. Cependant, j'envoie les couleurs et, en tête de mât, le pavillon Q pour demander la « libre pratique ».

Ce n'est qu'assez tard dans la matinée que les autorités s'occupent du cotre. D'abord, la vedette de la Water Police vient me proposer de me remorquer jusqu'au Yacht Club, quand je le désirerai. Puis d'autres vedettes m'accostent pour diverses formalités qui s'effectuent aisément.

A mon grand étonnement, deux spécialistes, dont un

entomologiste, arrivent à bord — pour autopsier mon mât. Son histoire a été connue grâce à un article paru dans la presse quelques jours auparavant, annonçant l'arrivée du cotre en provenance de la Réunion.

Les deux experts se mettent au travail avec leurs petits instruments, sondent le mât et inspectent les galeries. Ils semblent fort intéressés, car ils continuent encore leurs investigations quand la vedette de la Water Police vient me remorquer. Malheureusement, en raison du léger clapotis venant du travers, l'un des spécialistes a soudain le mal de mer. Il faut l'étendre sur une couchette.

Après une belle promenade dans le port ensoleillé, je mets le cotre à poste devant le Yacht Club.

Après le déjeuner, je me rendis chez le consul de France, M. Ratton, qui m'accueillit très cordialement.

Le lendemain, j'eus quelques difficultés à la douane. J'aurais dû m'y présenter dans les deux heures qui suivaient mon arrivée et j'étais passible d'une amende. Enfin, tout s'arrangea dans un flot de paperasses.

Je dus cependant me plier à une formalité vexatoire : on m'obligea à remettre les armes du bord : « Il y a trop de voleurs ici. » Singulière idée que de désarmer les gens pour les protéger des voleurs...

La grande cité moderne de Durban couvre une énorme superficie. C'est une agglomération très aérée et, je crois, ce qu'on appelle une belle ville. Le centre est le quartier des affaires. La population habite la périphérie, la plupart du temps dans des maisons agréables, au milieu des fleurs. La notion de distance y est différente de celle que nous avons en France, et il est courant, là-bas de faire une douzaine de milles sinon davantage, pour se rendre à ses occupations.

Durban, grand port et grande ville d'Afrique du Sud, est aussi une station balnéaire très fréquentée pendant les vacances, notamment par les habitants de Johannesburg. La capitale du Natal est donc pourvue d'hôtels modernes, d'établissements de sports et de plaisirs. Sa plage est belle et les requins qui viennent de temps à autre croquer un baigneur n'empêchent pas les gens de s'y précipiter. Il est vrai que, dans une telle foule, un homme de plus ou de moins passe inaperçu.

Comme toutes les villes neuves, Durban est sans âme. Ses « rickshaws[1] » traînés par des Zoulous athlétiques, artistiquement parés, la tête surmontée de cornes, donnent une impression d'exotisme de pacotille assez ridicule.

J'aimais, cependant, la foule bigarrée des marchés indien et noir : Européens, Zoulous en costumes, venus de l'intérieur, belles Indiennes[2] dans leurs seyants « saris » aux couleurs variées.

Durban a la réputation d'une ville d'activité modérée, en comparaison de Johannesburg, la grande capitale, d'allure américaine ; c'est, paraît-il, la conséquence de la « Natal fever » : la fièvre du Natal, qui incite au farniente.

Quoi qu'il en soit, j'y retrouvai la civilisation, et je constatai de nouveau combien j'étais peu sensible à ses « bienfaits » !

A côté des beaux bâtiments et des riches demeures résidentielles, il existe à Durban un quartier invraisemblable : c'est Cato Manor. En Afrique du Sud, les gens de couleur ne sont pas considérés comme des humains pareils aux autres ; aussi n'ont-ils pas le droit d'habiter n'importe où ; ici on les relègue dans la zone de Cato Manor. Dans des baraques hétéroclites, avec des conditions de confort et d'hygiène pitoyables, vit toute une population misérable.

C'est à Cato Manor qu'eurent lieu, il y a quelques années, les sanglantes émeutes entre indigènes, et je vis les restes de nombre de maisons brûlées à cette occasion. Lors du pas-

1. « Pousse-pousse. »

2. En Afrique du Sud, on appelle les « Hindous » « Indians » : les Indiens. Le mot « Hindou » est presque toujours employé improprement ; il ne peut être utilisé pour désigner un groupe d'individus qui présentent de grandes variétés ethniques. En revanche on peut parler d'une « Tradition hindoue ».

sage du *Kurun*, il était question de chasser tous les indigènes pour agrandir la ville européenne, en plein développement.

L'Afrique du Sud est un lieu de prédilection pour les luttes raciales. Il est vrai que les éléments en présence sont assez variés : Afrikaners, Anglais, Noirs, Indiens et métis. Comme les Blancs ne sont pas allés là-bas pour y fonder des œuvres philanthropiques, et comme ils sont les plus forts, leurs procédés à l'égard des gens de couleur ne sauraient surprendre.

Les Sud-Africains sont contents d'eux, fiers de leur œuvre, ce qui, en un certain sens, est parfaitement justifié : le pays peut s'enorgueillir d'un magnifique « progrès » : les villes et les usines ont poussé comme des champignons et la production s'est développée. Il est édifiant — pensent la plupart — de voir la civilisation fleurir dans des contrées où il n'y avait rien à une époque bien proche de la nôtre !...

L'Afrique du Sud est un pays de mécontentement et de haine. J'ai pu m'en rendre compte pendant mon séjour de deux mois ; car, au port, j'aimais bavarder librement avec les gens de couleur. Ces contacts réels sont plus probants que toutes les théories édifiées en chambre. Que de blessures irréparables ont été faites ! Que de ressentiments accumulés !

Un jour, je conversais avec un Indien que je voyais pour la première fois. Au bout de dix minutes, il était tellement bouleversé de m'entendre lui parler d'égal à égal, qu'il enleva une bague en or qu'il portait au doigt, voulant à toute force m'en faire cadeau. Naturellement, je refusai. « Il y a vraiment des Européens qui pensent comme vous ? » me demanda-t-il avec un étonnement extraordinaire. Il semblait que je lui aie apporté un soulagement indicible.

J'ai souvent acheté des timbres-poste pour des Noirs auxquels l'accès du bureau de poste était interdit. Et c'était une occasion de leur faire sentir une sympathie dont ils n'ont certes pas l'habitude.

La grande richesse du pays est la main-d'œuvre bon marché. S'il fallait payer un ouvrier noir six fois plus cher qu'on ne le paie actuellement[1], ce serait une véritable catastrophe. Certaines mines seraient inexploitables. Objectivement, on ne peut donc pas juger trop sévèrement les Blancs : ils ne sont pas plus mauvais là qu'ailleurs, mais ils sont « embarqués » comme dit Pascal. La situation, sur le plan humain, ne comporte, dans l'immédiat, aucune solution pratique satisfaisante. On veille d'ailleurs soigneusement à éviter toute évolution du Noir. Il ne peut jamais devenir un ouvrier spécialisé ; c'est là un privilège de la « race des seigneurs ».

Quoi qu'il en soit, c'est avec une amère ironie que l'on songe aux mots dont l'homme blanc se gargarise volontiers : la liberté, la dignité humaine...

Parmi les sports pratiqués en Afrique du Sud, le yachting occupe une place honorable. Durban compte deux yachts clubs : le Royal Natal Yacht Club et le Point Yacht Club.

D'abord, je fus un peu surpris de ne pas y voir de véritables bateaux de mer, en dehors de quelques grosses vedettes. Ces yachts sont, en effet, pour la plupart, des monotypes à dérive ; la raison en est simple : dans un pays où la côte est inhospitalière et le temps instable, sujet à des variations très brutales, la navigation est plutôt dangereuse[2].

Du reste, à Durban, il est interdit aux bateaux de moins de trente-cinq pieds de long de sortir de la rade. Si quelques bateaux plus petits sont autorisés à franchir la passe, ils doivent être pourvus de deux moteurs.

La rade est donc sillonnée de voiles blanches. Des régates y ont lieu chaque semaine. Elles réunissent des amateurs passionnés ; il n'est pas rare de voir des démâtages et les équipiers rentrer trempés de la tête aux pieds.

J'eus le plaisir de connaître quelques vrais amateurs de croisières et de grande navigation. L'un d'eux, Gerry Trob-

1. C'est-à-dire au tarif d'un ouvrier blanc.

2. Je pus lire dans les journaux parus les jours qui précédèrent mon arrivée quels dommages avaient été causés à terre par le mauvais temps.

ridge, préparait un voyage autour du monde. Il avait construit lui-même son bateau à Johannesburg. Fort expert dans le travail de la tôle et de la soudure, Gerry avait adopté pour son *White Seal*[1] la construction métallique. Quand sa coque, de quatorze tonnes, fut terminée, il l'amena lui-même à la mer, sur une énorme remorque. En peu de jours, il réussit l'opération délicate de transporter, sur 780 kilomètres de route, son bateau jusqu'à Durban.

Quand je visitai le *White Seal*, il était mouillé à Congella depuis quelques mois. Son gréement, en ketch, et les aménagements étaient en cours. Gerry n'était pas seulement un solide gaillard, champion du lancer du marteau ; c'était aussi un camarade simple et serviable. Un jour, j'eus la visite du navigateur américain Tom Steele qui me raconta ses mésaventures à bord du ketch *Adios*[2]. Dans la phase finale de son voyage autour du monde, Steele avait quitté Durban pour Cape Town, peu avant l'arrivée du *Kurun*.

Il ne parvint pas à destination. Quelques jours après son départ, il essuyait un coup de temps avec des vents de soixante-quinze milles à l'heure. Le petit ketch fut mis à mal. D'abord, la mer emporta son embarcation, sa grand-voile et sa bôme. Puis le mât d'artimon fut arraché, ainsi que le gouvernail. Le ketch, couché complètement sur l'eau, faillit chavirer. Un paquet de mer défonça le rouf.

L'*Adios* était désemparé. L'état du temps était tel qu'il fut impossible de lui porter assistance. Enfin, le coup de vent passé, Steele réussit, par les moyens du bord, à mener son bateau dans le petit port de pêche de Knysna, à quelque quarante milles dans l'Est de Mossel Bay.

De grands navires français touchent quelquefois Durban et c'est ainsi que j'eus l'occasion de rencontrer le *Boffa* et le *Toulon*.

Grâce à l'obligeance des officiers de ce dernier navire,

1. 10,97 m x 3,66 m x 1,37 m.
2. Type « Tahiti ketch », 30 pieds.

j'obtins quelques cartes, anciennes déjà, mais plus qu'intéressantes, de la côte sud-africaine. Je refis aussi quelques calques d'East London et Mossel Bay, complétant ainsi ma documentation sur la côte.

Parmi les Européens qui m'accueillirent à Durban se placent les missionnaires catholiques ; ils sont presque tous français et en grande partie bretons.

Dès le lendemain de mon arrivée, le Père Lener, provincial des Oblats de Marie et qui fut aumônier de la Marine, vint me chercher avec sa Nash pour me faire visiter la ville.

Les missionnaires se sont adaptés au pays. Si, au premier abord, on est un peu étonné de les voir rouler dans de puissantes voitures américaines, ils n'en gardent pas moins leurs solides qualités chrétiennes. Leur présence peut sembler un peu paradoxale dans ce pays de racisme exacerbé. A-t-on idée de venir y prêcher la charité et l'amour du prochain ? Et ce Paradis dont l'accès ne serait pas interdit aux Noirs ni aux Hindous ?

Je voyais fréquemment le Père L'Hénoret. Originaire du Guilvinec, c'était un vétéran de l'Afrique du Sud. Avant sa vocation religieuse, il avait été pêcheur en Bretagne et mousse sur le bateau de son père. C'était un prêtre profondément humain. Curé des Indiens, à St-Anthony's Church, il m'invitait parfois le vendredi à manger la cotriade de poissons qu'il préparait lui-même, avec quel art ! Et, quand il me reconduisait à bord, il ne craignait pas de « crocher dedans » pour accoster le *Kurun* plus près dc l'appontement.

Il avait reçu Bernicot lors de son passage et me montra quelques photos qu'il avait conservées d'*Anahita*.

Grâce à lui, je visitai plusieurs missions et fis une magnifique randonnée dans les « Thousand Hills[1] ». Là se trouvent des « réserves » indigènes, où les Blancs n'ont pas le droit d'habiter.

1. Les Mille Collines.

Car, si l'Afrique du Sud est le pays des réserves d'animaux — tel le célèbre Krüger Park —, elle est également celui des « Native Reserves » — des réserves pour êtres humains ! Les touristes, en excursions organisées, viennent visiter ces « curiosités ». Nul ne semble se rendre compte du caractère ignoble de cette pratique.

Les « Kraals » Zoulous sont propres, ordonnés et d'un aspect aimable. Le père de famille régit l'organisation du « kraal ». Chez le Noir, on sait que l'organisation familiale est très développée, et les Blancs des grandes villes auraient, sur certains points, beaucoup à apprendre de ces « sauvages », souvent plus humains qu'eux.

L'intérieur des huttes me surprit par sa netteté. Foyer au milieu, sur un sol de terre battue, aussi dur et régulier que du ciment. Dans quelques-unes, on trouve des lits — apport de la civilisation.

Suivant l'usage ancestral, les Zoulous portent avec eux leurs inséparables gourdins, des matraques ou des lances.

Les femmes ont d'artistiques parures de perles qu'elles confectionnent elles-mêmes.

Les Mauriciens sont nombreux au Natal ; l'Afrique du Sud est pour eux une terre d'émigration toute proche. Ils constituent une véritable colonie à Durban. Je rencontrai parmi eux une vieille dame qui avait connu Slocum et était allée à bord du *Spray*. Elle n'était pas la seule dans ce cas, car un jour, devant des pommes chips, un restaurateur établi en Afrique du Sud depuis 1901 me raconta la même chose. Plus d'un demi-siècle après, il était assez émouvant de recueillir des souvenirs sur le grand navigateur.

Le *Kurun* avait, lui aussi, ses visiteurs. Des Indiens venaient presque chaque jour pêcher près du cotre et ils m'étaient devenus familiers. Je bavardais avec eux et leur donnais parfois du riz, denrée introuvable au Natal.

Je rencontrais souvent un vieil Indien au noble visage qui menait silencieusement une existence de travail et vivait avec son Dieu dans une piété exemplaire ; j'eus le privilège de connaître un vieil Hindou qui fut longtemps le secrétaire de Gandhi.

On m'avait mis en garde, au port, contre les vols possibles (avec toute cette « racaille de gens de couleur » !). Une nuit, je fus réveillé : on essayait de forcer l'entrée de la cabine, fermée, contre mes habitudes, uniquement parce que j'avais repeint le dessus du rouf. Je passai la tête par le panneau avant, mon 7,65 à la main, mais dissimulé par la descente. J'avais affaire à un Européen. Sans répondre à mes questions, il s'enfuit en toute hâte !

Le cotre réclamait des soins. Le remplacement de son mât me semblait s'imposer ; c'était aussi l'avis des spécialistes.

« Wood boaring beetle », m'avait-on dit d'abord ; « hetrus bustrycus », m'affirma-t-on ensuite...

A mon retour en France, je devais obtenir des éclaircissements définitifs sur les bêtes qui dévoraient mon mât. M. P. Budker, sous-directeur du Muséum d'Histoire naturelle, à qui j'en remis un spécimen précieusement conservé dans l'alcool, me dit qu'il s'agissait d'un « hylotrupes bajulus », vulgairement appelé « capricorne des maisons ». Ces capricornes devaient être dans le bois avant le départ du Croisic, car ce sont des insectes des pays tempérés. Ils avaient donc fait le tour du monde...

Quoi qu'il en soit, les bêtes installées dans le pin Douglas étaient dangereuses. Le directeur d'un chantier naval important, gentleman et yachtman convaincu, offrit de me confectionner un mât neuf en me facturant simplement la main-d'œuvre.

L'opération fut décidée. Cependant, quelques jours avant l'exécution, je changeai d'avis. Après une nouvelle inspection minutieuse du mât, je conclus qu'il était encore solide. D'ailleurs dans la partie attaquée (de l'emplanture à la hauteur d'une brasse au-dessus du pont), le mât travaillait à la compression, et aucune force n'aurait pu le faire « flamber ». Je décidai donc de rentrer en France avec lui.

Je refis les vernis et peintures du pont. Comme d'habitude, je révisai soigneusement le gréement, changeant les manœuvres douteuses : je m'attendais à rencontrer du vent dans le Sud.

Le carénage s'imposait et M. Wittle, directeur d'un chantier naval important et d'ailleurs yachtman distingué, m'avait proposé de mettre au sec le *Kurun* gratuitement.

Le 28 janvier, le cotre fut hissé au sec et je pus commencer à gratter la coque. En dépit de quelques coquillages qui s'y étaient collés, surtout durant mon long séjour au port, la carène était en parfait état, ce qui était très satisfaisant, si l'on considère que le carénage précédent remontait à huit mois et que j'avais séjourné longtemps dans les eaux chaudes.

Le lendemain, ayant terminé le grattage, je nettoyai la coque avec un jet d'eau douce. Le « plastic » est pâteux et son application assez longue. Je fus aidé par plusieurs Noirs et je n'ai jamais vu de pareils barbouilleurs !

L'après-midi du même jour, le cotre était à flot et, après le plein d'eau, je repris l'amarrage au pier du Club. L'opération avait été menée rondement. Maintenant, la quille du *Kurun* ne toucherait plus que le sol de France.

Plus le pays où l'on fait escale est « civilisé », plus est compliqué et laborieux l'appareillage.

D'interminables formalités m'attendaient à la douane. Le même fonctionnaire qui m'avait assez désagréablement reçu à l'arrivée n'était pas de meilleure humeur. Après avoir apposé sur certains de mes papiers un sceau à la cire presque aussi grand que la poêle à frire du bord, il me déclara « qu'il fallait être fou pour naviguer ainsi sur des petits bateaux ». En souriant j'abondai dans son sens, ajoutant, cependant, qu'on trouvait également des fous à terre, et que, en général, ils étaient plus dangereux.

Je récupérai mes armes... oxydées.

3 février. — En cette fin de matinée dominicale, le pier du Yacht Club est noir de monde. Jamais l'appareillage du *Kurun* n'avait connu tant de spectateurs. Je serre une dernière fois quantité de mains amies et embarque. J'établis la grand-voile et envoie les couleurs à la corne.

La brise est droit debout pour sortir. J'ai décliné les offres de remorquage : je tiens à appareiller à la voile.

Le secrétaire du Point Yacht Club vient, *in extremis*, m'apporter un guidon du Club, en souvenir. La barre amarrée, j'envoie le foc que je masque. On largue.

Le *Kurun* prend de l'erre. De l'appontement on applaudit ; les bras s'agitent. Mais je suis tout à ma manœuvre, car je dois bientôt « virer ». La brise, légère, est du S.-W., c'est-à-dire qu'elle souffle dans l'axe du chenal, relativement étroit, qui mène au Yacht Club.

Des petits bateaux du Club m'escortent, mais ils sont plus rapides et surtout remontent mieux au vent. Louvoyage laborieux.

A 13 h 15, je double la jetée qui protège le chenal d'accès au Yacht Club. Le *Grey Gosling*, qui a appareillé lui aussi, me dépasse, la brise étant trop légère pour le *Kurun* ; mais, la brise fraîchissant, je rattrape bientôt à mon tour le petit cotre marconi. Son pilote est un Anglais de Beachy Head qui, malgré ses 71 ans, manœuvre seul, à la voile, son bateau. Un passionné : « C'est un crime de ne pas me laisser sortir au large », me disait-il souvent. Évidemment, son cotre n'avait pas les 35 pieds réglementaires !

Je passe quelques bateaux en pêche, au mouillage, d'où l'on me salue amicalement ; les eaux du port sont poissonneuses et les amateurs de pêche nombreux. Comme j'arrive sur l'alignement de la passe, la brise joue et tombe. *Grey Gosling* a viré.

Imperceptiblement, le cotre gagne dans la passe, vers le large. Le temps s'est couvert. Quelques amis et des inconnus, debout sur la jetée Nord, m'adressent un dernier adieu. Gerry, de sa voix puissante, fait résonner un ultime « good luck » !

14 h 35. Passé la jetée Nord. La brise s'est faite. Le cotre, bien appuyé, commence à faire de la mousse. Mais le crachin est venu : j'ai dû capeler mon ciré et je n'ai pas chaud.

Temps bouché. La visibilité est devenue quasi nulle. La sirène d'un grand navire hurle dans la boucaille. Elle est terriblement triste, cette reprise de contact avec la mer, après deux mois à terre. Le cotre m'apparaît tout à coup petit, minuscule. Panneaux et hublots condamnés, tout bien arrimé sur le pont. La perspective n'est pas gaie. « Là-bas, dans le Sud, le Cap... » mais je reste impassible et tiens d'une main ferme la barre.

14 h 38. Viré de bord. Au plus près bâbord amures. Pluie. Grain. Le cotre donne aisément ses cinq nœuds et commence à tanguer dans la grosse houle. En route pour le cap des Tempêtes...

Cette traversée Durban-Cape Town avait longtemps hanté mon esprit, pas toujours agréablement. Que de fois n'avais-je pas retourné dans ma tête tous les aspects du problème ! Mais maintenant j'entre dans le vif du sujet et je pars dans une véritable détente de l'esprit. Mon bateau est en ordre, paré à toute éventualité. Les sens du marin parés à voir, jauger, décider et agir. Brave *Kurun*, tu seras bientôt dans l'Atlantique — et quel que soit le temps que tu doives rencontrer.

Un examen sérieux des documents nautiques et des conditions météorologiques et océanographiques montre que le trajet Durban-Cape Town est loin d'être de tout repos, que c'est même une entreprise assez hasardeuse pour un voilier.

D'abord, sur cette côte, le mauvais temps existe en toute saison — même pendant l'été (austral). Les changements de temps y sont très brusques et les coups de vent violents.

Un capitaine de petit navire qui faisait régulièrement le trajet me déclarait à Durban : « En deux ans, j'ai fait une seule bonne traversée. »

Une donnée essentielle de la navigation dans ces parages

est le courant des Aiguilles. C'est un des plus violents du globe, atteignant quelquefois quatre à cinq nœuds. Il longe la côte. Par coup de vent soufflant d'une direction contraire, la mer est démontée et dangereuse. Néanmoins, il ne faut pas perdre de vue ce fait capital : l'intensité du courant augmente au fur et à mesure que l'on s'écarte de la côte, pour devenir maximum à l'accore du plateau continental. Près de terre, il est nul — on y trouve même souvent un contre-courant. Conclusion : la mer est beaucoup moins dure sur le plateau continental. Ce plateau, inexistant à la latitude de Durban, augmente progressivement de largeur vers le Sud ; pour devenir le Banc des Aiguilles dans le Sud du continent africain.

Un grand navire, doté de puissantes machines, pourra y manœuvrer sans difficulté par mauvais temps. Pour un voilier, le problème est tout différent. Certes, la plupart du temps, les coups de vent ont une direction parallèle à la côte et certains diront qu'un voilier peut capeyer en toute sécurité en restant sur le plateau continental ; mais un capitaine digne de ce nom se méfiera de la proximité de la terre, en songeant à la possibilité du coup de S.-E. qui porte en côte. Le cas est d'ailleurs différent quand, de Port-Elizabeth, on gagne dans l'Ouest, car le plateau continental prend des proportions beaucoup plus importantes et la configuration de la côte change.

Pour ce qui est du voilier pur, il faut également considérer le calme et la longue immobilisation qui en résulte. En conséquence, dans une telle traversée, le facteur vitesse est un élément de sécurité : moins on reste de temps à la mer, moins on a de chances d'y rencontrer du mauvais temps.

On considère que janvier et février sont les mois les meilleurs pour passer de l'océan Indien à l'Atlantique en doublant le Cap. Pendant l'été austral, les coups de vent en général y sont en effet moins fréquents, de moindre durée et moins violents.

La semaine qui précéda mon appareillage, j'avais vu du

mauvais temps de la partie Sud ; je pensais, avec quelque raison, rencontrer des conditions plus favorables car, en général, le vent souffle alternativement S.-W. ou N.-E., avec des intervalles de calme. D'autre part, j'appareillais à une époque où la lune brille presque toutes les nuits, ce qui est bien agréable. Rien de plus lugubre qu'un coup de vent par une nuit noire comme de l'encre.

J'étais donc dans les meilleures conditions possibles, bien que février comportât un certain pourcentage de calmes à partir de Port-Elizabeth.

14 h 48. Doublé la jetée Sud de la passe de Durban, mais la brise tombe et c'est le calme, tandis que le temps se dégage.

Le cotre est à proximité de la côte où la mer déferle. J'ai commis une grave *erreur*, en ne me dégageant pas davantage sur les autres amures dès la sortie de la passe. Je crains tout bonnement d'être jeté à la côte. Je sors mon aviron, mais il travaille très mal avec la houle et je manque plusieurs fois de le casser.

Sur mon ancre est maillée la petite chaîne de 8 mm, un cadeau reçu à la Réunion et qui pouvait convenir au mouillage en eau plate ; mais, ici, je suis presque certain de casser. Je m'apprête à remplacer la chaîne par un bon câblot, quand arrive du Sud une petite vedette de pêche de plaisance. Le skipper doit être un marin, car il a vu tout de suite ma mauvaise situation et vient me proposer la remorque. Je l'accepte mais, dix minutes plus tard, la brise étant venue, je demande au *Pax* de me larguer.

Cette fois, je me dégage de la côte, au plus près tribord amures.

Toute la nuit je vais rester en vue du feu du Bluff avec de petites brises de toutes les directions coupées de calmes. Conditions de navigation assommantes, qui se reproduiront pendant presque toute la traversée. Elle fut cependant bonne, bien qu'assez fatigante par suite du manque de sommeil[1] et d'un souci constant[2]. Beau temps, en général, malgré quelques grains et de la pluie ; beaucoup de calmes alternant avec des vents debout. De rares vents favorables m'ont permis quelques belles journées de marche.

Le 5 février, dans les premières heures, je franchis la limite des provinces du Natal et du Cap, marquée par Umtamvuna River. Dans la matinée, je passai la coupure des Gates de Port-St-John's, brusque fente dans un grand plateau de blocs de grès stratifiés, haut de plus de 360 mètres et du plus bel effet sous le soleil. Après le déjeuner, je vis les premiers albatros depuis l'appareillage de Durban.

A 20 h 25, la lueur du feu de la pointe Hood (East London) était visible et le lendemain, à 2 h 30, c'était Great Fish. Le soir, à la nuit, je n'étais qu'à quelques milles du cap Receiffe, qui protège Port-Elizabeth, mais le calme m'immobilisa longuement dans ces parages.

Le 7 février, après le déjeuner, j'étais allé dormir un moment, alors que le cotre faisait route bien sagement, barre amarrée avec une petite brise de W.-N.-W. Remontant sur le pont, je fus tout surpris de voir, à très faible distance, un grand navire qui s'éloignait. Il avait dû passer à ranger le cotre et je songeai aux réflexions qu'avait pu faire l'équipage à la vue de ce petit voilier apparemment abandonné.

En fin de journée, après une période de calme, je remettais en route sous une petite brise S.-S.-W. lorsque, l'écoute de foc s'étant engagée, je bondis vers l'avant pour remettre les choses en ordre. Mon pied nu dut s'engager dans quelque conduit d'écoute ; j'entendis un bruit analogue à un petit morceau de bois qu'on casse et je sentis une douleur.

La manœuvre terminée, je m'aperçus que mon petit orteil tribord était brisé. Ne pouvant mettre le pied à plat sur le pont je descendis me faire un pansement avec des chiffons propres et un bandage. Ce tout petit incident

1. Une ou deux heures par-ci par-là...

2. Aussi bien à cause du temps que de l'intense trafic maritime.

devait me gêner beaucoup dans mes manœuvres, me faisant clopiner et souffrir à chaque choc.

8 février. — 5 h 50. Brume. Visibilité nulle. Toutes les minutes je souffle dans ma corne à brume, attentif au moindre bruit. Je n'ai nulle envie de me faire couper en deux dans cette purée de pois.

18 h 55. Phoque près du cotre. C'est le premier depuis les Galapagos.

La houle S.-S.-W. devient plus forte.

Magnifique coucher de soleil. Rayon vert. Ciel pur sans un nuage. La brise mollit un peu après le coucher du soleil. Hauts sommets de terre en vue.

9 février. — Calme plat. Baleines autour du cotre. Très belle matinée.

A l'accore du Banc des Aiguilles, la houle est creuse et déferle. Voir la mer déferler au large par calme plat est significatif. Ici, par coup de S.-W., la mer doit être énorme.

Le cotre roule honnêtement. Les albatros sont nombreux. Pas farouches, ils planent parfois à quelques mètres du bateau. Je leur lance des morceaux de pain ; certains les avalent mais, en général, ils se montrent plutôt dédaigneux...

La nuit suivante, brise fraîche de la partie Est. Baromètre en baisse. Ciel peu engageant. Le cotre taille de la route avec quatre tours de grand-voile par mer très houleuse à grosse. Mais, après avoir molli, la brise redeviendra debout.

12 février. — Le point de midi me place à 61,5 milles dans le S. 75 E. du cap Agulhas[1], mais la brise n'est pas favorable.

20 h 30. Lueur du feu du cap Agulhas en vue — au 333 du compas environ.

1. Cap des Aiguilles.

13 février. — 1 h 38. Agulhas au Nord vrai ! Je bénis cet instant. Beaucoup croient, à tort, que le cap de Bonne-Espérance est la pointe extrême du continent africain ; alors que le point le plus au Sud de l'Afrique est en réalité le cap Agulhas. C'est également le méridien qui passe par ce cap qui délimite l'océan Indien de l'océan Atlantique. Ainsi donc, ce cap devait marquer pour moi un grand moment de mon voyage : je retrouvais l'océan qui baigne la côte natale.

A 3 heures, tombant de sommeil, je vais dormir jusqu'à 5 h 30, bien que le cotre suive de lui-même une route beaucoup plus au Sud qu'il ne faudrait, la brise étant S.-E.

Au jour, je reprends la barre.

12 h 15. Terre en vue devant. Le *Kurun*, avec ses grosses moustaches blanches, court grand erre sur le cap de Bonne-Espérance.

Malgré la distance, j'admire la belle baie Walker, la côte et les montagnes. Malheureusement, tout va s'embrumer avec le vent qui force et les montagnes se couvrent de la calotte qui accompagne toujours les coups de « South-Easter ».

Depuis ce matin, la brise a fraîchi régulièrement ; la mer se fait. Aussi, à 15 heures, je mets le pilotage automatique avec la trinquette bômée pour manœuvrer tranquillement : prendre trois tours dans la grand-voile.

A 15 h 25, je dois prendre deux autres tours et remplacer le deuxième foc par le troisième, car la brise fraîchit toujours.

La mer qui s'est creusée déferle et le cotre vole sur les lames. Coup de vent[1], mais la mer n'est pas dangereuse. Aussi, la trinquette amenée, le foc bordé plat, je fuis vent arrière à une allure de tonnerre.

En approchant de la côte, je vois quelques phoques en

1. Mon livre de bord mentionne : force 7 et 8 ; mais, par la suite, je devais apprendre que les anémomètres à terre oscillèrent, ce jour-là, entre quarante et cinquante milles à l'heure, c'est-à-dire force 10.

train de jouer dans la grosse mer qui ne semble guère les incommoder. Pour garder le cotre vent arrière, je dois faire très attention. Je suis venu un peu trop du lof pour voir le Cap à petite distance.

Cape of Good Hope forme en réalité deux caps : Cape Maclear à l'Ouest et Cape Point à l'Est, le pic Vasco de Gama s'élevant au Nord du premier.

Cette extrémité de la péninsule du Cap est d'une sauvage magnificence. Une seule note discordante : les constructions aux alentours du phare. C'est bien dommage qu'on n'ait pu, soit les supprimer, soit les harmoniser avec le paysage. — Il vente dur.

19 h 15. Je suis dans l'Ouest de Cape Point et, situation singulière, le *Kurun* se trouve exactement entre deux paquebots : le *City of Pretoria*, peint en couleurs claires, allant vers le Nord, et un paquebot de la série *Castle*, peint en mauve, allant vers le Sud. Ces deux navires passent à petite distance, mais je ne vois personne à bord. Tout le monde y est bien calfeutré. Aucune trace de vie. Alors que dans mon ciré, pieds nus sur le pont, je suis à la barre de mon vaillant petit cotre.

Avec la nuit, le puissant feu de Slang Kop vient me tenir compagnie. A terre, de grands feux, qui sont des incendies, illuminent le ciel entre Olifants Bosch Point et Slang Kop Point.

Le cotre marche bon train et, à cette allure, je pense arriver devant le port de Cape Town peu après minuit. De toute façon, je ne peux me présenter à l'entrée du port comme cela : je dois préparer mon mouillage et jeter sur les cartes un dernier coup d'œil.

J'ai froid et je décide d'opérer sans trop tarder.

21 h 15. Mis en cape tribord amures, vers la terre, car je me suis trop éloigné de la côte. Je réalise alors qu'il y a plus de vent que je ne l'estimais, mais le cotre capeye merveilleusement.

Je suis heureux de descendre à l'abri pour manger un

peu et boire chaud. On est bien en bas, quand le vent hurle sa plainte dans le gréement.

Après avoir paré le mouillage, j'étudie de nouveau la carte ; il est enfantin d'entrer à Cape Town la nuit, malgré les désagréments dont le vent me menace.

Je débouche une bouteille de rhum vieux qui m'a été offerte à la Réunion. Après avoir doublé le fameux Cap, ne devais-je pas offrir la goutte à l'équipage ?...

Avant de remonter sur le pont, j'allume un cigare.

« Faites servir », dis-je, en allant à la manœuvre, chaudement vêtu sous mes cirés. La braise de mon cigare s'éparpille dans le vent quand je file la grande écoute pour remettre en route... Il est 23 h 15.

Après sa pause de deux heures, le *Kurun* repart dans une course échevelée. Il y a du vent et de la mer ; et je dois tenir le cotre au largue. Il donne toute sa vitesse, bondissant littéralement sur les lames. C'est un plaisir royal que de courir ainsi, dans ces conditions où le bateau montre toutes ses merveilleuses qualités nautiques. Cependant la mer est creuse et parfois je dois présenter l'arrière pour ne pas me faire couvrir par une lame. J'embarque bien de temps en temps, mais le *Kurun* file comme une flèche vers l'abri.

Bientôt le feu de l'île Robben se démasque et je manœuvre pour faire route sur lui, au N. 47 E. du compas, tout en surveillant le relèvement de Slang Kop pour parer largement les dangers de Duyker Point.

14 février. — De lourdes rafales — à démâter — tombent sur le cotre. Heureusement, il n'y a pas un seul point faible dans mon gréement. Le vent est froid et je n'ai pas chaud.

La mer mollit peu à peu et je pense être mouillé, à l'abri, avant le jour. Mais, subitement, la brise tombe. Calme plat... Il est 1 h 45. Le cotre, qui n'est plus appuyé, roule et le gréement fatigue. Des souffles d'air chaud viennent de terre, puis s'évanouissent.

Encalminé sous la Montagne de la Table, à environ cinq milles de la côte, il n'y a plus qu'à attendre.

Le lever du jour est grandiose. La montagne et la côte se colorent peu à peu. Le cotre est là, tranquille, aussi immobile que les « Douze Apôtres » de roc sur la montagne. L'étape est terminée. Le cap des Tempêtes est désormais dans le Sud, en arrière de ma route. Il me semble m'être rapproché considérablement du Croisic...

La matinée est assez fraîche. J'observe quantité de méduses, quelques phoques, des cétacés que des oiseaux survolent.

Je fais mon ménage, mets de l'ordre à bord, flâne un peu. Des chalutiers passent.

En attendant le bon vouloir du Père Éole, je déjeune tranquillement. Mes relèvements me placent à cinq milles dans l'Ouest de la pointe Green ; c'est un peu loin pour empoigner l'aviron de godille !

Je remets en route à 13 h 50 sur un souffle insignifiant du S.-W. J'étais resté douze heures encalminé, soit une heure par apôtre, comme me dira plus tard une femme d'esprit ! Ce n'était pas payer un trop lourd tribut.

Comme j'approche tout doucement, une vedette vient tourner autour du cotre ; mais elle attend que j'aie doublé le brise-lames pour s'approcher.

C'est la vedette de la police. J'accepte sa remorque avant que le pilote vienne me remorquer à son tour.

Après avoir traversé le dock Duncan, nous arrivons au bassin des yachts. Sur l'appontement du Yacht Club, quelques personnes attendent ; les journalistes sont là avec leurs *Speed Graphics*. Il est 17 heures.

Le cotre à peine amarré, une cordiale réception m'attendait au Club, où l'on m'emmena en tenue de mer, c'est-à-dire en short et pieds nus.

Après les interviews des journalistes, les photographies et les formalités d'usage, une petite vedette du Club conduisit le *Kurun* à un solide corps-mort. J'étais accompagné de tout un équipage expérimenté, sous la direction du lieutenant-commander Hegarthy, commandant la base navale et yachtman consommé. Je n'eus qu'à laisser faire.

Heureux d'être arrivé, j'ouvris la dernière bouteille de Mumm pour fêter l'événement... et je lui fis honneur. En somme tout se déroulait comme prévu !

A Cape Town, je pouvais considérer ma croisière comme terminée. Toutes les difficultés étaient dès lors derrière l'étambot du *Kurun*. J'en ressentis une satisfaction intense, une joie presque enfantine. Mon retour au Croisic n'était plus qu'une promenade en mer, avec peut-être quelques perturbations dans l'hémisphère Nord, mais je ne craignais plus un vulgaire coup de vent d'été, au large, en eaux profondes, et j'écrivis alors à ma famille : « Nous fêterons mon prochain anniversaire à la maison. »

Le bassin des yachts de Cape Town est complètement isolé, à l'extrémité des docks et sans communications avec le centre de la ville.

Le Royal Cape Yacht Club est installé, à proximité de la base de la Navy, devant un beau bassin bien abrité, qui lui est réservé.

Je fus enchanté d'y voir de nombreux yachts, de véritables bateaux de mer, presque tous plus grands que le *Kurun*. Et les skippers étaient des yachtmen convaincus et ardents, car il ne fait pas toujours beau dans ces parages.

En réalité, c'est pour les yachts une côte inhospitalière. C'est le pays du vent, et du vrai... Si les anciens ont surnommé le Cap le cap des Tempêtes, ce n'était pas sans raison valable.

Pendant mon séjour d'un mois (en belle saison), j'ai vu une bonne demi-douzaine de coups de South-Easter, dans lesquels le Père Éole ne ménageait pas son souffle. L'un d'eux atteignit la vitesse de 80 milles à l'heure. Sur la côte, le vent était si violent que l'embrun faisait comme une nappe de fumée sur l'eau. Bien que l'on m'eût dit que le corps-mort sur lequel le *Kurun* était amarré recevait d'ordinaire un bateau de déplacement au moins double du sien, je restai une nuit entière à veiller, tant je craignais de casser.

Avec un South-Easter normal, de lourdes rafales balayent le bassin des yachts, couvrant de sable les ponts et rendant les communications avec la terre peu commodes. C'était, chaque fois, un arrosage copieux !

Le premier de ces coups de vent avait croché la nuit et je faillis y perdre ma prame. Amarrée avec une demi-clé à capeler, non souquée, elle s'était larguée et j'eus de la chance de la retrouver, noyée dans une épaisse couche de mazout, de l'autre côté du dock Duncan.

La présence de ce mazout fut le plus mauvais souvenir de mon escale. Véritable fléau pour les petits bateaux et leurs équipages ! Une épaisse couche de ce fluide immonde recouvrait la surface des eaux du port. Quelle horreur et quelle dégoûtation que ces grands navires mécaniques !

Les conditions de navigation de cette côte n'empêchent pas les yachts de prendre part à des courses-croisières qui sont parfois chaudement disputées.

Je remarquai quelques jolis bateaux. Dès en arrivant, j'avais reconnu le *Sandefjord*[1] et il ne se passa pas de jour que je ne lui accorde un regard. Certes, il était vieux, ses peintures et ses accastillages n'étaient pas impeccables ; mais le marin ne s'attache pas aux vernis et aux cuivres bien astiqués. Fameux bateau que ce ketch ! Dessiné par le maître qu'était Colin Archer, il avait eu une belle carrière et il continuait à battre la mer, par des temps dignes de lui.

On se souvient que le *Sandefjord* avait chaviré dans l'Atlantique en se rendant de Norvège aux USA pour participer à la fameuse course-croisière des Bermudes. Erling Tambs en était alors propriétaire. A Tahiti, j'avais longuement discuté de cet incident avec son ami Bryhn, qui pré-

1. 14,22 m x 4,87 m x 2,28 m.

tendait le contraire de ce que certains avaient affirmé. En effet, il fut dit que *Sandefjord* avait chaviré dans le sens longitudinal. Certes, Tambs avait commis une faute impardonnable en fuyant devant une mer très mauvaise (oh ! skipper du *Kurun* !), mais je crois raisonnable d'admettre que le ketch, après s'être fait « coiffer » et avoir embardé, se coucha sur le côté... comme les autres ! Quoi qu'il en soit, quand on considère de près cette merveilleuse coque marine, étonnamment puissante, on peut rester songeur devant la force de la mer.

Après une expédition à Tristan da Cunha, Tambs vendit son bateau au Cap, où il resta.

Quand je vis *Sandefjord*, son gréement franc avait été transformé en marconi. Quoique sous-voilé, il marchait encore le tonnerre ! Son propriétaire, shipchandler de Cape Town, avait navigué autrefois sur les grands voiliers. Le ketch était donc en bonnes mains ; sa classe le méritait. Ces coques de Colin Archer sont les plus beaux bateaux de mer que je connaisse.

Dès le lendemain de mon arrivée, j'avais la visite, à bord, d'un membre du Club, à mon grand étonnement, un Français : Georges de Léon, qui devait être un de mes meilleurs amis pendant cette escale. Yachtman convaincu, il possédait un cotre marconi, le *Stella Maris*[1], qu'il avait acquis à Cape Town. Ce yacht était venu d'Allemagne avant la guerre, après une odyssée mémorable[2], avec plusieurs hommes et une femme à bord.

Dans le dock Duncan, à proximité du bassin des yachts, était mouillé un grand ketch de 26,97 m de long, à moteur auxiliaire, le *Cariad*. Construit cinquante ans plus tôt, sa coque, que j'inspectai de près, était encore en excellent

1. 13,41 m.

2. Par l'Amérique du Sud. Ce cotre, gréé alors à corne, avait quitté l'Allemagne dans des circonstances particulières et n'était pas équipé pour de grandes traversées. L'équipage connut un certain nombre d'épreuves, notamment le manque d'eau.

état. Bien aménagé, il appartenait à un richissime célibataire de Johannesburg, passionné de navigation hauturière. *Cariad* avait déjà fait un voyage autour du monde et il s'apprêtait à partir, en octobre ou novembre 1952, pour un second périple.

Le port de Cape Town abritait un bateau assez original, le *Dromaderis.* Quand je le vis pour la première fois, il était en achèvement sur le quai, et sa construction me sembla peu ordinaire ; c'était une reconstitution du navire à bord duquel arriva, il y a trois siècles, Van Riebeeck, le fondateur du Cap. Reconstruire le navire à la véritable dimension n'eût pas été une petite affaire, aussi l'avait-on réduit à l'échelle 1/3, ce qui donnait encore une longueur de 12,65 m. La coque, bien construite, était solide et le gréement d'origine avait été respecté. Cependant, on avait mis dans la cale un puissant moteur « auxiliaire ». Il eût été disgracieux, en effet, que ce *Dromaderis* allât se mettre au plein, même avec son échelle au 1/3 ! Avant de quitter Cape Town, j'eus le plaisir de voir l'engin à l'eau à l'ouverture du festival et j'avoue que le spectacle en valait la peine.

A côté de son activité de grand port de commerce, Cape Town est aussi un port de pêche, ce qui lui donne une couleur assez pittoresque. Des navires baleiniers se rendant sur les lieux de pêche de l'Antarctique ou en revenant, y font escale.

Les côtes sont poissonneuses, ce qui explique la présence de nombreuses conserveries. Dans le port même, on peut prendre aisément des « crayfish[1] » (ce que savent bien les équipages des cargos). Au Yacht Club, dans le fond du port, je pêchais parfois du bord, avec quelques brasses de lignes, de magnifiques maquereaux. Il n'était pas rare qu'un phoque vienne familièrement pêcher parmi les yachts. De nombreux oiseaux salissaient les ponts de leur fiente, et c'est là la raison pour laquelle on tend, au-dessus

1. Langoustes. Dans les rues de Cape Town, on peut en acheter partout, cuites, à vil prix.

des yachts, des banderoles ou ces filets protecteurs qui m'avaient intrigué lors de mon arrivée.

Cape Town est une grande ville cosmopolite moderne, avec des buildings, des grands magasins, des bureaux. Elle n'a rien de particulier, si ce n'est sa situation. Dominé par la Montagne de la Table, flanqué à gauche par Devil's Peak et, à droite, par Lion's Head, le cadre est certes magnifique et on pense, avec quelque nostalgie, aux temps anciens où aucune construction ne venait déflorer ce décor.

Du port à la ville, s'étend un vaste terrain vague, gagné sur la mer et qui n'a pas encore été aménagé. Sera-t-il transformé en jardins ? Il recevra plus vraisemblablement de nouvelles constructions.

Grâce à de nombreux et gentils amis, je fis de très belles promenades, dans la péninsule et vers le cœur de la province.

Le tour de la péninsule constitue une agréable randonnée, car la route suit la côte abrupte au flanc de la montagne. Ainsi j'allai fouler les rocs du cap de Bonne-Espérance. Pour ne pas changer, il y avait du vent, mais les crêtes blanches des lames semblaient écrasées par la hauteur d'où je les contemplais. Il était reposant de voir ce grand Cap... de la terre !

L'extrémité de la péninsule, jusqu'au Cap, est une « Nature Reserve » (décidément l'Afrique du Sud est le pays des réserves) à laquelle on accède par une porte étroite, bien gardée et, bien entendu, payante !

Tout le long de la route, des panneaux portent de multiples recommandations, accompagnées de menaces d'amendes au cas où l'on serait tenté de faire ceci ou cela. C'est, certes, un lieu touristique. Il est agrémenté de singes « baboons[1] » qui prennent toutes les libertés, notamment celle de grimper sur les voitures.

Au cours de ces promenades, je visitai sur la côte Ouest le joli site de Hout Bay. Défendu par un énorme rocher, la

1. *Papio porcarius*.

Sentinelle, qui tombe à pic dans la mer, c'est un port de pêche petit mais actif, et où parfois les « marées » de langoustes sont sensationnelles.

De l'autre côté de la péninsule, entre Cape Point et Hangklip, s'étend False Bay, encadrée de montagnes. Par un curieux phénomène, les eaux y sont beaucoup plus chaudes qu'à Cape Town et c'est pourquoi ses nombreuses plages sont très fréquentées. La Navy anglaise a une base à Simonstown et j'y vis quelques petits bâtiments de guerre.

Parmi les promenades classiques, il faut citer Groot Constantia, exemple type du style « Dutsch colonial ». C'est la plus vieille demeure d'Afrique du Sud (1685) ; elle fut la résidence du gouverneur Simon von der Stel, qui fit planter de la vigne dans le domaine. Bien que les vins de Groot Constantia ne figurent plus à la table des rois d'Angleterre, ils sont toujours renommés. Le vieux cellier de Groot Constantia, avec son fronton sculpté par Anton Anreith, à l'ombre des arbres, est un lieu aimable et paisible. La maison principale a été convertie en musée. Je la préfère à Tokai Manor House, demeure moins ancienne puisqu'elle date de 1792 et que l'on cite aussi comme exemple d'architecture du Cap, mais dont la façade à colonnes est plus froidement classique.

J'allai en promenade vers l'intérieur. D'abord à Stellenbosch, grand centre universitaire afrikaan d'Afrique du Sud. C'est une petite ville paisible, où l'on circule beaucoup à bicyclette. Puis à Fransch Hoek (littéralement : « le coin des Français »). C'est là, en effet, que s'établirent, en 1688, la plupart des huguenots exilés après la révocation de l'Édit de Nantes. Ils s'installèrent dans une belle vallée fertile et y plantèrent des vignes. Un monument commémore l'arrivée de ces pionniers. La langue française fut vite perdue, interdite même ; mais, dans le cimetière de Fransch Hoek, beaucoup de noms français restent gravés dans la pierre.

Je m'étais promis de monter à la Montagne de la Table, par le téléphérique mais, quand je voulus le prendre, il ne fonctionnait pas, en raison du grand vent. La vue y est, paraît-il, très belle ; et on trouve, au sommet, une variété d'edelweiss. Les alpinistes — il y a un club alpin à Cape Town — font souvent l'ascension de la Table Mountain en l'attaquant de front, ce qui est, paraît-il, assez « sportif ». On s'y tue, d'ailleurs, assez régulièrement. Le goût du risque pour le risque, particulier à notre temps, ne témoigne-t-il pas d'une inconscience presque morbide ?

Ce séjour à Cape Town fut une agréable détente. Si je consacrai peu de temps aux travaux du bord, j'en réservai beaucoup, par contre, aux aimables invitations de personnalités et d'amis. C'est ainsi que je fus plusieurs fois l'hôte de notre ambassadeur en Afrique du Sud, M. Gazel, de notre consul, M. Castelli, et de leur entourage.

Je fus aussi reçu au Cercle des Amis de la langue française, où j'eus l'occasion de faire une petite causerie sur ma croisière.

J'aurais aimé, comme on m'y invitait d'une façon pressante, assister au festival Van Ribeeck en l'honneur du tricentenaire de la fondation du Cap et participer, avec les yachts du Club, à la croisière classique de Pâques à Saldanha Bay, mais je ne pouvais différer mon départ.

17

Cape Town
Sainte-Hélène

16 mars. — Jour d'appareillage. La durée de mon escale à Cape Town a dépassé sensiblement mes prévisions.

Grosse activité au Club en cette matinée dominicale, à quelques jours des grandes régates auxquelles participeront environ quatre-vingts monotypes qui viennent de tous les coins de l'Union.

13 h 17. Je dérape mon ancre. Le *Stella Maris* me remorque au moteur.

Gestes d'adieux. Au Club, la grosse cloche de bronze tinte à trois reprises et j'y réponds par trois coups de corne à brume.

L'entrée du bassin des yachts est vite franchie. Nous laissons sur bâbord le *Dromaderis* au mouillage près du navire de guerre *Transwaal.* Amusant contraste.

La brise très légère est droit debout. J'établis ma grand-voile et, à 13 h 35, largue la remorque.

Après avoir tiré un bord, le cotre est, à 13 h 45, dans la passe.

Au plus près, bâbord amures, par brise légère, il s'élève doucement au vent dans la Baie de la Table, bord à bord avec le *Stella Maris*, qui me fait un brin d'escorte.

Temps magnifique. Belle promenade. Ce nouveau départ ne me fait pas plus d'impression que si je quittais le port du Croisic, par une belle journée d'été, pour aller pêcher des maquereaux à quelques milles.

Le *Kurun* n'ira pas loin ; bientôt, c'est de nouveau le calme.

J'appréhende d'être drossé avec le courant sur Whale Rock qui brise. Je réussis à m'en dégager peu après le crépuscule, mais je verrai toute la nuit les lumières de Cape Town et ses enseignes multicolores. Il faut veiller, car la côte est proche et les bateaux nombreux. L'air est frais : 14° au thermomètre de la table à cartes.

17 mars. — En prenant une salade dans la cambuse, je fais une découverte inattendue. Nouveau passager clandestin : une petite grenouille ! « Pauvre petite, lui dis-je, qu'es-tu venue faire à mon bord ? » Si cet animal est aquatique, l'eau salée ne lui convient certainement pas. La cambuse était bien approvisionnée en belles salades, mais la durée de leur conservation est de l'ordre d'une semaine. Qu'adviendrait-il après ? Je ne pouvais songer à nourrir cette bestiole avec du lait concentré, du porridge ou de la confiture !

Pas question pour elle de regagner la terre à la nage. Je songeai un moment à confectionner un petit radeau portant une moque pleine d'eau douce et quelques feuilles de salade ; mais en admettant qu'il arrive à la côte, l'atterrissage dans les rouleaux eût été fatal à la passagère. Aussi décidai-je de la garder.

En souvenir de Joseph, le lézard de Bora Bora, je la baptisai Joséphine. Elle devait être une aussi discrète compagne de voyage que Joseph. Malheureusement, peu après la fin de mes salades, elle disparut. Je ne sus jamais ce qu'elle était devenue.

A midi, mes relèvements placent le cotre à neuf milles et demi de l'extrémité du brise-lames de Cape Town. Beau résultat après une journée de mer !

A 14 h 20, je remets en route avec une petite brise S.-W. qui fraîchira en halant Sud. Restant à la barre un moment, je vois, à une demi-encablure, un phoque qui sera le dernier du voyage.

La côte s'éloigne ; seul le sommet de la Montagne de la Table reste visible, très estompé, et disparaît dans la brume du soir — dernière vision, presque irréelle, de la terre d'Afrique.

Dans la nuit, je passe Dassen Island, dont je vois le feu. Je déplore de ne pouvoir m'arrêter à cette île, remarquable surtout par son importante colonie de pingouins, peu farouches et que l'on peut observer à loisir.

Le cotre déroule un magnifique sillage d'argent et le loch, qui tourne parfaitement sur ses billes neuves, accuse cinq nœuds et demi. Je pense tailler de la route vers Sainte-Hélène. Hélas ! c'est présomptueux : quelques heures plus tard, la brise mollit. Dès lors, je rencontrerai une longue série de calmes et de brises légères debout.

Si j'avais quitté Cape Town plus tôt, j'eusse trouvé des conditions meilleures. L'automne (austral) était précoce cette année. La période des vents de S.-E. (extension des alizés) était terminée, faisant place à de petites brises et à des calmes, avant la saison des forts vents de N.-W. Au Club, le matin de mon appareillage, quelqu'un m'avait prédit trois jours de calme ; mais quelqu'un d'autre m'avait affirmé : « Vous allez attraper une bonne brise de S.-W., dès que vous serez dégagé de la Baie de la Table. »

21 mars. — Brise N.-N.-W. force 2. Houles confuses. Le cotre n'avance pas, car le cahot casse l'erre.

Route lamentable. Arriverai-je à me dégager de ce coin pour « crocher » les alizés ? Cependant, à partir de 30 °N., je devrais bénéficier de conditions plus favorables. Par rapport aux faits, les indications de la Pilot Chart paraissent là encore erronées. Cette carte ne donne que 4 % de calmes. Quant à la brise, elle n'indique aucun vent du N.-W. à l'Est, par le Nord, les brises de N.-W. ne figurant que dans la proportion de 4 % !

C'est aujourd'hui l'équinoxe et le début de l'automne ; mais je suis déjà par la pensée dans l'autre hémisphère. Pour moi, c'est le printemps, car c'est bien le printemps qui commence là-bas, en France, et j'arriverai pour le solstice d'été.

Nombreux oiseaux toute la journée.

23 mars. — Calme. 6 h 17 : grand pétrolier en vue sur bâbord, route vers le Nord. 6 h 30 : navire sur bâbord, allant vers le Sud. Mais ils sont passés trop loin pour que je puisse les identifier.

Après une semaine de mer je suis à environ 190 milles de Cape Town ; c'est un record de lenteur, auquel je ne peux rien. Cependant, le baromètre monte sensiblement et je pressens l'alizé après le calme.

L'après-midi, petite brise de Sud et grosse houle de S.-W.

24 mars. — Pour la première fois depuis mon appareillage du Cap, je ne marque pas sur mon routier un point presque confondu avec celui de la veille. Cent et quelques milles depuis hier ; c'est honorable, avec cette brise modérée. Le *Kurun* va-t-il enfin se décider à grimper dans le Nord ?

Il fait beau et je reste un moment sur le pont, après le déjeuner.

Malgré l'éloignement, j'identifie avec mes jumelles un bateau en vue sur l'arrière bâbord : avec son nid-de-pie et le canon sur le gaillard, c'est un baleinier. Peut-être rentre-t-il en Norvège, car la campagne de pêche est terminée dans l'Antarctique.

Quelques albatros planent autour du cotre. Je les observe avec intérêt, car dans quelques jours je ne les verrai plus. Ces oiseaux sont vraiment magnifiques. Ils semblent chez eux au large. Puissants et majestueux, ils sont bien faits pour présider aux coups de temps dans le Sud. Ce matin, je les regardais s'envoler, décollant lourdement de la surface de la mer comme des hydravions trop chargés, mais ayant sur ces mécaniques sans vie la supériorité de s'aider de leurs larges pattes. Pour satisfaire mon désir de voir un spécimen de près, je tire pour la première fois sur l'un d'eux, au pistolet 22 LR. Je crois l'avoir touché, mais l'énorme oiseau continue son vol tranquillement !

Cet après-midi, j'ai passé la latitude de Durban, ce qui consacre l'accomplissement de mon tour du continent sud-africain.

Enfin, le Père Éole va me gâter, pendant près de trois jours, en m'envoyant une fraîche brise de Sud. Le cotre va marcher « avec un os entre les dents », mais il route en diable, avec une grosse houle du travers à vous vider de la couchette et, de temps en temps, il embarque.

En gagnant vers le Nord, la brise halera le S.-E.

27 mars. — Après le déjeuner[1], je vois le dernier albatros. Et, coïncidence amusante, je trouve sur le pont le premier poisson volant (il a dû tomber la nuit précédente).

Dans l'après-midi, je remets en route, vent arrière, sous les trinquettes jumelles. Je compte naviguer de la sorte jusqu'au Pot au Noir, jusqu'à l'équateur.

Malheureusement la brise mollira par la suite, et le cotre fera petite route.

29 mars. — Mon chronomètre me donne ce matin des émotions. En voulant le remonter, à l'heure habituelle, je m'aperçois que le remontoir en est bloqué. Être privé de l'heure de Greenwich est extrêmement ennuyeux, malgré la radio. Je me décide donc à ouvrir l'instrument. La petite pièce qui sert au blocage du ressort n'est plus en place. Heureusement je possède un tournevis d'horloger. Je remets la pièce en place, mais constate avec ennui que l'une des vis est abîmée : impossible de la serrer. Dorénavant il me faudra remonter mon chrono avec d'extrêmes précautions, en l'ouvrant à chaque fois.

Depuis quelques jours la mer est plus bleue. Tout l'après-midi je reste à travailler sur le pont, montant plusieurs fois

1. Point à midi : φ = 26°35' S. G = 8°16' E.

en tête de mât — ce qui est un sport quand le bateau roule bord sur bord, car les mouvements de rappel sont quelquefois si secs[1] qu'ils risquent de vous faire lâcher prise.

30 mars. — Je fête le passage du tropique du Capricorne en ouvrant une bouteille de Frontignac et une des dernières boîtes d'amandes grillées, rapportées des Canaries ! Il y a près de deux ans, le cotre coupait le tropique du Cancer dans ce même Atlantique en fêtant l'événement avec du porto accompagné de ces mêmes amandes.

1er avril. — Le cotre ne remonte pas vite dans le Nord. Ma hauteur méridienne observée aujourd'hui est plus petite que celle d'hier. Le soleil a gagné en déclinaison plus que le *Kurun* en latitude !

15 h 30. Je vois le second poisson volant de l'Atlantique. Est-ce le poisson d'avril ?

Belle soirée — comme je n'en ai pas vu tous ces jours-ci. Nuit d'une magnifique limpidité. Clair de lune. Toutes les étoiles brillent d'un bel éclat.

Pendant un long moment je regarde la Croix du Sud, qui a déjà baissé sur l'horizon, mais qui domine encore bien le portique.

Avant d'aller me coucher, je vais un instant m'asseoir près du guindeau pour goûter cette belle nuit et écouter le doux murmure de la vague d'étrave. Paisiblement, le soc de chêne laboure le gigantesque océan avec une telle obstination que je suis certain d'être bientôt à la maison. Il y a bien déjà un peu d'herbe verte à la naissance de la sous-barbe, et quelques petites touffes s'amorcent au-dessous de la flottaison, mais le *Kurun* déroule son sillage vers l'autre hémisphère...

3 avril. — Le plus beau temps qui se puisse souhaiter. Il fait un bon soleil ; la mer est extraordinairement bleue. Un

1. Les grands voiliers avaient des mouvements relativement plus doux.

alizé tel qu'on en rêve. Le cotre remue à peine. Quelle paix à bord ! Traverser des océans dans ces conditions est de tout repos. Je suis dans la vaste région des alizés où le mauvais temps est inconnu.

A l'aube, j'ai coupé le méridien de Greenwich. Voilà qui sent l'achèvement de mon tour du monde ! La montre d'habitacle indique de nouveau l'heure de Greenwich, après être passée par toutes les heures possibles.

Depuis plusieurs jours je suis sur l'arc de grand cercle Cape Town-New York, mais je n'ai pas vu un seul bateau.

4 avril. — La « Petite Tahitienne » rague beaucoup sur le dernier hauban (surtout par brise légère) et, bien que celui-ci soit bien « fourré », je décide de passer la voile devant les haubans, ce qui est facile puisque je navigue vent arrière. La voile « fait » bien ainsi et j'ai filé en grand mon bambou de Taahuku. Malheureusement la drisse travaille mal et se coupe.

Je dois grimper en tête de mât avec tout mon attirail (clé à molette, chiffons pour garniture, bouts divers, etc.) pour me livrer à un matelotage assez difficile, mais satisfaisant.

6 avril. — Le point de midi se place à environ 80 milles de Sainte-Hélène. Aussi, après le déjeuner, je travaille sur le pont pour parer le rétablissement de la voilure normale, indispensable pour manœuvrer.

Je m'aperçois alors que ma ligne de loch est coupée. Encore un requin, sans doute ? Ma dernière hélice est donc perdue. Quelle malchance ! Le loch marchait si bien avec ses billes neuves ! En Afrique du Sud, malgré toutes mes recherches, je n'avais pu trouver d'hélice de rechange. Cet accident m'empêchera de contrôler exactement la marche du bateau, surtout pendant le sommeil ; mais, avec l'habitude, je puis apprécier la vitesse du cotre dans toutes les conditions de marche.

17 h 22. Une petite mouette blanche à proximité du cotre. Cela sent la terre.

18 h 50. Des marsouins, rapides, viennent faire quelques sauts spectaculaires devant le bossoir tribord, puis disparaissent. Ce sont les premiers rencontrés depuis mon départ de Cape Town.

Pensant être en vue de terre à l'aube suivante, je monte mon réveil avant d'aller me reposer quelques heures.

7 avril. — Pas d'étoiles pour faire un point crépusculaire, mais à quoi bon : je sais où je suis.

La nuit peu à peu se dépouille de ses ténèbres.

6 heures. Ciel couvert ; pluie ; grains. Sale temps pour atterrir !

6 h 17. « Terre ! » dis-je à voix haute. Un fin contour se dessine à peine, mais il n'y a pas à s'y tromper : c'est Sainte-Hélène, la tombée Est de l'île, que je relève immédiatement. Elle disparaît d'ailleurs aussitôt. Quelques minutes après, c'est la brève apparition de la tombée Ouest de la côte que je relève en toute hâte.

Puis c'est de nouveau le gris. Temps bouché. Visibilité quasi nulle.

La brise fraîchit. Pour une fois, l'alizé se décide à souffler un peu, au terme de l'étape ! Vitesse réduite, sous une seule trinquette, je cours vers la terre, pensant ne rétablir la grand-voile qu'à l'abri de l'île : j'aurai toute la journée pour gagner le mouillage.

De nombreuses bandes d'oiseaux, dont la plupart semblent s'intéresser à des bancs de poissons. Je vois le troisième poisson volant de la traversée.

10 h 22. Ile Sperry en vue, à petite distance. Cette petite île et les rocs qui l'entourent sortent seuls de la boucaille, à un demi-mille de la grande île. Ces rochers déchiquetés, d'une sauvagerie magnifique, gardent le Sud de Sainte-Hélène.

10 h 37. Pointe Ouest en vue, à petite distance. Malgré la proximité de la côte, seules m'apparaissent les extrémités de cet énorme bloc qui tombe brutalement dans la mer. Par ce temps bouché, ce décor est sinistre.

Bientôt la brise tombe presque complètement. Après avoir renvoyé la grand-voile, je double, à 11 h 55, la pointe Ouest à trois encablures environ.

A l'abri de l'île, je suis encalminé, mais le soleil vient alors révéler un paysage d'une note différente. Des cailloux tourmentés, de la lave ; des falaises abruptes qui vous dominent comme pour vous écraser. Aucune trace humaine.

Une très gracieuse petite mouette *noire à tête blanche*[1] vient comme pour se poser à bord. Elle m'apporte le salut de l'île. La mer a repris une teinte bleue extraordinaire.

Le cotre avance à peine, sous quelques souffles changeants. Bientôt, cependant, je distingue des touffes de verdure et quelques maisons en haut des vallées qui débouchent droit sur la mer.

Il faut louvoyer avec la brise debout. A 13 h 15, les maisons de Jamestown sont visibles. Sainte-Hélène est magnifique sous le soleil.

En guise de déjeuner, je croque une tablette de chocolat. Puis, après avoir tiré un grand bord, jusqu'à découvrir les deux pointes Nord de l'île, je vire à 16 h 10, estimant avoir James Bay à la bordée[2].

De loin, je vois venir au-devant de moi une embarcation à moteur ; c'est la vedette du gouvernement qui me propose la remorque, mais je décline son offre. Elle navigue alors bord à bord, ce qui me permet de converser. Je vais pouvoir utiliser un coffre d'amarrage ; je m'en réjouis, car mouiller par une grande profondeur est toujours ennuyeux pour un petit bateau.

A 17 h 50, l'équipage de la vedette m'amarre sur deux corps-morts, à une demi-encablure de l'escalier de débarquement de la baie James.

1. Je n'en avais jamais vu de cette espèce, mais je devais en voir des quantités à Sainte-Hélène.

2. Au point de vue de la rapidité, j'aurais eu un gros avantage à contourner l'île par l'Est.

Vingt-deux jours de mer. C'est bien long pour 1 700 milles de route ; mais la bonne arrivée est l'essentiel.

Comme je ferlais ma grand-voile, arriva le vice-consul de France et seul Français de l'île, M. Peugeot. On lui avait câblé du Cap mon départ et la date probable de mon arrivée. Comme il avait escompté une traversée de quinze à dix-sept jours, il s'inquiétait aimablement et d'autant plus qu'un paquebot, qui était passé quelques jours auparavant venant du Cap, n'avait pas vu le *Kurun*. Dès que mon arrivée lui avait été signalée, il était donc accouru, sans perdre un instant.

Le lendemain matin, par un très beau temps, il vint me chercher en voiture pour visiter l'île. J'étais en train de me baigner dans une eau claire et calme, d'une agréable température, et ce fut à la nage que je pris mon premier contact avec Sainte-Hélène.

James Bay est une baie ouverte, sans abri — ce que les marins appellent une rade foraine. Seule sa position sous le vent de l'île la protège de l'alizé de Suet. Mais la régularité du régime des vents ne confère pas à ce mouillage une sécurité absolue ; et quand la grosse houle provoquée par les tempêtes dans le Sud vient battre en côte, elle crée — tout comme à l'île Ascension, sa voisine — ces dangereux « rollers » (rouleaux) qui peuvent interdire tout débarquement. Un navire, en raison de cette éventualité, doit mouiller suffisamment loin de la côte, en eau profonde. Ces « rollers », quoique peu fréquents, ont causé des pertes. Aussi faut-il s'en méfier.

Vue du large, Sainte-Hélène est un bloc de pierre élevé qui tombe à pic dans la mer. Pas une baie hospitalière. Aucune plage. Rien. Une âpre sauvagerie. Un lieu de déportation idéal. Pour le débarquement, James Bay n'est pas tellement plus accueillant. La falaise abrupte, qui domine de haut la mer, écrase l'homme.

Le débarquement se fait sur le roc ; il est plus ou moins difficile, car il y a toujours du ressac. Avec ma prame, je profitai de l'amplitude maximum de la houle pour sauter à terre, tirant mon embarcation au sec à la lame suivante.

Je me représentais l'arrivée de l'Empereur à bord du *Northumberland*, le 16 octobre 1815. Le cadre était identique : les mêmes rocs, la même houle, avec l'hostilité et la curiosité des hommes en plus. Le grand captif avait voulu débarquer de nuit, mais tous les habitants l'attendaient avec des lanternes !

Jamestown est la seule agglomération de l'île, et la majorité de la population s'y trouve concentrée. Avec son clocher à la pointe effilée, on dirait un paisible bourg de province ; rien de « colonial ». Sa situation est assez pittoresque, car il s'étire dans le creux d'une vallée aux flancs rocailleux parsemés de cactus. Une porte, que l'on fermait autrefois, donne accès à la baie.

Le vieux « castle » gardé symboliquement au milieu des fleurs, par ses canons anciens, revêt aujourd'hui un aspect aimable.

Sainte-Hélène est toute petite, puisqu'elle n'a que dix-sept kilomètres dans sa plus grande dimension. Quand elle fut découverte, le 21 mai 1502, par le navigateur portugais Juan de Nova Castella, qui lui donna le nom de la sainte impératrice Hélène, mère de Constantin, elle était inhabitée. Elle fut donc, dès ses débuts, une île impériale.

Après les Portugais, puis les Hollandais, les Anglais jetèrent leur dévolu sur cette île, qui devint la propriété de la Compagnie des Indes. Cette dernière la remit au gouvernement anglais lors de l'internement de l'Empereur, mais en redevint propriétaire à la mort de Napoléon. Enfin, le 21 avril 1834, l'île fut cédée définitivement à l'Angleterre, dont elle resta colonie.

Avant le percement du canal de Suez, Sainte-Hélène était assez fréquentée. Actuellement, elle ne reçoit que deux fois par mois la visite des paquebots de la série *Castle*, qui relient l'Angleterre au Cap et inversement.

Si, vue du large, elle apparaît comme un roc sauvage,

cette impression se modifie radicalement lorsqu'on pénètre dans l'intérieur, dès les premières crêtes passées, et contrairement à ce que beaucoup de gens pensent, Sainte-Hélène est une île magnifique.

Si l'on gravit « Ladder Hill[1] », qui surplombe le village, on trouve un paysage sec, de rocailles et de cactus, qui fait penser aux Galapagos. Mais, en continuant la route vers l'intérieur, on se demande si une fée n'a pas changé le cadre d'un coup de baguette magique : subitement, c'est une campagne verte et boisée, calme et fort belle : de l'herbe, des champs, des ajoncs, de très beaux arbres, des bois de sapins. Un paysage qui, du reste, n'a rien de tropical. C'est une aimable campagne avec des vaches et des moutons. On oublie complètement que l'on est en plein Atlantique et sous les tropiques...

L'intérieur est très accidenté. Dominées par le pic de Diane, ce ne sont que crêtes et vallées verdoyantes, si bien qu'au premier abord l'île paraît beaucoup plus grande qu'elle n'est.

La grande richesse de Sainte-Hélène est le *flax*. Cette espèce de lin (phormium tenax) y fut importé de Nouvelle-Zélande en 1867. On en voit des champs entiers qui miroitent sous le soleil, pailletés d'argent, et souvent les pittoresques routes en sont bordées. Ce flax alimente une industrie spéciale : on compte huit « flax mills[2] » dans l'île. On dit que les propriétaires des flax mills achètent le flax aux indigènes au-dessous du tarif officiel ; mais les Saint-Hélénais sont si braves, si doux, qu'ils n'émettent pas d'objection. Ils sont, d'ailleurs, parfaitement heureux ainsi, ce qui est bien le principal.

Outre le flax, l'île exporte des bulbes de lis et quelques dentelles, vendues principalement aux touristes.

La population de Sainte-Hélène résulte d'apports très

1. Les collines de l'Échelle.

2. « Moulins » à lin.

divers : esclaves noirs, coolies chinois, Malais, « Hindous » — tout cela mêlé au sang blanc des navigateurs ou des soldats qui tinrent garnison dans l'île. On y observe donc une grande variété de couleurs de peau. Les Saint-Hélénais sont simples et serviables : de braves gens qui mènent une vie paisible. Le métissage a parfois d'heureux résultats : on y rencontre quelques très jolies filles.

Le nombre des habitants qui avait décru régulièrement de 1856 à 1936 est de nouveau en progression. En 1947 le recensement indiquait 4 748 habitants ; l'année précédente donna 136 naissances pour 53 décès. Le nombre des enfants, en effet, m'a frappé. Les écoliers forment le quart de la population.

M. Peugeot fut pendant cette escale le guide le plus obligeant comme le plus avisé. Naturellement il habitait Longwood, et l'habitude que je pris de venir l'y voir me familiarisa vite avec ces lieux historiques. Longwood[1] est situé sur un plateau à la maigre végétation, exposé à la vue des alentours. Une longue allée rectiligne bordée d'arbres conduit à une simple barrière de bois surmontée d'un panneau sur lequel on lit : « French Domain — Closed to public until further notice[2]. »

Le jardin traversé, voici la maison de l'Empereur. On imagine difficilement, tout d'abord, que Napoléon ait vécu là et qu'il y soit mort. Comme l'a dit Octave Aubry, « la maison de Napoléon est une demeure de campagne, bonne au plus pour un notaire retraité ».

Le lieu est calme, l'air pur. On songe à ce qu'ont pu être les années de captivité du grand homme d'action.

On l'éprouve davantage encore en arpentant le jardin, qui n'a pas changé, dont il avait fait creuser les allées pour

1. A environ 9 km de Jamestown.

2. Domaine français. Fermé au public jusqu'à avis ultérieur.

échapper ainsi pendant ses promenades au regard des espions qui, cachés derrière les haies, ne pouvaient même plus apercevoir le légendaire petit chapeau à cornes.

Est-ce pour effacer tout souvenir qu'après la mort de Napoléon, Longwood fut convertie en étable ? Mais, en 1858, la reine Victoria en fit don à Napoléon III, et la même année, l'Empereur envoya à Sainte-Hélène le chef d'escadron Gauthier de Rougemont prendre possession des biens français. Il y resta jusqu'en 1867. Depuis cette date, la France a toujours eu, à part quelques courtes interruptions, un représentant dans l'île. C'est aujourd'hui M. Peugeot, arrivé en 1945 pour succéder à M. Colin qui s'y trouvait depuis 1919.

Quand je visitai la demeure de Longwood, elle était vide, privée de ses planchers, détruits par les termites. La chambre de l'Empereur et son cabinet de travail — ensemble qu'il appelait ironiquement son « intérieur » — m'apparurent fort exigus.

Notre vice-consul avait à cœur de mener à bien la tâche de restaurer la maison et de reconstituer son décor pour en faire un musée. Mais les crédits qu'on lui avait alloués — réduits encore par les dévaluations — étaient insuffisants.

Sur l'arrière de la maison de l'Empereur se trouvent plusieurs bâtiments. L'un d'eux, où le général de Montholon avait établi ses appartements, a été remis en état en 1934, grâce aux dons de la Société des Amis de Sainte-Hélène. Actuellement, il sert de résidence à notre vice-consul.

Pendant sa captivité, l'Empereur faisait parfois des promenades à cheval et il avait exprimé le désir d'être enseveli dans un lieu qu'il affectionnait particulièrement, le vallon du Géranium, au fond du « Devil's Punch Bowl[1] ».

On accède à ce vallon par un charmant sentier qui traverse un bois de sapins dont le silence n'est troublé que par le roucoulement des tourterelles.

1. Bol à Punch du Diable.

Au fond du vallon, une grille en fer forgé entoure une énorme pierre rectangulaire, nue. Aucune inscription. Le général de Montholon avait demandé que le nom de Napoléon y fût gravé. Mais Hudson Lowe ayant exigé qu'on y ajoutât Bonaparte, les Français préférèrent laisser la pierre anonyme.

La tombe est dominée par deux énormes pins de Norfolk plus vieux qu'elle. A côté, se dresse un olivier planté par le prince de Galles, ainsi qu'un autre arbre planté, avant la guerre, par l'état-major du croiseur-école français *Jeanne-d'Arc*.

A quelques mètres de la tombe coule le filet clair d'une source qui ne tarit jamais, comme le véritable souvenir.

Une guérite rappelle qu'avant que la dépouille ne soit ramenée en France, un factionnaire en armes veillait la nuit et le jour.

Comme Longwood, le lieu où se trouve la tombe est possession française depuis le 7 mai 1858.

Lors du passage du *Kurun*, le gouverneur de l'île était souffrant, mais il envoya son aide de camp me dire qu'il serait heureux de me recevoir.

Un matin donc, une rutilante voiture noire, aux portières ornées de blanches armoiries, vint me prendre au débarcadère.

Je fus heureux de cette occasion de visiter Plantation House, la résidence pleine de souvenirs historiques.

Un laquais en livrée m'introduisit dans la vieille demeure, où j'inscrivis mon nom à côté de celui du cotre dans un énorme livre d'or.

Le gouverneur, Sir George Andrew Joy, m'accueillit très cordialement et dans un français impeccable : il avait fait une partie de ses études à Bruges et séjourné quelque quatorze ans aux Nouvelles-Hébrides.

Plantation House, autrefois propriété de la Compagnie des Indes, n'a pas changé depuis la captivité de l'Empereur. C'est une belle et vaste demeure qui contraste singulièrement avec la « maison de notaire » de Longwood. La construction claire, richement meublée, à un seul étage, est située au milieu d'un immense parc, bien entretenu, entouré de bois. Dans son silence on évoque le petit gouverneur aux cheveux roux, Sir Hudson Lowe, ce triste geôlier dont les Anglais eux-mêmes ont dit qu'il n'était pas un gentleman. Son grand prisonnier lui donna bien du souci... On songe au Corse Santini, huissier de l'Empereur, adroit chasseur qui explora un certain temps les abords de Plantation House dans l'espoir de trouver le gouverneur au bout de son fusil ! On évoque les expéditions comme celles du flibustier Lafitte qui furent envisagées pour délivrer le célèbre captif.

Dans le paisible parc de Plantation House vit un personnage qui a connu Napoléon et Lowe, puisqu'il était âgé d'environ deux cent quarante ans lors du passage du *Kurun*. Ce personnage historique est Jonathon, une tortue géante originaire des îles Galapagos. Dans la fleur de son âge, Jonathon avait une compagne, mais elle est décédée... depuis un siècle. Malgré ce siècle de veuvage, il n'a pas oublié son épouse et, chaque année, à la période des amours, il se lance dans une longue expédition, à la recherche de la défunte. Rien ne peut l'arrêter. Si les humains étaient aussi fidèles...

Le 17 avril — grand événement dans l'île — arriva d'Angleterre, à destination du Cap, le *Llandovery Castle*. Les navires mouillent assez loin du rivage et c'est un va-et-vient pittoresque d'embarcations pour le débarquement des passagers et des marchandises. Pour ces dernières, on utilise de petites barges que l'on décharge, malgré la houle, au moyen de grues.

Sainte-Hélène est avant tout l'île de Napoléon et, de ce fait, elle possède un attrait touristique considérable ; presque tous les passagers sont intéressés par la visite de Longwood et de la Tombe. C'est une source de revenus pour les habitants.

Un jour, je rencontrai un vieux Boer perdu lui aussi sur cette île. Autrefois interné, ce brave homme semblait avoir oublié ces mauvais jours. Il me rappela qu'après la guerre des Boers, plusieurs camps de ses compatriotes déportés avaient été établis sur cette terre de captivité. Les camps se transformèrent en cimetières, et il en restait le seul survivant.

L'île compte environ cinq douzaines d'Européens presque tous fonctionnaires.

On y mène une vie de province caractéristique avec ses potins et, parfois, ses petites intrigues. Veut-on téléphoner ? Il n'est pas nécessaire de préciser le numéro de l'abonné ni de s'enquérir s'il est à son domicile. La poste, bien renseignée — les allées et venues de chacun ne passant pas inaperçues — sait parfaitement où se trouve M. X. ou Mme Y., et elle prend l'initiative de les appeler où ils sont ! Voilà une organisation bien pratique.

Il n'y a pas de facteur à Sainte-Hélène. Si l'on veut son courrier, il faut aller le retirer soi-même à la poste.

Pour son histoire légendaire, la beauté de ses paysages et l'affabilité de ses habitants, j'ai vivement apprécié Sainte-Hélène. J'ai souvent gravi les six cent quatre-vingt-dix-neuf marches de l'échelle de Jacob qui conduit presque verticalement au vieux fort de Ladder Hill, transformé en école, et où commence le domaine des cactus épineux aux fruits écarlates.

J'aimais bavarder avec tous les gens, avec les nombreux enfants à la mine éveillée. Souvent, garçons et filles venaient à la nage jusqu'au cotre ; le pont et le gréement se garnissaient alors de ces jeunes visiteurs.

Les bateaux de Sainte-Hélène sont de modestes embarcations, pour la plupart des baleinières, propulsées à l'aviron ; mais les insulaires sont des « nageurs » de premier ordre et j'aimais les regarder manier harmonieusement leurs longs avirons. Toute la côte abonde en beaux poissons et la pêche, même pratiquée avec des moyens simples, y est fructueuse.

19 avril. — Une dernière fois, je déjeune à Longwood. M. Peugeot me reconduisit à l'embarcadère dans sa « Vauxhall » dernier modèle.

Des enfants, des hommes, aux visages devenus familiers, me font des gestes d'adieu. J'embarque à bord du cotre qui roule honnêtement, comme il en a pris l'habitude depuis son arrivée sur cette rade ouverte.

L'appareillage est assez délicat à cause des nombreuses embarcations qui m'entourent. Après avoir établi la voilure, je dois l'« éviter » vent arrière.

A 16 h 10, j'appareille et pare de justesse le petit yacht à moteur *Yellowfin*. Il s'en faut de peu que mon gui ne lui arrache son joli petit mâtereau...

La brise se fait au fur et à mesure que je m'éloigne de terre et bientôt les dernières silhouettes des hommes ne sont plus perceptibles.

18

De Sainte-Hélène au Croisic

Brise E.-S.-E., force 4. Mer houleuse.

Des quantités de mouettes noires volent autour du cotre, qui traverse de nombreux bancs de poissons.

Grains sur la terre. Je n'aurai donc pas, de l'île, la dernière vision escomptée.

A 18 heures, j'amène tout et, à 18 h 32, je remets en route sous les trinquettes jumelles.

La nuit tombe très noire. Cependant, des feux sont visibles à Jamestown et sur Ladder Hill ; mais, à 20 h 30, ils disparaissent dans les ténèbres. Sainte-Hélène et sa douceur pacifique ne sont qu'un souvenir.

Maintenant j'irai d'une traite jusqu'à la maison.

Entre Sainte-Hélène et Ascension
La plus belle navigation,

disaient les anciens de la Voile.

A bord ce fut une semaine de repos. On ne vit guère l'équipage sur le pont, sinon pour jeter un coup d'œil ou prendre quelques hauteurs. Vent arrière, le cotre marchait tout seul, régulièrement, dans l'alizé modéré.

25 avril. — La Croix du Sud a bien baissé sur l'horizon, ce qu'indiquent surtout les deux belles étoiles du Centaure, juste au-dessous de la Croix, et dont l'alignement est vertical. Ces étoiles accusent nettement chaque jour ma progression vers le Nord. Bientôt elles seront invisibles après le crépuscule. Par contre, dans le Nord, la Grande Ourse monte de plus en plus. Par la pensée je prolonge cinq fois la distance des deux premières étoiles de la constellation : la Polaire est là, quelques degrés sous l'eau...

Des mouettes viennent piailler au-dessus du cotre : demain, à l'aube, je verrai la terre.

26 avril. — La nuit est très claire ; je vais plusieurs fois à l'avant voir si la masse de l'île Ascension serait, par hasard, visible.

6 h 20. Un contour imperceptible — qui sera long à se préciser. L'île est légèrement plus sur tribord que je ne l'escomptais, le courant indiqué sur la carte a dû être exact (courant traversier, portant à l'Ouest). Je viens un peu du lof, mais je ne passerai pas aussi près de l'île que je l'eusse souhaité.

Tout en barrant, j'inspecte le paysage. L'île paraît aride. Quelques douzaines de cônes volcaniques qui se colorent sous le soleil de brun et de rouge, dominés par Green Mountain, verte comme son nom l'indique. (Des arbres sont visibles au sommet.) Contrairement à Sainte-Hélène, Ascension a de belles plages de sable qui lui donnent un air engageant.

Dans le S.-W. de l'île : nombreuses constructions — vestiges sans doute des camps américains et de leur terrain d'aviation installés là lors de la dernière guerre.

L'importance d'Ascension réside uniquement dans la station du Câble, dont elle est un relais.

En fin de matinée je passe à trois ou quatre milles de la petite agglomération de Georgetown. Dans Clarence Bay, quelques grosses embarcations au mouillage. Pas trace d'humains à terre.

A midi, je m'amuse à faire la latitude méridienne et j'obtiens une différence de 0,7 mille avec mon point par relèvements ; c'est satisfaisant.

Comme tous ces jours-ci, je n'ai guère d'appétit : la chaleur. Je mange surtout des bananes. J'en fais aussi sécher au soleil pour qu'elles ne se gâtent pas.

Rien à la ligne de traîne. On ne pêche pas sur commande...

Peu après 16 heures, l'île disparaît dans la « brume ».

A 17 h 10, décision courageuse : j'envoie la « Petite Tahitienne ». La vitesse du cotre s'en accroît un peu vers l'équateur.

Dès le lendemain la brise devient irrégulière, puis les grains et la pluie font leur apparition ; c'est l'approche du Pot au Noir.

28 avril. — La « Pilot Chart » ne situe le Pot au Noir qu'à partir de l'équateur ; mais il paraît bien que j'y entre[1]. Quant aux Instructions nautiques, elles n'y consacrent pas une ligne. Il est vrai que cela n'intéresse plus la navigation moderne.

29 avril. — A 19 heures, je capte, comme chaque soir, le top de la B.B.C. ; j'entends Radio-Paris (l'audition est remarquable). Les nouvelles ne m'intéressent nullement et je ne les écoute jamais. Cette fois, cependant, j'apprends que des avions soviétiques ont attaqué un avion français près de Berlin. Ils ne peuvent donc pas rester tranquilles, ces bougres de civilisés !

Je renvoie la voilure normale, la brise étant Est ; les trinquettes jumelles ont terminé leur rôle dans ma croisière.

3 mai. — 8 heures. Brise S.-E. 1/4 E., force 3. Houle. Ciel couvert. Bientôt la brise mollit, pluie abondante. La brise saute N.-E. ; pluie diluvienne. Puis calme. Le gréement fatigue.

Je suis bien maintenant dans le Pot au Noir ; il faut en prendre son parti, car il n'y a rien d'autre à faire, sinon en sortir.

1. Point à midi : φ = 5°20' S. G = 17°09' W.

Calmes. Grains. Pluie. Brises folles obligeant à manœuvrer sans cesse : navigation désagréable pour le marin solitaire.

Ces derniers jours, le cotre n'a pas tenu la route que j'avais d'abord décidé de suivre pour couper la Ligne par 24° W. Il eût fallu rester continuellement à la barre et j'ai préféré naviguer barre amarrée. En effet, il était souhaitable d'éviter le « carré » formé par la « Ligne », le parallèle 5° N. et les méridiens 20° et 25° W., où la Pilot Chart indique un maximum de calmes.

Je n'ai pu faire d'observations de la journée, mais, au début de la nuit, j'arrive à prendre Sirius et Alpha de la Croix du Sud. Le *Kurun* a coupé l'équateur ce matin. A moins de quatorze jours de Sainte-Hélène, c'est convenable : j'en avais prévu quinze.

Mes calculs terminés, j'ouvre ma dernière bouteille de Frontignac, j'entame un gâteau aux fruits que m'a préparé Mme Peugeot, et je fête ainsi le passage de la Ligne. Après une si longue navigation dans l'hémisphère Sud, c'est un événement.

24 heures. Calme presque absolu ; houles de diverses directions (des deux Atlantiques). Ciel couvert. Le gréement fatigue.

Ces temps-là sont la mort des gréements : tout s'abîme, tout s'use...

5 mai. — Dans ce Pot au Noir la température est élevée ; l'absence de brise et l'humidité la rendent pénible. A l'intérieur, quand tout est fermé — il le faut avec ces averses littéralement torrentielles — l'atmosphère confinée, chaude et humide, est étouffante. Le moindre travail fait transpirer à grosses gouttes. Aussi, dès que la pluie cesse, j'ouvre partout pour aérer : c'est donc, en sus de la manœuvre des voiles, une manipulation continuelle et fastidieuse de panneaux et de hublots.

D'autre part, le marin souffre de voir le gréement fatiguer

à cause du calme ou des petites brises folles (il faut cependant garder la toile pour avancer péniblement, sur une mer tourmentée par les houles confuses. Pot au Noir du Diable ! C'est bien là qu'aurait dû être condamné à errer le Hollandais Volant : un coup de temps dans le Sud est autrement vivifiant que le calme de cette région maudite.

En préparant mon thé du soir, la tasse est partie au roulis et son contenu m'a échaudé la cuisse.

6 mai. — Calme. Ciel couvert.

Ma ligne de traîne est coupée : un requin, sans doute. Ah les salopards ! Hier, l'hameçon (pourtant très fort) était tordu. Pas de chance avec la pêche.

La mer est très riche en plancton et, avec ce calme, je peux observer à loisir, au ras de l'eau, une vie vraiment prodigieuse : un grouillement de milliards d'animalcules étonnants. J'en pêche quelques-uns à la main et les mets dans un bocal (où ils vivront jusqu'à cet après-midi). Dommage de n'avoir aucun moyen de les conserver. Je m'amuse à en dessiner quelques-uns.

Aujourd'hui le baromètre est en légère hausse. Une poussée de l'alizé de N.-E. va-t-elle enfin me sortir du Pot au Noir ? J'ai le cœur plein d'espoir...

Au début de l'après-midi, une troupe de marsouins vient jouer autour du cotre ; mais cette fois (peut-être par dépit de mon insuccès avec la ligne de traîne), je décide de m'occuper d'eux et monte sur le pont avec mon pistolet.

Deux fois, je tire et je touche ; mais les bêtes, blessées seulement, « sondent ». La troisième fois j'en tue une raide d'une balle dans la tête. Foudroyé, le marsouin reste en surface, mais le cotre n'a pas d'erre pour gouverner. A l'aviron, je fais lentement virer le bateau ; l'animal coule au moment où je l'accoste.

Plus tard, alors que le cotre a repris de l'erre, j'en tire un autre sous le bout-dehors. Touché à la tête il « sonde » à la verticale — et à quelle vitesse ! Je le suivrai des yeux jusqu'à quinze mètres de profondeur, dans l'eau claire comme du cristal. J'aurais mieux fait d'utiliser mon harpon.

Les marsouins suivent le cotre tout l'après-midi et je peux les observer à loisir. Ils ont l'air de s'amuser beaucoup (ce qui me fait regretter d'avoir opéré ce massacre). Parfois, ils se mettent sur le dos à flotter à la surface, ou bien ils restent immobiles, plantés verticalement, leur « bec » sortant entièrement de l'eau. Je les ai vus aussi rester verticalement dans l'eau, mais la tête en bas : seule émergeait leur robuste queue, avec laquelle ils battaient l'eau énergiquement (pour assommer des petits poissons, vraisemblablement). Parfois aussi, ils nageaient paresseusement en surface. Plusieurs fois ils émirent un bruit très incongru... Des marsouins peu ordinaires ! Après une observation attentive, je conclus que j'étais en présence de *dauphins à dents rudes*[1] (steno rostratus), caractérisés par leur long « bec », leur corps élancé et leur ventre rose, marbré de taches sombres. Ces bêtes, dont la longueur dépasse deux mètres, sont peu connues. A défaut de baleine blanche, j'avais donc vu des marsouins roses !

7 mai. — Mon attention est attirée par un bruit de moteur ; c'est un gros avion que je ne tarde pas à distinguer. A 6 h 55, il passe sur l'avant, en direction du N.-E. M'a-t-il aperçu ? Le cotre doit être parfaitement visible avec ses voiles rouges, par cette claire matinée.

Je ne puis m'empêcher de penser que, si j'étais un naufragé dans une baleinière, le comportement du pilote de l'avion serait exactement le même (vu de quelques milliers de mètres, rien ne différencie un petit cotre d'une baleinière de sauvetage aux yeux d'un aviateur peu au courant des choses de la mer) : il passerait sans faire plus d'attention à l'embarcation.

12 h 20. Temps superbe, un peu orageux. Un grand paquebot sur l'arrière du travers bâbord. Il taille de la

1. « Rough-toothed dolphin » des Anglais.

route, le gaillard ! En voilà un qui sera en Europe bien avant moi...

Mêmes réflexions que pour l'avion de ce matin. Décidément, une toute petite voile dont la présence est insolite en plein milieu de l'océan resterait donc inaperçue ou ne retiendrait pas l'attention ? Malheureux naufragés, ne comptez donc guère sur vos semblables pour vous secourir ; ils n'ont pas le temps de regarder la mer.

Quand j'observe la méridienne, le paquebot est sensiblement à la même latitude que moi. Je présume que sur la passerelle, là-bas, il y a des sextants en action et je donnerais quelque chose pour connaître le résultat de leurs observations.

Pratiquement je suis sorti du Pot au Noir, mais cela n'implique pas que je tienne l'alizé de N.-E. bien établi.

Au début de la nuit je regarde longuement la Grande Ourse et le prolongement de ses deux premières étoiles (Alpha et Bêta) dont la ligne est perpendiculaire à l'horizon. Juste en dessous doit être la Polaire. Je la cherche avec attention, mais sans succès. Cependant, en fixant bien, elle m'apparaît, très faiblement, mais sans aucun doute possible[1]. C'est une joie de retrouver la précieuse petite étoile, après ma longue route dans l'hémisphère Sud...

10 mai. — Ça y est, j'ai croché l'alizé de N.-E. et n'en suis pas mécontent ; moins de vingt et un jours de mer à partir de Sainte-Hélène. Le Pot au Noir passé, je n'ai plus qu'à laisser courir jusqu'aux calmes subtropicaux. Passer ces calmes, ou atteindre les Açores, est maintenant mon objectif. Ensuite, pas de difficulté. Je compte deux bonnes semaines pour atterrir sur Belle-Ile...

Cet après-midi, la mer est plus régulière et moins debout que ce matin. Le cotre marche mieux. Néanmoins, à cette allure au plus près, la moins favorable pour mon bateau, il ne faut pas compter sur une vitesse très supérieure à quatre

1. Le point à midi était : φ = 4°00' N. G = 24°58' W.

nœuds[1]. Où sont les belles journées de route aux allures portantes ? Le cotre gîte et l'embrun vole, mouillant le pont, ce qui m'oblige à conserver les hublots fermés du côté du vent. Les mouvements sont plus secs : mauvaises conditions pour observer au sextant. L'existence à bord en général est moins agréable, mais je me console en pensant que les fins yachts classiques, avec leur gîte importante, seraient beaucoup plus inconfortables, bien que plus rapides.

Dans cette longue course au plus près, chaque jour ressemble au précédent. Point d'incident : c'est l'alizé, le plus beau temps pour la navigation à voile. Aucun souci. Dormir, se reposer, préparer les repas, observer, lire, bricoler, flâner.

En remontant dans le Nord, la brise va progressivement haler Est ; ce qui va me permettre, à partir de la latitude de Bathurst, de faire cap au Nord vrai du monde.

Les premiers jours, la nébulosité sera très forte, mais, par la suite, le ciel deviendra d'un bleu magnifique, et la mer prendra elle aussi la même teinte incomparable.

Gagnant dans le Nord, le cotre recevra mieux la mer et, les écoutes étant davantage filées, la vitesse s'accroîtra. La brise sera toujours modérée (force 3 à 4) avec mer houleuse et les parcours quotidiens dépasseront rarement 110 milles. Cependant, l'embrun volera presque chaque jour, et se chargera de laver le pont.

La température va s'abaisser légèrement (rencontre d'eaux de plus en plus froides), malgré la montée du soleil sur l'horizon.

Tout le long de la route, des poissons volants, des satanites, des pailles-en-queue me tiendront compagnie.

Le courant (courant équatorial) sera très irrégulier — le plus souvent nul ou à peu près nul. Certains jours, le cotre traversera des « veines ».

1. Évidemment, sans la houle du large, la vitesse serait nettement plus élevée.

La ligne de traîne sillonnera des centaines de milles d'océan, sans résultat.

12 mai. — Au début de la nuit je vois la Polaire pour la deuxième fois — et distinctement[1].

Je pense à ce navigateur poète qui prétend avoir vu la Polaire le soir même du jour où il passait l'équateur : c'est bien improbable, étant donné son faible éclat (3e grandeur) et les nuages si fréquents à l'horizon, dans ces régions. Écrire des livres et dire la vérité sont parfois deux choses distinctes.

15 mai. — Au début de la nuit, feux blancs d'un navire en vue ; il est sur l'arc du grand cercle New York-Cape Town.

17 mai. — En latitude de Dakar — 28 jours de mer.

A la fin du déjeuner, montant sur le pont, je découvre une bande de globicéphales, qui suit le cotre. Semblables à ceux que j'avais rencontrés à peu près dans la même aire d'océan, lors de ma première traversée de l'Atlantique, ils sont une vingtaine, mais nettement plus petits que celui que j'avais tué. Ils sont si près du bord que je pourrais tenter de les harponner, mais je me contente d'admirer leurs ébats.

19 mai. — Très belle nuit claire. Toutes les étoiles. Mer phosphorescente. La Croix du Sud se rapproche inéluctablement de l'horizon. Je le constate avec quelque mélancolie, car elle est le symbole des mers du Sud. Mais une joie monte en moi, à voir la Polaire monter dans le ciel : symbole du retour...

20 mai. — Au début de la nuit, je coupe la route que j'ai suivie pour aller des Canaries à la Martinique au point

1. Point à midi : φ = 8°06' N. G = 29°42' W. Slocum avait vu pour la première fois la Polaire, en remontant l'Atlantique, par 7°13' N.

même où je me trouvais dans les premières heures du matin, le 17 mai 1950. Aujourd'hui, 20 mai 1952.

J'ai donc fait le tour du monde en deux ans presque exactement.

Quelques heures plus tard la brise mollit. Je vais maintenant rencontrer une longue série de calmes et de brises insignifiantes.

Bien avant la latitude prévue, j'arrivais donc dans la région des calmes tropicaux ou subtropicaux classiques, aux vents variables et faibles. Les navigateurs anglais l'appellent « horse latitudes », car autrefois les voiliers encalminés trop longtemps étaient obligés, à cause de la diminution des provisions d'eau, de jeter à la mer les chevaux qu'ils transportaient. Contrairement aux calmes *équatoriaux*, ils sont accompagnés d'un temps clair et sec.

La mer est belle. Je vois apparaître les premières méduses à la voile. Je m'amuse à suivre des yeux la navigation en surface de ces « galères[1] » aux reflets bleu-violet qui offrent à la brise leur curieuse voilure translucide en forme de tartane. Je fais de fructueuses pêches de dorades ; c'est leur coin !

21 mai. — Au déjeuner je termine ma dernière pomme, embarquée à Sainte-Hélène. Les vivres frais sont maintenant presque inexistants : il reste des oignons (j'en mange souvent, crues, quelques lamelles) et des pommes de terre.

Mais les dorades constituent une véritable manne de nourriture fraîche.

22 mai. — Après avoir préparé et cuit au court-bouillon la belle dorade prise ce matin, je me suis attaqué laborieusement à la préparation d'une mayonnaise : deux fois de suite, je la rate ! Mais, pris d'une inspiration subite, je mélange les deux sauces ratées en ajoutant du vinaigre et

1. Physalie utricule (*physalia utriculus*).

de la moutarde. Un vrai succès ! J'y ajoute même quelques gouttes de Tabasco et d'une huile où mijotent encore des piments rouges des Galapagos — à arracher la gueule d'un cheval. Cela me donne un appétit... de navigateur solitaire, car je mange à peu près la moitié de la dorade !

24 mai. — Calme. Temps décevant, d'autant plus que, d'après la Pilot Chart, je ne suis pas encore dans la région des calmes tropicaux. Selon cette carte, je me trouverais dans une zone de bon alizé... avec 1 % de calme !

Ce n'est guère réjouissant, car il ne faut pas compter sur les bons vents avant 35 °N. J'ai encore à traverser toute la vraie zone des calmes. Plus de 700 milles à parcourir avant de retrouver la brise ! Dans ces conditions, je peux rester un mois à tanguer sur ma bosse. Joyeuse perspective ! Le gréement souffle, terriblement.

25 mai. — Ce matin j'ai une forte migraine — ce qui m'arrive rarement. Pour la première fois depuis mon départ de France, je prends un « médicament » : un cachet d'aspirine, dont j'aurais d'ailleurs pu me passer.

J'éprouve, en général, la plus grande méfiance à l'égard des médecines et je laisse les gens des villes se débattre dans l'anarchie thérapeutique.

27 mai. — Environ 14 milles ces dernières vingt-quatre heures : un vrai succès... Il fait chaud. L'air manque. Le soleil tape dur. Le pont souffre.

Cet après-midi, les dorades sont en chasse autour du cotre. Leur vitesse d'attaque est grande et leurs bonds hors de l'eau spectaculaires. Aujourd'hui, une fois de plus, je les regarde se ruer vers les méduses à la voile ; l'eau bouillonne tout autour. Apres combats ! Sous les méduses à la voile, il y a souvent des colonies de petits poissons-pilotes (taille : la moitié d'une sardine). Et pourtant je n'ai *jamais* vu les dorades attaquer ces poissons autour du cotre (ils nagent à *toucher* la coque, notamment près de l'étambot).

Les dorades me suivent fidèlement et j'en capture un bon nombre. J'arrête d'ailleurs la pêche, car je pourrais en prendre une cargaison. Certains jours le pont est dégouttant de sang et d'écailles ; il n'est pas toujours facile de venir à bout de ces poissons vigoureux. Même en leur lardant la tête de coups de couteau, on ne les immobilise pas immédiatement.

Je fais sécher le poisson sur le pont au grand soleil. Ce procédé permet de le conserver pendant plusieurs mois.

J'ai toujours été étonné, en lisant les récits des navigateurs à bord de petits bateaux, de les voir rejeter à la mer une partie du poisson pêché. L'existence en grande croisière est une vie d'économie et de prévoyance et il ne faut pas dédaigner d'augmenter ses provisions en séchant ou en salant le poisson.

Je prenais des bains, mais sans me hasarder à nager autour du cotre. Il eût été ridicule de voir le *Kurun* privé de son captain par quelque Jean-Louis en maraude. Certains affirment que les requins ne sont pas dangereux. Personnellement, je préfère m'en méfier...

1er juin. — Vers 13 heures, la brise W.-N.-W. fraîchit, force 4 ! Miracle. Le cotre commence à marcher. J'ose faire des pronostics : « Si la brise tient ce soir, je crois que je suis paré. » En effet, je n'ai pas tellement de milles à parcourir pour me dégager de ces calmes tropicaux de malheur : quarante-huit heures de bonne route et c'est gagné.

Comme chaque jour, en fin d'après-midi, je me dispose à prendre le top de la B.B.C. à 20 heures Greenwich, c'est-à-dire à 18 heures pour le bord, lorsque, par le hublot, au-dessus de la table à cartes, j'aperçois un navire sur l'arrière du travers bâbord. Il n'est pas loin.

Cette apparition inattendue me fait une si forte impression que j'en deviens tout fébrile. Avant d'aller à la radio, je jette un coup d'œil rapide par le panneau de descente ;

c'est un grand pétrolier, dont la route coupe la mienne sur mon avant. Il n'est pas loin, le bougre.

Je prends mon « top » et, moi qui suis cependant calme, surtout à la mer, je tremble en écrivant la comparaison de mon chronomètre..

L'opération terminée, je remonte sur le pont. Le grand navire lourdement chargé approche et — bénédiction ! celui-ci n'est pas aveugle — il change de route pour mettre le cap sur moi. Je n'ai jamais vu chose pareille...

Bientôt, avec mes jumelles, je peux lire son nom : *Champagne* ; c'est un Français.

Après quarante-trois jours de mer, c'est pour moi un immense plaisir de rencontrer des marins de chez nous. Je pense aussitôt qu'ils pourront communiquer rapidement ma position à Paris et je sors mon panneau de reconnaissance.

Le navire, en avant doucement, est à toute petite distance sur l'arrière du cotre, tout le monde sur la passerelle et, derrière, l'équipage, sans doute au complet. Saluts. Conversation.

« On va vous signaler », dit une voix qui doit être celle du commandant[1]. Puis on me demande : « Avez-vous besoin de quelque chose ? » Je remercie : « J'ai tout ce qu'il me faut. »

Le grand navire défile lentement sur l'arrière. « Dans trois semaines au Croisic ! » dis-je.

Le pavillon tricolore monte à la poupe du *Champagne*. Malheureusement je ne peux répondre au salut. Confus, je crie : « Ma drisse n'est pas passée. » M'entend-on ?

Le pétrolier s'éloigne et je reste, un long moment, assis dans la descente, à le voir se perdre dans la couleur rose du soir. Ces rencontres à la mer ont toujours quelque chose d'émouvant, du moins quand on navigue à la voile.

1. Non seulement le commandant Durand signalera sur-le-champ à Paris ma position, mais, de passage dans la capitale, il ira lui-même donner de vive voix des nouvelles à mes parents. Telle est la délicatesse des marins.

La brise fraîchit. Le soleil monte des haubans et disparaît enroché. C'en est fini avec le calme.

La nuit est splendide. La Croix du Sud n'est plus visible ; mais, là, dans le Nord, la Polaire s'impose de plus en plus au-dessus de l'horizon. La température est plus fraîche.

Sur ma couchette, longuement j'écoute, avec cette joie du marin qui a retrouvé la brise, le bruit de l'eau qui court rapidement et bruyamment le long de la coque. Et je m'endors, bercé par cette chanson qui me ramène chez moi.

Minuit. Ciel couvert. Brise soufflant en rafales, force 5. Le *Kurun* court grand erre dans le Nord.

Le surlendemain la brise a bien forci avec des grains et de la pluie. Sous petite toile, j'ai laissé porter de plusieurs quarts, car la mer serait dure si je suivais la bonne route. Puis la brise va haler le N.-N.-E., debout, et fraîchir de nouveau, force 6 à 7. Mer creuse, dure, et confuse. Le cotre qui embarque, copieusement, va épauler la lame pour perdre le moins de route possible.

Ces vents de N.-E., que je craignais de trouver à partir des Açores, me retardèrent au-delà de toute prévision. Les vents debout et les calmes furent mon lot pendant presque toute la fin de ma traversée.

Le 8 mai, le petit vapeur espagnol *Cobetas* passe à environ deux encablures du cotre encalminé ; c'est une vieille baille, sur lest, et par bonne brise je crois que le *Kurun* eût marché plus vite que cette ferraille.

Désormais, je verrai d'autres navires sur ma route, mais à distance.

Le 11, après que j'eus bénéficié d'une petite brise favorable de S.-S.-W. pendant la journée, la terre des Açores était en vue au coucher du soleil — très embrumée et lointaine. Pico.

Il y a parfois dans la navigation solitaire des incidents curieux. Ce jour-là, j'étais resté en bas presque tout l'après-midi. Montant sur le pont pour observer la terre, j'arrivai juste à temps pour voir une épave droit devant, si près que je la parai de justesse en venant du lof ! Longue d'une dizaine de mètres, couverte de coquillages, elle affleurait la surface. J'ignore ce que c'était, mais elle eût pu me causer des avaries.

Le lendemain, au jour, la terre était encore en vue, mais pas pour longtemps.

J'avais repoussé l'idée de m'arrêter aux Açores, ayant hâte d'arriver au terme de mon voyage. L'escale m'eût permis d'obtenir des vivres frais. J'avais mangé, quelques jours auparavant, le dernier coco des Keeling, encore excellent ! Mais je remis la visite des Açores à une autre fois. Elles sont si près de la France !

Toutefois, je comptais emprunter le canal de Fayal, entre les îles Fayal et Pico, pour jeter au moins un coup d'œil sur le pays. Mais le temps ne le permit pas ; il était bouché et la visibilité nulle. Je contournai Fayal par l'Ouest, n'ayant de l'île pourtant proche que des aperçus fugitifs, entre deux grains.

La nuit suivante je passai à trois milles de l'île Graciosa.

La boucaille me suivit et je n'ai pas gardé un très bon souvenir de ces jours tristes et mouillés !

Le 14 et le 15, le *Kurun* était à la cape avec six tours de rouleau par vent de N.-N.-W. ayant halé N.-N.-E., force 7 à coup de vent — mer grosse.

Le 14, à 17 h 10, avarie de gréement inattendue et ridicule. J'étais occupé avec l'écoute du petit foc bordé au vent quand un coup de mer me projeta violemment sur les drailles, provoquant la rupture des ridoirs. J'aurais pu passer par-dessus bord. Dieu merci, l'étai n'avait pas bougé et j'en fus quitte pour faire une solide installation de fortune.

Le 16 à l'aube, j'étais encore en cape courante, après avoir dormi, mais à 5 h 25 je remis en route, tout dessus.

En fin d'après-midi, j'aperçus à deux reprises un aileron puissant ; malgré la distance, je suis à peu près persuadé qu'il s'agissait d'un orque épaulard.

19 juin. — La mer est de plus en plus verte. Fini le beau

bleu intense des eaux tropicales. Le thermomètre a beaucoup baissé ; il semble que le soleil chauffe à peine.

Le plus beau temps de la carte, mais aussi le plus beau calme. Il durera jusqu'au lendemain. La mer est comme un miroir, mais un miroir singulièrement ondulé par diverses houles.

Au début de la matinée, je remarque un corps flottant, à quelques encablures du cotre. Intrigué, je tente à plusieurs reprises mais sans succès de l'identifier avec mes jumelles. Vers la fin de la matinée, ce quelque chose s'étant rapproché, je constate avec joie que c'est une tortue. Enfin, je vais pouvoir donner corps à ce rêve jamais réalisé au cours de ma croisière : capturer une tortue.

A la godille je mets le cap dessus — une rude besogne avec la houle. Enfin j'approche, considérant déjà cette tortue comme mienne, je me réjouis à l'idée d'avoir de la bonne viande fraîche et une jolie carapace.

La tortue va passer sous le bout-dehors. J'abandonne l'aviron, doucement, sans bruit, et je vais à l'avant le pistolet à la main.

C'est une petite tortue, mais quelle belle écaille ! Je fais feu, à trois mètres. Malgré la houle, il est impossible de rater l'objectif. Effectivement, j'atteins bien le cou de l'animal que j'ai visé. La tortue va rester sur place ; j'ai une gaffe prête et je vais m'en saisir... quand, à mon grand étonnement, la tortue se réveille et, paresseusement, paisiblement, plonge à pic !

J'ai été si interloqué que je n'ai pas même songé à tirer une deuxième fois. La mer est claire comme du cristal ; c'est merveilleux d'y voir nager cette tortue. Un moment, elle vacille et j'espère qu'elle va remonter, mais il n'en est rien. Calmement, mais sûrement, elle nage à bonne profondeur, et je la suivrai longtemps du regard. Adieu, belle écaille ! Adieu, déjeuner.

En compensation, je me prépare un plat de riz agrémenté de piments de Madagascar, d'une violence à faire hurler tout un équipage de pirates.

Aujourd'hui deux mois de mer depuis Sainte-Hélène.

20 juin. — Je remets en route après deux jours entiers de calme total ; cela ne m'était pas arrivé de toute ma croisière, même dans le Pot au Noir.

Cet après-midi, nombreuses méduses à la voile, les premières aperçues au Nord des Açores.

La mer est riche en plancton. J'y découvre des poissons minuscules et de nombreux corps transparents qui ressemblent à de petits serpents de mer, longs de plusieurs décimètres.

En fin d'après-midi, un beau requin à fleur d'eau, à toucher l'étambot. Il est escorté de deux poissons-pilotes qui sont de loin les plus gros que j'aie jamais vus. Je jette des morceaux de chiffon rouge au squale qui les dédaigne et vais chercher un pistolet. Mais, après un dernier tour près du gouvernail, il disparaît.

22 juin. — 2 h 10. Réveillé. Le cotre suit un cap deux quarts au Sud de la route. Je veux me lever pour rectifier, mais impossible de bouger de ma couchette ! J'ai une vive douleur au bas des reins et ne peux faire aucun mouvement : lumbago ? coup de froid ? tour de reins ?

Être seul à bord d'un bateau qui fait route au large et ne pouvoir bouger, n'est-ce pas une situation un peu ridicule ? Il me faut absolument me lever. Enfin, après dix minutes d'efforts, j'arrive tant bien que mal, à la force des poignets, à me hisser hors du panneau de descente. A genoux sur le pont, je parviens à embraquer la grande écoute. Puis j'installe trois sandows additionnels sur la barre.

La manœuvre m'a fait du bien, et c'est heureux, car je dois remonter à plusieurs reprises sur le pont pour rectifier l'écoute et la barre. L'après-midi, j'aurai retrouvé ma forme parfaite et serai en tête de mât, avec les gabiers...

Comme hier, crachin. Visibilité nulle.

En dépit des vents défavorables, je veille, tout en gagnant dans le Nord, à ne pas me laisser affaler dans l'Est de ma route, vers la côte d'Espagne.

Vents debout et calmes ont beaucoup retardé la marche du cotre, et l'étape, malgré un début honorable, dépasse en durée mes prévisions. Impatient de donner des nouvelles à ma famille, je décide de prendre contact avec la frégate météorologique française stoppée au point K, sur ma route. J'en connais la position exacte grâce à mes documents nautiques : 45° N. et 16° W. ; il est enfantin de la joindre.

Le 25 juin, à 22 h 35[1], j'aperçois des feux. Le cotre au plus près serré marche mal, avec brise modérée et mer irrégulière. Aussi est-ce seulement à 1 h 10 que j'interpelle le *Le Brix* (j'ignorais son nom). A plusieurs reprises, je manœuvre pour passer à proximité du navire qui dérive, en travers de la lame :

« Yacht français *Kurun*, soixante-huit jours de Sainte-Hélène. Prière signaler position à Mutucha, Paris. »

A ma stupéfaction, je constate que l'on sait qui est le *Kurun*. J'ai provoqué un branle-bas à bord de la frégate et je regrette d'y avoir ainsi jeté le trouble en pleine nuit, mais les paroles que j'entends sont si cordiales qu'elles m'incitent à ne pas continuer ma route. « Je reviendrai au jour », dis-je.

Je mets en panne. Le jour venu, je fais servir pour rallier la frégate qui a dérivé plus que le cotre. Je tourne plusieurs fois autour du navire de guerre, appréciant le danger d'un accostage dans la houle, mais je vois avec plaisir que l'on met à la mer un youyou pour venir me chercher.

Sur le pont de la frégate, je me sens un peu emprunté : le roulis est si différent de celui de mon cotre, avec lequel je fais corps.

L'accueil est d'autant plus cordial que presque tout l'équipage est breton. Quelle joie de fouler un avant-poste de la terre de France !

Me voilà attablé au carré devant un petit déjeuner substantiel, en compagnie du commandant Le Roux et de son

1. Heure du bord : une heure de différence avec l'heure de Greenwich, que la frégate avait conservée.

état-major. Cette cordiale réception se prolongea. Je pus consulter les grandes cartes météorologiques de l'Atlantique Nord, pour moi si instructives.

Je prends une douche chaude — quel luxe, au large ! — et le coiffeur s'occupe de me faire une chevelure présentable.

L'après-midi, quelques officiers viennent à bord du cotre me rendre ma visite. Le *Kurun*, en travers à la lame, roule bord sur bord, et ce à quoi je n'avais nullement songé se produit : presque tous mes visiteurs sont malades. Je suis gêné de rendre si mal l'hospitalité qui me fut offerte ; mais les mouvements du cotre sont différents de ceux de la frégate ! La visite en est écourtée.

Le lendemain, je quitte le *Le Brix*, chargé de vivres frais[1]. J'emporte également le courrier : un bon paquet de lettres.

Après avoir établi ma voilure, je salue la frégate trois fois et, sous un souffle du W.-N.-W., je mets le cap sur Le Croisic.

A 17 h 40, deux thoniers en vue par tribord — les premiers bateaux du pays, des Bretons, et mon cœur bat. Ils font route à contre-bord et je modifie mon cap pour élonger le plus proche.

Je passe à petite distance d'un « malamok[2] » sur le flanc duquel je lis : « Concarneau ». Les gars sont en pêche et, bien que les thons boudent leurs lignes, ils ne se laisseraient pas distraire pour une vétille. Mais j'entends distinctement l'un d'eux s'écrier : « C'est le gars du Croisic qui fait le tour du monde ! » Décidément, je ne suis pas un inconnu pour les pêcheurs bretons.

Je rencontrai encore une quantité de thoniers : de beaux voiliers aux voiles multicolores. Quelle magnifique chose qu'un thonier sous voiles ! Leur apparition était chaque fois pour moi un nouvel enchantement.

Par sécurité, je devais veiller la nuit, toutes les nuits. Il

1. J'avais, d'autre part, une provision d'eau et de vivres de réserve pour plusieurs mois.

2. Robuste bateau à moteur qui pratique la pêche au thon et au chalut.

eût été stupide d'être abordé à quelques jours de l'arrivée. Je dormais quelques heures le jour.

Quelques heures après avoir quitté le *Le Brix*, c'était de nouveau le calme. Après une journée de petite brise du large, je rencontrai encore des vents d'amont. Le Père Éole s'ingéniait à retarder mon arrivée.

Le 2 juillet, je ne fus pas gâté pour mon anniversaire, que j'avais espéré passer à terre. Je dus mettre en cape courante, avec quatre tours de rouleau, car la mer était trop dure pour faire route et la brise avait forci. Jusqu'au 4, j'épaulai la lame, dans les grains et la pluie. Au cours de la nuit du 3 au 4, je coupai le trafic Ouessant-Finisterre et rencontrai beaucoup de navires. Il fallait ouvrir l'œil, d'autant plus que le vent éteignait souvent le fanal. La mer était creuse et, même à très faible distance, les mâtures des grands navires étaient complètement masquées par les grosses lames.

Le 5 ce fut le calme, mais les farces du Père Éole devaient cependant avoir une fin : le dimanche 6 juillet, au jour, je remis le cotre en route avec une brise favorable de S.-S.-W. qui ne devait plus me lâcher.

Grains. Pluie. Tonnerre même : c'était bien ce qu'il fallait pour annoncer le retour du *Kurun*.

Je me disposais à prendre la méridienne quand le malamok *Cœur Vaillant*, de Concarneau, vint converser avec moi. Se trouvant plein Sud du cotre, il me gênait pour observer, et je lui demandai de dégager mon horizon. Mon observation achevée, je lui donnai le point[1] pour qu'il le transmît à Radio Saint-Nazaire : ma famille serait ainsi prévenue de ma position.

Grains. Pluie, mais bonne brise pour tailler de la route. Enfin ! Avec deux tours dans la grand-voile, le cotre retrouve son allure de marche.

Toute la nuit, je reste à la barre, mais je suis heureux :

1. *f* = 46°18' N. G = 6°00' N.

demain, au début de la matinée, je verrai Belle-Ile, c'est certain.

A 3 heures, dans une éclaircie, je m'amuse à faire une dernière latitude par la Polaire. Au jour, je croise plusieurs grands navires.

La mer a changé de couleur. Des goélands, un fou de Bassan. La terre est là, je la sens.

8 heures. Je vais descendre pour consigner mes observations sur le livre de bord, lorsqu'elle m'apparaît : la terre. Je me borne à mentionner : Brise S.-S.-W. force 5. Mer très houleuse. Temps orageux. Baromètre 770. Température 17°7. Terre en vue par bâbord.

Mais c'est Belle-Ile, cette terre, et mon cœur bat...

Cependant, je m'interroge ironiquement : « Si, pour le dernier atterrissage, tu t'étais trompé ? Et si c'était Groix ! »

Une erreur aussi grossière était impossible. Je discernais bientôt l'énorme cierge du feu de Goulphar — celui-là même qui, au départ, m'avait donné la dernière lueur de France. La côte s'éclaira sous le soleil, et la brise mollit.

Qui voit Belle-Ile
Cingle sans péril,

répétai-je à voix haute, savourant par avance ce jour de l'entrée au Croisic.

Je me rasais quand un avion vint me survoler plusieurs fois à faible altitude. Je fus obligé d'admettre qu'il était intéressé par le *Kurun* et j'envoyai mes couleurs. J'ignorais encore qu'à la suite de la presse étrangère, la nôtre avait parlé de ma croisière, qu'elle avait annoncé mon retour, et je ne me doutais pas de la réception qui m'attendait au Croisic.

Trois quarts d'heure plus tard, un autre avion venait survoler le bateau. Décidément !...

Après Kerdonis[1], je rencontrai quelques pêcheurs qui relevaient leurs casiers. Intentionnellement, je passai près

1. Pointe Sud de Belle-Ile.

d'eux pour leur dire bonjour. L'un d'eux me cria : « J'ai vu ta mère ces jours-ci à Houat[1]. Elle va bien. » C'était bien inattendu de recevoir ainsi des nouvelles des miens.

Je retrouvais les coins familiers : Houat, Hoedik, les Cardinaux.

A 12 h 15, le phare du Four était en vue, et, à 12 h 35, la presqu'île du Croisic.

Je n'avais pas eu besoin, cette fois, d'étudier cartes et documents nautiques. J'avais seulement calculé l'heure de la marée. Arriverais-je avant le jusant ?

En approchant du phare du Four, je distinguai bientôt une vedette que je connaissais bien : c'était *La Brière*, garde-pêche. Que faisait-elle ainsi avec son grand pavois ?

Je compris alors qu'elle était venue accueillir le *Kurun*. A bord, l'administrateur de l'Inscription maritime de Saint-Nazaire, M. Belingard, le directeur du journal *Cols Bleus*, M. Lucas, et des visages amis. M. Belingard me lança un papier enroulé sur une balle de fusil m'apportant les félicitations du ministre de la Marine marchande et m'annonçant l'attribution de la Croix de Chevalier du Mérite maritime.

Le Four doublé, de nombreux bateaux arrivèrent, un à un, du port que je commençais à distinguer.

Je reconnus parmi eux la petite vedette l'*Indomptable*, de mon ami Jano Quilgars. Je ne pouvais avoir plus grande joie : ma mère et mon père étaient à bord. La vedette accosta et je sautai à bord les embrasser tous. Le cotre, seul, grand largue, au milieu de toute une escorte d'amis et d'inconnus, continuait sa route exactement sur la jetée du Croisic. Il savait si bien ce qu'il avait à faire que ma présence n'était même plus nécessaire...

Après un long moment, je regagnai tout de même mon bord. La longue jetée de granit familière était proche et je doublai la balise de Baz Hergo.

1. Ile située à proximité de Belle-Ile. Ma mère s'y était trouvée quelques jours plus tôt.

Des milliers de personnes et les autorités attendaient. Aussi amenai-je, pour la dernière fois, la voilure pour accepter la remorque de l'*Indomptable*, car il eût été long de rentrer à la voile.

15 h 25[1]. Le cotre s'engage dans le chenal. Soixante-dix-neuf jours après mon départ de Sainte-Hélène, mon voyage était achevé. Je ramenais mon *Kurun*, avec son mât à moitié dévoré, ses peintures assez pitoyables, ses voiles rouges délavées par le soleil, les grains et les coups de mer, un *Kurun* marqué par bien des milliers de milles, mais victorieux et l'âme intacte.

Cependant, malgré mon bonheur de retrouver mon pays et les miens, malgré la joie de l'heure présente, je sentais déjà, en amarrant mon petit cotre, que cette arrivée n'était pas un retour définitif au port.

C'était une escale...

1. Heure du bord — en retard d'une heure sur l'heure locale officielle.

Postface

Qu'est devenu le Kurun ?

Il y a exactement un demi-siècle, le *Tonnerre*, pris par les Allemands — nous étions encore en guerre, il n'est pas inutile de le rappeler —, était détruit. Aujourd'hui même, le *Kurun* est à son tour une prise… protégée par la loi !

Que s'est-il donc passé ?

Alors que je préparais un troisième grand appareillage, pour l'Orient, je réalisai, par une grâce du ciel, un grand rêve : un refuge sur la côte bretonne, en un lieu isolé, tout près de la mer. Gwenved, monde blanc de la tradition celtique.

Là, dans cette oasis, le cœur plein de joie, j'accueillis mes chers parents. Le temps passa… Événement exceptionnel : un des derniers grands maîtres spirituels contemporains de l'Orient vint, ici même, donner sa bénédiction. Simultanément, j'eus le privilège de me marier ; les enfants apparurent pour donner encore plus de sens au foyer. Pour moi, la navigation était terminée.

Le *Kurun*, désarmé, dormait bien à l'abri dans un hangar…

Cependant, à Paris, des amis se souciaient de l'avenir du bateau. Nous en parlâmes. Si bien que, un jour, l'un d'eux, directeur du musée de la Marine, me proposa officiellement de l'accueillir. J'eusse été heureux de l'offrir.

Les Croisicais, au courant, me firent alors la même

proposition. La conservation de mon bateau à l'abri dans la ville de son port d'attache était vraiment très séduisante, d'autant plus qu'avec tous les éléments alors présents il était possible de créer autour du *Kurun* un très intéressant musée sortant de l'ordinaire. D'ailleurs, une association d'anciens amis s'était constituée pour en assumer la responsabilité. Ainsi donc, à la requête du maire, j'acceptai, totalement dépourvu de pensée négative.

Le *Kurun* fut donc vendu, tout simplement, à la ville du Croisic pour un franc symbolique.

Hélas ! L'association se dévoya et, à l'issue d'un très curieux referendum organisé par des professionnels, on décida de changer radicalement le destin du bateau et de le faire naviguer en déclarant que le musée était une utopie. Le détournement de ma donation était consommé. Le malheureux bateau devenait un joujou et un objet publicitaire dont seul le nom importe, telle une marque de fromage ou de machine à laver…

Cruelle épreuve, pour un marin à la mentalité d'autrefois qui avait conservé avec amour son bateau, intact, sans une égratignure !

Quelques fidèles s'indignèrent au spectacle de l'anti-*Kurun*. Après mon « SOS *Kurun* » lancé le 28 novembre 1992, ils déclenchèrent le classement du bateau au titre des Monuments historiques et, ensemble, nous œuvrons pour mettre un terme aux dégradations et le sauver d'une fin prématurée.

Solitaire, serai-je donc le dernier de la voile dont le cœur continue à battre, douloureusement, avec le chêne du *Kurun* tout empli du vieux dict ?

Une main pour toi, une main pour le navire
Et, s'il souffre, ajoute-lui deux doigts.

Vouloir vivre c'est chercher à être.
Plotin

Tout enfant, alors que mes parents me tenaient encore par la main, aucun voilier n'échappait à mes regards quand nous visitions un port, et je questionnais : « Dis papa, avec un bateau comme ça, est-ce qu'on pourrait faire le tour du monde ? »

Faire le tour du monde à la voile, c'était un rêve d'enfant...

Avec les années, ce rêve ne s'effaça pas. Bien au contraire, il demeurait toujours vivant, intégré à tout le reste de l'existence, tandis que croissait en moi de plus en plus le rejet du monde moderne tout entier.

Appareiller du Croisic en septembre 1949 était à la fois un aboutissement et un commencement.

Faire le tour du monde à la voile n'était alors pour moi qu'un prélude à toute une existence, libre, indépendante, à bord de mon bateau...

Pourquoi ce rejet du monde moderne ? Tout simplement parce qu'il nous éloigne de plus en plus de notre condition humaine véritable.

Nous vivons un « temps » très particulier, car ces années sont les dernières non seulement d'un « âge » — *Kali-Yuga* des hindous —, mais d'un grand cycle d'humanité — Manvantara de la même tradition.

Ce *Kali-Yuga* est l'âge sombre. Dans le noir, on ne voit pas bien... ou pas du tout. Donc vision erronée... cécité ; c'est l'ignorance, en sanskrit *avidya* racine *vid* d'où le latin *videre* : *voir* et *a* privatif.

C'est pourquoi les hommes sont happés par toutes les illusions, confusions, perversions, dont la plus grave est celle de l'intelligence. D'une manière fatale, le *Kali-Yuga* est l'âge des conflits — partout et dans tous les domaines.

Mais, en fait, que sommes-nous ?

La tradition chinoise nous le rappelle par son ternaire *Tien-Ti-Jen* : Ciel-Terre-Homme. L'Homme est fils du Ciel et de la Terre. Ciel-Père, Terre-Mère[1]. Coupé de « l'influence du Ciel », l'intellectuel réduit au cérébral, livré à lui-même, l'homme orphelin ne peut qu'errer, en allant, à une vitesse toujours croissante, de déséquilibre en déséquilibre.

Ce qui a poussé le navigateur solitaire peut se résumer en quatre mots : nature, navigation, voyage et solitude.

J'ai toujours recherché la simplicité au plus près de cette nature merveilleuse qui nous porte et dont les éléments constitutifs sont ceux de notre propre corps, cette nature qui nous nourrit et nous permet de vivre. Et que dire de sa beauté ? Elle nous comble. Elle nous inspire et élève notre âme, jusqu'à voir, en transparence, l'essence même de la Vie. Quelle joie !

Pour moi, la navigation était considérée comme un métier, dans la plénitude de son sens. Ne l'oublions pas, le mot métier vient du latin *ministerium* qui signifie : *fonction*. Dans son métier, l'être humain doit donc trouver *ipso facto* sa raison de vivre et son accomplissement. Notons, en passant, que la disparition du métier en tant que tel est une des plus grandes misères du monde moderne.

En sus de la communion avec la nature, le sens du voyage est de mieux connaître les êtres humains, dans leur milieu naturel, du haut en bas de l'échelle humaine, en dehors de toute classification. Quelles que soient les différences, le fond est le même. C'est ce petit lotus qui réside au tréfonds du cœur de chacun de nous et dont la recherche doit être le

1. Notre corps de chair baigne dans un monde « aximique » qui, lui-même, baigne dans un monde spirituel, la hiérarchie étant celle du ternaire *Spiritus — Anima — Corpus*. Le tout est régi par les lois découlant des principes universels qui constituent la véritable métaphysique.

but de notre existence. C'est là seulement que les hommes peuvent être égaux. Même si nous sommes maladroits, si la sincérité prime, nous trouverons des joyaux.

Quant à la solitude, elle est très importante. Dans toutes les sociétés traditionnelles, à l'adolescence, un temps de retraite solitaire s'imposait. Autrement pas d'homme…

La solitude, c'est laisser de côté l'agitation et la dispersion de la vie ordinaire. C'est alors que tout peut commencer, à condition d'avoir une direction.

La solitude n'est pas fuite, mais retour.
Pas éloignement, mais proximité.
Pas absence, mais présence.
Que dire ?
Le silence est plénitude.

J'ai prié, j'ai jeûné.
J'étais nu et solitaire.
L'Oiseau-Tonnerre a visité mon Rêve
Et m'a appris les Secrets de la Vie.

Parole d'un Sioux.

Gwenved, février 1995

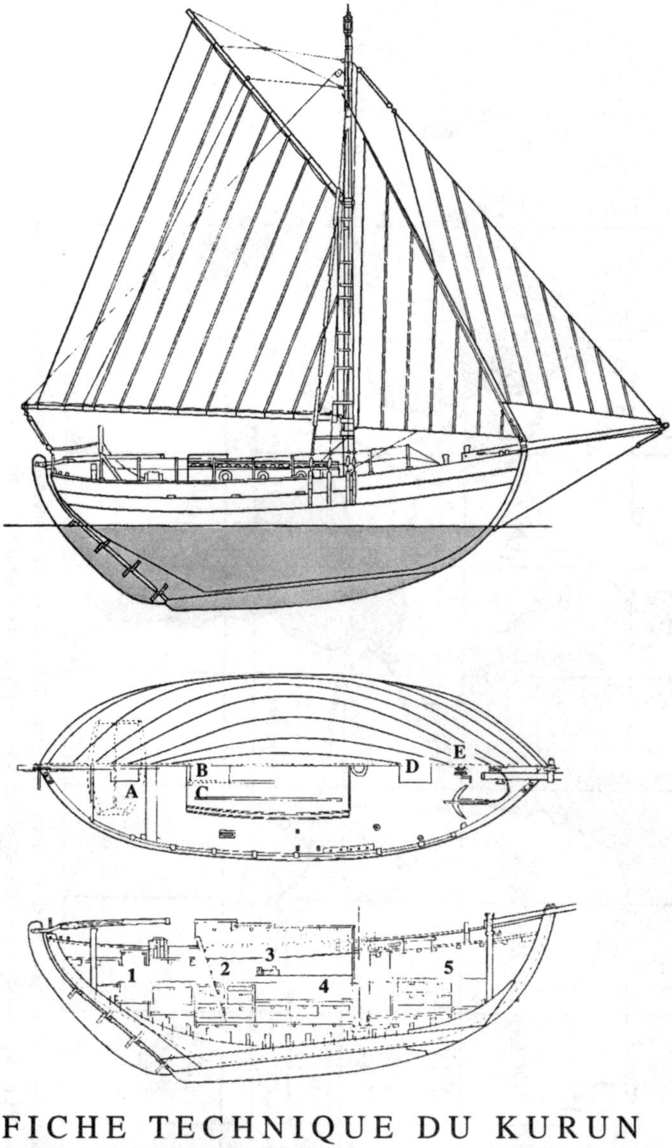

FICHE TECHNIQUE DU KURUN

Longueur hors tout : 10 m.
Long. flottaison : 8,61 m.
Largeur maxi : 3,56 m.
Tirant d'eau : 1,73 m.
Lest fonte : 1900 kg.
Grand-voile : 32,50 m^2

Trinquette : 9 m^2
Foc n°2 : 11,25 m^2
A. Emplacement de la prame
B. Panneau de descente
C. Roof
D. Capot avant

E. Guindeau
1. Soute arrière
2. Meuble à cartes
3. Bibliothèque
4. Couchette
5. Soute à voiles

Rangement des béquilles: entre prame et banc de quart.

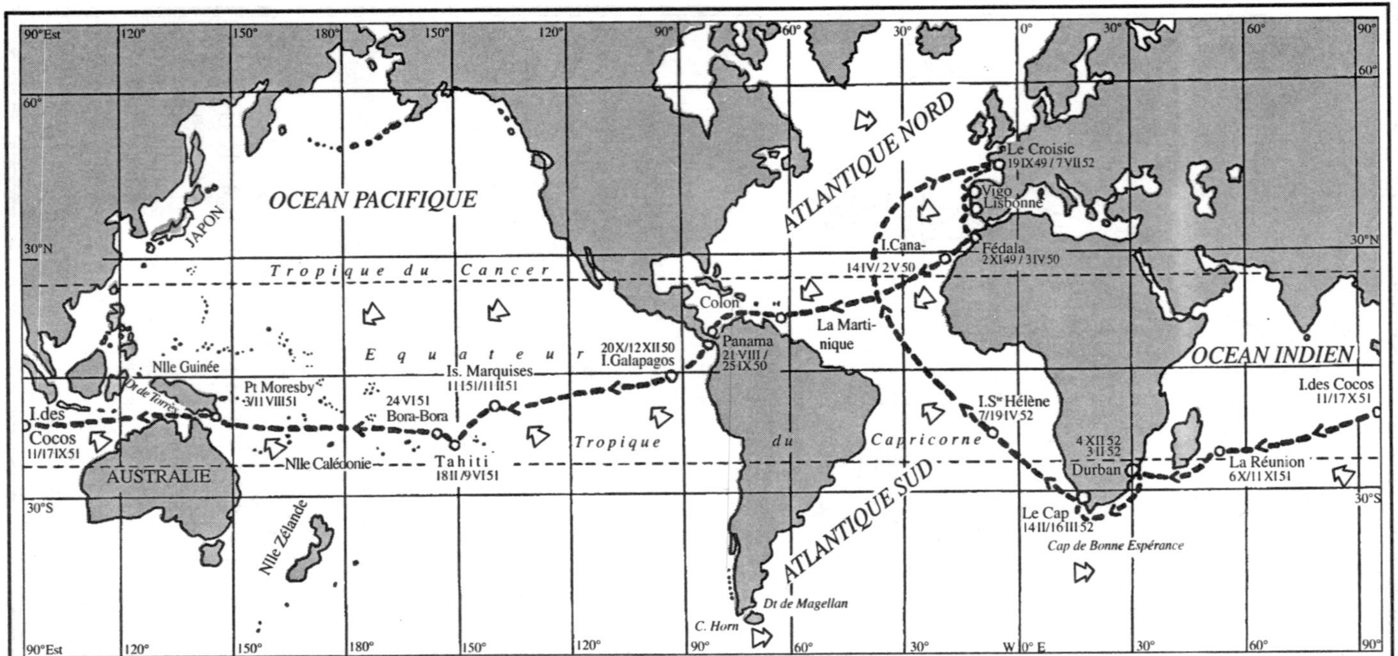

Le Croisic à Fédala: 1100 milles - Fédala aux Iles Canaries: 560 m. - Iles Canaries à la Martinique: 2750 m. (30 jours) - La Martinique à Colon: 1250 m. (14 j.) - Panama aux Iles Galapagos: 950 m. (25 j.) - Iles Galapagos aux Iles Marquises: 3000 m. (30 j.) - Iles Marquises à Tahiti: 800 m. (7 j.) - Bora-Bora à Pt. Moresby: 3750 m. (39 j.) - I. Yule aux I. des Cocos: 3100 m. (27 j.) - I. des Cocos à la Réunion: 2500 m. (18 j.½) - La Réunion à Durban: 1450 m. (22 j.) - Durban à Capetown: 800 m. (11 j.) - Capetown à Ste Hélène: 1730 m. (22 j.) - Ste. Hélène au Croisic: 5600 m. (79 j.) ⇨ Vents alizés ou dominants

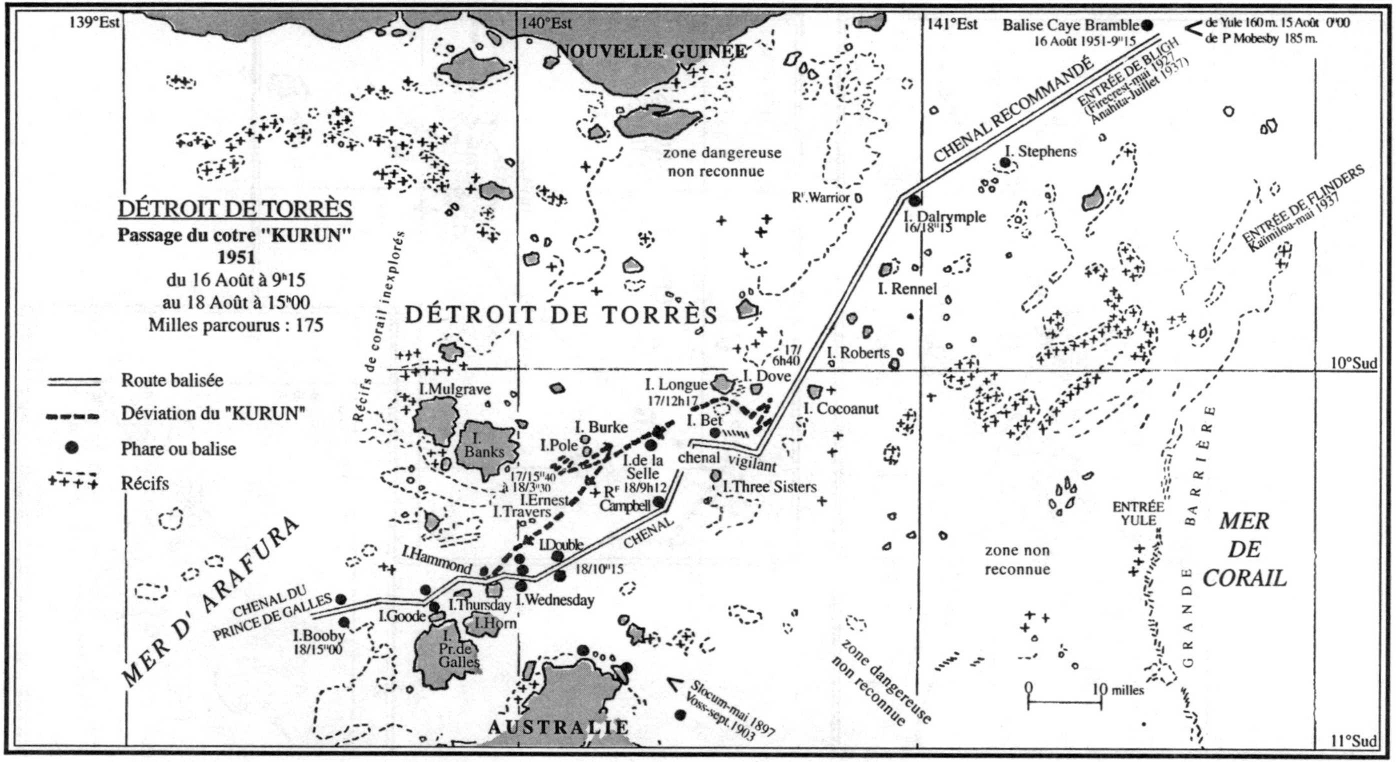

DÉTROIT DE TORRÈS
Passage du cotre "KURUN"
1951
du 16 Août à 9h15
au 18 Août à 15h00
Milles parcourus : 175
Route balisée
Déviation du "KURUN"
Phare ou balise
Récifs
139°Est
140°Est
141°Est
10°Sud
11°Sud
NOUVELLE GUINÉE
zone dangereuse
non reconnue
Rf. Warrior
DÉTROIT DE TORRÈS
Récifs de corail inexplorés
Balise Caye Bramble
16 Août 1951-9h15
de Yule 160 m. 15 Août 0h00
de P Mobesby 185 m.
CHENAL RECOMMANDÉ
ENTRÉE DE BLIGH
(Firecrest-mai 1927
Anahita-Juillet 1937)
I. Stephens
I. Dalrymple
16/18h15
I. Rennel
ENTRÉE DE FLINDERS
Kaimiloa-mai 1937
I. Roberts
17/
6h40
I. Dove
I. Longue
17/12h17
I. Cocoanut
I. Bet
chenal vigilant
I. Three Sisters
I. Mulgrave
I. Banks
I. Burke
I.Pole
I.de la
Selle
Rf 18/9h12
Campbell
17/15h40
à 18/3h30
I.Ernest
I.Travers
I.Double
CHENAL
18/10h15
I.Hammond
I.Wednesday
I.Thursday
I.Horn
I.Goode
I. Pr.de Galles
CHENAL DU
PRINCE DE GALLES
I.Booby
18/15h00
MER D' ARAFURA
AUSTRALIE
Slocum-mai 1897
Voss-sept.1903
zone dangereuse
non reconnue
zone non
reconnue
ENTRÉE
YULE
GRANDE BARRIÈRE
MER
DE
CORAIL
0
10 milles

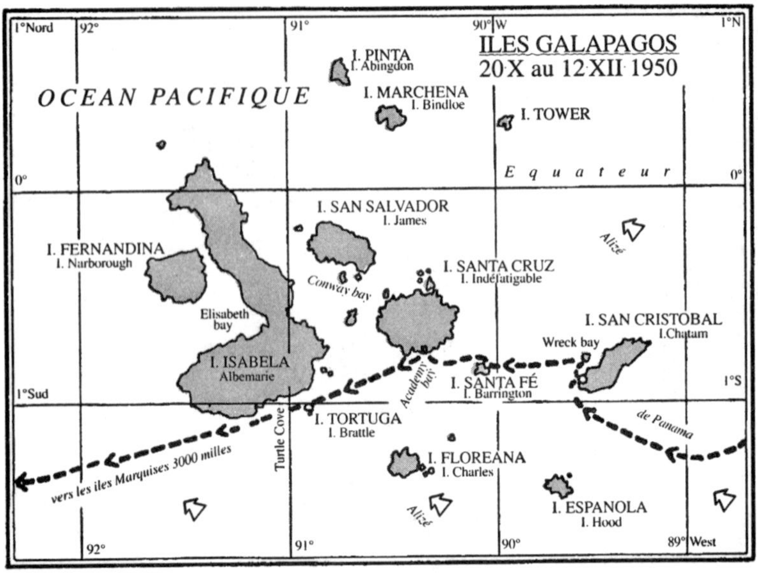
ILES GALAPAGOS
20·X au 12·XII·1950
OCEAN PACIFIQUE
1°Nord
92°
91°
90° W
1°N
I. PINTA
I. Abingdon
I. MARCHENA
I. Bindloe
I. TOWER
Equateur
0°
I. SAN SALVADOR
I. James
Alizé
I. FERNANDINA
I. Narborough
I. SANTA CRUZ
I. Indéfatigable
Conway bay
Elisabeth bay
I. SAN CRISTOBAL
I.Chatam
Wreck bay
I. ISABELA
Albemarie
Academy bay
I. SANTA FÉ
I. Barrington
1°Sud
1°S
I. TORTUGA
I. Brattle
Turtle Cove
de Panama
vers les iles Marquises 3000 milles
I. FLOREANA
I. Charles
Alizé
I. ESPANOLA
I. Hood
92°
91°
90°
89° West

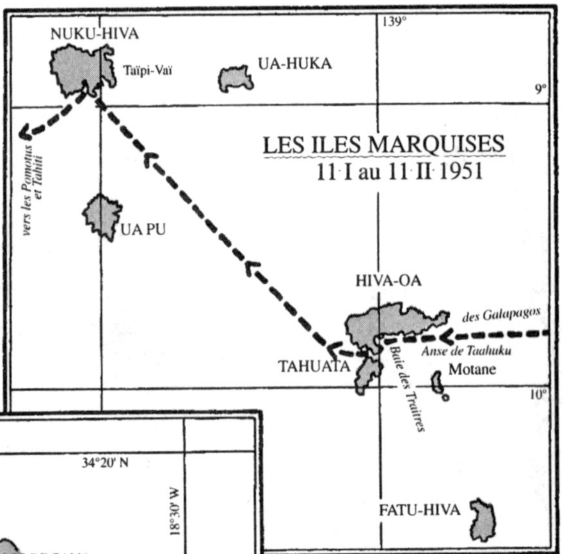
NUKU-HIVA
Taïpi-Vaï
UA-HUKA
139°
9°
LES ILES MARQUISES
11·I au 11·II·1951
vers les Pomotus et Tahiti
UA PU
HIVA-OA
des Galapagos
Anse de Taahuku
TAHUATA
Baie des Traitres
Motane
10°
FATU-HIVA

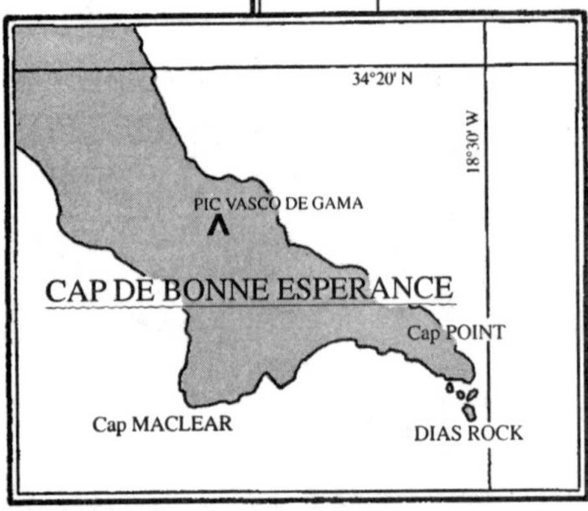
34°20' N
18°30' W
PIC VASCO DE GAMA
CAP DE BONNE ESPERANCE
Cap POINT
Cap MACLEAR
DIAS ROCK

Appendice

Il est impossible de traiter ici toutes les questions qui concernent la navigation et l'existence à bord d'un bateau comme le *Kurun.* Mais il pourra être utile, à ceux qui voudront suivre certains aspects techniques de ma croisière, de connaître le problème capital de cette navigation : la possibilité de laisser le bateau gouverner seul, sans aide quelconque à la barre.

Les systèmes que j'ai imaginés supposent certaines qualités essentielles du bateau et tout d'abord de sa coque.

Chacun sait qu'un voilier possède une *stabilité de route* plus ou moins grande ; c'est-à-dire qu'en route, sous voiles, il faut manœuvrer plus ou moins fréquemment la barre, pour conserver un cap déterminé.

A cet égard, la plupart des yachts modernes sont décevants ; ce qui n'a rien d'étonnant, car les soucis principaux de leurs architectes sont concentrés sur d'autres points très différents, notamment la vitesse et les aptitudes au plus près. Il importe peu, en général, au yachtman que son bateau puisse naviguer seul. Du reste, le plaisir de barrer entre pour une grande part dans la joie du plaisancier qui passe peu de jours à bord de son bateau, et rarement seul.

Pour le navigateur solitaire, au contraire, barrer sans fin est une impossibilité. Par ailleurs, il trouve merveilleux de voir son bateau suivre seul, pendant des jours, la route désirée.

Un des éléments importants de la stabilité de route est la longueur de quille, mais il en faut considérer plusieurs autres, notamment le balancement des formes et la voilure, bien que cette dernière semble être l'élément le moins important, susceptible d'ailleurs de modifications.

Les aptitudes extraordinaires du *Spray* à naviguer seul m'ont toujours laissé songeur. Le cotre du prestigieux capitaine pouvait, en effet, rester en route à *toutes les allures* sans dispositifs particuliers. Je n'ai jamais entendu dire que d'autres voiliers possédassent ces qualités étonnantes !

Il est certain que Slocum ne les prévoyait pas telles, quand il reconstruisit le vieux *Spray* ; à cet égard, la chance le favorisa sans doute.

Le *Kurun* possède, certes, une bonne stabilité de route, recherchée dès l'élaboration des plans, mais, hélas ! sans comparaison possible avec celle de son illustre prédécesseur ; ce qui m'a conduit à employer des subterfuges pour obtenir les mêmes résultats.

Les réactions du bateau étant différentes selon l'allure, nous considérerons les trois cas types. Ils ont, chacun, leur solution particulière.

I. — *Au plus près.* — Presque tous les bateaux normaux[1] restent en route sans difficulté à cette allure. Le *Kurun* s'y montre très docile. Ce n'est qu'une question d'écoutes (border plus ou moins les voiles) et d'angle de barre. Le réglage varie légèrement selon la force de la brise (et l'état de la mer). Avec l'habitude il se fait d'intuition, sans erreur : le marin perçoit tout de suite la façon d'obtenir l'équilibre convenable. Ce réglage simple est valable du plus près au vent de travers.

II. — *Au grand largue.* — Par brise légère et mer belle, en filant largement la grande écoute et en bordant plat au moins une voile de l'avant (pourvu qu'on utilise un grand foc), il est possible de conserver le cotre en route au grand largue (le vent arrière restant cependant interdit). Mais, dès que la brise fraîchit de l'arrière du travers, il n'est plus possible de trouver une position d'équilibre, à moins d'utiliser un bout-dehors volant, peu pratique à cause de sa longueur.

Le problème, sans solution à mon départ, en a trouvé une, élégante, à proximité des Fidji. Je l'ai généralisée à partir de Port-Moresby et mise tout à fait au point par la suite.

Le principe en est très simple. Le cotre porte sa voilure normale, gui bien débordé, foc cependant bordé, comme au plus près, pour contribuer à la stabilité de route. Il ne peut conserver son cap, la barre amarrée, mais le pilotage automatique est alors assuré par la trinquette. Cette dernière, bômée et bordée presque plat, est reliée à la barre par son écoute qui passe au vent dans les poulies P_1 et P_2. Cette écoute exerce sur la barre une certaine tension, contrebalancée par des sandows en caoutchouc placés *sous le vent.*

Supposons, selon la position II, le cotre en route et en équilibre, grand largue tribord amures.

1. A l'exclusion des « racers », conçus dans l'unique but des compétitions.

a) *Le cotre vient de lof.* — A ce moment, l'angle d'incidence du vent sur la trinquette augmente, la pression sur cette voile croît et la tension sur l'écoute est plus forte. Comme la tension des sandows n'a pas changé, la barre se déplace sur tribord et le bateau abat pour revenir en route.

b) *Le cotre abat.* — Dans ces conditions, l'angle d'incidence du vent sur la trinquette diminue, la pression sur cette voile décroît et la tension sur l'écoute est plus faible. L'effort des sandows prédomine alors, la barre se déplace vers bâbord et le bateau vient du lof pour retrouver son cap primitif.

Ce procédé convient parfaitement avec le vent d'environ deux quarts sur l'arrière du travers et jusqu'à trois quarts de l'arrière. Le vent arrière est pratiquement impossible, sans risque d'empannage.

III. — *Au vent arrière.* — Le procédé utilisé m'a été inspiré par Marin-Marie. Il consiste à employer deux trinquettes de même surface, débordées à tribord et à bâbord par des tangons, filées suffisamment sur l'avant, de façon que l'angle aigu formé par le plan de ces voiles soit dirigé vers l'avant. Théoriquement la bissectrice de cet angle doit être orientée dans le sens du vent.

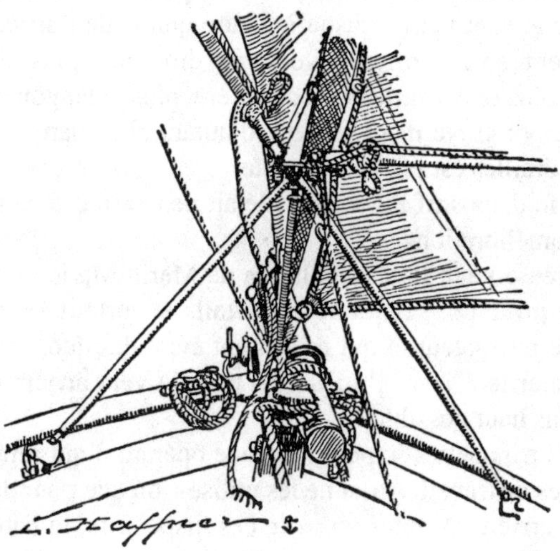

Chaque tangon est relié à la barre par un bras passant dans des poulies de retour.

Considérons le bateau en route plein vent arrière, les voiles filées symétriquement, en équilibre (position III). Les tensions des bras sur la barre sont donc égales. Supposons qu'il embarde sur tribord : l'angle d'incidence du vent sur la trinquette tribord T va augmenter, tandis qu'il va diminuer sur la trinquette bâbord T' ; la pression exercée par le vent sur la trinquette T sera donc plus forte que celle exercée sur la trinquette T'. Le bras tribord va tirer davantage sur la barre que celui de bâbord et le bateau reviendra en route.

Comme on le voit, le principe est extrêmement simple. Dans la pratique le procédé n'en est pas moins d'une mise au point délicate.

D'abord le cercle[1] que décrit l'extrémité de chaque tangon doit avoir son centre sur la draille de la trinquette pour que la rotation de l'ensemble soit harmonieuse. D'autre part, le point de fixation des tangons doit être suffisamment haut pour éviter que ceux-ci ne se « mâtent ».

De nombreuses variantes de ce système ont été utilisées avec plus ou moins de bonheur. Il faut reconnaître que certaines réalisations avec des voiles disposées le long du mât ne sont guère astucieuses, car le brasseyage est limité et ne permet guère de s'écarter du plein vent arrière.

Au cours de ma croisière, j'ai lu dans un magazine étranger, illustré de jolis dessins, la relation d'une traversée de l'Atlantique faite de la sorte. Le bateau, après la traversée de l'océan, était arrivé à plusieurs centaines de milles du but à atteindre et l'équipage dut renvoyer toute la voilure pour terminer le parcours.

Le système des trinquettes jumelles permet de naviguer grand largue avec le vent venant jusqu'à quatre quarts de l'arrière, bien que le rendement soit meilleur avec une direction plus de l'arrière. D'ailleurs, plus on s'écarte du vent arrière, plus le tangon au vent tend à se « mâter » : grave inconvénient, d'autant plus marqué que l'inclinaison des drailles est plus importante.

En fait, le dispositif du *Kurun* n'était pas parfait et aurait été susceptible d'améliorations.

Malheureusement, de l'installation de Marin-Marie, je ne connaissais que le principe, j'ignorais les détails et surtout les conclusions tirées par le navigateur et qui m'eussent évité des tâtonnements. Si je devais regréer le *Kurun,* j'utiliserais pour le vent arrière des drailles fixées le plus haut possible.

Gréer les trinquettes jumelles est une opération qui représente plusieurs heures de travail. Aussi ne les utilise-t-on que pour de longs parcours vent arrière. A noter qu'avec ces dispositifs, le bateau ne peut faire des évolutions de quelque amplitude, ce qui se conçoit.

L'usure des bras, malgré le suiffage intensif, est très grande. On prolonge leur existence en les changeant bout pour bout ; mais malgré ce subterfuge leur durée correspond à peu près à celle d'une grande traversée.

1. En réalité c'est une surface sphérique.

Glossaire

ABATTRE : Venir du côté opposé à celui d'où souffle le vent. Les voiles reçoivent alors ce dernier d'une direction qui se rapproche de l'arrière.

ABATTRE EN CARÈNE : Incliner un navire à l'aide de forts palans fixés en tête de mât pour travailler sur la coque. Se fait quand on ne peut ou ne veut assécher totalement le navire.

ADONNER : Se dit du vent quand il change en se rapprochant de l'arrière.

AFFALER : Jeter en bas. Se dit aussi pour un bateau poussé vers une côte.

AFFOURCHÉ : Tenu par deux ancres dont les câbles viennent de directions différentes.

AMENER : Faire descendre une voile, un pavillon, un fanal, etc. Contraire de hisser.

AMER : Point ou détail remarquable d'une côte.

AMURE : Extrémité inférieure d'une voile fixée vers l'avant ou du côté d'où vient le vent.

ARISÉE : Se dit d'une voile ou d'une voilure réduite par des ris ou des tours de rouleau.

ARMER : Équiper un navire.

ATTERRISSAGE : Pour le navigateur, opération consistant à prendre connaissance de la terre. On « atterrit » généralement sur un point remarquable : phare, balise, cap, montagne, etc.

BALANCINE : Cordage fixé à la partie supérieure du mât et qui supporte l'extrémité libre du gui, d'un tangon, etc.

BARROTS : Pièces transversales reliant les extrémités supérieures des membrures et sur lesquelles le pont repose.

BER : Berceau sur lequel un bateau au sec repose.

BITTE : Billot de bois ou de métal servant à fixer une amarre ou un cordage.

BOËTTE : Amorce pour la pêche.

BÔME : Pièce de bois (ou parfois tube métallique) qui borde la partie inférieure d'une voile quelconque.

BORDÉS : Planches qui recouvrent extérieurement les membrures d'une coque ou l'armature d'un pont.

BORDER : Raidir l'écoute d'une voile.

BOSSER : Fixer un court câble ou un palan sur une amarre ou une chaîne pour les retenir ou les soulager dans l'effort de traction.

BOUT : Court filin ou cordage, utilisable à toutes fins.

BRAS : Cordage qui relie la coque à un espar pour l'orienter ou le retenir.

BRASSE : Mesure de longueur : 1,83 m ; c'est la mesure anglaise (fathom) usuelle. Autrefois la brasse française était de 1,62 m.

CADÈNES : Lattes métalliques fixées à la coque, par le travers du mât, pour recevoir les ridoirs des haubans.

CALFATER : Garnir d'étoupe ou rendre étanche un joint entre les bordés.

CAPE : Position d'équilibre, par mauvais temps, d'un bateau qui reçoit le vent sur l'avant du travers. Le bateau dérive avec vitesse en avant faible, pour ne pas heurter la lame et en créant au vent un remous protecteur.

CAPELAGE : Emplacement ou ferrure, en haut du mât, où sont fixés les haubans et les étais.

CAPEYER : Tenir la cape (voir Cape).

CARVELLES : Grandes pointes à tête renforcée qui servent à la fixation des bordés de la coque.

CHASSER : Dériver dans le sens du vent, du courant ou de la houle, quand l'ancre ne tient pas sur le fond.

CHATTE : Grappin dont l'extrémité des pattes est rectiligne et pointue.

CHAUMARD : Conduit métallique qui sert à guider un câble d'amarrage.

CHOQUER : Lâcher progressivement une amarre, une manœuvre, une chaîne, etc.

CLIN : Assemblage de bordés de coque, à recouvrement partiel (comme sur les drakkars d'autrefois).

COSSE : Pièce métallique à gorge ronde, ou en forme de cœur, qui garnit l'intérieur d'une boucle en filin.

CROUPIAT (faire) : Faire pivoter un bateau en maintenant son arrière fixe au moyen d'un câble.

DALOT : Ouverture pratiquée dans le pavois, au niveau du pont, pour l'écoulement de l'eau.

DÉBORDER : Écarter, éloigner.

DÉPASSER : Retirer ou dégager un cordage d'une poulie.

DÉVENTER : Mettre à l'abri d'une côte qui intercepte ou dévie le vent.

DRAILLE : Fil d'acier reliant la partie supérieure du mât à l'avant du bateau et sur lequel glissent les bagues ou anneaux d'un foc, d'une trinquette, ou d'une voile d'étai.

DRISSE : Cordage servant à hisser une voile.

DROSSER : Entraîner. On est drossé par la mer, le courant ou le vent.

ÉCOUTE : Cordage fixé à l'extrémité arrière d'une voile pour la maintenir gonflée et régler son orientation.

EMBRAQUER : Contraire de filer. On embraque une écoute, une amarre, etc.

EMPANNER : Se dit quand on fait passer une voile d'un bord à l'autre, volontairement ou non, le bateau courant vent arrière.

ENCABLURE : Mesure de longueur ancienne : 120 brasses, égalent 195 mètres.

ENFLÉCHURES : Petit filin ou barre reliant horizontalement deux haubans à la manière des barreaux d'une échelle.

ENGAGER : Emmêler, coincer, retenir.

ENVOYER : Hisser (une voile, un pavillon).

ÉPISSURE : Entrelaçage des éléments (torons) d'un filin pour les relier aux torons d'un autre ou à ceux du même filin s'il s'agit d'une boucle ou œil.

ERRE : Vitesse d'un bateau.

ESPAR : Pièce de bois : gui, bôme, corne ou rechange.

ÉTAI : Câble métallique fixé à la partie supérieure d'un mât et le maintenant vers l'avant du bateau.

ÉTABLIR : Hisser une ou plusieurs voiles.

ÉTALER : Arrêter, immobiliser, « tenir bon » sur un filin, opposer une résistance égale à celle du courant, du vent.

ÉTARQUER : Hisser à bloc et raidir une voile.

ÉVITER : Évoluer sur place.

FRAÎCHIR : Augmenter de force (en parlant du vent).

FRAPPER : Fixer.

GRÉER : Équiper, arranger, installer, préparer.

GUI : Espar horizontal qui borde la partie inférieure de la grand-voile.

HILOIRE : Parois verticales d'un rouf ou d'un panneau.

LOFER (ou venir du lof) : Rapprocher l'avant du bateau vers le vent.

LOUVOYER : Tirer des bords. Progresser dans la direction d'où vient le vent, en le recevant alternativement d'un bord et de l'autre.

MASQUER : Se dit quand une voile reçoit le vent du côté opposé à celui pour lequel elle est orientée normalement en vue de la propulsion. Dans ce cas, l'effet du vent sur la voile contrarie la marche.

NAGER : Se propulser au moyen d'avirons disposés perpendiculairement au bateau.

OBSERVER : Prendre une hauteur angulaire d'astre avec un sextant.

ŒUVRES MORTES : Parties du navire situées au-dessus de la flottaison. Par opposition, les œuvres vives en sont les parties immergées.

PANNE (mettre en) : Immobiliser un voilier en contrariant l'effet des voiles.

PASSAVANT : Partie du pont comprise entre son contour extérieur et un rouf ou un panneau.

PAVOIS : Bordés qui prolongent la coque au-dessus du pont. Ils sont surmontés de la lisse.

QUART : Trente-deuxième partie de la rose des vents ou 11°25'. Temps de service sur le pont.

RACAGE (pommes de) : Collier de billes en bois encerclant un mât et fixé à une voile pour la guider et la maintenir le long du mât.

RAGUAGE : Frottement.

RABLURE : Joint entre la quille (l'étrave ou l'étambot) et le bordé adjacent.

SOUQUER : Conserver de la voilure plus que la force du vent ne le permettrait raisonnablement.
Serrer avec force.
Tirer violemment sur les avirons.

SOUS-BARBE : Câble reliant l'extrémité du bout-dehors à l'étrave près de la flottaison.

SURJALÉE : Se dit d'une ancre dont le câble est passé autour du jas (tige transversale de l'ancre).

SURPATTÉE : Se dit d'une ancre dont le câble est passé autour des pattes ou de l'une d'elles. Comme dans le surjalage, la tenue de l'ancre sur le fond n'est plus assurée.

TANGON : Espar qui sert à déborder une voile.

TONTURE : Courbure du pont dans le sens longitudinal.

TOULINE : Filin de petit diamètre et maniable qui sert aux manœuvres dans les ports.

VIDELLE : Points de couture réparant une déchirure de faible importance dans une voile.

Table

1. *Vocation*, 7
2. *Construction du* Kurun, 29
3. *Le grand appareillage — Premières escales*, 47
4. *Séjour au Maroc — Du Maroc aux îles Canaries*, 73
5. *Séjour aux îles Canaries — L'odyssée du* Berlin, 89
6. *La traversée de l'Atlantique*, 101
7. *Escale à la Martinique — Traversée de la mer des Caraïbes*, 115
8. *Panama*, 129
9. *De Panama aux îles Galapagos*, 151
10. *Les Galapagos*, 175
11. *Les îles Marquises*, 207
12. *Tahiti — Les îles Sous-le-Vent*, 231
13. *Bora Bora — La Nouvelle-Guinée*, 259
14. *De Nouvelle-Guinée aux Cocos Keeling, par le détroit de Torrès*, 289
15. *Des Cocos Keeling à la Réunion*, 321
16. *De la Réunion à Durban et au Cap*, 339
17. *Cape Town-Sainte-Hélène*, 377
18. *De Sainte-Hélène au Croisic*, 395

Postface, 419

Plans et cartes, 425

Appendice, 429

Glossaire, 433

Collection Le Grand Dehors

Edward Abbey, *Désert solitaire*
Gerald Durrell, *La forêt ivre*
William H. Hudson, *Sous le vent de la pampa*
Barry Lopez, *Le chant de la rivière*
Robert Fortune, *La route du thé et des fleurs*
John Muir, *Voyages en Alaska*
Anita Conti, *Racleurs d'océans*
Anne Vallaeys, *Sale temps pour les saisons*
Gerald Durrell, *Le aye-aye et moi*
Edward Hoagland, *Journal d'un autre monde*
Anita Conti, *Géants des mers chaudes*
Robert Fortune, *Le vagabond des fleurs*
Alain Gerbault, *Un paradis se meurt*
Ernst Löhndorff, *Chasseur d'orchidées*
Alain Gerbault, *Iles de beauté*
Jacques-Yves Le Toumelin, *Kurun autour du monde*
Alexander Frater, *A la poursuite de la mousson*

Cet ouvrage a été composé par les Ateliers du Dragon
et achevé d'imprimer sur presse Cameron
dans les ateliers de B.C.I.
à Saint-Amand-Montrond (Cher)
pour le compte des Editions Hoëbeke
en mars 1995

ISBN : 2-905292-83-0
ISSN : 1159-7429
Dépôt légal : mai 1995
Numéro d'impression : 1/898
Imprimé en France